中华人民共和国经济与社会发展研究丛书（1949—2018）
编委会

顾　问

杨胜群　（中共中央党史和文献研究院）
章百家　（中共中央党史和文献研究院）
张卓元　（中国社会科学院）

主　编

武　力　（中国社会科学院）

编　委（按姓氏拼音排序）

陈争平　（清华大学）
董香书　（首都经济贸易大学）
段　娟　（中国社会科学院）
郭旭红　（中国矿业大学〈北京〉）
兰日旭　（中央财经大学）
李　扬　（中央财经大学）
肜新春　（中国社会科学院）
申晓勇　（北京理工大学）
王爱云　（中国社会科学院）
王瑞芳　（中国社会科学院）
吴　超　（中国社会科学院）
肖　翔　（中央财经大学）
郁　辉　（山东第一医科大学）
赵云旗　（中国财政科学研究院）
郑有贵　（中国社会科学院）

国家出版基金资助项目
"十三五"国家重点图书出版规划项目
中华人民共和国经济与社会发展研究丛书（1949—2018）
丛书主编：武力

中国财政改革与发展研究

Research on Fiscal Reform and Development of the People's Republic of China

赵云旗◎著

中国·武汉

图书在版编目(CIP)数据

中国财政改革与发展研究/赵云旗著. —武汉:华中科技大学出版社,2019.6
(中华人民共和国经济与社会发展研究丛书:1949—2018)
ISBN 978-7-5680-5401-0

Ⅰ.①中… Ⅱ.①赵… Ⅲ.①财政改革-研究-中国-1949—2018 Ⅳ.①F812.2

中国版本图书馆 CIP 数据核字(2019)第 130067 号

中国财政改革与发展研究
Zhongguo Caizheng Gaige yu Fazhan Yanjiu

赵云旗 著

策划编辑:周晓方　周清涛
责任编辑:殷　茵
封面设计:原色设计
责任校对:李　琴
责任监印:周治超

出版发行:华中科技大学出版社(中国·武汉)　　电话:(027)81321913
　　　　　武汉市东湖新技术开发区华工科技园　　邮编:430223
排　　版:华中科技大学惠友文印中心
印　　刷:湖北新华印务有限公司
开　　本:710mm×1000mm　1/16
印　　张:30　插页:2
字　　数:505 千字
版　　次:2019 年 6 月第 1 版第 1 次印刷
定　　价:259.00 元

本书若有印装质量问题,请向出版社营销中心调换
全国免费服务热线:400-6679-118　竭诚为您服务
版权所有　侵权必究

内容提要
ABSTRACT

　　本书主要研究新中国70年财政的改革、发展和转型。在"纵横立体交叉"的框架下,以"动态化"的表述方式,集中展现从经济建设型财政到公共财政的巨大转变。全书共分十章,首先在宏观层面从横向着笔,在第一章分析新中国财政自计划经济时期到市场经济时期的五次重大改革,之后在微观层面从纵向入手,用九章内容重点梳理中国财政改革与发展脉络,有理有据,史论结合,定量与定性分析相结合,从而为我国财政改革提供政策支持。总之,全书以改革为主线,以转型为亮点,让世人感受中国财政的大局意识、改革精神和敢为天下先的时代风范。

总 序
GENERAL PREFACE

早在2013年6月,习近平总书记就指出,历史是最好的教科书,学习党史、国史,是坚持和发展中国特色社会主义、把党和国家各项事业继续推向前进的必修课。这门功课不仅必修,而且必须修好。要继续加强对党史、国史的学习,在对历史的深入思考中做好现实工作,更好走向未来,不断交出坚持和发展中国特色社会主义的合格答卷。党的十八大以来,习近平总书记多次强调要加强历史研究,博古通今,特别是总结中国自己的历史经验。在以习近平同志为核心的党中央领导下,中国特色社会主义进入了新时代。2017年是俄国十月革命胜利100周年;2018年是马克思诞辰200周年和《共产党宣言》发表170周年,同时也是中国改革开放40周年;2019年是中华人民共和国成立70周年;2020年中国完成工业化和全面建成小康社会;2021年是中国共产党成立100周年。这些重要的历史节点,已经引发国内外对中共党史和新中国历史研究的热潮,我们应该早做准备,提前发声、正确发声,讲好中国故事,让中国特色社会主义主旋律占领和引导宣传舆论阵地。

作为专门研究、撰写和宣传中华人民共和国历史的机构,中国社会科学院当代中国研究所、中国经济史学会中国现代经济史专业委员会与华中科技大学出版社一起,从2014年就开始策划出版一套总结新中国经济与社会发展历史经验的学术丛书。经过多次研讨,在2016年5月最终确立了编撰方案和以我为主编的研究写作团队。从2016年7月至今,研究团队与出版社合作,先后召开了7次编写工作会议,讨论研究内容和方法,确定丛书体例,汇报写作进度,讨论写作中遇到的主要问题,听取学术顾问和有关专家的意见,反复讨论大纲、改稿审稿并最终定稿。

这套丛书是以马克思列宁主义、毛泽东思想、邓小平理论、"三个代表"重要思想、科学发展观、习近平新时代中国特色社会主义思想为指导，以中华人民共和国近70年经济与社会发展历史为研究对象的史学论著。这套丛书共14卷，分别从经济体制、工业化、区域经济、农业、水利、国防工业、交通、旅游、财政、金融、外贸、社会建设、医疗卫生和消除贫困14个方面，研究和阐释新中国经济与社会发展的历史和经验。这套丛书从策划到组织团队再到研究撰写专著，前后历时5年，这也充分反映了这套丛书各位作者写作态度的严谨和准备工作的扎实。从14个分卷所涉及的领域和研究重点来看，这些问题都是中共党史和新中国历史，特别是改革开放以来历史研究中的重要问题，有些是非常薄弱的研究环节。因此，作为研究中华人民共和国近70年经济与社会发展的历程和功过得失、总结经验教训的史学论著，这套丛书阐述了新中国成立前后的变化，特别是改革开放前后两个历史时期的关系、改革开放新时期与新时代的关系，这些论述不仅有助于坚定"四个自信"、反对历史虚无主义，而且可以为中国实现"两个一百年"奋斗目标提供历史借鉴，这是这套丛书追求的学术价值和社会效益。

今年是中华人民共和国成立70周年，70年的艰苦奋斗，70年的壮丽辉煌，70年的世界奇迹，70年的经验教训，不是一套丛书可以充分、完整展示的，但是我们作为新中国培养的史学工作者，有责任、有激情去反映它。谨以这套丛书向中华人民共和国成立70周年献礼：祝愿中华民族伟大复兴的中国梦早日实现！祝愿我们伟大的祖国像初升的太阳，光芒万丈，照亮世界，引领人类命运共同体的构建！

中国社会科学院当代中国研究所

武力

2019年5月

目 录
CONTENTS

第一章 新中国财政——从建立的起点走向改革的征程

第一节 新中国财政的建立 / 1
　一、新中国财政的奠基石　1
　二、新中国财政机构的组建　2
　三、新中国财政体系的建立完善　3

第二节 迈出改革的步伐 / 4
　一、开创中国特色社会主义道路　5
　二、财政迈出改革步伐　5
　三、计划经济时期财政改革的特点与意义　9

第三节 走上改革开放的征程 / 10
　一、改革开放的航船起航　10
　二、财政是经济体制改革的先行者　11
　三、财政改革的破冰之旅　12

第四节 扬起改革开放的风帆 / 14
　一、社会主义市场经济体制的确立　14
　二、市场经济体制对财政改革的要求　15
　三、促进市场经济体制建立的财政改革　16

第五节 改革征途向深入发展 / 20
　一、完善市场经济体制的目标　20
　二、完善市场经济体制对财政的要求　21
　三、财政制度改革的深化　22

第六节 新时代财政改革的取向 / 25
　一、新时代经济社会发展新目标　25

二、新时代对财政改革的要求　26

三、财政改革向新目标进发　26

结语 / 30

第二章　财政体制——从统收统支到分税制

第一节　新中国初期统收统支财政体制的形成 / 32

一、统收统支财政体制形成的基础与原因　32

二、统收统支财政体制的建立　35

三、统收统支财政体制的意义　39

第二节　"分灶吃饭"财政体制的改革与结局 / 42

一、"分灶吃饭"财政体制改革的缘起　42

二、"分灶吃饭"财政体制的类型　43

三、"分灶吃饭"财政体制的特点　48

四、"分灶吃饭"财政体制的得失　49

第三节　"大包干"财政体制的出台与退出 / 52

一、"大包干"财政体制改革的原因　52

二、"大包干"财政体制的形式　53

三、"大包干"财政体制的利弊　54

第四节　分税制财政体制的建立 / 58

一、分税制改革的深刻原因　58

二、分税制方案的制定与实施　59

三、分税制财政体制的全面改革　60

四、分税制财政体制改革的特点　63

五、分税制改革的意义与成效　65

第五节　分税制财政体制的完善 / 69

一、"省直管县"改革　69

二、"乡财县管"改革　71

三、完善中央与地方财政分配关系　72

四、划分中央与地方财政事权和支出责任　74
　结语 / 84

第三章　财政职能——从经济建设到公共服务

　第一节　新中国初期的"战时财政" / 85
　　一、战时财政的来源与原因　85
　　二、战时财政的标志与实施　89
　　三、战时财政的意义　90
　第二节　经济建设型财政的形成与发展 / 91
　　一、经济建设型财政的确立　91
　　二、经济建设型财政的发展　98
　　三、经济建设型财政的重要意义　106
　第三节　公共财政的确立与完善 / 111
　　一、公共财政形成的原因　111
　　二、公共财政在我国的传播与确定　113
　　三、我国公共财政的标志　114
　　四、我国公共财政的特点　119
　　五、公共财政建立的意义　120
　结语 / 122

第四章　财政预算——从单式财政预算到公共财政预算

　第一节　计划经济时期的单式财政预算 / 123
　　一、单式财政预算的框架体系　123
　　二、单式财政预算的格式特点　125
　　三、计划经济时期单式财政预算的作用　126
　第二节　从单式财政预算到复式财政预算 / 127
　　一、复式财政预算改革的原因　127

二、复式财政预算结构特点　129

三、复式财政预算改革的意义与作用　131

第三节　从基数法到零基预算 / 133

一、零基预算改革的原因　133

二、我国零基预算改革　135

三、零基预算改革的成效与意义　137

第四节　从粗放型预算到部门预算 / 139

一、部门预算改革的原因　140

二、部门预算改革的内容　141

三、部门预算的优势与特点　145

四、部门预算改革的成效与意义　146

第五节　公共财政预算的形成与建立 / 148

一、公共财政预算改革途径　149

二、公共财政预算新体系　152

三、公共财政预算改革的意义　156

第六节　向绩效财政预算迈进 / 158

一、预算支出绩效评价改革的原因　159

二、预算支出绩效评价体系的建立　160

三、财政支出绩效评价改革成效与意义　162

结语 / 165

第五章　税收制度——从单一税轨道转向复合税制

第一节　从农业型税制转为工商型税制 / 166

一、农业型税制的形成与发展　166

二、工商型税制的建立与完善　168

三、工商型新税制的特点　172

四、农业型税制转为工商型税制的原因与意义　173

第二节　从工商单一税制恢复到复合税制 / 175

一、计划经济时期工商单一税制的形成　176

二、改革开放后工商复合税制的重建　177

三、工商复合税制重建的意义　185

第三节　建立适应市场经济体制的新税制 / 188

一、税制全面改革的原因　188

二、建立以增值税为主体的新型流转税制度　190

三、全面性税制改革的特点　193

四、税制改革的成效　194

第四节　市场经济体制完善时期的税制改革 / 196

一、新形势新问题对税制的挑战　196

二、完善市场经济体制的新税制　197

三、调整型税制改革的特征　202

四、税制改革的评价　203

第五节　"新常态"下我国的税制改革 / 206

一、"新常态"下的经济问题　206

二、建立现代税收制度　208

三、税制改革特点显著　213

四、税制调节作用得到充分发挥　214

结语 / 217

第六章　财政收入——由计划时期的弱小到市场时期的壮大

第一节　财政收入规模发展态势 / 218

一、计划经济时期财政收入的弱小　219

二、有计划商品经济时期财政收入的高涨　222

三、市场经济时期财政收入快速增长　224

四、"新常态"时期财政收入态势的变化　225

第二节　财政收入体系发展变化 / 227

一、计划经济时期的单一收入体系　228

二、有计划商品经济时期的多元收入体系　232

三、市场经济体制建立时期的规范收入体系　241

四、市场经济体制完善时期公共财政收入体系　247

第三节　财政收入结构发展变化 / 252
　　一、计划经济时期企业利润为主的收入结构　253
　　二、有计划商品经济时期税收为主的收入结构　255
　　三、市场经济体制建立时期税债并重的收入结构　257
　　四、市场经济完善时期税、债、非税并驾的收入结构　258

第四节　主要财政收入制度改革 / 260
　　一、国有企业利润收入制度改革　260
　　二、政府债务制度的发展完善　261
　　三、预算外收入制度改革　262
　　四、非税收入制度改革　264

结语 / 264

第七章　财政支出——从大包大揽转向公共领域

第一节　财政支出规模的发展态势 / 266
　　一、计划经济时期财政支出缓慢发展　266
　　二、有计划商品经济时期财政支出迅速扩张　270
　　三、市场经济体制建立时期财政支出高速增长　273
　　四、"新常态"时期财政支出达历史高峰　274

第二节　财政支出体系的发展变化 / 277
　　一、计划经济时期包揽型财政支出体系　277
　　二、有计划商品经济时期新旧交替的财政支出体系　282
　　三、市场经济体制建立时期财政支出体系重点的变化　287
　　四、市场经济体制完善时期公共财政支出体系　291

第三节　财政支出结构的发展变化 / 295
　　一、计划经济时期经济建设为主的财政支出结构　295
　　二、有计划商品经济时期经济建设支出为主结构的延续　297
　　三、市场经济体制建立时期财政支出结构重点转移　298
　　四、市场经济体制完善时期公共财政支出结构　300

五、财政支出结构发展的特点　300

第四节　财政支出主要制度改革 / 303

　　一、基本建设支出制度改革　303

　　二、国有企业支出制度改革　304

　　三、农业支出制度改革　305

　　四、教育支出制度改革　307

　　五、社会保障支出制度改革　309

　　六、医疗卫生支出制度改革　311

结语 / 312

第八章　转移支付——从调剂为主走向转移支付

第一节　计划经济时期财政分配关系的调剂 / 313

　　一、政府间和区域间的不均衡　313

　　二、调剂政府间分配关系的措施　316

　　三、计划经济下政府调剂的特点　319

第二节　有计划商品经济时期地区间财政分配关系的协调 / 319

　　一、地区间财政分配关系的差距　320

　　二、协调地区间财政分配关系的措施　322

　　三、地区间财政分配关系协调的特点　325

第三节　市场经济时期的现代转移支付制度 / 325

　　一、我国转移支付制度的建立与完善　325

　　二、转移支付制度的框架体系　328

　　三、转移支付制度结构的变化　336

第四节　我国转移支付运行态势 / 346

　　一、转移支付总规模增长态势　346

　　二、各类转移支付规模比较　354

　　三、中央对地方转移支付比重　357

　　四、中央对地方转移支付的流向与分布　358

第五节　从调剂为主到转移支付转型的意义 / 366

一、调节方式转型的意义 367

二、转移支付实施的效果 368

结语 / 370

第九章 政府采购——从分散封闭转到集中公开

第一节 计划经济时期政府采购及其影响 / 371

一、计划经济时期的政府采购 372

二、政府采购的影响与作用 374

三、计划经济时期政府采购产生的原因 374

第二节 有计划商品经济时期的政府采购 / 375

一、改革开放后政府采购的普遍性 375

二、政府采购方式及特点 379

三、政府采购的影响 380

第三节 市场经济时期的现代政府采购制度 / 381

一、现代政府采购制度的建立与实施 381

二、我国政府采购制度的框架体系 383

三、我国政府采购制度的功能 385

四、我国政府采购制度的特征 386

第四节 我国政府采购实施状态 / 387

一、政府采购的实施原则 387

二、政府采购规模、范围与结构的变化 388

三、政府采购的改革与完善 394

四、政府采购的创新与发展取向 398

第五节 我国政府采购方式转变的意义 / 405

一、政府采购制度的进步性 405

二、政府采购方式的科学性 406

三、促进经济发展的积极性 407

四、保障社会和谐的稳定性 408

结语 / 408

第十章 财政调控——从直接调控转型到间接调控

第一节 新中国初期平抑物价风潮 / 410
  一、新中国初期的通货膨胀　410
  二、打击投机资本平抑市场物价　411
  三、财政首次调控的效果与意义　413

第二节 "治理整顿"中的"硬着陆" / 414
  一、宏观经济全面升温及其原因　414
  二、宏观调控中财政政策的选择　416
  三、"硬着陆"的成效与"后遗症"　417

第三节 市场经济体制下的"软着陆" / 418
  一、新时期国民经济升温趋势　418
  二、适度从紧的财政政策　421
  三、国民经济实现"软着陆"　422
  四、"软着陆"成功的原因　426

第四节 应对亚洲金融危机的积极财政政策 / 427
  一、亚洲金融危机造成的通货紧缩　428
  二、积极财政政策的出台　429
  三、走出通货紧缩的阴影　432
  四、宏观调控成功的原因　435

第五节 调控经济冷热兼具的稳健财政政策 / 435
  一、宏观经济冷热兼具的复杂性　436
  二、稳健财政政策的实施　438
  三、冷热兼治的成效　441

第六节 应对世界金融危机的扩张性财政政策 / 443
  一、宏观经济形势的逆转　443
  二、扩张性财政政策的确定　446
  三、率先摆脱世界金融危机的影响　450

第七节 新中国财政调控的转型轨迹 / 456

一、财政调控目标由单一转变为多元　457

二、财政调控手段由行政型为主转变为经济型为主　457

三、财政调控方式由直接转变为间接　458

四、财政调控工具由简单转变为丰富　458

五、财政调控立足点由被动转变为主动　459

结语 / 460

参考文献 / 461

后记 / 463

第一章

新中国财政——从建立的起点走向改革的征程

从1949年起,新中国财政就肩负着党与人民的期望和历史赋予的使命,为建立独立自主、繁荣富强的社会主义新中国不懈努力,至今已走过70年的辉煌历程,经历了由经济建设型财政到公共财政的巨大转变。30年计划经济时期,艰苦奋斗、勤俭节约、精打细算,为恢复新中国经济和实现工业化筹措资金,集聚财力。改革开放40年,财政作为经济体制改革的先行者,乘风破浪,与时俱进,锐意改革,为推进改革开放和建立社会主义市场经济护航保驾,在70年的历程中留下了不平凡的轨迹,取得了卓越的功绩。

第一节 新中国财政的建立

我国计划经济时期是新中国历史发展的新纪元,政治独立自主,社会稳定统一,人民共同富裕,不论是和中国的古代还是近代相比都是空前的。在这样一个伟大时代的开端,财政作为新中国的基础和支柱显得尤为重要,建立国家财政成为建国大业的重要组成部分。建国伊始,党中央就决定建立中华人民共和国财政部,可见财政部是同中华人民共和国同时诞生和同步前进的。

一、新中国财政的奠基石

如果说新中国财政是在中国历史新纪元的起点上建立的一座大厦,那么革命根据地财政就是这座大厦的奠基石。土地革命时期,中华苏维埃共和国中央临时政府在瑞金就建立了财政部及其管理机构、财政制度,确立了财政政策,抗日战争时期进一步得到发展和规范,这是红色政权能够长期存在和革命战争取得胜利的一个重要原因。特别是解放战争时期,为了适应解放全中国革命形势的发展和需要,根据地财政开始从原来长期的分散经营转向集中统一。1947年华北财经会议之后,中央随即成立华北财经办事处,由董必武任主任,统一领导华北各解放区的财经工作。1948年以毛泽东为首的中共中央由陕北到达河北平山县西柏坡,为了加强对财政工作的领导,于1948年成立中央财政经济部。1949年5月成立中央财政经济委员会(简称中财委),陈云任中央财政经济委员会主任,领导统一全国财政经济工作。新中国的财政部属于中央财政经济委员会所属机构,是在华北人民政府财政部基础上建立的。

革命根据地财政为建立新中国财政打下了牢固的基础。一是确立了"取之于民,用之于民"的财政宗旨,这是区别于旧中国财政的重要标志,也是同国民党政府财政的分水岭,它决定了新中国财政的性质,成为为人民谋利益的社会主义新型财政。二是提供了一套完整的财政管理机构,能很快适应全国解放后的需要。三是准备了完整系统的财政管理制度,诸如预决算制度、税收制度、会计制度、审计制度、国库制度、检查监督制度等,成为新中国财政管理制度的基础。四是创建了一系列财政方针政策,"发展经济,保障供给"、"独立自主,自力更生"、"量能定税,合理负担"、"量入为出,收支平衡"等,都是革命战争中正确宝贵的财政经验。五是造就了大批财税干部,成为新中国初期财税战线的骨干。正是有了这些基础,在新中国初建时期国家财政就能很快接收了国民党政府的财政机构,肩负起新中国财政的历史重任。

二、新中国财政机构的组建

北平和平解放后,华北人民政府财政部进入北京接管国民政府在北京设立的财政机构。1949年10月1日,在成立中央人民政府的同时,根据《中华人民共和国中央人民政府组织法》成立了中央人民政府财政部,任命薄一波为财政部部长,戎子和、王绍鳌为副部长。中央人民政府财政部成为国家政务院一个重要的经济管理部门。当时财政部设立在前门大街大清户部,主要机构有秘书室、人事室、机要室、总务科、研究室、五个业务处、北京市供应局、华北税务总局、酒业专卖公司、长芦盐务管理局、北京物资清理处、天津物资清理处和中央税务学校。1950年元旦,以原华北税务总局为基础成立隶属于财政部的税务总局,1月底又成立财政部盐务总局。财政部的主要机构调整为部长室、办公厅、编译统计处、总务处、国防财务处、行政财务处、外事财务处、经济建设财务处、文教社会财务处、会计制度处、财政监督处、农业税处、人事处、参事室、机要室、税务总局、盐务总局、粮食管理总局、北京物资清理处和天津物资清理处。9月,根据政务院机构编制审查委员会的要求,各业务处改为司级。

新中国成立初期,全国划分为华北、东北、华东、华中、西南、西北六个大行政区,每个大区的军政委员会设立财经委员会。大区财经委员会下设财经各部,负责全区的经济管理工作。大区之下,省和大中城市也设有财经委员会,在省、市政府直接领导下负责经济管理工作。

三、新中国财政体系的建立完善

这一时期建立完善的财政体系,首先是高度集中的统收统支的财政体制。1949年12月,按照中国人民政治协商会议通过的《共同纲领》中的决定,由中财委主任陈云同意、财政部部长薄一波主持,划分中央和地方的财政收支管理范围。这是新中国成立后对中央与地方财政收支管理范围的第一次划分,也即财政收入征收任务的划分,并不是财力和财权的划分。1950年初开始全面统一全国财政工作,即统一全国财政收支管理、统一全国物资调度、统一全国现金管理、统一全国编制和待遇。1950年3月全国财政经济工作实现统一,统收统支的高度集中的财政管理体制完全建立。国家集中掌握了财政收入、资金和重要物资,改变了新中国成立初期资金与物资管理的混乱状态,避免了国家财力物力的分散和浪费,为计划经济时期高度集中的经济体制夯实了基础。

其次,建立新中国财政预算制度。新中国成立前夕,中国人民政治协商会议通过的《共同纲领》明确规定:"关于财政:建立国家预算决算制度,划分中央和地方财政范围,厉行精简节约,逐步平衡财政收支,积累国家生产资金。"为了贯彻《共同纲领》中关于建立国家预算决算制度的决定,在中财委的指导下,1949年财政部着手编制新中国的第一个财政预算(即1950年财政概算)。预算原则是"量出为入"与"量入为出"兼顾,取之合理,用之得当。与旧中国的财政预算相比,最大的变化是经济建设支出明显增加,充分体现了社会主义的预算是人民的预算。1951年政务院颁布的《中央人民政府政务院预算决算暂行条例》,对国家预算的组织体系,各级人民政府的预算权,各级预算的编制、审查、核定与执行程序都作出明确规定。自此新中国的财政进入预算时代,向着规范化的方向不断迈进。

再次,建立新中国统一的税收制度。《共同纲领》第四十条规定:"国家的税收政策,应以保障革命战争的供给、照顾生产的恢复和发展及国家建设的需要为原则,简化税制,实行合理负担。"为了在短期内将全国税制统一起来,1949年11月24日至12月9日,财政部在北京召开了新中国首届全国税务会议,讨论统一全国税收、建设新税制、加强城市税收工作、制订第一个全国税收计划等问题,促使全国统一税政不断推进。1950年,政务院先后颁布了《全国税政实施要则》、《全国各级税务机关暂行组织规程(草案)》、《工商业税暂行条例》、《货物税暂行条例》以及契税、印花税、利息所得税、屠宰税、特种消费行为税、使用牌照税等地方税的暂行条例。1950年公布了《新解放区农业税暂行条例》,1951年实施了《海关进出口税则》和《海关进出口税则暂行实施条例》。新中国税制由此建立。我国近代以来税制长期不统一的局面宣告结束。新税制体现了"公私兼顾、劳资两利、城乡互助、内外交流"的原则;新税制共设置有货物税、工商税、盐税、关税、薪给报酬所得税、存款利息所得税、印花税、遗产税、交易税、屠宰税、房产税、地产税、特种消费行为税和使用牌照税共14种,属于多税种、多环节征税的复合税制。可见,新税制是以货物税、工商税为主体的税制结构,适应了由农业型财政向工商型财政转型的要求。新税制的建立和实施,标志着新中国税收进入一个新时代。

从计划经济时期的财政可知,新中国的财政是新中国成立、巩固和发展的需要,新中国的财政性质及其特点是由新中国的性质及特点决定的。新中国财政的建立,为我国计划经济时期国民经济的恢复、工业化目标的实现发挥了基础和支柱的作用,成为新中国财政发展史上重要的一页。从新中国伊始,财政不仅反映了其经济属性,而且显示了其政治属性,意义之重大需要重新认识。

第二节 迈出改革的步伐

改革是历史发展的动力,改革是人类历史的旋律。新中国经济的改革步伐从第一个五年计划就开始了。改革的内容是解决经济体制统得太死的问题,改革的目的是提高地方政府的积极性,促进国民经济的发展。在新中国第一代领导人探索中国特色社会主义道路上,新中国财政由此迈出改革的步伐。

一、开创中国特色社会主义道路

毛泽东主席在建国初指出：夺取全国胜利只是万里长征走完了第一步，革命以后的路程更长，工作更伟大、更艰苦。此话可谓意味深长，新中国初期经济体制是"苏联模式"的，其特点是高积累、低消费、重工业、轻农业、权力集中，这种模式在革命战争年代和经济恢复时期是需要的，但进入大规模、快速度的经济建设时期就不适应了，最明显的缺陷就是不利于提高地方政府和劳动者的积极性。毛泽东在学习苏联经验的过程中逐渐察觉到这些问题，发现苏联的经验并不完全适合我国国情，提出学习苏联模式不能照搬，这是以毛泽东为代表的中国共产党第一代领导探索中国特色社会主义道路的开始。毛泽东提出以苏为戒，不能再走他们走过的弯路，"必须有分析有批判地学，不能盲目地学，不能一切照抄，机械搬运，他们的短处、缺点，当然不要学"。号召冲破对苏联模式的迷信，走自己的路。1956年，毛泽东发表《论十大关系》，提出要正确处理社会主义建设过程中的各种关系，而"不能像苏联那样，把什么都集中在中央，把地方卡得死死的，一点机动权也没有"。1960年毛泽东在《十年总结》中说：前八年照搬外国的经验，但从1956年提出十大关系起，开始找到一条适合中国的路线，开始反映中国客观规律。他特别强调，对于我国的社会主义革命和建设，我们已经有了十年的经验了。但是我们对于社会主义时期的革命和建设，还有一个很大的盲目性，还有一个很大的未被认识的必然王国。我们要以第二个十年时间去调查它、去研究它，从中找出它固有的规律，以便利用这些规律为社会主义革命和建设服务。从此，国家对计划经济时期的经济体制开始着手改革。1957年中共八届三中全会通过了《关于改进工业管理体制的规定》《关于改进商业管理体制的规定》《关于改进财政管理体制的规定》，一个共同的目标就是适当扩大地方和企业的权限，解决高度集中的计划管理体制的弊病。这是我国第一次经济体制改革的尝试，开启了探索中国特色社会主义道路的先河。

二、财政迈出改革步伐

从第一个五年计划开始，为了提高地方政府的积极性，按照党和国家经济体制改革的精神，针对"苏联模式"集中过多的弊端，新中国财政在刚刚建立不久就迈开了改革的步伐。

1. 改善中央与地方的财政分配关系

1953年,周恩来总理在全国财经会议上明确提出,要在中央统一领导和计划下,确定财政体制,划分职权范围,分级管理,层层负责,把集中统一的原则性和因地制宜的灵活性结合起来。1954年,按照主次轻重及集中和分散的情况,划分中央与地方财政收支范围和比例,实行分类分成财政体制,将国家财政预算收入划分为固定收入、固定比例分成收入和中央调剂收入三类。通过固定收入和固定比例分成收入划给地方的财力,一般省、市、自治区能够达到预算支出的60%~80%。这一时期中央财政直接组织的收入占全国财政总收入的45.4%,地方(省县)收入占54.6%;支出方面,中央支出占全国财政总支出的74.1%,地方财政占25.9%。① 地方收入比中央收入多出9.2个百分点,地方财力大大加强。"一五"时期的财政体制改革,只是对统收统支的财政体制打开了缺口,仍然以集中为主,从当时经济快速发展的形势看在某些方面仍然集中过多、统得过死,这个弊端在"大跃进"中表现得更加明显,因而也促使中央进一步扩大改革的力度。周恩来在党的八大上提出七条分权原则:一是明确规定各省、自治区、直辖市有一定的计划、财政、企业、事业、物资、人事管理权;二是关系到整个国民经济而带有全局性、关键性、集中性的企业和事业单位由中央管理,其他的企业和事业单位尽可能地交给地方管理;三是企业和事业单位实行双重管理方法,有的以中央为主、地方为辅,有的以地方为主、中央为辅;四是中央管理的主要计划和指标由国务院统一下达,改变了过去由部门条条下达的做法;五是某些主要计划指标和人员编制,留给地方一定的调整幅度和机动权;六是对民族自治地方的各项自治权利作出明确规定;七是体制改革要逐步实现,重大改变要今年准备明年试办,稳步进行。② 以1957年中共八届三中全会通过的《关于改进财政管理体制的规定》为标志,改革又迈出更大步伐。

1958年,分类分成的财政体制实行"以收定支,五年不变"。财政收入方面,地方的收入有三种,即地方固定收入、企业分成收入和调剂分成收入;财政支出方面,属于地方的有两种,即地方正常支出和中央专案拨款支出。中央与地方的财政关系有四种平衡方式:一是地方收大于支的,中央不再划给别的收入,多余部分按一定比例上解中央;二是地方收入不能满

---

① 宋新中主编:《当代中国财政史》,中国财政经济出版社1997年版,第167页。
② 宋新中主编:《当代中国财政史》,中国财政经济出版社1997年版,第211页。

足支出的,中央划给企业分成收入,多余部分按一定比例上解中央;三是地方固定收入、企业分成收入仍然不能满足支出的,中央划给一定比例的调剂分成收入;四是地方用固定收入、企业分成收入和调剂分成收入仍然不能满足正常支出的,不足部分由中央拨款补助。这次改革与原来财政体制不同之处是:收入与支出挂钩,多收可以多支;"一年一变"改为"五年不变",便于地方统筹安排。

这次改革使地方的财力过大,致使基本建设规模无法控制。1959年又实行"收支下放,计划包干,地区调剂,总额分成,一年一变"的财政体制。收入方面,除铁道、邮电、外贸、海关等收入外,其他各种税收和一切企业收入全部作为地方收入;支出方面,除中央各部门直接管理的少部分经济建设支出和行政、文教、国防、援外、债务支出外,所有的各项支出全部作为地方财政支出。收大于支的地方多余部分按比例上解中央,收小于支的地方不足部分由中央补助,在这个基础上实行包干使用,年终结余地方自行安排。地方上解中央的收入主要补助经济落后地区、少数民族地区和收入少而建设项目多的地区。地方的总收入与总支出挂钩,按收支总额计算分成比例。"五年不变"改为"一年一变",意在加强中央的调控,地方每年的财政收支指标、分成比例和补助数额由中央一年核定一次,由此适当集中财力,控制基本建设规模的盲目扩大。

从1961年开始对国民经济进行全面调整,鉴于"大跃进"期间地方财权财力过大造成的负面影响开始返回到集中,继续实行"总额分成,一年一变"的财政体制。"文化大革命"时期,财政体制改革总的来看仍然是向地方放权让利。1969年实行"收支挂钩,总额分成"的财政体制,收入超收和支出结余均归地方支配;1970年随着中央企事业单位下放,实行"定收定支,总额分成"的财政体制,适当下放管理权限,扩大地方财政在国家预算中的比重。1971年实行收支包干的财政体制,即"定收定支,收支包干,保证上缴,结余留用,一年一定"。除中央部门直接管理的企业收入、关税收入和直接管理的基本建设、文教行政、国防战备、对外援助、国家物资储备等支出外,其余都归地方财政,由地方负责管理。地方预算收支指标由地方提出建议,经中央综合平衡后下达。在预算执行中超收和结余都归地方支配,自求平衡。1976年实行"收支挂钩,总额分成,一年一定"的财政体制,地方收支范围和管理权限又比过去扩大。

整个计划经济时期,高度集中的统收统支财政体制在经济恢复时期形成后只实行了3年,从1953年开始就进入调整改革的轨道,下放财权财力,调整中央与地方财政分配关系。说我国计划经济时期是高度集中的统收统支的财政体制不符合实际,从时间上看"一五"和"二五"期间放权10年,经济调整时期收权3年,"文化大革命"时期又放权10年,计划经济30年间高度集中的财政体制只有7年,而放权让利的财政体制长达23年之久。

2. 改革税收制度

第一个五年计划中完成对城市手工业和资本主义工商业社会主义改造之后,财政开始对工商税制进行不断的改革,改革的宗旨是下放税权、简化税制。"大跃进"时期,随着财权财力的下放,税权开始向地方和企业下放。凡是省、市、自治区管理的税收完全交给地方管理,若干由中央管理的税收交给地方机动调剂的权力,允许地方制定税收办法,开征区域性的税收。通过这次改革,地方政府对7种地方税可以根据当地情况调整税目、税率,有权减免和加税;作为中央和地方调剂分成收入的商品流通税、货物税、营业税、所得税,地方在一定范围内有权减免和加税;地方对农业税、盐税可以作必要的调整,对某些利润较大的土特产品和副业产品征收货物税;地方有权对工商税不合理的征收环节和起征点进行调整。在简化税制方面,将商品流通税、货物税、营业税和印花税合并为工商统一税。在税收征管方面,精简纳税环节,对工农业产品只在销售环节和商业零售环节各征收一道税,取消批发环节征税;减少中间产品的征税,国有企业一律根据销售收入计税。这是新中国有史以来最大的一次税权下放的改革,力度之大、范围之广空前绝后。国民经济调整时期,将下放的税权适当回收和控制。但随之而来的"文化大革命"期间,我国在1973年对工商税制再次进行改革,主要内容是合并税种、简化税目、下放权限。把工商统一税及其附加、城市房地产税、车船使用牌照税、盐税、屠宰税统统合并为工商税,对国营企业只征收工商税,对集体企业只征工商税和工商所得税。税目由原来的108个减少为44个,税率由原来的141个减少为82个,实际上不同的税率只有16个,多数企业用一个税率征税。地方有权对当地新兴工业和"五小"企业(小钢铁、小机械、小化肥、小煤窑、小水泥)、社队企业、综合利用和协作生产等确定增税或减税。

3. 改革财政预算制度

实行邓小平提出的"六条方针",即预算归口管理,支出包干使用,自留预备费、结余不上交,严格控制人员编制,动用总预备费必须中央批准,加强财政监督。"六条方针"是在加强责任制的前提下下放预算权,预算资金实行包干制。减少中央财政的集中度,对地方下放了预算权、支出权、调剂权,突破了统收统支的财政预算体制,提高了地方政府的积极性。同时,财政预算管理级次由原来中央、大行政区、省(市)三级,改为中央、省(市)、县(市)三级。取消了大区的控制权力,满足了省、市、县积极性的发挥。

三、计划经济时期财政改革的特点与意义

计划经济时期的财政改革是曲折的,为了避免高度集中的财政体制的弊端,适应国民经济大规模、高速度的发展,"一五"和"二五"时期放权,到国民经济调整时期开始收权,"文化大革命"时期再次放权,形成了"一放一收"的特点。在此过程中,由于没有将"改革放权"与"制度约束"结合起来,出现了"一放就乱、一收就死"的现象,成为难以打破的"怪圈"。这是计划经济时期财政改革的一个缩影,改革的目的是好的,下放的程度难以把握,反映了这一时期探索中国特色社会主义道路的轨迹。

有这样的改革之举是难能可贵的,说明中国共产党历来坚持实事求是,反对保守落后,勇于改革创新,善于因地制宜。当然,改革是在集中统一的前提下进行的,放权让利的改革没有始终坚持下去,时放时收,只是中央集中程度有所不同而已。中央与地方政府对企事业单位实行按行政隶属关系组织收入控制支出的格局未变。改革在中央财力有限、发展任务艰巨的情况下不可能完全改掉集中统一,高度集中的财政体制和运行机制是我国经济社会形式决定的。所以,对计划经济时期的改革不能苛求,也不能和今天的改革机械地比较。

这一时期的财政改革是探索中国特色社会主义道路的结果。新中国第一代领导人善于把马克思主义与中国的实践相结合,在苏联的道路行不通的时候,开始探索中国特色社会主义道路。在这个探索的过程中开始了对高度集中的经济体制进行尝试性的改革,财政改革是其中一个组成部分。

由上可知,中国的财政改革在计划经济时期就已开始。改革高度集中的财政体制的弊端,给地方适当的财权、足够的财力、一定的自主权,是计划经济时期财政改革的中心,与我国改革开放以后财政改革的主旋律是一致的。可以说这一时期的改革是我国20世纪80年代财政全面深入改革的开端,意义是深远的。

第三节 走上改革开放的征程

1978年,新中国出现了一次重大的历史性转折。党的十一届三中全会彻底结束了"文化大革命"时期的混乱状况,停止了三十年来无休止的阶级斗争,从根本上否定了"左"的思想和历史,使全党工作重点转移到社会主义经济建设上来。以此为标志,新中国拉开了改革开放的宏伟序幕,迈进了一个崭新的历史时期。国家财政作为经济体制改革的先行者,开启了改革之旅。

一、改革开放的航船起航

1978年党的十一届三中全会提出"对内搞活经济,对外改革开放",它既是把国民经济搞上去的动员令,又是新中国改革开放的时代标杆。十一届三中全会不仅作出把全党工作的重点转移到社会主义现代化建设上的决定,而且指明各时期党和国家经济社会发展的方向和任务,部署了实现各时期发展目标的"路线图"。这一决定极大地激发了全国人民发展经济的决心和激情,很快在全国掀起经济建设的新高潮。要把经济尽快搞上去,必须彻底打破计划经济时期的体制束缚,提高各方面的积极性和生产力。对此,党的十一届三中全会指出:要实现四个现代化,就要大幅度地提高生产力,多方面地改变同生产力发展不适应的生产关系和上层建筑,改变一切不适应的管理方式、活动方式和思想方式。现在我国经济管理体制的一个严重缺点就是权力过于集中,应该有领导地大胆下放,让地方和工农业在国家统一指导下有更多的经营自主权;认真解决政企不分、以党代政、以政代企的现象,从中国实际出发,按经济规律办事。为了贯彻党的十一届三中全会精神,1979年4月召开的中央工作会议,讨论了当时的经济形势和改革的初步思路。李先念代表中共中央发表了重要讲话:集中过多,计划搞得过死,财政上统收统支,物资上统购包销,外贸上统进统出,"吃大锅饭"的思想盛行,不讲经济效果。这些都使得中央部门、地方、企业和职工个人的积极性、主动性和创造性受到了很大的限制和束缚。这种情况必须坚决加以改变,进一步完善社会主义的生产关系和上层建筑,使之更好地适应生产力发展的需要,这样才能加快四个现代化的建设速度。会议决定对经济体制进行改革,充分发挥中央、地方、企业和职工的积极性。

从1984年开始,中国的改革由局部探索走向全面推进,改革的重点从调整国民经济转向改革经济体制。这是因为改革开放初期,计划经济时期高度集中的经济体制仍然存在并影响和阻碍着国民经济的发展,要使改革的步伐迈得更快更大,必须突破旧经济体制的束缚,为发展开辟道路和创造条件。1984年10月,党的十二届三中全会作出建立"计划经济为主,市场调节为辅"的经济体制,从此我国进入有计划商品经济时期。这是对计划经济体制的重要突破,在公有制基础上的有计划商品经济要求计划必须自觉依据和运用价值规律发展商品经济,把经济真正搞活,使企业提高效率。这是一种计划经济同价值规律、商品经济相互结合、相互补充的新的经济体制。在这一经济体制下,城市经济改革的核心是增强城市企业的活力,围绕这个核心扩大企业自主权,解决好国家与全民所有制企业之间的关系、企业和职工之间的关系,保证劳动者在企业中的地位和利益。使企业真正成为独立的经济实体,自主经营、自负盈亏、自我改革和自我发展。

1987年召开的中共十三大,进一步指出经济体制改革的新目标,即经济体制改革是建立具有中国特色的、充满生机和活力的社会主义经济体制,培育社会主义市场体系。1988年召开的十三届三中全会对经济体制给予了进一步的诠释,强调经济体制改革重点是增强企业活力,改变国家与企业的关系,扩大企业自主权,确立国家、企业和职工之间的合理关系,由此培育社会主义市场体系。诠释中透露出一缕市场经济体制的曙光。

从改革开放初期到有计划商品经济时期,我国经济体制改革的主旋律是非常明确的,即打破计划经济时期经济体制的束缚,给地方政府和企业放权让利,提高地方和企业发展经济的积极性,实现经济快速发展的目标。新时期、新形势、新目标,给新中国财政提出新要求。

二、财政是经济体制改革的先行者

打破高度集中的经济体制改革从何入手?1979年4月,中央工作会议提出财政体制改革作为经济体制改革的突破口先行一步。财政之所以成为启动我国经济体制改革的突破口,首先是因为财政是一个国家调节社会分配和协调各种利益关系的枢纽。通过财政改革打破分配制度的僵局,正确处理中央与地方、国家与企业、国家与个人的分配关系,提高一切积极因素,给经济发展创造活力。其次,财政是计划经济体制下资源配置的"调度室"。计划经济体制下绝大部分经济资源由财政控制,财政在资源配置中可以先松动,成为渐进式改革中"解锁"传统体制在宏观层面的突破口,以便让体制内的一部分资源和体制外的资源能够寻求自发组合的方式。财政需要放的是一部分资源配置权,让的是地方层面配置资源的范围,在计划经济体制的边界上扩大地方分配权,才会有企业自主权的扩大、多种所有制经济形式的生长、企业和个人收入分配比重的提高、银行经营业务的扩大、物资流通的放松等等,由此形成以利益为导向、以供求为平衡、以资本为核心的市场化体制的雏形。再次是国民经济无法"停车检修",传统体制在中国不宜以"大爆炸"式改革一夜取消,改革初期需要在维护国民经济基本运转的基础上打破旧体制约束,引入新体制的活力,并通过新旧体制配置资源的能力和范围发生此消彼长的变化,使新的体制逐渐酝酿、形成。正因如此,决定了财政改革的先导地位。中央选择财政改革作为我国经济体制改革的重要突破口,赋予了其先行者的时代使命,发挥改革的先导作用。

按照新时期的任务,1982年党的第十二次全国代表大会明确提出财政工作要为实现国家的职能和党的各个时期的总路线、总任务服务,不仅要继续深化财政体制的改革,而且要竭尽全力,为建设有中国特色的社会主义强国服务。这就是按照分税制的方向进一步改革财政体制,调整好中央与地方的关系。在推进财政自身改革的同时,要积极配合计划、价格、劳动工资和商业、外贸体制的改革,逐步建立稳固和平衡的财政,争取实现财政状况的根本好转。党的十三大提出,进一步改革财政体制,在合理划分中央与地方财政收支范围的前提下实行分税制。党的十三届三中全会明确提出,改革财政体制,完善税收制度,根据公平税负、促进竞争和体现产业政策的原则,合理设置税种,确定税率,在合理划分中央与地方财政收支范围的前提下实行分税制。

三、财政改革的破冰之旅

在党和国家财政改革的方针指引下,财政改革开始了破冰之旅,改革的主旋律是给地方和企业"放权让利",改变计划经济体制下国家与地方、企业的分配关系。

首先,对财政体制进行了重大改革。1980年打破"统收统支"财政体制的僵局,中央与地方"分灶吃饭",实行"划分收支,分级包干"的财政体制,结束了过去地方、企业、职工长期吃国家财政"大锅饭"的局面,加快了地方国民经济的发展步伐。1985年实行"划分税种,核定收支、分级包干"的财政体制,进一步调动了地方政府理财和增收节支的积极性。1988年实行了"大包干"财政体制,进一步加大地方政府的财政自主权,彻底打破了计划经济时期高度集中的财政体制。

其次,改革国家与国营企业的分配关系。计划经济体制下的国营企业全由国家包养,国家包生产、包计划、包产品、包销售,资金由财政划拨,利润全部上缴财政,既没有自主权,也缺乏创造性。这种企业管理体制形成职工吃企业的"大锅饭"、企业吃国家的"大锅饭"的局面,严重影响了生产力的提高和国民经济的发展。为提高企业的积极性和自主性,1979年实行"利润留成"制,1981年改为"利润包干",1983年对企业实行第一步"利改税",1984年实施第二步"利改税"。从此国营企业按规向国家纳税,税后利润归企业支配。企业有了一定的财力保障和自主权,促进了企业转换经营机制,逐步向自主经营、自负盈亏的市场经济实体转化。1988年开始对企业实行"税利分流",税后利润采取多种形式的承包办法上交国家。国家与企业的分配关系走向"税利分流,税后还贷,税后承包"的新格局,初步建立了国家与企业利益共享和风险共担机制。

再次,对工商税制进行改革开放后第一轮全面改革。在完善税收、公平税负、促进竞争和体现产业政策的原则下,重点改革和完善流转税,进一步改革所得税,完善地方税,建立特殊调节税;建立、完善和恢复固定资产投资方向调节税、特别消费税、房产税、印花税、城镇土地使用税、耕地占用税、筵席税;同时完善关税制度,为征收关税提供法律依据。随着对外开放的扩大和深入,这一时期税制改革的另一个重要内容是建立健全涉外税收法规,相继颁布实施了《中外合资经营企业所得税法》、《外商投资企业和外国企业所得税法》和《个人所得税法》,并由财政部制定三个税法的实施细则。与此配合,制定了涉外税收优惠政策、经济特区和沿海港口城市涉外税收优惠政策等,到1984年已初步建立起一套比较完整的涉外税收法规。我国税制经过这次全面改革开始走向完善,初步形成了一个适应我国国情的多税种、多层次、多环节的流转税与所得税并重的复合型税收体系,在保障国家财政收入和宏观调控中发挥了重大作用。

这次财税改革的显著特点之一是"放权让利",在财政体制改革方面体现得特别突出,目的是打破高度集中的财政体制,跳出计划经济时期"时放时收"的轨迹,全面地放,完全地让。特点之二是范围广、规模大、力度深,在税制改革中也表现得尤为突出,成为我国改革开放后第一次全面的、大规模的、深力度的税制改革。这次财政税制改革的破冰之旅与党和国家改革开放的步调紧密联系,完全一致,有效地打开了我国经济体制改革的新局面。

第四节 扬起改革开放的风帆

我国从1978年十一届三中全会之后迈开了改革开放的步伐,但改革是在计划经济体制基础上进行的,改革的特点仍然是对计划经济体制的某些突破,或者说是在计划经济体制之外进行的一些改革,形成这一时期新旧制度并存、计划经济与商品经济相结合的体制。这还不是我国改革开放的目标,经济体制改革要向新的目标进发。

一、社会主义市场经济体制的确立

1992年,邓小平南方谈话揭示了社会主义的本质,奠定了社会主义市场经济理论基础,指明了建立社会主义市场经济目标。1992年10月,党的十四大明确提出:中国经济体制改革的目标是建立社会主义市场经济体制,以利于进一步解放和发展生产力。我国改革开放史上有两个重大转变,如果说1978年十一届三中全会是第一个伟大历史性转折的话,那么第二个转折就是1993年党的十四届三中全会。第一个转折使我国从单一公有制经济进入有计划商品经济时期,确立了商品经济的存在和作用;第二个转折使我国从计划和商品经济相结合的模式进入社会主义市场经济模式,确立了市场机制在经济发展中的地位和基础性作用。党的十四届三中全会通过的《中共中央关于建立社会主义市场经济体制若干问题的决定》,构建了社会主义市场经济体制的基本框架,把十四大确定的经济体制改革目标和基本原则系统化、具体化。决定指出建立社会主义市场经济体制就是要使市场在国家宏观调控下对资源配置起基础性作用,为实现这个目标必须坚持以公有制为主体、多种经济成分共同发展的方针。进一步转换国有企业经营机制,建立适应市场经济要求、产权清晰、权责明确、政企分开、管理科学的现代企业制度。建立全国统一开放的市场体系,实现城乡市场紧密结合,国内市场与国际市场相互衔接,促进资源的优化配置。强调建立社会主义市场经济体制是一项开创性的伟大事业,各级党委和政府要把更大的精力集中到加快改革上来。紧紧抓住建立现代企业制度、市场体系和金融、财税、计划、投资、外贸等重点领域的改革,取得新的突破。

同时,《中共中央关于制定国民经济和社会发展十年规划和"八五"计划的建议》也强调指出:"在我国社会主义现代化建设的历史进程中,本世纪最后十年是非常关键的时期","直接关系到我国社会主义的兴衰成败,关系到中华民族的前途命运"。为此,规定了我国实现第二步战略目标的基本要求,即在大力提高经济效益和优化经济结构的基础上,国民生产总值到20世纪末比1980年翻两番,全国人民生活从温饱达到小康水平,发展教育事业,推动科技进步,改善经济管理,调整经济结构,加强重点建设,为21世纪初叶我国经济和社会的持续发展奠定物质技术基础。促进市场经济体制的建立,实现我国第二步战略目标,更需要财政改革的保驾护航,财政改革在通往市场经济体制的征程上再次扬起风帆。

二、市场经济体制对财政改革的要求

建立社会主义市场经济体制的目标确定后,对财政改革又提出新要求。1992年3月20日,国务院总理李鹏在第七届全国人民代表大会第五次会议上指出:要加快分税制和税利分流改革试点的步伐,探索理顺中央和地方、国家和企业分配关系的途径。1993年3月,党的十四届二中全会提出:加快财政改革和发展的步伐,逐步扭转国家财政困难的局面。要采取有力措施,进一步完善税制,加强税收征管工作,严肃财经法纪,使财政收入随着经济的增长相应增加。1993年4月,八届全国人大一次会议也提出:要进一步改革财政税收体制,完善复式预算制度,强化财政预算约束。理顺中央与地方、国家与企业的分配关系,改革方向是实行中央与地方的分税制和国有企业的税利分流。1993年11月,党的十四届三中全会提出:社会主义市场经济宏观调控主要采用经济办法,要在财税、金融、投资和计划体制的改革方面迈出重大步伐。其中,财政运用预算和税收手段,着重调节经济结构和社会分配。全会通过了《中共中央关于建立社会主义市场经济体制若干问题的决定》,提出要积极推进财税体制改革,指出近期改革的重点,一是把现行地方财政包干制改为在合理划分中央与地方事权基础上的分税制,建立中央税收和地方税收体系。把维护国家权益和实施宏观调控所必需的税种列为中央税,同经济发展直接相关的主要税种列为共享税,充实地方税税种,扩大财源,合理确定中央财政收入和地方财政收入的比例。实行中央财政对地方的返还和转移支付制度,以调节分配结构和地区结构,特别是扶持经济不发达地区的发展和老工业基地的改造。二是按照统一税法、公平税负、简化税制和合理分权的原则,改革和完善税收制度。推行以增值税为主体的流转税制度,对少数商品征收消费税,对大部分非商品经营继续征收营业税。在降低国有企业所得税税率、取消国家能源交通重点建设基金和预算调节基金的基础上,企业依法纳税,理顺国家与国有企业的利润分配关系。统一企业所得税和个人所得税,规范税率、扩大税基。开征和调整某些税种,清理税收减免,严格税收征管,堵塞税收流失。为此在调控体系和保障制度上,提出适时开征遗产税和赠与税,开征和调整房地产税费,防止在房地产交易中获取暴利和国家收益的流失。

《中共中央关于制定国民经济和社会发展十年规划和"八五"计划的建议》中也多次强调加强税收工作,发挥其调节作用。提出第八个五年计划期间在完善和发展企业承包经营责任制的同时,继续进行税利分流、税后还贷、税后承包的试点,积累经验,并根据现实条件和不同企业的情况,逐步过渡,分期实行。在继续稳定和完善财政包干体制的同时,进行分税制试点。对过高收入要通过税收(包括个人收入调节税、遗产税和赠与税等)进行必要的调节。逐步理顺税制结构,强化税收管理,严格以法治税,充分发挥税收在增加财政收入和宏观经济调控中的职能作用。

在党中央的指引和经济体制改革的呼唤下,国家财政坚定不移地为建立社会主义市场经济体制迎来一场更加深刻的改革。

三、促进市场经济体制建立的财政改革

第一,实行分税制财政体制改革。分税制改革的目的主要是按照市场经济体制的要求,正确规范国家与企业、中央与地方的财政分配关系,提高两个积极性。1993年底,国务院发布《关于实行分税制财政管理体制的决定》,1994年1月1日在全国实施。改革的指导思想,一是正确处理中央与地方的分配关系,调动两个积极性,促进国家财政收入合理增长。既要考虑地方利益,调动地方发展经济、增收节支的积极性,又要逐步提高中央财政收入的比重,适当增加中央财力,增强中央政府的宏观调控能力。二是合理调节地区之间财力分配。既要有利于经济发达地区继续保持较快的发展势头,又要通过中央财政对地方的税收返还和转移支付,扶持经济不发达地区的发展和老工业基地的改造,同时促使地方加强对财政支出的约束。三是坚持统一政策与分级管理相结合。划分税种不仅要考虑中央与地方的收入分配,还必须考虑税收对经济发展和社会分配的调节作用。中央税、共享税以及地方税的立法权都要集中在中央,以保证中央政令统一,维护全国统一市场和企业平等竞争。税收实行分级征管,中央税和共享税由国家税务机构负责征收,地方税由地方税务机构负责征收。四是整体设计与逐步推进相结合。既要借鉴国外经验,又要从我国实际出发。在明确改革目标的基础上力求规范化,但必须抓住重点,分步实施,逐步完善。改

革的基本原则是:有利于强化宏观经济管理,保证国家产业政策和宏观调控措施的顺利贯彻,改变地区盲目建设的状况;有利于财权与事权相统一,权责利相结合,建立合理的理财激励机制,把增强自身财力作为重点;有利于中央适当集中财力,同时考虑地方利益,逐步提高中央财政收入占整个财政收入的比重;有利于地区间经济均衡发展,体制上体现因地制宜,区别对待,避免"一刀切";有利于建立中央和地方相对独立的收支体系,打破各级财政之间相互依赖、相互挤占的局面,促进各级政府积极组织收入,合理安排支出,自求平衡。分税制财政体制改革的实施,初步建立了符合社会主义市场经济要求的财政体制框架,纠正了"放权让利"的负面影响,规范了政府间财政分配关系,是我国财政体制的一次质的飞跃。

第二,构建公共财政体系。我国社会主义市场经济体制建立后,与市场经济体制相匹配的公共财政体系开始建立。我国公共财政自1998年正式确定,财政定位从国家本位转变为民众本位,从治与被治的关系转变为委托代理关系;财政职责由经济建设型转变为公共服务型,主要向社会提供公共产品和公共服务;财政职能从资源配置主体转变为弥补市场失灵。公共财政体系不断建立完善,即建立公共预算,公共产品和公共服务支出占预算结构的主体;建立公共税收,统一税法,公平税负,充分体现税收公平、中性、透明、普遍的原则;建立公共支出,逐步退出经营性和竞争性投资领域,改变原来无所不包、无所不揽的传统做法;加强财政公开透明,自觉接受社会监督。建立公共财政体系是这一时期财政的一项重大改革,使我国计划经济时期经济建设型财政转型为市场经济时期公共服务型财政,从此我国走上了公共财政时代。

第三,建立复式预算和部门预算改革。1994年,全国人大会议审议通过了新的《预算法》,国务院相应颁布《预算法实施条例》,使新中国长达45年之久的预算法得到完善,成为财政改革和财政政策确立以及财政管理的基本依据,同时也提高了财政预算制度的权威性和严肃性,对增强预算的法治性、强化预算管理和监督具有重大意义。这一时期财政预算体制的改革,首先体现为建立五级财政预算。从1953年开始我国实行中央、省(市)和县(市)三级财政预算体系,1982年建立地市一级预算,1985年建立乡、镇一级预算。国家预算体制从三级变为五级,从此实现了一级政权、一级财政、一级预算的建设目标。其次实行复式预算改革。我国建国以来财政预算一直采用单式的编制方法,不适应改革开放以来国民经济成分的多样化发展,不适合国民收入多样化格局,不适合社会投资多元化体制。1992

年实行复式预算改革,这是我国预算管理制度的重大改革,实现了经常性预算保持收支平衡而经济建设性预算保持合理规模的目的,保障了国民经济持续、稳定、协调发展。2000年开始部门预算改革,坚持一个部门一年预算,收入全部纳入预算管理,基本支出定员定额,解决了预算编制不实的问题。

第四,建立符合市场经济的税收体系。1993年11月,国务院先后审议并原则通过国家税务总局草拟的《工商税制改革实施方案》和增值税、消费税、营业税、企业所得税、资源税、土地增值税等六个税收暂行条例。决定从1994年起在全国实施,我国税制第二次大规模的改革全面开始。一是建立以增值税为主体的新流转税制度。在保持总体税负不变的情况下,彻底改变原流转税按产品分设税目、分税目制定差别税率的传统做法,确立了在生产和流通环节普遍征收增值税,并实行价外计税的办法。二是选择少数产品征收消费税,范围限于生产、委托加工和允许进口的消费品。三是改革营业税,重新规定营业税的征收范围和纳税人,合理调整营业税税目。四是统一国内企业所得税制度,对各种所有制和各种经营形式的企业均实行统一的企业所得税,同时取消国有企业调节税、税前还贷等规定,为理顺国家与企业的分配关系,为各类不同性质的企业能够平等竞争创造了环境。五是统一个人所得税,以适用于有纳税义务的中国公民和从中国境内取得收入的外籍人员。六是改革农业税,将原来的农林特产农业税和原工商统一税中的农林牧水产品税目合并,改为农业特产税。七是调整改革其他税制,即开征土地增值税,改革资源税,改革城市维护建设税,征收证券交易税。改革后形成了以增值税为主体、消费税和营业税为补充的现代流转税体系。

第五,建立转移支付制度。分税制财政体制建立后,需要通过转移支付制度调节中央和地方财政分配关系。1995年我国建立了过渡期转移支付,在不调整地方既得利益的前提下,中央财政从地方收入增量中拿出一部分资金,用于调整地区利益分配格局。转移支付制度坚持兼顾公平和效率的原则,力求公正、合理、规范。重点是缓解地方财政运行中的突出矛盾,体现对民族地区的适度倾斜。中央对地方转移支付主要分为三类:第一类是财力性转移支付,用于增强财政困难地方政府的财力,促进基本公共服务均等化;第二类是专项转移支付,主要落实中央政府的宏观调控和产业政策;第三类是税收返还,中央将地方政府在分税制改革中上划中央的两税收入按基数和增长部分返还给地方。转移支付制度作为分税制的配套措施,在协调中央与地方财政分配关系中发挥着重要的作用。

第六,建立政府采购制度。我国从1998年开始正式建立政府采购制度,财政部先后颁布了《政府采购管理暂行办法》和《政府采购招标投标管理暂行办法》等规章制度,对政府采购的范围、管理机构、采购模式、采购资金拨付以及采购监督等有关方面作出详细规定,明确了中介组织准入政府采购市场的条件、程序,以及政府采购资金预算单列和支付形式等。2003年《政府采购法》出台,使我国政府采购走向规范轨道。以《政府采购法》为指引,政府采购制度不断得到完善。一是建立了政府采购管理体系,二是建立完善一系列政府采购制度,三是形成了有效的运行机制,四是实行"管采分离"制度,五是政府采购职能由以采购货物和服务为主转向落实国家产业政策和宏观调控。政府采购制度代替了原来各部门和单位自行采购的做法,避免了暗箱操作,制止了腐败现象。在财政资金的使用上做到了规范、公开、透明、公正、公平,产生了良好的效果。

第七,建立国库集中收付制度。我国传统国库支付制度是在计划经济时代制定的,资金使用效率低,财政收支信息反馈不实,财政资金运行不安全,与市场经济体制的要求不相适应。2001年国库集中收付改革在我国推行,第一步是建立国库单一账户体系,包括五种不同形式:一是财政部门在中国人民银行开设国库单一账户,此为国库存款账户;二是财政部门按资金使用性质在商业银行开设零余额账户,用于财政直接支付及与国库单一账户进行支出清算;三是财政部门在商业银行为预算单位开设零余额账户,用于财政授权支付和清算;四是财政部门在商业银行开设预算外资金财政专户,用于预算外资金日常收支清算;五是特设专户,用于记录、核算和反映预算单位的特殊专项支出活动,并用于与国库单一账户的清算。第二步是规范收入收缴程序。财政收入采用直接缴库和集中缴库两种方式。直接缴库,由纳税人通过开户银行将税款缴入国库单一账户;集中缴库,由征收机构在收缴当日汇总缴入国库单一账户。第三步是规范支付方式和程序。按照不同的支付主体,不同类型的支出包括财政直接支付和财政授权支付两种方式。财政直接支付由财政部门开具支付令,通过国库单一账户体系,直接将财政资金支付到商品和劳务供应者。财政授权支付由预算单位根据财政授权自行开具支付令,通过国库单一账户体系将资金支付到收款人账户。这一改革有效地解决了原来财政资金运行中"雁过拔毛"的现象,财政资金由国库支付中心直接拨付到项目单位、商品和劳务供应者,促使财政收入及时、足额入库,保障了财政资金安全,加快了资金运行速度,提高了资金使用效率,实现了全面监督。

1994年前后的财政改革是新中国历史上第二次重大改革。这次改革的显著特点首先是范围大。改革覆盖财政税收的方方面面,包括财政体制、税收制度、财政预算法、预算制度、转移支付制度、政府采购制度、国库支付制度,还有企业会计及财务制度等等。其次是改革的力度大。如分税制财政体制基本上与国际接轨,财政职能从经济建设型转变为公共服务型,财政预算从单式转为复式,财政改革前后变化非常大。再次是改革的规模大。集中反映在税制改革方面,建立新的流转税体系,统一国内企业所得税,统一个人所得税,几乎所有的税种都进行了不同程度的改革。还有一个特点是优化税制,在复合税制的基础上不是继续增加,而是合并税目、精简税制结构,即"统一税法、简化税制"。这与计划经济时期的简化税制是不同的,通过精简税制避免重复征税,规范分配方式,理顺分配关系,保障国家财政收入的稳定增长。这次财税大改革的原因更加明确,它的出发点和归宿点都是围绕建立市场经济体制展开的,改革在促进市场经济体制建立上发挥着巨大的作用,具有重要地位。

第五节 改革征途向深入发展

2003年党的十六届三中全会,针对宏观经济中存在的各种问题,提出《中共中央关于完善社会主义市场经济体制若干问题的决定》,并明确了完善社会主义市场经济体制的目标、任务、指导思想和原则。以此为标志,我国经济踏上深化改革的新征程,财政改革按照新时期的需要向深入发展。

一、完善市场经济体制的目标

中国改革开放进入21世纪以后出现了一系列阶段性特征。经济实力显著增强但生产力总水平还不高,社会主义市场经济体制初步建立但影响发展的机制障碍依然存在,人民生活总体上达到小康水平但收入差距不断拉大,协调发展取得明显成绩但缩小城乡、地区差距的任务非常艰巨。因此,2002年党的十六大提出全面建设小康社会的奋斗目标,要求在21世纪头二十年全面建设惠及十几亿人口的更高水平的小康社会,使经济更加发展、民主更加健全、科教更加进步、文化更加繁荣、人民生活更加殷实。小康社会的经济目标是在优化结构和提高效益的基础上,国内生产总值到2020年比2000年翻两番,综合国力和国际竞争力明显增强。基本实现工业化,建成完善的社会主义市场经济体制和更具活力、更加开放的经济体系。城镇人口的比重较大幅度提高,工农差别、城乡差别、地区差别扩大的局势逐步扭转。社会保障体系比较健全,社会就业比较充分,家庭财产普遍增加,人民过上更加富足的生活。生态环境得到改善,资源利用效率显著提高,可持续发展能力不断加强。促进人与自然的和谐,推动整个社会走上生产发展、生活富裕、生态良好的文明发展道路。为了这个目标,必须走新型工业化道路,大力实施科教兴国和可持续发展战略;全面繁荣农村经济,加快城镇化进程;积极推进西部大开发,促进区域经济协调发展;完善基本经济制度,深化国有资产管理体制;健全现代市场体系,完善宏观调控;深化分配制度改革,全面提高对外开放水平。

2007年党的十七大对全面建设小康社会目标提出更高要求。提出增强发展协调性,努力实现经济又好又快发展。扩大社会民主,更好地保障人民权益和社会公平正义。加强文化建设,明显提高全民文化素质。加快发展社会事业,全面改善人民生活。建设生态文明,基本形成节约能源资源和保护生态环境的产业结构、增长方式和消费模式。到2020年,我国将成为工业化基本实现、综合国力显著增强、国内市场总体规模位居世界前列的国家,成为人民富裕程度普遍提高、生活质量明显改善、生态环境良好的国家,成为各方面制度更加完善、社会更加充满活力又安定团结的国家。为此,强调深入贯彻科学发展观,坚持把发展作为执政兴国第一要义;坚持以人为本、促进人的全面发展;坚持全面协调可持续发展,包括统筹城乡发展、区域发展、经济社会发展、人与自然和谐发展、国内发展和对外开放,统筹中央和地方关系,统筹个人利益和集体利益、局部利益和整体利益、当前利益和长远利益,统筹国内和国外两个大局。努力形成全体人民各尽其能、各得其所的和谐相处社会,为发展提供良好的社会环境。全面建设小康社会的任务是,提高自主创新能力,加快转变经济发展方式,推动产业结构优化升级,统筹城乡、区域协调发展,完善基本经济制度,健全现代市场体系,提高开放型经济水平。

二、完善市场经济体制对财政的要求

完善市场经济体制的目标,就是财政发展改革的目标。党中央提出的各项任务和措施都需要财政贯彻落实,不论转变经济发展方式和产业结构优化升级、生态环境保护、区域协调发展,还是加强宏观调控、实施"科教兴国"战略、深化分配制度改革、健全社会保障体系、扩大就业、改善人民生活水平、建设社会主义新农村等等,都离不开财政税收的调节和支持。新时期、新任务对财政改革提出新要求。党的十六大提出,完善国家计划和财政政策、货币政策等相互配合的宏观调控体系,发挥经济杠杆的调节作用。深化财政、税收、金融和投融资体制改革。完善预算决策和管理制度,加强对财政收支的监督,强化税收征管。党的十七大特别强调完善公共财政体系,深化预算制度,强化预算管理和监督,健全中央和地方财力与事权相匹配的体制,加快形成统一、规范、透明的财政转移支付制度,提高一般性转移支付规模和比例,加大公共服务领域投入。完善省以下财政体制,增强基层政府提供公共服务能力。实行有利于科学发展观的财税制度,建立健全资源有偿使用制度和生态环境补偿机制。

三、财政制度改革的深化

国家财政按照党和国家的要求,积极深化财政改革,为全面建设小康社会和落实科学发展观发挥杠杆作用。

第一,完善省以下分税制财政体制。首先是"省直管县"财政体制改革。为了解决县级财政困难问题,从2005年开始在全国实行"省直管县"改革。经过改革,全国县级财政一律由省级财政直接管理,年终财政结算项目、结算数额,由省财政直接结算到县(市)。省财政直接确定各县(市)的资金留解比例,预算执行中的资金调度由省财政直接拨付到县(市)。"省直管县"管理方式是我国省以下财政体制改革的创新,有利于减少财政管理层次,降低行政成本,缓解县级财政困难。其次是乡镇财政管理体制改革。实行"乡财县管乡用"的财政管理模式,将乡镇财政收支纳入县级预算管理,县乡"预算共编、账户统设、集中收付、采购统办、票据统管"。统一设置财政收支结算账户,实行国库集中支付和政府采购,票据由县级财政统管。改革有效制止了乡镇"乱收费、乱进人、乱花钱、乱举债"的行为,缓解了乡镇财政困难,推动了乡镇政府职能转变,强化了财政监督。

第二,调整中央与地方财政分配关系。1994年分税制改革时出口退税由中央全部负担,1998年实施积极财政政策后出口退税额持续高速增长,给中央财政造成沉重负担。从2004年起建立中央和地方共同负担新机制,中央和地方按75:25的比例分担,2005年按照92.5:7.5的比例负担。解决了多年的累欠退税问题,使中央和地方的负担得到合理调整。

第三,完善财政预算制度。一是全面推行部门预算。与社会主义市场经济体制相适应的部门预算框架已基本构成,增强了财政预算的完整性和真实性。二是建立完整的政府预算体系。将大量的预算外资金纳入预算管理,逐步形成公共预算、国有资本经营预算、政府基金预算、社会保险基金预算体系。三是建立预算支出绩效评价制度。财政部 2005 年制定《中央部门预算支出绩效考评管理办法(试行)》,之后随着范围的扩大不断完善,至 2011 年发布全国性的《财政支出绩效评价管理暂行办法》[①],对评价对象、绩效目标、绩效评价指标、评价标准和方法、绩效评价的组织管理和工作程序、绩效报告和绩效评价报告、绩效评价结果及其应用作出详细规定。2011 年 4 月财政部第一次全国预算绩效管理工作会议上,财政部副部长廖晓军提出,"全面推进预算绩效管理,建立覆盖所有财政性资金,贯穿预算编制、执行、监督全过程的具有中国特色的预算绩效管理体系"。2012 年制定《预算绩效管理工作规划(2012—2015 年)》,并根据规划制定了县级财政支出管理绩效综合评价方案和部门支出管理绩效综合评价方案,标志着我国预算支出绩效评价制度在全国实施,财政支出资金使用效率和效益大大提高。四是实施预算收支分类改革。为了适应公共财政的要求,2006 年确立新的政府收入分类,全面、规范、明细地反映政府各项收入,形成比较完整、统一的政府收入分类;确立新的政府支出功能分类,清晰反映政府职能活动的支出总量、结构与方向,涵盖了财政预算内外、社会保险基金等所有政府支出,改变了预算外资金长期游离于政府预算收支科目之外的状况;确立新的政府支出经济分类,全面反映政府各项支出的具体用途,充分满足细化预算和强化经济分析的要求。通过分类改革,将原来粗略反映政府部分支出性质的附属科目表改变成一个可按支出具体用途独立反映全部政府支出活动的分类系统,这是建国以来我国财政收支分类统计体系最为重大的一次调整,也是我国财政预算管理制度的又一次创新。

第四,完善符合市场经济的税制体系。按照十六届三中全会分步实施税收制度改革的要求,以简税制、宽税基、低税率、严征管为原则,开始了我国改革开放后第三次大规模的税制调整与改革。一是增值税转型改革。从 2004 年开始,将生产型增值税转型为消费型增值税。在维持现行增值税税率不变的前提下,所有增值税一般纳税人可以抵扣其新购进设备所含的进项税额,消除我国生产型增值税产生的重复征税,企业税收负担显著降低。二是开展"营改增"改革试点。2011 年 10 月在上海交通运输业及部

---

① 财政部 2011 年修订印发新的《财政支出绩效评价管理暂行办法》(财预〔2011〕285 号)后,2005 年《中央部门预算支出绩效考评管理办法(试行)》(财预〔2005〕86 号)和 2009 年《财政支出绩效评价管理暂行办法》(财预〔2009〕76 号)同时废止。

分现代服务业先行试点,拉开了我国"营改增"序幕,为消除营业税重复征税、促进制造业转型升级、减少税收征管成本、提高服务业国际竞争力创造条件。三是调整消费税。增加消费税税目,扩大税基,调整税率及相关政策,是1994年税制改革以来消费税规模最大的一次改革,对促进环境保护和资源节约有重要意义。四是调整营业税税率。2003年,中国金融保险业的营业税税率降到5%,农村信用社按照5%的税率征收营业税。五是改革个人所得税。实行综合与分类相结合的个人所得税制,从2006年起个人所得税、工资、薪酬扣除标准从800元提高到1600元。六是统一内外资企业所得税。从2008年开始均按33%征税,结束了内外有别的两套企业所得税的历史。七是调整出口退税制。从2004年开始降低一般性出口产品退税率,调低或取消国家限制出口产品和部分资源性产品出口退税率,经过不断调整,我国关税税率总水平2007年降到9.8%。八是改革城镇建设税。决定条件具备时对不动产开征统一规范的物业税,相应取消有关收费。九是完善其他税制。修订耕地占用税、城镇土地使用税,统一车船税等等。经过这次大规模、深力度的税制改革与调整,一个有利于市场经济体制完善的税制建立起来。

第五,全面开展农村税费改革。针对这一时期国家禁止乱收费、乱摊派、乱集资的政策,从2003年起全面开展农村税费改革,成为21世纪我国农村税费改革运动。这次改革主要是"清税废费",把向农民征收的不合理的各种费彻底清除,将合理的费纳入税收管理。2004年通过清理废除的不合理收费上千种,减轻农民负担137亿元,农民减负多达70%～80%。同时,从2004年起减免农业税和全面取消除烟叶以外的农业特产税,2006年全面废除农业税,从此针对农民开征的税费全面消失,有力地缓解了"三农"问题。从此,农民脱离税费困境,进入无农业类税费的新时代。

这一时期的财政改革是紧紧围绕促进市场经济体制完善的主线进行的。相对1994年财政税收改革,这一轮改革的特点是结构性改革、渐进式调整,重点在于完善。财政税制改革大部分内容都是从完善的目标出发,进行调整、修订、补充、健全等,改革的比重虽然相对少但力度大,如全面推行部门预算、政府集中支付、财政收支科目分类、废除农业税等。改革的方式也是逐步实施,在稳定现有财政体制、税收体制的基础上对不完善的地方进行改革,也就是对不利于市场经济体制完善的部分进行改革。

第六节　新时代财政改革的取向

2012年党的十八大以来,我国经济社会发展中长期存在的深层次问题凸显出来,矛盾叠加,改革进入深水区。同时受世界金融危机的影响,通货紧缩还没有完全消除,经济增长长期在中低速轨道运行,宏观经济形势仍然严峻。财政配合党和国家稳增长、调结构、去库存、降成本等政策的实施,展开一系列新的改革。

一、新时代经济社会发展新目标

世界金融危机之后,国内外形势复杂多变,我国同时面临着前所未有的发展机遇期和风险挑战期。2012年党的十八大指出全面建成小康社会,加快推进社会主义现代化,实现中华民族伟大复兴的宏伟目标。实现这一目标的总布局是"五位一体",总方针是坚持人民主体地位,坚持解放和发展社会生产力,坚持社会公平正义,坚持走共同富裕道路,坚持促进社会和谐。实现这一目标的途径是全面深化改革开放,破除一切体制机制弊端。首先,推进经济结构战略性调整,加快经济发展方式转变,保持经济持续健康发展,国内生产总值和城乡居民人均收入比2010年翻一番。基本实现工业化,标志是信息化水平大幅提升,城镇化质量明显提高,农业现代化和社会主义新农村建设取得显著成效,区域协调发展机制基本形成,国际竞争力明显增强。其次,保持社会和谐稳定,人民生活水平全面提高,总体实现基本公共服务均等化。全民受教育程度明显提高,收入分配差距缩小,社会保障全民覆盖,基本住房保障形成体系。再次,建立资源节约型、环境友好型社会。初步建立资源循环利用体系,森林覆盖率提高,生态系统稳定性增强,人与自然和谐发展。

2017年党的十九大发出决胜全面建成小康社会,夺取新时代中国特色社会主义伟大胜利的进军号,开启了全面建设社会主义现代化国家的新征程。从2017—2020年建成经济更加发展、民主更加健全、科教更加进步、文化更加繁荣、社会更加和谐、人民生活更加殷实的小康社会;2020—2035年实现社会主义现代化,经济实力和科技实力大幅提升,国家治理体系和治理能力现代化基本实现。公共服务均等化基本实现,人民生活更加富裕,城乡区域差距和人民生活水平差距显著缩小,共同富裕迈出坚实步伐。生态环境根本好转,美丽中国目标基本实现。到2035年即21世纪中叶,把我国建设成为富强民主文明和谐美丽的社会主义现代化强国,成为综合国力和国际影响力领先的国家,以更加昂扬的姿态屹立于世界民族之林。

二、新时代对财政改革的要求

财政是国家治理的基础和支柱,新时代党和国家的新战略、新目标、新任务,必然对财政改革提出新要求。党的十八大提出,加快改革财税体制,健全中央和地方财力与事权相匹配的体制,完善促进基本公共服务均等化和主体功能区建设的公共财政体系。构建地方税体系,形成有利于结构优化、社会公平的税收制度。建立公共资源出让收益合理共享机制。在此基础上,党的十九大进一步提出加快建立现代财政制度,建立权责清晰、财力协调、区域均衡的中央和地方财政关系。建立全面规范透明、标准科学、约束有力的预算制度,全面实行绩效管理。深化税收制度改革,健全地方税体系。这是新时代财税体制改革的总方向、总目标、总任务。

三、财政改革向新目标进发

按照党和国家的要求,财政改革不断加快步伐,一系列重大改革措施密集推出实施。

(一)进一步完善财政体制

这一时期完善财政体制的重点是实施中央与地方财政事权和支出责任划分改革。根据国务院《关于推进中央与地方财政事权和支出责任划分改革的指导意见》,2016年改革的总体规划:一是形成科学合理、职责明确的财政事权和支出责任划分体系,二是财政事权的确认和划分由中央决定,三是充分发挥市场在资源配置中的决定性作用,四是坚持法治化规范化道路,五是坚持积极稳妥统筹推进。事权与支出责任划分要坚持体现基本公共服务受益范围的原则、兼顾政府职能和行政效率的原则、实现权责利相统一的原则、激励地方政府主动作为和支出责任与财政事权相适应的原则。改革首先是划分中央财政事权、地方财政事权和中央与地方的共同财政事权。一方面适度加强中央的财政事权,逐步将国防、外交、全国性和战略性的自然资源使用和保护等基本公共服务确定或上划为中央的财政事权;另一方面保障地方履行财政事权,将直接面向基层、与当地居民密切相关、由地方提供更方便有效的基本公共服务确定为地方的财政事权;规范中央与地方共同财政事权,逐步将体现中央战略意图、跨省(区、市)且具有地域管理信息优势的基本公共服务确定为中央与地方共同财政事权。

其次是完善中央与地方支出责任划分。属于中央的财政事权由中央财政安排经费,中央各职能部门和直属机构不得要求地方安排配套资金。中央的财政事权如委托地方行使要通过中央专项转移支付安排相应经费;属于地方财政事权原则上由地方通过自有财力安排,出现的收支缺口部分资本性支出通过依法发行政府性债券等方式安排,除此通过上级政府给予的一般性转移支付弥补。地方的财政事权如委托中央机构行使,地方政府应负担相应经费;中央与地方共同财政事权区分情况划分支出责任,基本养老保险、基本公共卫生服务、义务教育等,由中央与地方按比例或以中央为主承担支出责任。跨省(区、市)重大基础设施项目建设、环境保护与治理、公共文化等,由中央与地方按比例或中央给予适当补助方式承担支出责任;对中央与地方各自机构承担相应职责的财政事权如科技研发、高等教育等,中央与地方各自承担相应支出责任;对中央承担监督管理、出台规划、制定标准等职责,地方承担具体执行等职责的财政事权,中央与地方各自承担相应支出责任。

再次是加快省以下财政事权和支出责任划分。将部分适宜由更高一级政府承担的基本公共服务职能上移,避免将过多支出责任交给基层政府承担;将有关居民生活、社会治安、城乡建设、公共设施管理等适宜由基层政府发挥信息和管理优势的基本公共服务职能下移,强化基层政府贯彻执行国家政策和上级政府政策的责任。这次改革对中央与地方财政事权和支出责任划分具有实质性的推进。

2018年,改革的重点是基本公共服务领域中央与地方共同财政事权和支出责任的划分。根据《基本公共服务领域中央与地方共同财政事权和支出责任划分改革方案》,首先,明确基本公共服务领域中央与地方共同财政事权范围。将涉及人民群众基本生活和发展需要、现有管理体制和政策比较清晰、由中央与地方共同承担支出责任、以人员或家庭为补助对象或分配依据、需要优先和重点保障的基本公共服务事项,纳入中央与地方共同财政事权范围,目前暂定为八大类18项。其次,制定基本公共服务保障标准。国家基础标准由中央制定和调整,并根据经济社会发展逐步提高,地方在确保国家基础标准落实到位的前提下,因地制宜制定高于国家基础标准的地区标准,高出部分所需资金自行负担。再次,规范基本公共服务领域中央与地方共同财政事权的支出责任分担方式。对中等职业教育国家助学金、中等职业教育免学费补助等7个事项,中央分五档按照不同的比例分担;义务教育公用经费保障等按比例分担、按项目分担或按标准定额补助,其中义务教育公用经费保障和家庭困难学生生活补助由中央与地方按比例分担支出责任,对人口较少的民族寄宿生增加的生活补助由中央财政承担;城乡居民基本养老保险补助,中央确定的基础养老金标准部分,中央对第一档和第二档承担全部支出责任,其余按比例负担;免费提供教科书、免费提供国家规定课程教科书和免费为小学一年级新生提供正版学生字典所需经费,由中央财政承担,免费提供地方课程教科书所需经费,由地方财政承担;贫困地区学生营养膳食补助,国家试点所需经费由中央财政承担,地方试点所需经费由地方财政统筹安排,中央财政给予生均定额奖补;受灾人员救助、遭受重特大自然灾害的省份,中央财政按规定的补助标准给予适当补助,灾害救助所需其余资金由地方财政承担;基本公共就业服务、医疗救助、困难群众救助、残疾人服务、城乡保障性安居工程事项,中央分担比例主要依据地方财力状况、保障对象数量等因素确定。对上述共同财政事权支出责任地方承担部分由地方通过自有财力和中央转移支付统筹安排,中央加大均衡性转移支付力度,促进地区间财力均衡。此外,推进省以下支出责任划分改革。省级政府在考虑本地区实际的基础上,根据各项基本公共服务事项的重要性、受益范围和均等化程度等因素,结合省以下财政体制,合理划分省以下各级政府的支出责任,加强省级统筹,适当增加和上移省级支出责任。县级政府将自有财力和上级转移支付优先用于基本公共服务,承担提供基本公共服务的组织落实责任。上级政府通过调整收入划分、加大转移支付力度,增强县级政府基本公共服务保障能力。

(二)建立现代预算制度

党的十八大以来,我国颁布实施了新的《预算法》,推进预算公开,实行中期预算规划管理,加强地方政府性债务管理,为建立现代预算制度打下良好的基础。党的十九大以后,着力建立全面规范透明、标准科学、约束有力的预算制度,全面实施绩效管理。在全面规范透明方面,推进全口径政府预算管理,加快推进统一预算分配权,进一步提高中期财政规划的科学性,完善跨年度预算平衡机制,全面提高预算透明度;在标准科学方面,遵循财政预算编制的基本规律,根据经济社会发展目标、国家宏观调控要求和行业发展需要等因素,明确重点支出预算安排的基本规范;在约束有力方面,严格落实预算法,硬化预算约束,构建管理规范、风险可控的举债融资机制,增强财政可持续性。在全面实施绩效管理方面,紧紧围绕提高财政资金使用效益,将绩效理念和方法深度融入预算编制、执行和监督的全过程,注重成本效益分析,完善政绩考核体系,加大问责追责和查处力度。2018年9月,中共中央、国务院发布《关于全面实施预算绩效管理的意见》,作为全面实施绩效预算管理的指导性文件,对所有财政资金实行绩效管理具有重要意义。

(三)税制改革的重大突破

一是全面推进资源税从价计征改革。2013年试点,2014年12月起在全国范围内实施煤炭资源税从价计征改革,逐步取消矿产资源补偿费,提高石油特别收益金起征点,减轻石油开采企业的负担。二是全面推进"营改增"改革,至2018年全部完成,消除了制度性重复征税,累积减税多达2.1万亿元,企业负担显著减轻,促进了企业转型升级和产业结构调整。三是进一步调整改革增值税。2016年,为了促进科技进步,继续对内资研发机构和外资研发中心采购国产设备实行全额退还增值税制度。从2017年7月1日开始下调增值税税率和简并增值税税率结构,对国家规定的进口货物范围包括农产品进口货物增值税实行11%的税率,取消13%的增值税税率。为了支持小微企业等实体经济发展,从2018年5月1日起,将制造业等行业增值税税率从17%降低到16%,将交通运输、建筑、基础电信服务等行业及农产品等货物增值税税率从11%降低到10%。同时推进增值税立法,最终形成规范的现代增值税制度。四是推进房产税立法。在上海、重庆房产税改革试点基础上,从2017年开始按照"立法先行、充分授权、分步推进"原则,加快房地产税立法,为房产税的实施做好充分准备。五是改革个人所得税。2018年首先对工资薪金、劳务报酬、稿酬和特许权事业费四项实行综合征税;其次优化和调整个人所得税结构;再次提高综合所得基本减除费用标准,将免征额提高到5000元;同时完善纳税人的规定,设立专项附加扣除,增加反避税条款。六是完善企业所得税制度。从2017年开始密切关注国际税改动态,进一步完善企业所得税制度。七是加快消费税改革。2017年底开始加快消费税立法,提出我国消费税法和消费税法实施条例的立法建议,将消费税立法提上日程。并结合实施中央与地方收入划分改革,研究调整部分消费税品目征收环节和收入归属。八是出台实施《环境保护税法》,加快环境保护税实施。九是推进地方税体系改革。积极稳妥地调整税制结构,培育地方税源,健全地方税权,理顺税费关系,逐步建立稳定、可持续的地方税体系。十是全面落实"收税法定"原则。

将现行由国务院行政法规规范的税种上升为由法律规范，以后新开征税种一律做到"税收法定"。2018年计划重点完成契税法、资源税法、消费税法、印花税法等草案的起草工作。通过以上改革，构建更加公平、简洁的税收制度。

（四）深化转移支付制度改革

这一时期转移支付改革继续围绕中央与地方财政事权和支出责任划分为中心，完善中央对地方一般性转移支付办法，增加一般性转移支付比重，规范专项转移支付制度，提升转移支付促进基本公共服务均等化效果。2018年配合中央与地方公共服务领域共同事权的划分，在一般性转移支付下设立共同财政事权分类分档转移支付，原则上将改革前一般性转移支付和专项转移支付安排的基本公共服务领域共同财政事权事项，统一纳入共同财政事权分类分档转移支付，完整反映和切实履行中央承担的基本公共服务领域共同财政事权的支出责任。

这一时期财政改革范围也是很大的，除了以上重大财政改革外，还有深化政府采购制度改革、完善国库集中支付制度等。财政税收制度的改革特点，主要是结构性改革，根据党和国家发展战略和目标及其政策的需要，针对经济社会发展中的主要问题，对财政体制、税收制度的某些方面和环节进行调整或改革。改革以解决问题、化解矛盾为路径，为企业减负，为创业创新创造机遇，促进实体经济发展，最终实现建成小康社会的目标。

结　语

总结新中国财政70年发展、改革的历程，大致经历了六个阶段：第一阶段为1949—1952年，是新中国计划经济时期高度集中的统收统支财政的建立期；第二阶段为1953—1977年，是对高度集中的统收统支财政体制改革的探索期；第三阶段为1978—1992年，是改革开放后新中国财政第一次全面改革期；第四阶段为1993—2002年，是新中国财政大规模、开创性的改革期；第五阶段为2003—2011年，是市场经济体制完善时期财政深化改革期；第六阶段为2012—2019年，是中国特色社会主义新时代财政结构性改革期。财政改革发展的步伐是党和国家不同时期发展战略和发展目标决定的，是各个时期宏观调控和国家治理的方针政策决定的，是我国政府职能转变、经济体制改革、社会转型决定的。财政既是国家治理的基础，又是改革发展的支柱,始终为党和国家的中心任务和战略目标服务,并以此为财政改革的出发点和归宿点。在新中国70年发展长河中,财政如一艘巨轮,始终在党和国家引领的航线上乘风破浪,勇往直前。"只有改革开放才能发展中国",财政改革永远在征途。

第二章

财政体制——从统收统支到分税制

财政体制是国家财政的主体框架,决定着政府间财政分配关系和事权与收支责任的划分,决定着财政预算模式的选择和财政政策取向。在新中国 70 年风雨历程中,由于党和国家在各历史时期面临的政治、经济、军事和文化条件的不同和经济社会发展的目标转移,财政体制发生了集权—放权—分税三次重大转型。1949 年至 1979 年是以"高度集中"为特征的统收统支的财政体制,1980 年至 1993 年是以"放权"为特征的"分灶吃饭"的财政体制,1994 年至 2019 年是以"分税"为特征的分税制财政体制,形成了不同时期的特色和与时俱进的发展轨迹,反映了国家财政始终为党的中心工作服务的宗旨,体现了财政锐意改革创新的精神。

第一节　新中国初期统收统支财政体制的形成

统收统支财政体制是建国初期的选择,这种财政体制是在特定的历史条件下形成的,与其他财政体制相比具有与众不同的特点。正是这样的财政体制适应了当时国家经济社会发展的需要,完成了其不可否认的历史使命。

一、统收统支财政体制形成的基础与原因

(一)统收统支财政体制的基础

统收统支财政体制的基础来自革命根据地的财政实践。在中国共产

党领导的革命战争初期,由于革命根据地的分散,根据地财政是"分散经营"的。土地革命时期中华苏维埃临时中央政府成立之后,各根据地在政治上和军事上受苏维埃临时中央政府所领导,但在经济和财政上仍然自收自支,造成财务管理混乱、财税纪律松弛,对巩固发展革命根据地造成不利。因此统一财政的工作从此时就已开始。抗日战争时期,中共中央对统一财政体制高度重视,使分散独立的财政开始向着统一集中的轨道上发展。解放战争时期,实现整个解放区的财政统一。

抗日战争时期统一财政由局部向全面推进。1937年陕甘宁边区政府首先发出了《统一财政问题》的通令,指出一切抗战都需要调节款项才能够充实战争力量,统一财政是当前重要的工作之一,不论任何机关、部队、团体,必须遵照统一财政的原则,绝对不许再有自收自用等事情发生。一切收入无论数目多少,都要随时缴县政府第一科转交金库。晋察冀边区于1938年开始统一财政工作,边区军政民代表大会通过的《财政问题决议案》中,把"统一财政支出"作为建立健全战时财政制度的一个重要内容,并着手制定各项有关统筹统支的规章制度,准备全面实施边区财政的统收统支。这一时期,晋冀鲁豫边区、鄂豫边区等抗日根据地都相继开展统一财政工作。1937年到1943年,抗日根据地基本上建立起统收统支的财政体制,改变了过去财政分散、管理混乱的状况。

陕甘宁边区统收统支的财政体制,首先是统一现金管理。规定一切岁入岁出之款经由金库收纳或支付,无论任何机关,均不得收款不交或于未交金库以前擅自动用。其次是整顿粮食管理。建立粮食预决算制度,实行粮票、饭票制度。再次是统一边区预决算制。边区各级机关、部队、团体经常费与临时费等一律按照预决算章程办理。除此,还统一审计制度、金库制度、会计制度等。晋冀鲁豫抗日根据地统收统支的财政体制,主要是健全财政管理机构,制定各种财粮法规,统一负担政策,统一供给制度与供给标准。晋察冀抗日根据地统收统支的财政体制,一是统一财政政策,规定有关政策法令和征收办法。二是统一财政收入,凡边区的一切税收、公产收入、公营企业收入、罚没款及战争缴获等收入均为边区收入,各级财政部门负责组织征收,保证及时入库。县政府、区公所及其他任何机关不准以任何名义向群众摊派捐款。三是统一财政支出,党政军机关、学校的正常公用经费和临时费用等一切开支由边区财经办事处统一供给,一切经费的批准支付权集中在边区。四是统一会计制度,建立边区金库。五是建立财政预决算制度,包括村一级概算制度、控制各种款项的支出等。总之,抗日战争时期各根据地基本形成了统收统支的财政体制,达到了集中财力、节约资金、保障供给的目的,适应了抗日战争时期革命形势发展的需要,为抗日战争的胜利发挥了重要的作用。

如果说抗日战争时期革命根据地统一财政还局限在每个根据地的话,那么解放战争时期的统一财政则扩大到所有根据地。解放战争时期由敌后战场转入正面战场,从防御转入全面反攻,从游击战转入大规模的正规战,部队发展到百万大军。这样大规模的战争不论哪一个根据地的财政都是无法满足供给的,只有把各根据地财政统一起来,把所有财力集中起来,才能保障解放战争的胜利。为了适应革命形势的变化和需要,解放战争时期实行了更大范围和规模的统一财政。

解放战争时期统一财政首先在晋冀鲁豫和晋察冀开始。1946年10月,中共晋冀鲁豫中央局发出统一全边区财经工作的倡议,得到各边区的响应。1947年3月,中央在河北武安县冶陶镇召开华北财经会议,提出统一财政的基本方针。1947年10月华北财经办事处成立后,统一制订华北解放区生产、贸易、金融计划,筹建中央财政及银行,统一解放区货币,审查解放区的财政预算。1948年在中央财政经济部主持下,很快完成华北地区晋察冀和晋冀鲁豫边区财政统一工作。不久成立华北财经委员会,领导统一金融货币,成立中国人民银行,发行人民银行币。1949年5月开始组建中央财政经济委员会,领导统一全国的财政经济工作。

实践证明,统一财政是正确的、可行的,能够集中财力办大事,保障解放战争的财政供给,只有统收统支的财政体制才能满足战时的需要,完成人民赋予的历史使命。这是统收统支的财政体制最大的优势,是一种行之有效的财政体制,是革命战争时期财政经验的结晶,新中国初期选择这样的财政体制成为自然。

(二)新中国初期统收统支财政体制的需要

新中国成立后对统收统支的财政体制选择,一方面是经验使然,坚信这种财政体制能够集中财力办大事,用以克服面临的困难;另一方面是客观使然,新中国成立初期经济社会形势需要这样的财政体制。

新中国成立初期经济形势是非常严峻的。新中国虽然成立了,但从国民党政府手中接下来的是一个经济凋敝、民不聊生、物价飞涨、千疮百孔的烂摊子,整个国民经济处于崩溃状态。根据中财委《1949年中国经济简报》及国家统计局的统计资料显示,新中国成立初期,农业生产遭到严重摧残,

1949年与抗战前的1936年相比全国牲畜减少26%,主要农具减少30%。农村劳动力仅华北地区就比战前减少1/3,农田水利年久失修,大量河堤被毁,水灾频繁发生,1949年全国被淹耕地达1.22亿亩,粮食减产100亿斤以上。城市经济陷于瘫痪状态,工厂停工、工人失业、物价飞涨,人心恐慌,1949年工业总产值比1936年下降一半。铁路有上万公里程度不同地被毁坏,华北海轮全被劫走,上海留下可行驶轮船的吨位只有14.5万吨;航空连一架飞机都没有,长途电信被分割成碎片,以京、津为中心的有线电网破坏殆尽。对外贸易受美国的封锁、禁运,几乎陷于停滞。人民生活困苦不堪,1949年全国灾民达4000万,其中急待救济的灾民达700万人。

在百废待兴的情况下,国家的财力极其微弱,但支出需求居高不下。一是军费支出庞大,1949年军费开支占财政支出的一半以上,1950年仍占到41.1%。二是行政费快速增加,由于国家行政管理机构普遍建立并包揽了大量旧军政人员,每年大约要多付出相当于600万吨小米的支出,约占1949年国家财政收入的39.6%。三是经济恢复需要巨额资金,据不完全统计,1949年各解放区在工业上的投资约合细粮350万吨,交通投资约合细粮150万吨,合计为500万吨。在1950年的预算中用于经济建设的支出折合细粮710万吨。此外,救灾、失业救济支出数额也相当庞大。财政严重入不敷出,1949年财政收入303亿斤小米,支出567亿斤小米,支出几乎是收入的2倍;1950年财政收入65.19亿元,支出为68.08亿元,出现赤字2.89亿元。从1951年开始出现节余,但数量很小,财政压力异常沉重。[①]

在国家财政极度困难的情况下,既要支持解放战争和抗美援朝战争,又要恢复国民经济;既要发展交通运输、治理大江大河,又要稳定市场、抑制物价、改善人民生活。在这种困境下,只能选择能够集中财力办大事的高度集中的财政体制,这是历史的选择。

二、统收统支财政体制的建立

1949年底,中央就确立了统一财政的工作方针,拉开了建立统收统支财政体制的序幕。1950年政务院财政经济委员会第一次全国财经工作会议指出:"为了战胜暂时的财政困难,在落后贫困的经济的基础上前进,必须尽可能地集中物力财力,加以统一使用……只要我们把力量集中起来,

---

[①] 国家统计局编:《中国统计年鉴1983》,中国统计出版社1983年版,第446页。

用于必要的地方,就完全可以办成几件大事。"要求从大局出发,克服本位主义,建立统收统支的财政体制。会议在分析研究全国财政收支、贸易、粮食、金融等情况的基础上,作出了《关于统一国家财政经济工作的决定》,从1950年3月3日起正式实施。这次统一财政比革命战争时期还要范围广、程度高、效果好,除台湾、西藏等个别还没有解放的地区外,全国财政实现了全面和高度的统一。

（一）统收统支财政体制构成

在全面统一财政的基础上,我国正式建立起统收统支的财政体制。

1. 统一的财政收入制度

政务院专门作出《关于统一管理一九五〇年度财政收支的决定》,规定所有的收入上缴中央,财政收入的所有权、决定权、使用权、调拨权完全集中在中央,地方政府只有征税和保管的权力。当时财政收入主要是公粮、税收和企业利润及折旧费,公粮规定除5％～15％的地方附加粮外,其余全部由中央统一调拨,省、市、县没有中央命令不得调拨公粮,也不得拒绝中央调拨公粮的命令,公粮入库、交付、保管和运输等各项规定,一律由中央财政部制定,省、市、县人民政府只负有保管和运送公粮的责任。除集中起来的口粮、救济粮、残废军人优待粮等以外,不经批准,各地不准调拨公粮作为经费。公粮的征收额和地方的附加额由财政部申报政务院批准实施,地方未经中央批准不得随意增加和改变。征收公粮的税则、税率,统一由中央人民政府政务院规定,地方未经中央批准不得随意改动。税收除中央批准由地方征收的以外,关税、盐税、货物税、工商税收入均归中央人民政府所有。薪给报酬所得税、存款利息所得税、印花税、遗产税、交易税、屠宰税、特种消费行为税、房产税、地产税、使用牌照税、牧税、码头使用费以及其他地方捐税,统由中央人民政府财政部根据各大行政区、各中央直辖省(市)人民政府全年的财政预算,划归地方留用;国营企业除需按时纳税外,需将利润及基本折旧金的一部分按隶属关系如期缴纳中央或地方金库。中央和地方经营的企业凡应上缴的利润和折旧金,按照隶属关系上缴中央或地方金库,上缴数额和分期解缴的数额由政务院财政经济委员会和地方政府根据具体情况分别作出规定。由中央统一掌握的利润和折旧金,各级人民政府及其财政部门必须负责保证收入不得减少。

2. 统一的财政支出制度

各项支出均列入预算由财政部统一分配,没有中央人民政府财政部的支拨命令不得动支。军费开支包括国防建设、海陆空军费,统由军事系统按月按季编造预算,逐级审查,由中央人民政府人民革命军事委员会总后勤部批准后,转请中央人民政府财政部核实后支拨。中央政府的行政、外交等费用,中央直管的大中小学经费和机关团体经费,中央直属卫生事业、社会事业(包括优军、抚恤、救济等)、经济建设和国营企业投资等费用,均列入中央政府预算,由中央政府财政部按全国收支概算逐项审核开支。为了加强财政支出管理,严格控制各地的人员编制,统一制定供给标准。中财委成立以薄一波为主任、聂荣臻为副主任的全国编制委员会,各大区、省、市均分设编制委员会,制定各级国家机关的编制数额与供给标准,各机关未经批准不得超过编制自行增添人员,编外和编余人员由全国和各地编委会统一调配。这是统一财政最根本的一条,没有编制就无法增加支出,起到了统一集中管理的作用。

3. 统一的财政预算体制

财政预算由中央人民政府财政部根据全国财政收支总概算会商有关部门统一编制,分别呈中央人民政府政务院批准或转呈中央人民政府委员会批准后实行。各大行政区、各中央直辖省(市)人民政府,根据全国财政收支总概算和各地具体情况,编制本行政区(包括所属省市在内)、本省(市)政府的全年财政收支预算及分月分季的财政收支计划,报中央人民政府财政部核定后执行。

4. 统一的物资调配制度

由于当时财力物力十分缺乏,国家建立了统一物资调配制度。1950年3月,中央成立全国仓库物资清理调配委员会,各地相继成立工商业仓库物资清理调配委员会,指导清查所有库存物资,由政务院财政经济委员会统一调度。中央人民政府贸易部统一规定各地国营贸易机构的业务范围和统一负责物资的调配,不受地方政府的干预。企事业单位购置物品要通过财政批准拨款,所有部队、机关不得擅自经营商业。

5. 统一的现金管理制度

新中国初期实行的是大财政,许多财政职能通过银行来实现,统一金融是统一财政的重要组成部分。指定中国人民银行为国家现金调度的总机构,并设立分支机构代理国库;外汇牌价和外汇调度由中国人民银行统一管理,严格控制外汇审批权,国营企业和国家机关申请外汇必须由财政经济委员会批准。军政机关和公营企业的现金除按规定保留若干近期使用外,一律存入国家银行,不得对私人放贷,也不准存入私人银行、钱庄。

资金往来一律使用转账支票,由银行统一拨款。银行资金使用按期编制收支平衡计划,有计划地调节资金的流动。国家银行可以大量吸收公私存款,但使用时不得超过财政经济委员会规定的限度。

6. 统一的财政级次

财政管理实行"统一领导,分级管理",分为中央、大行政区和省(市)三级财政。按照企事业和行政单位的隶属关系和业务性质,划分中央财政收支和地方财政收支,同时确定中央与地方的收入解交比例。地方财政收支额,中央每年核定一次,其支出首先用地方财政收入,不足部分按比例扣留抵补,地方财政结余分别列为各级财政收入,并编入本年预算,抵充支出。在中央与地方分配关系上,坚持"中央为主,统筹兼顾"的原则,首先保障中央收支,同时兼顾地方收支。

7. 统一的管理制度

建立统一的财政、税收、物资管理制度,严格执行财政预决算、审计制度、会计制度和财政监察制度。严格核实人数,核实开支,节余缴公。做到无预算不拨款,无会计不审核预算。坚决纠正以临时批拨代替审核的做法,建立严格的支领手续及报表制度,定期结报。

由上可知,新中国初期我国统收统支的财政体制包括了财政、税收、物资、金融各个方面,不只是以往人们关注的财政收支,"统收统支"的称谓只是这种财政制度的概括而已。

(二)统收统支财政体制的特点

1. 统一

统一是计划经济时期统收统支财政体制的第一个特点,主要体现在全国统一的财政体制、统一的财政收支、统一的财政预算、统一的物资调拨、统一的金融政策、统一的管理制度,国家财政没有哪一方面不是全国统一的,很少有例外的现象。如此全国统一的财政,国外是难以找到的,在中国近代历史上也是没有的,即使中国封建社会也不是各个朝代都能够做到,这个特点特别显著。

2. 集中

主要体现在财权、税权、财力都集中在中央,财政收支权属于中央,预算决定权属于中央,税种、税目、税率由中央制定,物资调拨权、金融管理权等等都统统归属中央,地方只能服从和贯彻执行而不能变动。特别是在财力分配中,收支实行两条线,一切收入上交国家,一切支出由国家划拨,首先保障中央的支出,其次兼顾地方的需求。形成这种高度集中的特点,是因为新中国初期财政事权都是全国性的,一切支出都由中央承担,财力必须高度集中,由此达到事权与财力相匹配。

3. 全国一盘棋

以中央为核心,以地方为辅助,形成完整的国家型财政。中央与地方的关系是你中有我,我中有你,全国是一个大家庭,中央代表了地方,地方是中央的一部分。虽然当时财政收支有划分,但只是财政管理上的划分。收入虽然有中央预算和地方预算之别,但地方财政预算只是全国预算的组成部分,而且要由中央政府审核标准,地方政府执行。地方财政只是中央财政的执行者、管理者。计划经济时期财政体制的这一特点与之后的"分灶吃饭"财政体制完全不同,与现代的分税制差别更大。

4. 集中里有灵活

建国初期财政体制的高度集中是必要的,但高度集中不是绝对的,集中里还保留着灵活,主要表现对地方的兼顾,留有一些机动余地。如地方可按一定比例征收地方附加粮和地方附加税;地方查出的漏税所得中央与地方"二八"分成,八成归地方使用。只是机动性不大,它是一种绝大部分财权和财力归中央,极少部分留给地方的财政体制。而且不是固定不变的,从第一个五年计划实施以后地方的财权、财力开始不断增大。不少人认为高度集中是绝对的,并由此引起对统收统支财政体制的偏见,这种看法不太全面。

三、统收统支财政体制的意义

时代需要统收统支的财政体制,那么这一财政体制就一定会与当时的发展形势及客观条件相适应,产生积极的作用。

(一) 实现了新中国财政的统一

中国自清末开始财政就出现了混乱状态,地方上解中央税收的制度遭到破坏,各地财政保持独立和半独立。北洋政府时期,军阀割据,地方完全独立,互不隶属,各自为政,中央财政有名无实。国民政府时期,虽然建立了财政体制、税收制度等,在制度建设上付出了很大的努力,但在实行中却大打折扣,特别是国民政府统治的后期财政更加混乱。革命根据地的财政始终向着统一方向发展,每个根据地的财政是统一的,但从整体来看又是分散的。解放战争时期,老根据地的财政是统一的,但新旧解放区仍然是不统一的。自从新中国统收统支的财政体制建立后,中国的财政才真正地达到了全国统一,政令通畅,步调一致,由此从根本上扭转了半殖民地半封建的旧中国财政经济从来不统一、财政收支从来不平衡、金融物价从来不稳定的混乱局面，走上统一、规范的发展轨道。从建国初期财政就开始成为国家治理的基础和支柱，对新中国经济社会的发展意义重大而深远。

（二）财政状况实现好转

在统收统支的财政体制下，国家财政很快好转。在三年经济恢复中，财政收入成倍增加，1952 年国家财政收入（包括国内外债务部分）比 1950 年增长 181.8%。从 1950 年到 1952 年，财政总收入 382.05 亿元，总支出 366.56 亿元，收支平衡，结余 15.49 亿元。第一个五年计划期间，财政收入出现直线增长的态势，增速分别为 21.3%、17.7%、3.7%、5.7%、7.9%。财政总收入共计 1354.88 亿元，总支出 1345.68 亿元，收入大于支出 9.2 亿元。除 1956 年由于社会主义改造支出较多稍有赤字外，其余年份均有结余，财政收支达到基本平衡，如表 2-1 所示。

表 2-1 "一五"时期国家财政收支变化态势　　　　单位：亿元

年　份	财政总收入	财政总支出	结　余
1953	222.86	220.12	2.74
1954	262.37	246.32	16.05
1955	272.03	269.29	2.74
1956	287.43	305.74	−18.31
1957	310.19	304.21	5.98

注：《中国财政统计（1950—1991）》统计的"一五"时期财政收支数额，与现在财政统计年鉴中包括国内外债务部分的数据相同，与不包括国内外债务部分的数额不太一致。

资料来源：财政部综合计划司编，《中国财政统计（1950—1991）》，科学出版社 1992 年版，第 13 页。

不仅收入大大增加，而且收支结构进一步合理。三年经济恢复时期以工商税为主的各项税收达到 227.8 亿元，比以往有较大幅度的增长。国营企业上缴利润和折旧金达 96.5 亿元，超过了农业税收入。1952 年来自国营、公私合营和合作社等社会主义经济部门的收入占总收入的 60.1%。到 1957 年上升至 95%，其他方面收入在总收入中占极小的比重。支出结构中，国家建设支出（包括经济建设和文化教育建设）在总支出中所占比重，由 1952 年的 59% 增至 1957 年的 64.17%。[1] 国家财政与解放初期相比发

---

[1] 薄一波：《关于 1957 年国家预算执行情况和 1958 年国家预算草案的报告》，载《当代中国财政》编辑部编：《中国社会主义财政史参考资料（1949—1985）》，中国财政经济出版社 1990 年版，第 278 页。

生了巨大变化,这种变化没有统收统支财政体制是难以取得的。

(三) 财政成为经济社会发展的保障

统收统支的财政体制不仅是新中国巩固和发展的基础,而且是经济迅速恢复和发展的先决条件。在财政的支持和保障下,新中国初期国民经济到1952年底得到全面恢复,工农业生产指标都达到了历史最高水平。1952年,全国工农业总产值比1949年增长75.5%,其中工业总产值增长145%,农业总产值增长48.5%。1949—1952年平均递增11.38%。主要工业产品大幅增长,1952年钢产量达到135万吨,比解放前最高年份1943年的92.3万吨增长46.3%;发电量72.6亿度,比解放前最高产量60亿度增长21%;原油43.6万吨,比解放前最高年产量1943年的32万吨增长36%;原煤产量达6649万吨,比解放前最高年产量1942年的6200万吨增长7%;[1]水泥产量286万吨,比解放前最高年产量多57万吨;棉纱产量65.6万吨,比解放前最高年产量多21.1万吨;粮食产量16392万吨,比解放前最高年产量多1390万吨;棉花产量130.4万吨,比解放前最高年产量多45.5万吨。交通运输三年间修复和新建铁路通车线路2.4万多公里,公路12.7万公里。内河通航里程由1949年的73615公里发展到1952年的95025公里,民用航空1952年航线里程达到13123公里。货物运输量由1949年的6713万吨增加到1952年的16859万吨。[2] 金融物价持续稳定,1950年3月人民币全面占领市场,结束了自清末以来金银、外币、杂钞混杂流通的紊乱状况,实现了货币统一,确立了人民币不可动摇的主体地位,形成了以中国人民银行为中心的金融体系。从1950年3月起,历时12年之久的通货膨胀得到制止,物价基本稳定,从此扭转了新中国初期市场金融险恶的局势,迎来持续平稳的大好局面。

实践证明,新中国初期选择统收统支财政体制是正确的。统收统支财政体制适合新中国初期的基本国情,能够使国家集中掌握主要的财政收入、资金和重要物资,达到集中使用、合理安排的目的,在恢复经济、稳定市场、安定社会、保障解放战争和抗美援朝的胜利中发挥了重要的作用,作出了巨大的贡献,完成了人民赋予的历史使命。由此看来,计划经济时期统收统支的财政体制需要全面评价,任何片面的观点都是不符合事实的。

---

[1] 宋新中主编:《当代中国财政史》,中国财政经济出版社1997年版,第110页。
[2] 国家统计局编:《光辉的三十五年》,中国统计出版社1984年版,第114页。

第二节 "分灶吃饭"财政体制的改革与结局

我国从1978年党的十一届三中全会开始,历史发展的车轮走出了计划经济的岁月,迈入改革开放的新时代。财政改革作为中国经济体制改革的先行者,勇敢地突破了30年统收统支财政体制的藩篱和束缚,开始走上"分灶吃饭"的新道路。

一、"分灶吃饭"财政体制改革的缘起

改革开放的新时代、新形势、新任务对财政体制提出了新要求,但计划经济时期统收统支的财政体制却与时代的要求格格不入,这就是改革统收统支财政体制的缘起,时代决定了统收统支财政体制的归宿。

（一）财政体制的先天不足

1978年改革开放以后,党的中心工作转移到经济建设,不仅要发挥中央的积极性,更重要的是发挥地方政府和企业的积极性,形成国民经济发展的活力。但计划经济体制下统收统支的财政体制与改革开放时期国家的方针政策极不适应。首先,制约了地方的积极性。收入方面中央财政几乎集中了物质生产部门创造的所有纯收入,支出方面取代了企业微观决策职能,包办各项社会事业,使地区、部门和单位的积极性与创造性无法得到发挥,不利于充分发挥各方潜力,提高资源配置效益和发展社会生产力。其次,重积累轻消费,忽视物质利益原则,城市居民的工资收入长期较低。国家利用以低价收购农副产品和低工资制为基础的特殊财政收入机制,积累大规模资金投资,这种"重经济建设、轻人民生活"的发展理念背离了社会主义发展生产的目的,会严重挫伤和损害劳动者的积极性。再次,财政体制不规范,运行效率低。计划经济30年中大部分年份地方收支指标、分成比例由中央审核批准,一年一变。财政分配没有一项规定、制度完成立法程序成为国家正式法律,税收、企业收入、预算、基本建设财务等财政分配主要环节的依据都是行政法规,不利于形成清晰、稳定的制度体系,造成运行效率低下。另外,吃"大锅饭"思想盛行。由于一切收入上缴,各地支出下拨,全国一盘棋,上下一本账,地方收支不挂钩,收入多上缴多,收入少不仅上缴少,反而还能得到中央的补贴。这种吃"大锅饭"的做法养成地方政府"等靠要"的依赖思想,严重损伤了经济发展快的省份的积极性。党的十一届三中全会指出"这种情况必须坚决加以改变",因此统收统支的财政体制首先成为重点改革对象。

(二) 财政体制改革的方针

按照十一届三中全会和中央工作会议精神,改变高度集中的僵化模式,对地方"放权让利"成为财政体制改革的基本方针。"放权让利",就是让地方政府和国营企业拥有一定的财力,在配置资源中具有一定的自主权,通过利益激励调动地方和企业的积极性,形成以利益为导向、以供求为平衡机制、以动员社会资本为核心的市场化体制的雏形。这次财政体制改革总的指导思想是:既要有利于促进经济的调整和发展,又要有利于财政的平衡稳定;既要有利于调节和保护各方面的经济利益,又要有利于促使微观经济活动符合宏观决策的要求。因此,改革在巩固中央统一领导和统一计划、确保中央必不可少的开支前提下,明确划分各级财政的权力和责任,做到权责结合,各司其职,各尽其责。改革的总目标是充分发挥中央和地方两个积极性,保证和促进整个国民经济高速发展。

"放权让利"是我国改革开放初期经济改革的总方针、总趋势,不仅是对整个经济体制改革的呼唤,也是对财政体制改革的呼唤。

二、"分灶吃饭"财政体制的类型

"分灶吃饭"是中国财政体制第一次重大改革,从 1977 年开始,财政部在江苏省试行比例包干的办法,在四川进行"划分收支、分级包干"的试点。经过试点和探索,1980 年在全国范围内实行改革。

(一) 第一次"分灶吃饭"

1980 年,国务院颁发了《关于实行"划分收支、分级包干"财政管理体制的暂行规定》,主要改革内容是划分中央与地方的收支范围,划分后实行包干,因此称之为"分灶吃饭"的财政体制。包干的形式主要有五种类型,如表 2-2 所示。

表 2-2 1980 年划分收支、分级包干财政体制

类 型	内 容	实 施 省 份
划分收支,定额上交或定额补助	在收入划分上,除中央直属企事业单位收入和关税划归中央外,其余收入均作为地方收入。支出划分上除中央直属企事业单位支出归中央外,其余支出均作为地方支出。以每省 1979 年财政收支决算数为基数,确定一个上交或补助的数额,一定五年不变。执行中收入增加或支出结余全部留归地方使用	广东省实行"划分收支,定额上交"的包干办法,福建省实行"划分收支,定额补助"的包干办法

续表

类　型	内　　容	实施省份
划分收支、分级包干	划分收支是按照隶属关系，划分中央和地方的收支范围。中央企业收入、关税收入归中央；盐税、农牧业税、工商所得税、地方税和地方其他收入归地方财政。上划给中央部门直接管理的企业收入作为固定比例分成收入，中央分80%，地方分20%。工商税作为中央和地方调剂收入。中央所属企业流动资金，挖潜改造资金和新产品试制费，地质勘探费，国防战备费，对外援助支出，国家物资储备支出，以及中央级的文教卫生科学事业费、农林、水利、气象等事业费，工业、交通、商业部门事业费和行政管理费等，归中央财政支出；地方的统筹基本建设投资，地方所属企业的流动资金、挖潜改造资金和新产品试制费，支援农村人民公社支出和农林、水利、气象等事业费，工业、交通、商业部门事业费，城市维护费，行政管理费等归地方财政支出。特大自然灾害救济费、支援经济不发达地区的发展资金等由中央专项拨款。分级包干是按照划分的收支范围，以1979年收入预算数为基数，地方收入大于支出的多余部分按比例进行调剂；个别地方将工商税全部留下后收入仍小于支出的，不足部分由中央给予定额补助。分成比例和补助数额确定后五年不变。地方多收多支，少收少支，自求收支平衡	四川、陕西、甘肃、河南、湖北、湖南、安徽、江西、山东、山西、河北、辽宁、黑龙江、吉林、浙江等省
民族自治地方包干办法	参照第二种办法划分收支范围，确定中央补助的数额，并由一年一定改为一定五年不变。地方收入增长的部分全部留给地方，中央对民族自治区的补助数额每年递增10%	内蒙古、新疆、西藏、宁夏、广西五个民族自治区和云南、青海、贵州少数民族比较多的三个省

续表

类　型	内　　容	实施省份
固定比例包干	根据江苏省历史上地方财政支出占收入的比例,确定一个上交、留用的比例,一定四年不变。1977年暂定上交58%,留用42%;1978年至1980年上交57%,留用43%。这个办法实行一年以后,又调整了包干范围和留交比例,改为上交61%,留用39%	江苏省
总额分成	收支挂钩,总额分成,一年一定	北京市、天津市、上海市

资料来源:宋新中主编,《当代中国财政史》,中国财政经济出版社1997年版,第404页。

在五种类型中,第一种是对广东、福建实行的特殊照顾,考虑到它们靠近港澳地区且沿海,华侨多,可用资源比较丰富,给地方更多的自主权,利用优越条件先走一步,把经济尽早搞上去,并为国家多创造外汇收入。第二种类型是普遍实行的办法,好处是有利于地方在五年内统筹规划生产建设和各项事业的发展,促进增收节支,鼓励先进,鞭策落后。第三种类型体现了对民族自治地区的特殊照顾。第四种类型是对江苏省试点期间比例包干的修改,适当扩大了地方财力,使地方能够办更多的事。第五种类型是对北京、天津、上海三个直辖市继续实行"收支挂钩,总额分成,一年一定"的财政体制。

（二）第二次"分灶吃饭"

1. 继续"分灶吃饭"的原因

1982年党的十二大确定中国从1981年到20世纪末社会主义经济建设的宏伟纲领,要求充分调动各方面的积极性。财政体制改革的主要任务和重点是有计划地推进国营企业"利改税"和税收制度的全面改革,调整国家和企业的关系、中央与地方的关系。1984年党的十二届三中全会提出加快以城市为重点的整个经济体制改革,把增强企业活力特别是增强全民所有制的大中型企业活力作为以城市为重点的整个经济体制改革的中心环节,财政体制要对地方和企业进一步放权让利。20世纪80年代中期,中国经济体制改革的脚步从农村的承包制转移到城市,城市改革的重点是改变企业吃"大锅饭"的现状,对企业实行"利改税",将原来上缴的利润改为按照11税种向国家纳税,国家与企业之间由"姆婴"关系变为"税收"关系,开始走向了市场化。这样一来政府间不能再划分收入了,只能在划分税种上做文章,可以说"划分税种"改革就是从企业"利改税"而来的。这一时期财政体制改革还有一个原因,就是积极配合计划、价格、劳动工资和商业、外贸体制的改革,使之互相促进。在第一次"分灶吃饭"后,中央与地方的财政分配关系就发生了逆转,由计划经济时期的"中央强地方弱"变为"中央弱地方强"的格局,中央财政困难日渐突出,希望通过财政体制进一步改革使中央收入得到稳定和保障。

2. "划分税种"财政体制改革的内容

国务院决定从1985年起对各省、自治区、直辖市实行"划分税种,核定收支,分级包干"的财政体制。按照"利改税"第二步改革以后的税种设置,将收入划分为中央财政固定收入、地方财政固定收入和中央与地方共享收入;按照隶属关系将支出划分为中央财政支出、地方财政支出和不宜实行包干的专项支出。划分内容如表2-3所示。

表2-3 1985年"划分税种,核定收支,分级包干"财政体制

收入划分		支出划分	
中央财政固定收入	中央国营企业所得税、调节税,铁道部和各银行总行、保险总公司的营业税,军工企业的收入,中央包干企业的收入,中央经营的外资企业的亏损,粮、棉、油超购加价补贴,烧油特别税,关税和海关代征的产品税、增值税,专项调节税,海洋石油、外资合资企业的工商统一税、所得税和矿区使用费,国库券收入,国家能源交通重点建设基金,其他收入。石油部、电力部、石化总公司、有色金属总公司所属企业的产品税、营业税、增值税70%作为中央财政固定收入	中央财政支出	中央基本建设投资,中央企业挖潜改造资金、新产品试制费和简易建筑费,地质勘探费,国防费,武装警察部队经费,人民防空经费,对外援助支出,外交支出,国家物资储备支出以及中央级的农林水利事业费,工业、交通、商业部门事业费,文教卫生科学事业费,行政管理费和其他支出

续表

收入划分		支出划分	
地方财政固定收入	地方国营企业所得税、调节税和承包费，集体企业所得税，农牧业税，车船使用牌照税，城市房地产税，屠宰税，牲畜交易税，集市交易税，契税，地方包干企业收入，地方经营的粮食、供销、外贸企业亏损，税款滞纳金、补税罚款收入，城市维护建设税和其他收入。尚待开征的土地使用税、房产税、车船使用税将来也列为地方财政固定收入。石油部、电力部、石化总公司、有色金属总公司所属企业的产品税、营业税、增值税30％作为地方财政固定收入	地方财政支出	地方统筹基本建设投资，地方企业的挖潜改造资金、新产品试制费和简易建筑费，支援农业支出，城市维护建设费以及地方的农林、水利事业费，工业、交通、商业部门事业费，文教卫生科学事业费，抚恤和社会救济费，行政管理费(含公安、安全、司法、检察支出)，民兵事业费和其他支出
中央与地方共享收入	产品税、营业税、增值税(这三种均不含石油部、电力部、石化总公司、有色金属总公司四个部门所属企业和铁道部以及各银行总行、保险总公司交纳的部分)，资源税，建筑税，盐税，个人所得税，国营企业奖金税，外资与合资企业的工商统一税、所得税(不含海洋石油企业交纳的部分)	不宜实行包干的专项支出	特大自然灾害救济费、特大抗旱和防汛补助费、支援经济不发达地区的发展资金、边境建设事业补助费等，由中央财政专案拨款，不列入地方财政支出包干范围

资料来源：宋新中主编，《当代中国财政史》，中国财政经济出版社1997年版，第409页。

这次"分灶吃饭"与第一次"分灶吃饭"不同的是，这次属于税种的划分，前次是收支的划分。划分税种比划分收支的改革力度又加深了一步，划分收支只是政府间财力的分配，即使五年一定也会受各种因素的影响，具有不确定性。而税种划分比较稳定，各级政府都有固定的税，多少都是自己的，进一步激发了地方政府的积极性。

第二次"分灶吃饭"后，中央与地方财政分配关系的调整，是区分不同情况实行上解、分成、补助。凡地方固定收入大于地方支出的,定额上解中央;地方固定收入小于地方支出的,从共享收入中确定一个分成比例留给地方;地方固定收入和共享收入全部留给地方还不足以相抵其支出的,由中央定额补助。收入的分成比例和上解、补助的数额确定以后,一定五年不变。地方多收多支,少收少支,自求平衡。

除此之外,广东、福建两省继续实行财政大包干办法。对民族自治区和视同民族地区待遇的省按照中央财政核定的定额补助数额,在五年内继续实行每年递增10%的办法。经国务院批准实行经济体制改革综合试点的重庆、武汉、沈阳、大连、哈尔滨、西安、广州等城市,在国家计划中单列以后也实行全国统一的财政管理体制。财政体制的进一步改革初步稳定了中央与地方、国家与企业分配关系的新格局。

三、"分灶吃饭"财政体制的特点

"分灶吃饭"财政体制与原来统收统支财政体制相比发生了很大变化,体现出以下新特点。

(一) 由"一灶吃饭"改为"多灶吃饭"

打破了吃国家财政"大锅饭"的局面,中央一个灶,地方20多个灶,收支都有明确的划分,谁的企业管得好收入归谁所有,谁的支出超支由谁负责。在中央统一领导和计划下各过各的日子,有利于调动两个积极性。

(二) 财力分配由"条条"为主改为"块块"为主

过去各项财政支出原则上都由"条条"分配,由各行业部门垂直下达,地方很难统筹安排和调剂使用。"分灶吃饭"后应当由地方安排的支出中央各部不再下达指标,完全由地方根据各自的财力统筹安排,有利于因地制宜地发展地方生产建设事业。

(三) 分配关系趋于稳定

分成比例和补助数额过去一年一定,缺少稳定性,年初吵指标,年中吵追加,年底吵遗留问题,造成很多矛盾。"分灶吃饭"后,一定五年不变,使地方"五年早知道",便于地方制定和执行长远规划。

(四) 权责利统一

这种财政体制根据计划与财政实行两级管理原则设计,财政收支范围根据企事业单位的隶属关系划分,谁的企业收入归谁支配,谁的基建、事业支出由谁安排,事权与财权比较统一。财政收支平衡原来主要由中央负责,现在由各省市自己承担,权利与责任挂钩。

四、"分灶吃饭"财政体制的得失

对于"分灶吃饭"财政体制的评价,多年来一直是仁者见仁、智者见智。总的来看"分灶吃饭"毕竟是我国改革开放以后对传统的统收统支财政体制一次重大的改革,虽然存在一些问题和缺陷,但从适应经济体制改革的角度看是有意义的。

（一）主要成效与作用

1. 开启我国经济体制改革之旅

"分灶吃饭"首先打破了僵化的高度集中的财政体制,我国从建国初期建立起高度集中的统收统支财政体制以后,在计划经济时期一直没有得到有效的改变,虽然有些时期对地方政府下放一些财权和财力,但却是在集权的前提下有限的放权,而不是规范的划分,最后还是回归到集中。相比而言,"分灶吃饭"打破了高度集中的财政体制,开创了财政改革新局面,无疑是一个进步。从改革开放宏观形势看,推动了我国经济体制改革的历史车轮,1978年十一届三中全会拉开了我国改革开放的序幕,但切入口选择不准很容易全盘皆乱,中央决定以财政体制改革为切入口,而"分灶吃饭"财政体制改革通过国民收入分配格局的重大调整促进了多元化市场主体的形成,有力配合了计划、价格、物资、人事等方面的改革以及市场化价格机制（包括各种生产要素的价格）的渐进形成。从财政体制长远改革看,"分灶吃饭"财政体制首次提出以划分税种作为划分各级财政收入的依据,具有了形式上的"分税"概念,为之后改变按企业行政隶属关系划分收入打下基础,向划分税种的管理体制迈出了一步,有利于过渡到完全的分税制管理体制。总之,"分灶吃饭"属于一次"破冰之旅",财政是我国改革的先头军,开启了我国改革开放的历史新征程,这是我国20世纪80年代经济体制改革的重要一步。

2. 初步建立了国家财力分配新体制

在政府间财政分配关系上,"分灶吃饭"财政体制开创了新格局。一是在财力分配上打破高度集中,解决了计划经济时期全国人民吃"大锅饭"的问题,增强了政府和企业市场理念和竞争意识。二是改变了国家原来财权集中过头和分配统得过多、管得过死的僵化局面,构建分层次的国家财力分配结构,有利于国家对内搞活、对外开放,提高了两个积极性。三是财政支出取消了"条条"管理,改为"块块"管理,增加地方政府财政权限,有利于因地制宜地发展地方生产建设。分成比例和补助数额五年一定,避免了预算指标分配中的各种矛盾,便于地方政府制定和执行长远规划。在财权划分上事权和财力、权利和责任挂钩,既提高了地方组织收入的积极性,又增强了责任心,有利于加强管理,减少浪费,增加效益。比之统收统支的财政体制,这是一种比较合理的、分层次的国家财力分配体制,也是适应改革开放新形势的政府间财政分配关系。

3. 发挥了特定历史时期的制度优越性

"分灶吃饭"的优越性,一是提高了地方和企业的生产积极性。由于"分灶吃饭"的财政体制扩大了地方的财力和企业的自主权,极大地提高了地方政府发展本地区生产建设的积极性和内在经济动力。从扩大财源出发,地方政府会主动为本地企业发展创造宽松和良好的环境,扶植非国有经济成分或非公有制经济成分的发展,造就市场主体多元化格局。二是加强了地方政府的经济责任。财政收支自求平衡,在提升地方政府权力的同时也加重了责任,促使地方政府努力挖掘本地区的生产、物资和资金潜力,合理安排和使用资金,提高财政支出效益。由于节约归己,地方政府还能够精打细算,严格财经纪律,改变地方领导"乱点头、乱批条子"的做法,实行"一支笔"审批,形成增产节支的管理机制。三是有利于我国财经体制的创新。"分灶吃饭"使地方政府具有更多的活力和创新的机会,为了增加财政收入,改革的积极性很高,能够因地制宜地自主改革,成为中国经济体制改革的领头羊。因而形成我经济改革"自下而上"的规律,许多地方性改革成为中央认可的全国性改革,有利于经济体制和财政制度的不断创新。

4. 促进经济高速发展

"分灶吃饭"财政体制符合中央"对内搞活经济,对外实行开放"的精神,与新的经济形势相适应,调动了中央和地方两个积极性,增加了企业活力,促使经济社会发生了很大的变化。从工农业生产增长来看,"六五"期间工农业生产总值平均每年增长11%,其中工业生产总值年均增长12%,农业生产总值年均增长8.1%。① 这样的增长速度高于世界许多国家同期的增长速度。特别是农业生产成为新中国成立以来发展最快的时期,粮食年均产量由6160亿斤增加到7412亿斤,棉花由4480万担增加到8640万担。工业主要产品原煤产量由6.2亿吨增加到8.5亿吨,原油由10600万吨增加到12500万吨,发电量由3000亿度增加到4073亿度,钢产量由

---

① 宋新中主编:《当代中国财政史》,中国财政经济出版社版1997年版,第442页。

3700万吨增加到4666万吨。基本建设也取得很大成绩,全民所有制单位固定资产投资额达到了5300亿元,新增固定资产3880亿元,建成投产大中型项目496个。进出口贸易总额达到2300亿美元,在世界上所占的位次明显提高。城乡居民收入大幅增长,五年间农民人均纯收入年均增长13.7%,城镇职工家庭人均收入年均增长6.9%,城镇安排就业劳动力达到3500多万人。城乡居民消费水平迅速提高,储蓄大幅度增长,1985年末达到1623亿元,比1980年末增长3倍。我国经济进入前所未有的高速发展期。

(二)存在的主要问题

1. 中央财政困难日益加剧

1980年"分灶吃饭"后中央财政收入连年出现赤字,1980年为382.36亿元,1981年为314.58亿元,1982年为304.97亿元,1983年为269.59亿元,中央与地方财政收入差距明显拉大。[①] 造成中央财政困难的原因是"分灶吃饭"改革旨在对地方和企业放权让利,减少了中央财政直接组织的收入,缩小了中央财政的回旋余地。而且这次改革是在1979年国家财政收支不平衡的基础上进行的,在与地方商定财政包干基数和收入留缴比例的过程中,中央对地方又多照顾了几十亿元。另外,体制确定以后中央财政又出现一些新的减收增支因素,如农副产品价格补贴、大量进口成套设备每年增加相当数额的还本付息等。所以,自"分灶吃饭"以后,中央的日子越来越困难,不得不向地方财政借款弥补财政缺口,致使国家重点建设资金缺乏保障。

2. 地方保护主义兴起

"分灶吃饭"不能根本改变按照"条块分割"的行政隶属关系控制企业和组织财政收入,政府与企业还有着密切关系,造成地方政府对本地区企业的保护和干预,使企业不能公平竞争。由于中央与地方划分了收支范围,地方政府可以多收多支,为了追求本地区利益最大化,地方保护主义纷纷出台,如滥行减免税、分割和封锁市场等,妨碍竞争机制的发育和产业结构的优化。

3. 财政体制改革存在局限性

统收的局面已被打破,但统支的局面却没有完全打破,地方发生一些当地财力解决不了的事情还是向中央要钱,名曰"分灶吃饭",实际上还没

---

① 《中国财政年鉴2013年》,中国财政杂志社2013年版,第459页。

有完全做到。这样既增加了中央财政的压力,对其他省也失公平。

4. 财政体制改革和经济体制改革存在不协调之处

由于财政体制改革比经济体制改革先行一步,财政体制的基数和比例定死了,但以后经济上每改革一步都会涉及财政问题。例如调整产品的价格、调整银行利率、"利改税"试点,以至提高或降低某种税率等,都会同地方财政利益发生矛盾,在某种程度上影响到一些经济措施的实施,使后来一些地方不得不逐步改行"总额分成,比例包干"办法。

总体而言,"分灶吃饭"的主要功绩是打破高度集中的财政体制,开启我国经济改革的破冰之旅。作为一定经济发展水平和经济体制改革一定阶段的过渡体制,发挥了一定的积极作用,同时还存在着固有的缺陷及其与进一步深化经济体制改革的矛盾。

第三节 "大包干"财政体制的出台与退出

"分灶吃饭"财政体制存在的不公平现象,仍然影响有些地方特别是经济发达地区的积极性,需要彻底分灶,打破统收的局面的同时还要打破统支的局面,为地方政府创造公平竞争的环境。从1988年开始,我国财政体制从"分级包干"走向"大包干",地方政府交够中央的全是自己的,摆脱了中央的财力牵制。

一、"大包干"财政体制改革的原因

改革原因一是地方政府积极性还没有得到充分发挥。"分灶吃饭"比起高度集中的财政体制,放权让利达到了新中国历史上的空前程度,但还不能使地方政府放开手脚。不论"划分收支"还是"划分税种",中央总是牵着地方走,通过上缴、留成、调剂与地方财政发生关系,产生约束和控制。二是财政分配还存在不公平的现象。经济比较发达的地区由于上缴的比例大、留成的比例小,收入越大上缴的部分越多,形成了"鞭打快牛"局面。经济落后地区由于财政经常收不抵支,仍然离不开中央财政的扶持和补贴,继续吃"调剂收入"这块遗留下来的"晚餐"。因而经济发达地方发展经济和组织收入的积极性不够,往往采取"藏富于民"或"放水养鱼"的做法,税收不能应收尽收。落后地区没有压力和动力,仍然依赖中央财政补助过日子,财政收入增长缓慢。三是中央财政困难越来越突出。经过几年放权让利,中央本级直接组织的收入占全国财政收入的比例逐年下降,中央负

担的支出却有增无减,不如通过"分税加包干"的办法,先把地方"蛋糕"做大,再从地方财政收入增量中多拿一块,使中央与地方财政分配关系得到调整。由于这些问题,"大包干"财政体制提上了日程。

二、"大包干"财政体制的形式

从1988年开始,全国除广州、西安以外分别实行不同形式的"大包干"财政体制,主要有六种形式。如表2-4所示。

表2-4　1988年我国六种形式的财政包干体制

包干方式	内　　容	递增率、分成、留用比例
收入递增包干	以1987年决算收入和地方应得的支出财力为基数,参照各地近几年的收入增长情况,确定地方收入递增率(环比)和留成、上解比例。在递增率以内的收入按确定的留成、上解比例,中央与地方分成;超过递增率的收入全部留给地方	收入递增率和留成比例:北京市4%和50%;河北省4.5%和70%;辽宁省(不包括沈阳市和大连市)3.5%和58.25%;沈阳市4%和30.29%;哈尔滨市5%和45%;江苏省5%和41%;浙江省(不包括宁波市)6.5%和61.47%;宁波市5.3%和27.93%;河南省5%和80%;重庆市4%和33.5%
总额分成	核定收支基数,以地方支出占总收入的比重,确定地方的留成和上解中央比例	总额分成比例:天津市留成46.5%;山西省87.55%;安徽省77.5%
总额分成加增长分成	在"总额分成"的基础上,收入比上年增长的部分,另定分成比例	总额分成比例和增长分成比例:大连市27.74%和27.26%;青岛市16%和34%;武汉市17%和25%
上解额递增包干	按原来核定的收支基数,每年按一定比例递增上交	上解额和递增包干比例:广东省14.13亿元和9%;湖南省8亿元和7%

续表

包干方式	内　　容	递增率、分成、留用比例
定额上解	按原来核定的收支基数，收大于支的部分，确定固定的上解数额	上解额：上海市105亿元；山东省（不包括青岛市）2.89亿元；黑龙江省（不包括哈尔滨市）2.99亿元
定额补助	按原来核定的收支基数，支大于收的部分，中央实行固定数额补助	补助额：吉林省1.25亿元；江西省0.45亿元；福建省0.5亿元（1989年开始执行）；陕西省1.2亿元；甘肃省1.25亿元；海南省1.38亿元；内蒙古自治区18.42亿元；广西壮族自治区6.08亿元；贵州省7.42亿元；云南省6.73亿元；西藏自治区8.98亿元；青海省6.56亿元；宁夏回族自治区5.33亿元；新疆维吾尔自治区15.29亿元；武汉市按4.78%比例上交湖北省，重庆市按10.7%比例上交四川省，作为中央对两省的补助

资料来源：宋新中主编，《当代中国财政史》，中国财政经济出版社1997年版，第464—465页。

"大包干"财政体制实行后，中央对地方的各种专项补助在每年预算执行过程中，根据专款的用途和各地实际情况进行分配。包盈和包亏都由地方自行负责，地方在预算执行中遇到问题，除特大自然灾害可由中央适当补助外都由地方自己解决。在财政包干办法执行过程中，企业、事业单位的隶属关系改变，年终由中央与地方单独进行财务结算，一般不调整地方收入留成或上解比例。中央各部门未经国务院批准或财政部同意，都不得对地方自行下达减收增支措施。各省、自治区、直辖市和计划单列市所属市、县的财政管理体制由各地人民政府根据中央包干制精神和当地情况自行研究决定。

三、"大包干"财政体制的利弊

如果说对"分灶吃饭"财政体制的评价见仁见智的话，那么对"大包干"持否定者几乎占到大多数。发生如此大的分歧主要是站的角度不同，持否定观点的主要是从中央财政困难的视角来评判。从改革的视角审视，虽然存在较为明显的缺陷,但在特定的经济社会背景下,"大包干"财政体制也发挥了一定的积极作用。

(一)"大包干"财政体制的优点

1. "大包干"财政体制是向分税制过渡的试验

我国财政体制的发展演变轨迹,是从建国初的高度集权式向分权式转变的一个过程,"分灶吃饭"和"大包干"制都是其中的一种过渡方式,二者相比后者分灶力度更大,使地方政府获得更多的财权和财力,在特定时期充分调动了地方的积极性,更进一步地改变了计划经济时期政府间的财政分配关系,为分税制改革作了一定的铺垫。比较"分灶吃饭"、财政"大包干"与分税制,在形式上存在相似或相同的地方,如划分收入、划分支出、中央与地方的调剂收入。虽然与分税制有本质的不同,但形式上的相同也为认识分税制创造了方便,在"大包干"财政体制下寻找分税制可以说是一种必然。

2. 解决了"鞭打快牛"的问题

"大包干"制使地方政府多收多支,少收少支,如"收入递增包干"地方财政收入超过递增率的部分全部留给地方,"总额分成加增长分成"地方每年财政收入比上年增长部分给地方另加分成比例,"上解额递增包干"地方除了保证递增上解中央的部分以外,收入增加的部分全部留给地方。而且,规定地方在预算执行中遇到的问题,除特大自然灾害由中央适当补助外,都由地方自己解决,消除了"包盈不包亏"现象,打消了落后地区"等靠要"习惯,因而在一定程度上解决了"鞭打快牛"的问题,不仅有利于调动经济发达地方组织财政收入的积极性,而且也给经济落后地区增加了动力。

3. 权责利进一步得到统一

"大包干"财政体制使地方政府得到较大好处的同时,也使其增加了更多的责任,规定各级政府财政盈亏自行负责,地方必须担当起平衡预算的责任,做到了权责利结合。

4. 促进了地方经济发展

财政"大包干"制在有计划商品经济这个特定时期,对尽快把国民经济搞上去发挥着积极作用。因为"大包干"财政体制多收多得,盈亏自负,进一步调动地方发展经济的积极性,促进地方经济发展。这一点从财政收入的增长可以充分得到反映:1986—1990年地方财政收入突飞猛进,从以前的年收入百亿元走上千亿元的新台阶;1986年为1343.59亿元;1990年提高到1994.68亿元,增长48.5%。地方财政占全国财政的比重保持在

66%～69%以上。地方经济发展进一步加快了全国国内生产总值(GDP)增长的速度,从1988年的15042.8亿元提高到1993年的35333.9亿元,增长134.9%。① 可见,"大包干"财政体制适合这一时期"发展是硬道理"的经济方针,成为国民经济快速发展的杠杆。

(二)"大包干"财政体制的弊端

"大包干"财政体制虽然有其优点,但弊端也非常显著。

1. 缺少规范性和科学性

首先是制度缺乏规范性。财政包干体制是中央政府与地方政府"一对一"讨价还价的结果,对各地没有统一的标准,从中获益多少不一,不能体现公平与效率原则,不利于社会主义市场经济条件下的公平竞争。其次是基数核定不科学。承包比例以地方政府的既有财力为基数,地方政府受利益驱动以各种方式抬高基数以提高分成比例,甚至弄虚作假。再次是政府间财政分配关系不科学。简单地把农村承包制、企业承包制生搬硬套到财政体制改革,使中央和地方财政分配关系僵化,失去弹性。另外收入划分不科学。收入划分放弃了以税种为依据,退回到按企业行政隶属关系划分,对财政、经济、企业改革产生许多负面效应。

2. 弱化国家宏观调控能力

一是限制了中央财政收入的增长。"大包干"财政体制把地方财政"包活"了,财政收入完成承包额剩下全是自己的。但中央财政收入被"包死"了,地方上交的部分是一块"死面馒头",中央财政收入不能随着经济的发展"水涨船高"。如1988年实行大包干的地区,综合上解递增比例占6.5%,考虑到此年物价上涨指数为18.5%,地方上解实际上只是负增长。中央财政在地方收入增量中所得份额过少,如1988年地方收入新增部分中央财政只有3.3%,地方政府得96.7%,而1989年中央只得4.8%,地方财政得95.2%。② 因此,中央财政占全国财政的比重和国家财政占国内生产总值的比重严重下降。从1985—1992年,中央财政收入占全国财政收入的比重(不含债务收入)由1985年的38.4%、1986年的36.7%下降为1992年的28.1%和1993年的22.0%。③ 中央财政占国内生产总值的比

---

① 《中国财政年鉴2012》,中国财政杂志社2012年版,第448、459页。
② 叶振鹏、梁尚敏主编:《中国财政改革二十年回顾》,中国财政经济出版社1999年版,第12页。
③ 《中国财政年鉴2012》,中国财政杂志社2012年版,第459页。

重由 15.7% 下降到 12.9%。① 中央财政困难达到有史以来最严重的时期，竟然发展到向地方借债过日子，或者发行债券或向银行透支来维持。1986 年通过国库券和外债借款 138 亿元，向银行借款 95 亿元，债务收入占中央财政收入的比重为 30%。1992 年中央借款总额达到 843 亿元，借款占经常收入的比例上升到 86%。中央财政在债务困境中愈陷愈深。二是国家财政职能被肢解。在收入方面由于实行各种包干制，国家筹集财力的职能被分解。支出方面建立各种基金制，削弱了国家统筹安排财力的功能。如基本建设基金由国家计委安排管理，更新改造资金由国家经委安排管理，城建资金由城市建设部门安排管理，其他各种专项基金都是由主管部门实行"条条"管理，资金使用各行其是，无法形成合力。在税收方面实行"以山养山"、"以水养水"、"以农养农"等做法，应该上交的税收收入被截流。在财政预算方面，部门、行业各打各的算盘，破坏了预算的完整性，影响国家财力统筹安排、使用和调控。三是中央财政收支失衡。中央财政在收入急剧减少的同时支出却不断增加，不少地方"包而不干"，收支缺口要中央财政填补。除了这些明补以外还有许多潜亏需要补贴，如大量的挂账亏损、日趋扩大的出口退税、国营工业企业存在的盘亏和呆账等，仅国营工业企业专项借款和基建借款余额就达 2000 多亿元。国家从 1991 年开始又进入内债偿还高峰，全国外债余额达到 500 多亿美元，绝大部分要在"八五"时期偿还。但"八五"时期为适应市场供求关系要增加对农业、能源、交通、重点原材料工业的投资，为适应国防现代化建设又要增加国防装备和技术的支出，面对"八五"生育高峰和就业高峰还要加大支出解决新增人口、就业人口和老龄人口的吃饭问题。在这种情况下，国家财政收支难以平衡，"七五"期间国内财政收入年均递增 8.7%，而财政支出每年递增 9.9%，五年累计支出大于收入 460.7 亿元。在整个 80 年代，除 1985 年未出现赤字外，其余年份赤字呈不断上升趋势，1980 年财政收支差额为 68.9 亿元，1990 年为 146.49 亿元。中央财政的困境严重弱化了国家宏观调控的能力。

3. 影响宏观经济健康发展

"大包干"财政体制下地方政府为了扩大可支配收入，热衷于发展地方企业，在价格扭曲的情况下大量涌向投资少、周期短、收效快、盈利高的"短、平、快"项目，致使大量小烟厂、小酒厂、小棉纺厂、小轧钢厂、小汽车

---

① 《中国财政年鉴 2013》，中国财政杂志社 2013 年版，第 448 页。

(装配)厂应运而生，遍地开花，加剧政府投资膨胀。不顾实际情况，花大量外汇引进电视机、电冰箱、洗衣机等生产线，造成产业结构的同质化。重复建设必然致使原材料、电力等紧缺，同时造成低劣产品过剩、库存增加、资金链脆弱。企业之间不仅大打争夺原料的"大战"，而且又上演价格"大战"，乱象丛生，供求关系失衡。总之，在利益驱动下一方面是盲目引进、盲目投资、重复建设，另一方面是无序竞争、恶性竞争，严重影响了国民经济健康发展。我国20世纪80年代中期宏观经济长期过热，通货膨胀接连不断，就是这样形成的。

鉴于"大包干"财政体制存在的各种问题和负面效应，建立统一的、科学的和规范的分税制财政体制成为必然的选择。

第四节　分税制财政体制的建立

1992年，党中央确定建立社会主义市场经济体制的改革目标，从此新中国步入建立市场经济体制新的历史时期，"八五"计划提出为建立有中国特色的社会主义市场经济体制而努力，加快社会主义市场经济的形成。财政体制为了适应市场经济体制，实行了前所未有的分税制财政体制改革。

一、分税制改革的深刻原因

分税制财政体制改革有着深刻的原因，不仅与"大包干"财政体制的弊端密不可分，更深层次的原因还在于"大包干"财政制与市场经济体制的不适应。

首先影响统一市场的形成。"大包干"财政体制在"块块"层面下仍然按行政隶属关系划分财力，如按企业隶属关系划分企业所得税，按属地征收原则划分流转税，把工商企业税收同地方政府财政收入紧密联系起来等。这种划分诱发了地方政府对市场和商品流通的不合理干预，助长了地方政府的本位主义、地方保护主义，在管辖范围搞地区封锁，阻止本地区短缺原材料外流，排斥外地产品进入。地区封锁、区域分割日益加剧的结果，产生了大大小小的"诸侯经济"，严重妨碍市场经济下统一市场的形成。

其次阻碍国有企业改革。市场经济要求政企分开，使企业成为自主经营、自负盈亏、自我发展、自我约束的市场主体。"大包干"财政体制按企业行政隶属关系划分财政收支，将企业与各级政府紧紧捆在一起，企业受各级地方政府的控制和干预。国营企业的行政级别始终对企业行为产生重大的影响,厂长、经理政治上追求的"官"身份与市场经济要求的企业家身份发生严重冲突,在两种不同的信号面前,他们会优先选择对上级行政主管的受命或跟从,企业与其形成"荣辱攸关"的依赖关系,严重左右着企业层面的生产经营和市场运作。地方政府更是热衷于办企业、管企业、干预企业,国家给企业的"放权让利"实际上到不了企业手里,企业自主经营步履维艰,多数企业仍然迟迟不能"搞活",亏损十分严重。"八五"时期仅煤炭、石油行业的亏损每年至少增加数十亿元,因产品购销价格倒挂财政每年价格补贴约1000亿元,国企亏损成为中央财政填补不满的黑洞。在"大包干"财政体制下企业改革难以实现政企分开,对建立市场经济体制是极为不利的。

再次不利于市场公平竞争。市场经济优胜劣汰的途径就是公平竞争,但"大包干"财政体制却存在许多不公平现象,不能为市场创造公平竞争的外部环境。一是以行政隶属关系划分收支,导致政府对企业的亲疏之分,对收入属于本地区的企业倍加关心和扶持,对收入不属于本地区的企业则漠不关心,造成企业之间的不平等、不公平。二是各地政府为了本地利益擅自越权减免税收,特别是财力较充裕的地区应该征收的税不收,搞"藏富于民"、"放水养鱼"、"灶外有灶",造成各地税负畸轻畸重,丧失公平。三是包干制下分成、留用比例和递增率都是地方政府与中央"一对一"谈判的结果,地方之间比例高低不一;企业在承包制下也与政府在税收和利润分配上讨价还价,企业之间多少不同,难以体现税制的严肃性和权威性。四是"大包干"财政体制形式多样,地方政府各显神通,"上有政策,下有对策",税负不公,利益不均,与市场经济要求的公平、公正、公开格格不入。

总之,"大包干"财政体制与市场经济要求的公平性、规范性、有序性相比,显得不公平、不规范和无序,不改革就不能促进社会主义市场经济体制的建立与发展。

二、分税制方案的制定与实施

(一)方案的设计确定

为了保证分税制财政体制方案如期出台,财政部于1993年5月开始方案设计。1993年6月初提出分税制改革的初步思路,6月下旬组织召开全国"财政体制改革座谈会",在分税制试点地区介绍情况的基础上对改革方案进行完善。7月根据总体思路和地方提出的有关意见,详细测算有关指标数据,充分研究总体方案,并制定相关配套措施。1993年7月召开全国财政工作会议,正式提出《关于建立分税制分级财政体制的设想》,会议讨论后又多次修改。8月,朱镕基副总理在北戴河三次听取财政体制改革方案汇报,作了许多重要指示。经党中央、国务院批准,成立财税改革领导小组和财税改革专题调研小组,反复研讨和广泛征求专家和有关部门意见,对分税制改革方案进行反复的修改和完善。1993年8月底9月初,国务院和中共中央政治局常委会议原则上通过分税制改革方案。

(二)分税制方案的推行

分税制改革是对"大包干"财政体制下既得利益的一场革命,深深触动了地方政府的灵魂,不仅东部沿海经济发达地区有阻力,中西部地区也有各自的打算,害怕失去原来的补助而提出不同的意见。改革面临巨大的阻力,需要中央政府去化解。

为了使分税制按时顺利实施,必须先与地方政府见面。1993年9月至10月,朱镕基副总理带领中央有关部门组建的几十人队伍,先后到海南、广东、上海、浙江、江苏、山东、河北、天津、北京、辽宁、内蒙古、新疆等地沟通解释。10月底,改革方案得到各地认可。

新中国在这之前已有的财政体制改革没有哪一次比分税制改革表现得艰巨激烈,总的来说,分税制方案设计是非常周密谨慎的,方案的实施是非常果断的,同时也是艰难曲折的。

三、分税制财政体制的全面改革

得到地方政府的全面认可后,党的十四届三中全会正式通过了分税制改革方案。1993年12月15日,国务院下发《关于实行分税制财政管理体制的决定》,从1994年1月1日起在全国实施。分税制财政体制主要由四个方面的内容所构成,即中央与地方税收划分、中央与地方财政支出划分、国税与地税分机构征收、中央财政对地方的税收返还,简称"三分一返"。以下重点介绍其中三个方面。

(一)中央与地方税收划分

中央与地方税收是根据各级政府职能与管理适应度划分的:将维护国家利益、实施宏观调控所必需的税种划分为中央税;将同经济发展直接相关的税种划分为中央与地方共享税;将适合地方征管的税种划为地方税,以充实地方税种,增加地方收入。根据《关于实行分税制财政管理体制的决定》,中央固定税收有8种,地方固定税收有18种,中央与地方共享收入有3种。具体税种如表2-5所示。

表 2-5　1994 年分税制下中央税收与地方税收

中央固定税收	地方固定税收	中央与地方共享收入
1. 关税 2. 海关代征消费税和增值税 3. 消费税 4. 中央企业所得税 5. 地方银行和外资银行及非银行金融企业所得税 6. 铁道部门、各银行总行、各保险总公司等集中交纳的收入（包括营业税、所得税、利润和城市维护建设税） 7. 中央企业上交的利润 8. 外贸企业出口退税	1. 营业税（不含铁道部门、各银行总行、各保险总公司集中交纳的营业税） 2. 地方企业所得税（不含地方银行和外资银行及非银行金融企业的所得税） 3. 地方企业上交利润 4. 个人所得税 5. 城镇土地使用税 6. 固定资产投资方向调节税 7. 城市维护建设税（不含铁道部门、各银行总行、各保险总公司集中交纳的部分） 8. 房产税 9. 车船使用税 10. 印花税 11. 屠宰税 12. 农牧业税 13. 农业特产税 14. 耕地占用税 15. 契税 16. 遗产和赠与税 17. 土地增值税 18. 国有土地有偿使用收入	1. 增值税（中央分享 75%，地方分享 25%） 2. 资源税（海洋石油资源税归中央，其他资源税归地方） 3. 证券交易税（中央分享 50%，地方分享 50%）

（二）中央与地方财政支出划分

中央与地方财政支出范围是根据国家宏观调控需要和行政隶属关系划分的。中央主要是国家安全、外交和中央机关运转所需经费、调整国家经济结构、协调地区发展、实施宏观调控所必需的支出以及由中央直接管理的事业发展支出。地方主要承担本地区政权机关运转所需支出以及本地区经济、事业发展所需支出。根据《关于实行分税制财政管理体制的决定》，中央财政支出主要有 14 项，地方财政支出主要有 13 项。如表 2-6 所示。

表 2-6　1994 年分税制下中央财政支出与地方财政支出

中央财政支出	地方财政支出
1. 国防费 2. 武警经费 3. 外交和援外支出 4. 中央级行政管理费 5. 中央统管的基本建设投资 6. 中央直属企业技改和新产品试制费 7. 地质勘探费 8. 由中央财政安排的支农支出 9. 由中央承担的国内外债务还本付息支出 10. 中央本级负担的公检法支出 11. 中央本级负担的文化支出 12. 中央本级负担的教育支出 13. 中央本级负担的卫生支出 14. 中央本级负担的科学支出	1. 地方行政管理费 2. 公检法支出 3. 部分武警经费 4. 民兵事业费 5. 地方统筹的基本建设投资 6. 地方企业技改和新产品试制经费 7. 支农支出 8. 城市维护和建设经费 9. 地方文化支出 10. 地方教育支出 11. 地方卫生支出 12. 价格补贴支出 13. 其他支出

（三）中央财政对地方的税收返还

分税制财政体制是在"大包干"财政体制上改革制定的，为了维护地方既得利益格局，促使分税制如期实施，采取了"双轨"运行的模式，即在新的财政体制中保留原包干体制下中央对地方的补助。原体制地方上解收入仍按不同体制类型执行，实行递增上解的地区按原规定继续递增上解；实行总额分成的地区和原分税制试点地区暂按递增上解的办法，按 1993 年实际上解数核定递增率，每年递增上解，通过这种办法过渡一段时间再逐步规范化。因此，原包干制下中央对地方税收返还数额的确定成为分税制财政体制中的一个重要内容。

税收返还的确定，一是核定税收返还基数。地方上划中央的收入，按地方 1993 年财政决算数计算；中央下划地方的收入，按中央财政 1993 年决算数计算。分别计算中央下划收入，地方上划中央工业环节消费税和增值税、商业增值税、工商统一税和非银行金融企业所得税。二是调整税收返还递增率。1994 年以后税收返还额在 1993 年基数上逐年递增，递增率按全国增值税和消费税(以下简称"两税")平均增长率的1∶0.3确定。即上述"两税"全国平均每增长1％,中央财政对地方的税收返还增长0.3％。按照这个办法收入增长较慢的地方可以根据返回系数多得一些增量,但不利于调动收入增长快的地方的积极性。1994年8月,经国务院批准,将递增率改为按本地区的增值税和消费税增长率的1∶0.3系数确定。三是确定收入增长目标。根据1994年上半年主要经济指标完成情况,全国"两税"收入增长目标确定为16％,既能保证中央财政对地方税收返还的资金需要,又使各地经过努力能够达到这个增长目标。考核增长目标的办法是:"两税"收入达到1994年增长目标的,承认1993年税收返还基数,并按1∶0.3系数增加对地方的税收返还;1994年"两税"数额低于上年的,相应扣减税收返还基数;"两税"收入没有达到1994年增长目标但高于上年基数的,中央承认其税收返还基数,并按1∶0.3系数增加对地方的税收返还,但要按完成数低于增长目标影响中央的部分从当年税收返还额中扣减。为了鼓励各地超收,对1994年"两税"超过增长目标的地区,中央在超收部分另加1∶0.3系数返还地方。

四、分税制财政体制改革的特点

由于中国的分税制财政体制不是划分税权而是划分税收的一种制度,是规范政府间分配关系、确保各级政府正常行使其职能的财政资金分配体制,是西方国家分税制与中国实践相结合的产物,因而与西方国家分税制相比既有分税制财政体制的一般特色,又有浓厚的中国特色。

(一) 从增量中提高中央财力

分税制中划分中央与地方收支范围、设立中央与地方共享收入这些内容和形式在以往的"比例分成"、"总额分成"财政体制中都出现过,并不是新内容,唯独一点没有的是,在地方财政收入增量中多拿一点以提高中央财政收入在全国财政收入中的比重。在不触动地方既得利益的前提下,中央在1994年以后地方"两税"基数增长的部分拿大头,地方拿小头。即全国增值税和消费税每增长1％,返给地方0.3％,剩余0.7％归中央。这是分税制的灵魂,也是分税制设计者智慧的集中体现,只有这种巧妙的设计才能实现提高两个积极性的目标,既考虑地方利益,调动地方发展经济积极性,又提高中央财政收入在国家财政收入中所占的比重,增强国家宏观调控能力。以往我国财政体制改革不是集中过度,影响地方积极性,便是放得过多,影响中央财政积极性,这次达到了两全其美,是第一次出现的成功结局,成为我国分税制财政体制最大的特色和亮点。

（二）改革路径由放到收

我国分税制改革的出发点和目的与一般分税制不一样,不是由上往下分权,而是从地方层面适度地集中财权财力,其路径是"收"不是"放"。以前包干制改革过度下放财权财力,造成许多乱象,分税制就是要通过由放到收的途径解决这些问题。我国推行分税制的初衷就是这样的,主要是解决中央财政困难,协调政府间财政分配关系的失衡,强化中央政府在财政资金初次分配过程中的地位,①提高中央财政占全国财政的比重,增强中央政府宏观调控的能力,贯彻中央政府宏观政策意图,加强中央政府对地方政府经济行为的引导,这些都需要适度集中财权财力。我国分税制的改革是很有趣的,表象是体现"分",实际上是在"收",这与国际上分税制的路径是不同的,应该是我国分税制的一种特色。

（三）体制过渡性较强

所谓过渡性,概括地说就是改革不一步到位,经过一定的过渡期再达到完善。过渡性特色的表现:一是体制不是尽善尽美,总是有这样或那样的不足,如事权划分不清等,但不妨碍大局。二是新体制是在旧体制的基础上进行改革的,不是完全抛开原有的制度创造一个全新的体制。三是新旧体制并轨,即新体制中既有新创建的成分,又有旧体制保留下来的成分,如税收返还、原体制规定的各种补助、税收减免优惠等等,仍然长期发挥着作用和产生着影响。之所以如此,是由我国的实际决定的,也是改革的一种策略。

（四）分税不分权

分税制财政体制改革是一次转换机制、创新制度的重大改革,与我国建国后历次财政体制改革有根本不同。新中国先后实行的"分类分成"、"总额分成"和"财政包干"体制的共同点就是"放权让利",既放财权、税权,又出让财力。分税制财政体制虽然划分了税收,但地方没有税收立法权、开征权、减免权,这些权力在中央的严格控制之下。我国分税制不是一般认为地从分税走向分权,而是分税不分权,这一点也与国际上的分税制不同。

---

① 白景明:《关于分税制若干问题思考》,《财政资料研究》1996年第26期。

五、分税制改革的意义与成效

1994年分税制财政体制改革是我国财政体制变迁中一次历史性的、根本性的改革。这次改革对于我国财政体制的创新与进步、正确处理中央与地方财政分配关系、社会主义市场经济体制的形成、中国财政与世界接轨等方面都产生了重要的意义,取得了显著的成效。

(一) 分税制改革的意义

1. 开创了新中国财政发展史上的新纪元

中国从秦始皇建立中央专制集权开始,统收统支财政体制具有上千年的历史,长期占据统治地位,对中国后世影响极深且远,新中国计划经济时期基本上也还是这种财政体制。统收统支财政体制在特定的历史时期不失为一种有效的财政体制,但在发展经济中难以提高地方政府的积极性,需要进行改革。从第一个五年计划开始,我国就试图在财政体制创新中探索一条道路,先后实行了"分类分成"、"总额分成"和"财政包干"等形式的财政体制改革,虽然财政统收的局面已打破,但统支的问题并没有根本解决。分税制第一次彻底打破统收统支财政体制的僵局,中央与地方财政收支泾渭分明、互不挤占。分税制财政体制与统收统支财政体制有质的区别,是两个完全不同的财政体制,后者是适合计划经济时期的财政体制,而前者是适应社会主义市场经济的财政体制。从此,新中国财政体制出现了飞跃式的发展,旧体制完全被新体制所取代,开创了新中国财政史上的新纪元。

2. 树立了新中国成立以来财政发展史上新的里程碑

分税制财政体制在新中国财政发展史上的里程碑地位,主要就其优越性而言。分税制财政体制在吸收我国以往财政体制的优点、借鉴国际上先进经验的基础上,具有诸多优越性。一是突破了包干制按"块块"分配政府间收入的藩篱,开始按税种划分各级财政的收入范围,各自的收入弹性空间扩张有了制度依据。二是排除了原有体制收入分配上"兄弟一家人"的传统理念,消除了政府间你向我借、我向你借、"等靠要"的习惯。三是改变了财政包干制下中央财政依靠地方财政上解过日子的局面,提高了中央本应有的权威性,增强了国家宏观调控功能。四是全面克服了"分灶吃饭"以来财政运行机制上的紊乱现象,有助于控制税收减免和流失,形成中央财政收入正常增长的良性机制。当然,我国分税制以前的财政体制也不是一无是处的,任何一种制度既有其优点也有其缺点,但要看优点为主还是缺点为主,同时还要看是否适应经济社会的发展,适应时代需要的就是好制度。就制度而言,分税制弥补了原来财政体制的缺陷,就适应性而论完全适应市场经济体制,是财政包干制无法胜任的。实践证明,分税制财政体制比建国以来所有的财政体制都具有科学性、合理性和规范性,更适应市场经济体制的要求,所以它是建国以来财政体制发展史上新的里程碑。

3. 开拓了中央与地方财政分配关系的新路径

我国分税制以前的财政体制在处理中央与地方财政分配关系上,统收统支财政体制统得太死、卡得太严,地方政府只是中央财政的被动执行者,导致其积极性丧失,地方政府等、靠、要,中央与地方的财政关系实际上是"大锅饭"的性质。"分类分成"、"总额分成"和"财政包干"体制下政府间财政分配关系既不规范,也不公平。特别是一味地加大地方的财权和财力,造成中央与地方的分配关系严重失衡,从一个极端走到另一个极端,致使出现中央向地方借钱过日子的不正常现象。造成这种"一收就死,一放就乱"的主要原因是制度的不规范。中央给地方放权让利大都是适应政治和经济形势的需要,往往是行政手段的结果、政治运动的产物,只要形势需要中央就放权让利,至于放多少、怎么放,却没有科学的依据。要正确合理地处理中央与地方的分配关系,必须有一个科学、规范的制度,而分税制财政体制正好为解决这一关键问题开拓了新路径。就目前世界而言,分税制是较为先进的财政体制,具有科学性、合理性、规范性,在处理中央与地方分配关系时不是像以往那样单纯的财政收入分割,而是打破了行政隶属关系,抑制了部门利益,按照各级政府的职能结合税种的特点划分,坚持分税与事权相统一,有多少事划分多少税收。划之有据,分之有度,能够较好地兼顾到中央与地方的利益。1994后中央与地方财政收入在全国财政收入的比重保持在52.2%和47.8%左右,支出比重分别保持在30%和70%左右。地方财政收入占全国财政收入的比重从原来的60%～70%下降到50%左右,趋于合理空间。分税制改革使我国中央与地方财政分配关系走上了规范化轨道。

4. 搭起中外财政交流合作的桥梁

分税制财政体制是世界各国通行的一种财政体制,美国、英国、德国、日本、加拿大、澳大利亚、巴西等国家很早就实行了这种制度。而当时我国实行财政包干体制,与国际上发达国家的财政体制、预算制度、税收分类、收支统计等方面都衔接不上,给财政国际交流带来许多不便。一方面很难让国外了解中国的财政,另一方面中国也难以吸收借鉴别国的先进经验。

在全球一体化的趋势下,影响了我国赶超世界先进国家的速度,也妨碍了我国在国际上的大国财政地位和作用的发挥。分税制财政体制实施后,我国财政体制与世界通行的财政体制接轨,建起了一座沟通中外财政的桥梁,对我国社会主义市场经济的建立和实现社会主义现代化具有重大的意义。

(二)分税制财政体制的实施成效

分税制财政体制自1994年实行以来取得显著成效,使分税制改革的重大意义得以充分的体现。

1. 促进了社会主义市场经济体制的建立与发展

1993年之后,建立社会主义市场经济体制是我国改革中的一项重大任务,促进市场经济体制的建立是国家财政重要的责任,也是分税制改革的主要目的。从市场经济发达国家看,分税制是市场经济的促进器,在我国也同样如此。一是分税制彻底地改变了过去讨价还价、"鞭打快牛"的状况,为地方财政经济发展创造了公平竞争的环境。二是提高了中央与地方两个积极性,改革取得了双赢,在增加中央财政收入的同时也为地方政府增加财政收入创造了机遇,增强了地方政府市场经济信念。三是中央和地方政府收入界限分明,形成了规范化的分配关系,打消了过去地方增收、中央平调的顾虑,促进了地方政府挖掘收入潜力和税收管理。四是分税制财政体制具有法制性,税收减免优惠得到清理,从制度上堵住了地方政府随意减免税收和挤占中央收入的漏洞。五是分税制下地方政府按照市场要求调整经济结构,培植新型财源,增强地方财政收入的可持续性。我国市场经济体制的建立、完善和发展,与分税制财政体制是密不可分的。分税制改革首先兑现了这一作用,对我国经济社会发展来说功莫大焉。

2. 提高了"两个比重"

首先提高了中央财政收入占全国财政收入的比重。在财政包干体制下中央财政收入占全国财政收入的比例不断下降,1986年为36.6%,1992年下降到28.1%,平均每年下降1.4个百分点。远远落后于当时主要市场经济国家中央财政收入占财政总收入30%的一般比重。实行分税制以后中央财政收入占全国财政收入的比重明显提高,1994年达到55.7%,比1993年提高33.7个百分点,1995年和1999年以后(包括1999年)长期保持在50%以上。全国财政收入占国内生产总值的比重,分税制以后也不断提高,由10%提高到15%,至2011年提高到22%。1995—2002年"两个比重"增长情况如表2-7所示。

表 2-7 1995—2002 年我国财政"两个比重"增长态势

年份	全国财政收入/亿元	中央财政收入/亿元	全国财政收入占 GDP 的比重/(%)	中央财政收入占全国财政收入的比重/(%)
1995	6242.20	3256.62	10.3	52.2
1996	7407.99	3661.07	10.4	49.4
1997	8651.14	4226.92	11.0	48.9
1998	9875.95	4892.00	11.7	49.5
1999	11444.08	5849.21	12.8	51.1
2000	13395.23	6989.17	13.5	52.2
2001	16386.04	8582.74	14.9	52.4
2002	18903.64	10388.64	15.7	55.0

资料来源：国家统计局编，《中国统计年鉴2008》，中国统计出版社 2008 年版，第 263 页；《中国财政年鉴 2012》，中国财政杂志社 2012 年版，第 448 页。

目前世界主要市场经济国家中，中央一级政府财政收入所占比重一般为 50%～60%，分税制实行后我国中央财政收入占全国财政收入的比重为 50% 左右，达到了国际上的标准和水平，实现了分税制改革的第二目标。

3. 建立了国家财政收入稳定增长机制

我国计划经济时期国家财政总收入最多年份 1977 年达到 874.46 亿元，比上年增长 12.6%。有计划商品经济时期最高达到 1993 年的 4348.95 亿元，比上年增长 24.8%。分税制实施后 1999 年达到 11444.08 亿元，进入万亿元新台阶，比上年增长 15.9%；2011 年达到 103874.43 亿元，进入十万亿元新台阶，比上年增长 25.0%。[①] 国家财政收入快速稳定增长与分税制实行以前相比，形成了明显的对照。国家财政收入的稳定快速增长虽然有各方面的原因，但关键在于分税制后所建立的增长机制，即税收划分的科学合理、地方上解基数的返还、增量分配中 1∶0.3 系数的确定等，这样的机制提高了两个积极性，中央和地方都有增收节支的主观能动性，不仅中央财政收入水涨船高，而且地方财政收入快速增长。1994 年地方财政本级收入为 2311.6 亿元，2002 年达到了 8515.74 亿元，是 1994 年的 3.68 倍，年均递增 17.9%。[②] 分税制改革"双赢"的效果，保障国家财政收入不

---

① 《中国财政年鉴 2013》，中国财政杂志社 2013 年版，第 446 页。
② 《中国财政年鉴 2012》，中国财政杂志社 2012 年版，第 460 页。

断出现台阶式的快速发展。我国综合国力明显提高,改革开放初期我国综合国力在全球排列第 11 位,1996 年上升到第 7 位,提高了我国在国际舞台上的话语权。

4. 增强了中央政府的宏观调控能力

我国建立的社会主义市场经济属于现代市场经济模式,而不是放任自流的早期资本主义市场模式;是由政府调控的按市场规律发展的市场经济模式,而不是地方政府各自为政的市场经济模式。特别是我国以公有制为基础建立的社会主义市场经济,更离不开政府的宏观调控弥补"市场失灵",保障市场经济健康发展。分税制改革提高"两个比重",有效地强化了中央政府宏观调控能力,符合我国市场经济的要求。事实证明,20 世纪 90 年代初我国成功地实现了举世瞩目的"软着陆",成功地应对 1998 年亚洲金融危机和 2008 年世界金融危机,有效刺激经济发展活力,化解通货紧缩,都和分税制有直接的关系。

实践证明,分税制财政体制改革意义是重大的,成效是显著的,因而改革是成功的。

第五节 分税制财政体制的完善

分税制财政体制实施以来,根据市场经济要求和宏观经济发展变化,我国在稳定分税制体制框架的基础上进行了一系列调整和完善。

一、"省直管县"改革

分税制实行后,省与县市一级分税制由各省在中央分税制的原则下自行制定方案,中央没有统一规定。全国省与市县之间分税制差别较大,收入划分形式多样,有的按税种分成,有的总额分成,造成县乡财政困难问题持续升温。进入 21 世纪,完善省以下财政体制成为财政改革的首要任务。

(一)"省直管县"的原则与目标

2005 年 6 月,温家宝总理在全国农村税费改革试点工作会议上指出:要改革县乡财政的管理方式,具备条件的地方,可以推进"省管县"的改革试点。2005 年 11 月,财政部发布《关于切实缓解县乡财政困难的意见》,明确提出"各省(自治区、直辖市)要积极推行省对县财政管理方式改革试点"。截至 2008 年,全国有 24 个省份在 791 个市县实行了"省直管县"改革试点。2009 年,中央"一号文件"进一步要求推进"省直管县"财政管理方式改革，充实内容和形式，将粮食、油料、棉花、生猪生产大县全部纳入改革范围。2009年6月，财政部正式发布《关于推进省直接管理县财政改革的意见》，全面推进省直管县改革，2012年底，全国除民族自治地区外全面实行"省直管县"财政体制。

"省直管县"改革的原则规定，因地制宜、分类指导，各地根据经济发展水平、基础设施状况等有关条件确定改革模式、步骤和进度，不搞"一刀切"。科学规范、合理有序地理顺省以下政府间事权划分及财政分配关系。积极稳妥、循序渐进，保证市县既得利益，妥善处理收支划分、基数划转等问题，确保改革平稳过渡和顺利运行。改革的目的是增强县域发展活力，提高中心城市发展能力，强化省级调控功能，推动市县共同发展。

（二）"省直管县"的主要内容

"省直管县"概括而言，就是县（市）一级政府的财政由省级财政直接管理，不再由原来的地区一级政府财政管辖，在事权和支出责任划分、收入划分、省对下转移支付补助、专项拨款补助、各项结算补助、预算资金调度等方面，都由省级财政直接与县（市）级财政对接。具体内容：一是预算管理体制基本上不调整财政收支范围，但一些省对不符合支持县域经济发展要求的收支范围进行了适当的规范和调整；二是省对下各项转移支付补助直接分配到县（市），省财政的专项补助资金由省财政厅会同省直有关部门直接下达到县（市）；三是年终财政结算项目、结算数额，由省财政直接结算到县（市），原来市对县（市）的各项结算、转移支付及资金往来扣款等，由省财政根据市财政有关文件规定分别与县（市）财政办理结算；四是各市、县（市）国库直接对中央、省报解财政库款，省财政直接确定各县（市）的资金留解比例，预算执行中的资金调度由省财政直接拨付到县（市）；五是县（市）举借的债务和贷款，核实后由省财政分别转账到县（市），由省财政直接对县（市）扣款，未核对清楚的继续作为市政府债务处理，新增债务分别由市、县（市）财政部门直接向省财政办理有关手续并承诺偿还。

（三）"省直管县"的成效

"省直管县"改革取得了明显成效。一是有利于发挥省级财政在辖区内对财力差异的调节作用，帮助困难县解决财政运转问题。比较而言，特别是地区间经济发展不平衡而地级市比较困难的省实行"省直管县"更加必要。从资金调度的角度看，由于省级财政调节能力较强，有利于保证县级政府及时发放工资和社会保障等重点支出拨付到位。二是有利于减少财政管理层次，降低行政成本。"省直管县"体制改革后，由于在管理层次上省直接对县,没有中间环节,县级在项目申报、信息反馈方面更快捷、准确,决策更加及时、科学,既降低财政管理成本,提高管理质量,又促进政府管理组织架构趋于扁平化。三是有利于避免地级市财政对县级财政资金截留、挤占和不恰当集中,使县级财政困难得到减轻。四是有利于城乡共同发展。我国城乡差距大的原因之一是城乡间财力分配不均衡,县乡通过改革解决财政困难后可以根据自身的特点和优势积极主动地发展县域经济,促进城市和县乡协调发展。

二、"乡财县管"改革

我国乡镇一级政府基本没有实行分税制,仍然保留财政包干体制下的各种方式,财政困难问题普遍严重。2005年,为保证基层政府正常运转,在保持乡镇资金所有权和使用权不变的前提下,实行"乡财县管"的改革。截至2008年底,全国有29个省份约23000个乡镇实行了改革。

(一)"乡财县管"的主要内容

"乡财县管乡用",是以乡镇为独立核算主体,由县级财政部门直接管理并监督乡镇财政收支,乡镇与县级"预算共编、账户统设、集中收支、采购统办、票据统管"。

"乡财县管乡用"改革的主要内容:一是县(市、区)对乡镇比照县直单位编制部门预算,乡镇不再单独编制预算;二是统一设置财政收支结算账户,取消乡镇财政所总预算会计,改置单位预算会计,负责乡村两级财务管理;三是实行国库集中支付,乡镇财政支出以年初预算为依据,按"先工资、后重点、再一般"的原则,通过国库直接支付或授权支付;四是实行政府采购制度,由乡镇根据年初政府采购预算提出申请和计划,经县(市、区)财政相关职能部门审核,由县(市、区)政府采购经办机构集中统一办理;五是票据县级统管,乡镇使用的行政事业性收费票据及其他税费征缴凭证等收归县(市、区)财政部门管理,实行票款同行、以票管收。在改革管理方式的同时,重新明确了乡镇财政所的职能,对乡镇财政机构进行了改革。

(二)"乡财县管"的实施成效

首先,减缓了乡镇财政困难,乡镇财政"保工资、保运转、保重点"得到保障。其次,扎住了乡镇举债的口子,遏制了乡镇债务膨胀。改革中对乡镇债务全面进行清理,实行"先刹车、后消肿",严格明确乡镇不能随意举债,避免了乡镇财政风险。再次,统一了预算管理,加强了税收征管。乡镇财政收入和预算外资金全部缴入县国库,通过加强账户、票据管理,从源头上杜绝了乱收费、乱摊派、乱集资,减轻了农民负担。在新的管理体制下乡镇财政所专注税收征管,做到依法征税,应收尽收。最后规范了财务核算,加强了支出管理。通过制定统一的财务核算制度,强化了审批约束力,规范了财务核算办法,完善了支出手续,增加了财务透明度,防止了截留挪用滥支现象的发生,控制了不合理支出,压缩了招待费、会议费、电话费、燃修费等一般性支出,杜绝了"白条"满天飞。清理清退不在编人员,减轻了财政负担。从此,乡镇财政转向规范、健康的发展道路。

三、完善中央与地方财政分配关系

(一) 调整中央与地方共享税分成

1. 调整证券交易印花税分享比例

分税制实行时,证券交易印花税中央与地方(上海市和深圳市)各分享50%。随着证券交易印花税大幅增长,为增强中央宏观调控能力,自1997年1月1日起将分享比例调整为中央80%、地方20%。证券交易印花税税率从3‰调高到5‰,调高税率增加的收入全部作为中央收入,实际上达到中央88%、地方12%。2000年,国务院再次决定,从当年起分三年将证券交易印花税分享比例逐步调整到中央97%、地方3%。中央由此增加的收入主要用于支持西部贫困地区发展,并作为补充社会保障资金的来源。

2. 调整金融保险营业税分享比例

为进一步理顺国家与金融、保险企业之间的分配关系,促进金融保险企业平等竞争,从1997年1月1日起,将金融保险业营业税税率由5%提高到8%。提高营业税税率后除各银行总行、保险总公司缴纳的营业税仍全部归中央收入外,其余金融、保险企业缴纳的营业税按5%税率征收的部分归地方财政,提高3个百分点征收的部分归中央财政。从2001年起为支持金融保险行业改革,金融保险业营业税税率每年下调1个百分点,分三年降至5%,中央分享部分随之取消。

3. 实施所得税收入分享改革

为了促使企业公平竞争,2002年实施所得税收入分享改革。除铁路运输、国家邮政和中国工商银行、中国农业银行、中国银行、中国建设银行等国有银行以及海洋石油天然气企业外,其他企业所得税和个人所得税收入实行中央与地方按统一比例分享。中央对2001年地方实际所得税收入基数实施增量分成,2002年中央与地方各分享50%,2003年中央分享60%、地方分享40%。为妥善处理地区间利益分配关系,跨地区经营企业集中缴纳的所得税中地方分享部分,按分公司(子公司)所在地的企业经营收入、职工人数和资产总额三个因素在相关地区间分配。中央因改革所得税分享增加的收入全部用于对地方主要是中西部地区的一般性转移支付。

4. 改革出口退税负担机制

为了促进出口创汇,我国从1985年开始实行出口退税政策,中央的外贸企业、工贸企业退税由中央财政负担,地方的外贸企业、工贸企业退税由地方财政负担。1988年所有的出口退税都由中央财政负担。1991年之后地方财政又负担地方外贸企业10%的出口退税,1992年提高到20%,1994年分税制改革时出口退税再次改由中央财政全部负担,地方负担部分以1993年为基数专项上解,以后年度按此定额结算。1998年为应对亚洲金融危机实施积极财政政策,提高出口退税率支持外贸出口,出口退税额急速增长,远远高于财政收入年均增长率,1999—2004年中央财政收入年均增长率为18.6%,而同期出口退税额年均增长却达到37.3%,几乎是中央财政收入增幅的2倍。全国累计应退未退税额,由2001年的1440亿元增加到2003年的3256亿元,中央财政负担沉重,所欠退税越来越多。2004年本着"新账不欠,老账要还,完善机制,共同负担,推动改革,促进发展"的原则,实施出口退税机制改革。一是适当降低出口退税率,区别不同产品进行调整;二是从2003年起中央进口环节增值税、消费税收入增量首先用于出口退税;三是建立中央和地方共同负担出口退税的新机制,以2003年出口退税实退指标为基数,对超基数部分的应退税额由中央和地方按75∶25的比例共同负担;四是推进外贸体制改革,调整出口产品结构,降低出口成本,提升我国商品的国际竞争力;五是累计欠退税由中央财政负担,对截至2003年底累计欠企业的出口退税款和按增值税分享体制影响地方的财政收入全部由中央财政负担。这一机制实施后,解决了多年的累欠退税问题。2005年,为了解决部分口岸城市以及东部地区出口退税负担过重的问题,在维持2004年各地出口退税基数不变的基础上,对超基数部分中央和地方按照92.5∶7.5的比例分担,减轻了地区间负担的不均衡,维护了全国统一市场,对促进外贸持续健康协调发展具有重要意义。

(二) 建立新型的政府间财政分配关系

2017年党的十九大提出"建立权责清晰、财力协调、区域均衡的中央和地方财政关系",为新时代完善政府间财政分配关系指明了方向。财政部门在这项改革中深刻领会,积极探索。权责清晰就是形成中央领导、合理授权、依法规范、运转高效的财政事权和支出责任划分模式。在处理好政府与市场关系的基础上,按照体现基本公共服务受益范围、兼顾政府职能和行政效率、实现权责统一、激励地方政府主动作为等原则,加强与相关领域改革的协同,合理划分各领域中央与地方财政事权与支出责任。财力协调就是形成中央与地方合理的财力格局,为各级政府履行财政事权和支出责任提供有力保障。在保持中央与地方财力格局总体稳定的前提下,科学确定共享税中央与地方分享方式及比例,适当增加地方税种。继续优化转移支付制度,扩大一般性转移支付规模,建立健全专项转移支付评估和退出机制。区域均衡就是着力增加财政困难地区兜底能力,稳步提升区域间基本公共服务均等化水平。合理制定基本公共服务保障基础标准,并适时调整完善。根据东中西部地区财力差异状况、各项基本公共服务的属性,规范基本公共服务共同财政事权的支出责任分担方式。2018年,在基本公共服务领域共同财政事权与支出责任划分改革方案引领下,重点推进教育、医疗卫生、交通运输、环境保护等分领域财政事权和支出责任划分改革,促进各级政府更好地履行责任,提高基本公共服务供给效率。同时,抓紧制定中央与地方收入划分改革方案,在充分考虑地区间支出成本因素的基础上,将常住人口人均财政支出差异控制在合理区间,形成中央与地方合理的财力格局。

四、划分中央与地方财政事权和支出责任

（一）中央与地方财政事权和支出责任划分改革

为了落实党的十八大和十八届三中全会以来提出的建立事权和支出责任相适应的制度以及适度加强中央事权和支出责任的要求,2016年,国务院印发《关于推进中央与地方财政事权和支出责任划分改革的指导意见》,对中央与地方财政事权和支出责任划分开始了实质性的改革。财政事权是一级政府应承担的运用财政资金提供基本公共服务的任务和职责,支出责任是政府履行财政事权的支出义务和保障,改革从财政事权和支出责任相匹配的目标出发,对分税制进行一次深层次的完善。

这次改革的目标,是在"五位一体"总体布局和"四个全面"战略布局下,牢固树立和贯彻落实创新、协调、绿色、开放、共享的发展理念,建立中央领导、合理授权、依法规范、运转高效的财政事权和支出责任划分模式。改革的总体要求:一是形成科学合理、职责明确的财政事权和支出责任划分体系;二是完善中央决策、地方执行的机制,明确中央在财政事权确认和划分上的决定权,适度加强中央政府承担基本公共服务的职责和能力,维

护中央权威;三是充分发挥市场在资源配置中的决定性作用,合理确定政府提供基本公共服务的范围和方式,将应由市场或社会承担的事务交由市场主体或社会力量承担;四是坚持法治化、规范化道路,中央与地方财政事权和支出责任划分以法律和行政法规的形式规定,地方各级政府间的财政事权和支出责任划分相关制度以地方性法规、政府规章的形式规定,逐步实现政府间财政事权和支出责任划分法治化、规范化;五是坚持积极稳妥统筹推进,处理好改革与稳定发展、总体设计与分步实施、当前与长远的关系,确保改革扎实推进,务求实效。

财政事权和支出责任划分的原则:一是体现基本公共服务受益范围。体现国家主权、维护统一市场以及受益范围覆盖全国的基本公共服务由中央负责,地区性基本公共服务由地方负责,跨省(区、市)的基本公共服务由中央与地方共同负责。二是兼顾政府职能和行政效率。更多、更好地发挥地方政府组织能力强、贴近基层、获取信息便利的优势,将所需信息量大、信息复杂且获取困难的基本公共服务优先作为地方的财政事权,以提高行政效率,降低行政成本。信息比较容易获取和甄别的全国性基本公共服务作为中央的财政事权。三是实现权责利相统一。在中央统一领导下,适宜由中央承担的财政事权要上划,以加强中央的财政事权执行能力;适宜由地方承担的财政事权决策权要下放,减少中央部门代地方决策事项。明确共同财政事权中央与地方各自承担的职责,将财政事权履行中涉及的战略规划、政策决定、执行实施、监督评价等各环节在中央与地方间作出合理安排,做到财政事权、履行权责明确和全过程覆盖。四是激励地方政府主动作为。通过有效授权,合理确定地方财政事权,激励地方各级政府尽力做好辖区范围内的基本公共服务提供和保障,避免出现地方政府不作为或因追求局部利益而损害其他地区利益或整体利益的行为。五是做到支出责任和财政事权相适应。按照"谁的财政事权谁承担支出责任"的原则,属于中央并由中央组织实施的财政事权原则上由中央承担支出责任,属于地方并由地方组织实施的财政事权由地方承担支出责任,中央与地方共同财政事权根据基本公共服务的受益范围、影响程度,确定中央与地方的支出责任以及承担方式。

改革的主要内容有三个方面。

首先是推进中央与地方财政事权划分。一是适度加强中央的财政事权。逐步将国防、外交、国家安全、出入境管理、国防公路、国界河湖治理、全国性重大传染病防治、全国性大通道、全国性战略性自然资源使用和保护等基本公共服务确定或上划为中央的财政事权。强化中央的财政事权履行责任,中央的财政事权原则上由中央直接行使。中央的财政事权确需委托地方行使的,经批准后由有关职能部门委托地方行使。对中央委托地方行使的财政事权,受委托地方在委托范围内以委托单位的名义行使职权,承担相应的法律责任,并接受委托单位的监督。二是保障地方履行财政事权。将直接面向基层、量大面广、与当地居民密切相关、由地方提供更方便有效的基本公共服务确定为地方的财政事权,逐步将社会治安、市政交通、农村公路、城乡社区事务等基本公共服务确定为地方的财政事权,并赋予地方政府充分的自主权,依法保障地方财政事权的履行。地方的财政事权由地方行使,中央对地方的财政事权履行提出规范性要求并通过法律法规的形式予以明确。三是减少并规范中央与地方共同财政事权。逐步将义务教育、高等教育、科技研发、公共文化、基本养老保险、基本医疗和公共卫生、城乡居民基本医疗保险、就业、粮食安全、跨省(区、市)重大基础设施项目建设和环境保护与治理等体现中央战略意图、跨省(区、市)且具有地域管理信息优势的基本公共服务确定为中央与地方共同财政事权,并明确各承担主体的职责,分解细化各级政府承担的职责,避免职责不清造成互相推诿。四是建立财政事权划分动态调整机制。财政事权划分根据客观条件变化进行动态调整,在条件成熟时将全国范围内环境质量监测和对全国生态具有基础性、战略性作用的生态环境保护等基本公共服务,逐步上划为中央的财政事权。对新增及尚未明确划分的基本公共服务,应由市场或社会承担的事务交由市场主体或社会力量承担。应由政府提供的基本公共服务统筹研究划分为中央财政事权、地方财政事权或中央与地方共同财政事权。

其次是完善中央与地方支出责任划分。一是属于中央的财政事权由中央财政安排经费,中央各职能部门和直属机构不得要求地方安排配套资金。中央的财政事权如委托地方行使,要通过中央专项转移支付安排相应经费。二是属于地方的财政事权原则上由地方通过自有财力安排,对地方政府履行财政事权、落实支出责任存在的收支缺口,除部分资本性支出通过依法发行政府性债券等方式安排外,主要通过上级政府给予的一般性转移支付弥补。地方的财政事权如委托中央机构行使,地方政府应负担相应经费。三是中央与地方共同财政事权区分情况划分支出责任。根据基本公共服务的属性,体现国民待遇和公民权利、涉及全国统一市场和要素自由流动的财政事权,如基本养老保险、基本公共卫生服务、义务教育等,由中央与地方按比例或以中央为主承担支出责任;对受益范围较广、信息相对复杂的财政事权,如跨省(区、市)重大基础设施项目建设、环境保护与治理、公共文化事业等,根据财政事权外溢程度由中央与地方按比例或中央给予适当补助方式承担支出责任;对中央与地方有各自机构承担相应职责的财政事权,如科技研发、高等教育等,中央与地方各自承担相应支出责任;对中央承担监督管理、出台规划、制定标准等职责,地方承担具体执行等职责的财政事权,中央与地方各自承担相应支出责任。

再次是加快省以下财政事权和支出责任划分。省级政府根据省以下财政事权划分情况、财政体制及基层政府财力状况,合理确定省以下各级政府财政事权和支出责任,将部分适宜由更高一级政府承担的基本公共服务职能上移,避免将过多支出责任交给基层政府承担。明确省级政府在保持区域内经济社会稳定、促进经济协调发展、推进区域内基本公共服务均等化等方面的职责。将有关居民生活、社会治安、城乡建设、公共设施管理等基本公共服务职能下移,强化基层政府贯彻执行国家政策和上级政府政策的责任。

改革有明确的时间表和路线图。2016 年,选取国防、国家安全、外交、公共安全等基本公共服务领域,率先启动财政事权和支出责任划分改革。同时部署推进省以下相关领域财政事权和支出责任划分改革。2017—2018 年,在总结经验的基础上,争取在教育、医疗卫生、环境保护、交通运输等基本公共服务领域取得突破性进展。参照中央改革进程,加快推进省以下相关领域财政事权和支出责任划分改革。2019—2020 年,基本完成主要领域改革,形成中央与地方财政事权和支出责任划分的清晰框架,形成省以下财政事权和支出责任划分的清晰框架。

这次中央与地方财政事权和支出责任的划分,是完善分税制财政体制非常重要的一次改革,在财政事权和支出责任的划分上比分税制更加全面、系统、明确、合理、科学,可操作性更强,成为有法可依、有据可循的指南。这次改革特点显著。一是体现了"事权上移"的改革取向。不仅增加了中央财政事权和支出责任,而且要求在确定省以下政府间财政事权时将部分适宜由更高一级政府承担的基本公共服务职能上移,明确加强省级政府在推进区域内基本公共服务均等化等方面的职责,这样可以有效防止过去"事权下移、财权上移"的现象继续发生。二是体现了"顶层设计"的改革机制。明确中央在财政事权确认和划分上的决定权,中央决策、地方执行。

这样的决定不仅仅是维护中央权威,更重要的是体现了大国政府敢于为国为民担当的责任感。三是改革目标明确。通过改革形成了中央领导、合理授权、依法规范、运转高效的财政事权和支出责任划分新模式。四是权责利统一。明确规定赋予地方政府充分自主权,依法保障地方财政事权履行。五是实施动态管理。对财政事权划分根据客观条件变化进行动态调整,这样的管理是科学的。六是法治化程度高。将中央与地方财政事权和支出责任划分以法律的形式加以规定,提高到如此程度以前是少有的,无疑增强了财政事权和支出责任的权威性。

中央与地方财政事权和支出责任划分改革是建立科学规范政府间关系的核心内容,是完善国家治理结构的一项基础性、系统性工程,对全面深化经济体制改革具有重要的推动作用。这次改革必定使我国财政体制得到实质性的改进和完善,为建立健全现代财政制度、推进国家治理体系和治理能力现代化提供有力保障,意义十分重大。

(二)基本公共服务领域中央与地方共同财政事权和支出责任划分

为了提高各级政府提供基本公共服务能力和水平,2018年,国务院发布《基本公共服务领域中央与地方共同财政事权和支出责任划分改革方案》,明确规范划分基本公共服务领域中央与地方共同财政事权和支出责任。

首先,明确基本公共服务领域中央与地方共同财政事权范围。将涉及人民群众基本生活和发展需要、现有管理体制和政策比较清晰、由中央与地方共同承担支出责任、以人员或家庭为补助对象或分配依据、需要优先和重点保障的主要基本公共服务事项,首先纳入中央与地方共同财政事权范围。目前暂定为八大类18项:一是义务教育(包括公用经费保障、免费提供教科书、家庭经济困难学生生活补助、贫困地区学生营养膳食补助);二是学生资助(包括中等职业教育国家助学金、中等职业教育免学费补助、普通高中教育国家助学金、普通高中教育免学杂费补助);三是基本就业服务;四是基本养老保险;五是基本医疗保障(包括城乡居民基本医疗保险补助、医疗救助);六是基本卫生计生(包括基本公共卫生服务、计划生育扶助保障);七是基本生活救助(包括困难群众救助、受灾人员救助、残疾人服务);八是城乡保障性安居工程。除此,还包括基本公共文化服务等事项。

其次,制定基本公共服务保障国家基础标准。国家基础标准由中央制定和调整,标准坚持合理适度、尽力而为、适时调整、逐步提高,兜牢基本民生保障底线。参照现行财政保障或中央补助标准,制定义务教育公用经费保障、免费提供教科书、家庭经济困难学生生活补助等9项基本公共服务保障的国家基础标准。地方在确保国家基础标准落实到位的前提下,因地制宜制定高于国家基础标准的地区标准。对困难群众救助等其余9项不易或暂不具备条件制定国家基础标准的事项,地方可结合实际制定地区标准,待具备条件后由中央制定国家基础标准。

再次,规范基本公共服务领域中央与地方共同财政事权的支出责任分担方式。中央承担的支出责任体现向困难地区倾斜,坚持差别化分担。一是中等职业教育国家助学金、中等职业教育免学费补助等7个事项实行中央分档分担,第一档中央分担80%,第二档中央分担60%,第三档中央分担50%,第四档中央分担30%,第五档中央分担10%。二是义务教育公用经费保障等按比例分担、按项目分担或按标准定额补助的事项,暂按现行政策执行。义务教育公用经费保障,中央与地方按比例分担支出责任,第一档为8∶2,第二档为6∶4,其他为5∶5;家庭经济困难学生生活补助,中央与地方均为5∶5,对人口较少民族寄宿生增加安排生活补助所需经费由中央财政承担;城乡居民基本养老保险补助,中央确定的基础养老金标准部分,中央对第一档和第二档承担全部支出责任,其他为5∶5分担。免费提供教科书,免费提供国家规定课程教科书和免费为小学一年级新生提供正版学生字典所需经费,由中央财政承担;免费提供地方课程教科书所需经费由地方财政承担。贫困地区学生营养膳食补助,国家试点所需经费由中央财政承担,地方试点所需经费由地方财政统筹安排,中央财政给予生均定额奖补。受灾人员救助,对遭受重特大自然灾害的省份,中央财政按规定的补助标准给予适当补助,其余资金由地方财政承担。三是基本公共就业服务、医疗救助、困难群众救助、残疾人服务、城乡保障性安居工程5个事项,中央分担比例主要依据地方财力状况、保障对象数量等因素确定。对上述共同财政事权支出责任地方承担部分,由地方通过自有财力和中央转移支付统筹安排,中央加大均衡性转移支付力度,促进地区间财力均衡。

基本公共服务领域中央与地方共同财政事权、基础标准、支出责任划分如表2-8所示。

表 2-8 基本公共服务领域中央与地方共同财政事权清单

共同财政事权事项		基础标准	支出责任及分担方式
义务教育	1. 公用经费保障	中央统一制定基准定额。在此基础上,继续按规定提高寄宿制学校等公用经费水平,并单独核定义务教育阶段特殊教育学校和随班就读残疾学生公用经费等	中央与地方按比例分担。第一档为8:2,第二档为6:4,其他为5:5
	2. 免费提供教科书	中央制定免费提供国家规定课程教科书和免费为小学一年级新生提供正版学生字典补助标准,地方制定免费提供地方课程教科书补助标准	免费提供国家规定课程教科书和免费为小学一年级新生提供正版学生字典所需经费,由中央财政承担;免费提供地方课程教科书所需经费,由地方财政承担
义务教育	3. 家庭经济困难学生生活补助	中央制定家庭经济困难寄宿生和人口较少民族寄宿生生活补助国家基础标准。中央按国家基础标准的一定比例核定家庭经济困难非寄宿生生活补助标准,各地可以结合实际分档确定非寄宿生具体生活补助标准	中央与地方按比例分担,各地区均为5:5,对人口较少民族寄宿生增加安排生活补助所需经费,由中央财政承担
	4. 贫困地区学生营养膳食补助	中央统一制定膳食补助国家基础标准	国家试点所需经费,由中央财政承担;地方试点所需经费,由地方财政统筹安排,中央财政给予生均定额奖补

续表

共同财政事权事项		基础标准	支出责任及分担方式
学生资助	5. 中等职业教育国家助学金	中央制定资助标准	中央与地方分档按比例分担。第一档分担比例统一为8∶2;第二档,生源地为第一档地区的分担比例为8∶2,生源地为其他地区的分担比例为6∶4;第三档、第四档、第五档,生源地为第一档地区的分担比例为8∶2,生源地为第二档地区的分担比例为6∶4,生源地为其他地区的,与就读地区分担比例一致,分别为5∶5、3∶7、1∶9
学生资助	6. 中等职业教育免学费补助	中央制定测算补助标准,地方可以结合实际确定具体补助标准	中央统一实施的免学费补助所需经费,由中央与地方分档按比例分担。第一档分担比例统一为8∶2;第二档,生源地为第一档地区的,分担比例为8∶2,生源地为其他地区的,分担比例为6∶4;第三档、第四档、第五档,生源地为第一档地区的,分担比例为8∶2,生源地为第二档地区的分担比例为6∶4,生源地为其他地区的,与就读地区分担比例一致,分别为5∶5、3∶7、1∶9
	7. 普通高中教育国家助学金	中央制定平均资助标准,地方可按规定结合实际确定分档资助标准	所需经费由中央与地方分档按比例分担。第一档为8∶2,第二档为6∶4,第三档为5∶5,第四档为3∶7,第五档为1∶9

续表

共同财政事权事项		基础标准	支出责任及分担方式
学生资助	8. 普通高中教育免学杂费补助	中央逐省核定补助标准，地方可结合实际确定具体补助标准	中央统一实施的免学杂费补助所需经费，由中央与地方分档按比例分担。第一档为8∶2，第二档为6∶4，第三档为5∶5，第四档为3∶7，第五档为1∶9
基本就业服务	9. 基本公共就业服务	由地方结合实际制定标准	主要依据地方财力状况、保障对象数量等因素确定
基本养老保险	10. 城乡居民基本养老保险补助	由中央制定基础标准	中央确定的基础养老金标准部分，中央与地方按比例分担。中央对第一档和第二档承担全部支出责任，其他为5∶5
基本医疗保障	11. 城乡居民基本医疗保险补助	由中央制定指导性补助标准，地方结合实际确定具体补助标准	中央与地方分档按比例分担。第一档为8∶2，第二档为6∶4，第三档为5∶5，第四档为3∶7，第五档为1∶9
	12. 医疗救助	由地方结合实际制定标准	主要依据地方财力状况、保障对象数量等因素确定

续表

共同财政事权事项		基础标准	支出责任及分担方式
基本卫生计生	13. 基本公共卫生服务	由中央制定基础标准	中央与地方分档按比例分担。第一档为8∶2,第二档为6∶4,第三档为5∶5,第四档为3∶7,第五档为1∶9
	14. 计划生育扶助保障	由中央制定基础标准	中央与地方分档按比例分担。第一档为8∶2,第二档为6∶4,第三档为5∶5,第四档为3∶7,第五档为1∶9
基本生活救助	15. 困难群众救助	由地方结合实际制定标准	主要依据地方财政困难程度、保障对象数量等因素确定
	16. 受灾人员救助	中央制定补助标准,地方可结合实际确定具体救助标准	对遭受重特大自然灾害的省份,中央财政按规定的补助标准给予适当补助,灾害救助所需其余资金由地方财政承担
	17. 残疾人服务	由地方结合实际制定标准	主要依据地方财力状况、保障对象数量等因素确定
基本住房保障	18. 城乡保障性安居工程（包括城镇保障性安居工程和农村危房改造等）	由地方结合实际制定标准	主要依据地方财力状况、年度任务量等因素确定

资料来源：《基本公共服务领域中央与地方共同财政事权和支出责任划分改革方案》。

划分方案从2019年1月1日实施。到2020年逐步建立起权责清晰、财力协调、标准合理、保障有力的基本公共服务制度体系和保障机制。

基本公共服务领域中央与地方财政事权和支出责任划分,是2016年中央与地方财政事权和支出责任划分改革的深入。其特点:一是比较清晰,以清单形式明确了基本公共服务领域中央与地方政府间的财政事权和支出责任,实行分档分担的办法,非常清晰具体。二是在财力分配上依据地区经济社会发展水平、实际财力等因素把全国财力分为五个档次,按照各档次的实际情况确定基本公共服务支出责任负担标准,突破原来按东、中、西划分的分配格局,分配更加细化,符合实际。三是坚持事权划分与财力相匹配,通过整合一般性转移支付和规范专项转移支付中基本公共服务共同财政事权,保障地方承担的基本公共服务支出责任的落实。四是利用现代化手段作支撑。建立基本公共服务大数据平台和规范的数据采集制度,统一数据标准,为落实各方责任提供技术保障。这次基本公共服务领域中央与地方共同财政事权和支出责任划分改革,进一步加快了建立权责清晰、财力协调的中央与地方财政分配关系。

结　　语

从我国财政体制70年改革发展、转型变化的轨迹发现,不论是什么类型的财政体制都是时代的需求、改革的产物。高度集中的统收统支财政体制适应计划经济时期集中财力办大事的要求,完成了建功立业的历史使命;"分灶吃饭"和"包干制"财政体制适应尽快把经济搞上去的要求,催生出我国经济高速增长期;分税制财政体制适应市场经济体制的要求,促进社会主义市场经济规范、健康、持续发展。历史是前进的,革故鼎新是发展的规律,财政体制的改革正是这一规律的体现。

第三章

财政职能——从经济建设到公共服务

财政职能是财政性质的体现,是指财政固有的客观功能,不同性质的财政具有不同的职能和特征。财政职能不是固化的,而是随着不同社会和不同历史时期的政治、经济、军事形势的变迁而转变。我国财政职能 70 年来发生了从战时财政到经济建设型财政再到公共财政的巨大转变。1949 年建国初期属于战时财政的状态,随着大规模经济建设的开始,战时财政逐渐转向经济建设型财政,自 1998 年公共财政确立以后,经济建设型财政又转型为公共财政。

第一节 新中国初期的"战时财政"

所谓战时财政,是以首先保障战争需要为职能的财政。新中国初期就是实行的战时财政,这种财政模式是中国共产党革命战争年代根据地形成的,一直延续到新中国初期。

一、战时财政的来源与原因

(一)新中国初期战时财政的来源

新中国初期的战时财政发端于中国共产党土地革命时期。1931 年中华苏维埃临时中央政府成立后就建立了中央财政部,苏区各级政府建立财政委员会。土地革命时期建立的各级财政就是为革命战争服务的,财政的职能和宗旨十分明确。1934 年 1 月,在瑞金召开的苏共二大会议上,就明确了苏维埃财政的目的是为了战争的胜利。苏维埃临时中央政府主席毛泽东指出:"苏维埃财政的目的,在于保证革命战争的给养与供给,保证苏维埃一切革命费用的支出。"这一方针决定了革命战争时期财政与战争的关系,即战争决定财政,财政服务于战争,战时财政由此确定,并贯穿于各个方面。财政支出中以满足战争为首要原则,毛泽东指出,财政上最主要的用途,是用在发展战争方面。因此,根据地财政支出原则制定为"先前方,后后方;先红军,后地方",充分体现了战时财政的特征。在经费分配上以战争供给为主,各项经费用于战争的比重居第一位,其次才是行政费、生活费、教育费、交通费,兴办各项事业的投资占次要的或很小的比重。在财政节约方针制定上也以满足战争为目的,毛泽东提出:节省每个铜板为着战争与革命事业,是苏维埃会计制度的原则。即使搞经济建设也是为了战争的需要,1933年毛泽东阐述了发展经济与革命战争的关系,指出:革命战争的激烈发展,要求动员群众立即开展经济战线上的运动,如果不进行经济建设,革命战争的物资条件就不能保障。由此说明,革命根据地发展经济完全是为了保障革命战争的物资条件。总之,土地革命战争时期,苏维埃财政的根本目的在于保证革命战争经费的需要,离开为战争服务的目的,财政就脱离了革命斗争的现实,财政工作就会犯方向性错误,这是土地革命战争时期革命根据地财政实践中一条重要的经验。

进入抗日战争之后,战时财政得到进一步发展,其特点表现得更加普遍。一是体现于施政纲领。中国共产党在洛川会议上发布的《中国共产党抗日救国十大纲领》,明确将有钱出钱以及没收汉奸财产作为全面抗战时期财政预算主要收入,把扩大国防生产、发展农村经济作为主要的预算支出,保证战时农产品的自给。1938年,毛泽东在中共六届六中全会扩大会议上发表的《论新阶段》,进一步提出党应实行战时财政经济政策,以保障抗日武装部队一切必要供给。二是体现于供给方针。抗日根据地的供给方针把军事需求始终放在首位,如陕甘宁边区指出战时的边区"财政上是要战时的",不论如何困难,都要保障"军事供给","经建只可从财政可能抽出的力量培养民力"。供给上要保持"军事第一,生活第二,必要事业与干部教育次之"。① 其他抗日根据地也都是这样的供给方针,如太岳、冀西等根据地宣布的财政建设基本方针,第一条就是供给战争需要和服从前线需

---

① 陕甘宁边区财政经济史料编写组:《抗日战争时期陕甘宁边区财政经济史料摘编》(第六编 财政),陕西人民出版社1981年版,第444—446页。

要,其次是培养民力,促进建设。三是体现于经济政策。抗日根据地发展经济仍然是为了保障革命战争的需要。1940年,中共中央、中央军委发出的《关于开展生产运动的指示》指出:"开辟财源,克服困难,争取战争的胜利。"1942年,毛泽东发表了著名的《抗日时期的经济问题和财政问题》,明确根据地的经济工作总方针是"发展经济,保障供给"。"保障供给"所指首先是满足革命战争的需要,而不是百废俱兴,不分轻重缓急见事就办。总之,保障抗日革命战争的需要始终是抗日战争时期经济工作坚持不变的方针。四是体现于财政支出原则。抗日根据地的财政支出原则始终将军费放在第一位,如陕甘宁边区1942年的财政报告中提出,"在财政分配上军费应放在第一位",分配"应以军六、党政四之比例来制定预算"。① 又如淮南抗日根据地财政支付顺序首先满足抗战部队给养,其他经费则量力而为。五是体现于支出结构。抗日根据地财政支出结构中军费占最大比重,陕甘宁边区财政支出结构中军费比重1940年达到54.89%,是各项支出比重最高的。山东抗日根据地1943年军费支出比重达到61.72%,行政费比重为25.26%,相差36.46个百分点,其余支出比重控制在0.17%~0.75%之间。② 华中抗日根据地豫鄂边区1942年军费开支占边区总支出的80%。淮南路东根据地1941年1—9月份支出结构中军费比重为61.74%,行政费为20.25%,相差41.49个百分点,其余支出比重在1%~5%以上。③ 总览各抗日根据地财政支出结构,基本上保持军事第一、行政第二、经济建设第三、文化教育第四的格局。六是体现于军费持续增长态势。如陕甘宁边区军费额,1937年到1939年由几十万元上升到几百万元,增长1608.06%。又据1948年2月18日西北财经办事处《抗战以来陕甘宁边区财政概况》记载,1939年军务费支出为3401971.23元,占年财政总支出的52.3%。根据1943年陕甘宁边区财政总决算资料显示,1940年比1939年增长57.10%。1943年军费支出飙升到亿元台阶,比1941年增长10632.28%。其他抗日根据地军费也处于增长的态势,如晋冀鲁豫边区1941—1945年军费支出比重由80%提高到90%。山东抗日根据地1941年为801230.97元,1943年军费支出108351105.41元④,比1941年增加

---

① 陕甘宁边区财政经济史料编写组:《抗日战争时期陕甘宁边区财政经济史料摘编》(第六编　财政),陕西人民出版社1981年版,第447页。
② 朱玉湘主编:《山东革命根据地财政史稿》,山东人民出版社1989年版,第248页。
③ 龚意农主编:《淮南抗日根据地财政史》,安徽人民出版社1991年版,第81页。
④ 朱玉湘主编:《山东革命根据地财政史稿》,山东人民出版社1989年版,第248页。

107549874.44元,比1941年增长134.23%。1945年上半年军费支出50759600元,比1941年增长62.35%。以上各个方面,充分证明抗日战争时期的财政是典型的战时财政。

解放战争时期随着大规模战争全面展开,财政保障革命战争胜利的任务更明确、更艰巨,战时财政的特征表现得愈加突出。1947年1月,中共中央明确提出保障战争供给是财经工作的首要任务。1947年3月在邯郸召开的华北财政经济会议强调:目前自卫战争的巨大消耗,必须以极大决心和努力动员全体军民,利用一切财经条件和资源,支持解放战争的胜利。大会主席薄一波强调:今天财经工作的建设,首先应解决如何供应战争。① 会议决定当前财政工作的任务是集中一切力量首先保障战争供给,其他工作可不办的不办,可缓办的缓办。财政支出坚持军事第一、其他第二,部队高于地方,前方高于后方。为了保障"军事第一",决定降低党政干部的生活待遇。1948年10月,华北人民政府发出《关于统一华北财政工作的决定》,指出适应目前战争形势要求,在财政困难的情况下使一切力量用于战争。为此解放战争时期财政预算实施了"量出为入"原则,按照战争的需要组织财政收入,已不是有多少钱办多少事,财政不足的部分采取向银行透支的办法解决。华北财经办事处要求华北人民及财政机关,把支援解放战争需要作为一项重要任务。②

在长期的革命战争时期,根据地的财政是实实在在的战时财政,新中国初期的战时财政就是来自于此。

(二) 新中国初期战时财政延续的原因

战时财政是战争时代的产物,新中国成立后为什么还要延续战时财政?这是由当时的战争形势决定的。1949年我国虽然进入到经济恢复时期,但解放战争还没有完全结束。大的战役有解放上海的战役,解放厦门、广州、广西、重庆、湖南、四川、云南、新疆、西藏的战役,解放舟山群岛、海南岛、战役。简言之,当时除东北完全解放外,华北、华中、华南、西南还是战争之地。这些地区解放以后,还要清除国民党政府潜伏在大陆数以百万计的土匪、特务制造的动乱,一场新的战役才刚刚开始。1950年6月,美国为了扼杀刚刚诞生的社会主义新中国,出兵朝鲜,同时对中国进行挑衅,竟然

---

① 中共河北省委党史研究室:《中共中央移驻西柏坡前后》,中共党史出版社1998年版,第65—66页。

② 薛暮桥、杨波:《总结财经工作 迎接全国胜利——记全国解放前夕两次重要的财经会议》,中国财政经济出版社1996年版,第71页。

12次入侵我国辽宁境内侦察、扫射和轰炸，东北不少地区笼罩在美国飞机轰炸的恐怖之中。为了保家卫国，我国政府决定入朝参战，打响了抗美援朝战争。蒋介石与美国相呼应，积极准备反攻大陆，在海上设兵舰和据点，封锁各海口，袭击、掠夺商船，阻止华北物资运往上海，破坏上海经济秩序的恢复。同时对上海等大城市持续轰炸，1950年1月25日轰炸江南造船厂，炸毁炸伤26艘舰船；1950年2月6日轰炸上海发电厂，使整个上海电力供应陷于瘫痪，许多工厂停产甚至倒闭，战争随时都可能发生。在这样的形势下，保障战争胜利仍然是财政的首要任务，战时财政的延续成为必然，不以人的意志为转移。

二、战时财政的标志与实施

这一时期战时财政的标志，仍然以保障战争费用为财政的首要任务，虽然已经不像革命战争年代那样单纯地保障战争的供给，但保障军费仍然放在首位。在抗美援朝期间，为了保障巨额军费，财政像"挤牛奶"一样一点一滴地筹集财政收入，像"切萝卜"一样千方百计地节约支出。除了与战争有直接关系的军工投资、对增加财政收入有直接帮助的经济建设投资和对稳定市场有密切关系的投资外，其他费用"可削则削，可减则减，可推则推"。文教卫生、公用事业和军政经常费用大大缩减，对国家公职人员继续实行供给制和低薪制。这是战时财政的典型表现。

1951年的《财政预决算暂行条例》就是按照"保障战争胜利，逐步恢复生产"的指导思想编制的。1949年财政支出567亿斤小米，在财政极度困难的情况下，军事支出占总支出的50%左右；1950年财政总支出折合68.08亿元，仅抗美援朝军费就达28.01亿元，占财政总支出的41.14%；1951年财政总支出是122.49亿元，军费支出达到52.64亿元，占财政总支出的42.97%；1952年财政总支出175.99亿元，军费支出达57.84亿元，占总支出的32.87%。① 1950年军费在财政预算中的位置如表3-1所示。

表3-1　1950年财政各项支出占总收支的比重

收入/粮食万斤		支出/粮食万斤		各项支出占比/(%)	
总收入	5254260	总支出	5949020	占总收入	占总支出
公粮	1998400	军费	2306930	43.9	38.8

---

① 财政部综合计划司编：《中国财政统计(1950—1991)》，科学出版社1992年版，第105页。

续表

收入/粮食万斤		支出/粮食万斤		各项支出占比/(%)	
税收	1878000	经济建设	1420482	27.0	23.9
国有企业	823860	文教卫	243608	4.6	4.1
清理仓库	114000	行政费	1271800	24.2	21.4
公债	430000	社会事业费	137800	2.6	2.3
其他收入	10000	债务支出	8400	0.2	0.1
		总预备费	560000	10.7	9.4

资料来源：王丙乾，《中国财政60年回顾与思考》，中国财政经济出版社2009年版，第27页。

在这个概算中，军费支出明显高于其他支出。与经济建设相比，军费占财政总收入的比重高达43.9%，比经济建设支出占财政总收入的比重27.0%多16.9个百分点；军费占总支出的比重为38.8%，比经济建设支出占财政总支出的比重23.9%多14.9个百分点。至于文教卫、社会事业费支出，更不能与军费支出相提并论。这样的比重在新中国初期已经很高了，抗日战争时期陕甘宁边区军费占总支出的比重最高年份达到54%，与1949年军事支出约占总支出50%的比重只相差4个百分点，由此可知我国经济恢复时期仍然沿用着战时财政。

三、战时财政的意义

战时财政的意义首先是保障了解放战争全面胜利。在战时财政的支持下，我国华南、西南、东南沿海、西藏、新疆大半个中国相继解放，并粉碎了蒋介石反攻大陆的黄粱美梦。由此来看，解放战争在1948年底至1949年完成的主要是三大战役，全国解放是在1951年完成的，战时财政是解放全国的坚强后盾。抗美援朝战争是年轻的中华人民共和国与老牌美帝国主义的一次直接的军事较量，它打破了美帝国主义不可战胜的神话，维护了朝鲜民主主义人民共和国的利益，显示和提高了新中国的国威、军威和世界声望。战争的结果雄辩地证明，西方侵略者几百年来只要在东方某个海岸上架起几尊大炮就可以霸占一个国家的时代一去不复返了。从此，世界各国都感到必须重新评估中国作为一个世界大国的分量。

解放战争和抗美援朝战争胜利的意义，不仅仅是战争的本身，更重要的是政治上巩固了新生的中华人民共和国，使美帝国主义扼杀新中国于摇篮的阴谋彻底破产；在国防上增强了全国人民的安全感，为我国赢得了长期的和平年代;在对外关系上,中国政府以此为契机,积极开展外交活动,迈向国际舞台;在经济上也为进行大规模有计划的经济建设创造了可能,使国家发展目标顺利地转到经济建设上来。所以,战时财政不仅完成了其伟大的历史使命,而且意义深远。

第二节 经济建设型财政的形成与发展

我国经济建设型财政开始于第一个五年计划,从1953年起,不仅实施于整个计划经济时期,而且延伸到改革开放以后,时间长达45年,计划经济时期是经济建设型财政的形成期,改革开放以后是经济建设型财政的黄金发展期。经济建设型财政的形成与延续,对我国不同时期经济发展起着巨大的积极作用,是我国经济社会快速前进的源泉与动力。

一、经济建设型财政的确立

1953年开始,解放战争和抗美援朝战争取得全面胜利,我国正式进入经济建设时期,随着经济建设时期的到来,经济建设型财政逐渐确立。与战时财政相比,经济建设型财政的标志集中反映在财政主要为经济建设服务,财政资金优先保障经济建设的需要。

(一)经济建设型财政的形成

经济恢复时期的战时财政从"一五"时期逐渐转型为经济建设型财政,与当时政治、经济、军事等各方面发展变化有直接的关系。

1. 革命发展阶段的转变

中国共产党从新民主主义革命到社会主义革命是一个巨大的转折,这个转折使新民主主义革命时期的武装斗争转移到社会主义革命时期的经济建设。1949年党的七届二中全会上,毛泽东对中国革命历史性的转变作过精辟论述。他指出:从现在起党的工作中心由乡村移到了城市,必须努力学习管理和建设城市,一切工作必须围绕城市生产建设这一中心,并为这个中心工作服务,党的重点任务是动员一切力量恢复和发展城市的工商事业。会议通过的根据毛泽东报告写成的决议,成为历史转折时期中共中央筹建新中国和指导新中国建设的纲领性文件,为党的中心工作转向经济恢复和发展提供了重要路线保障。1949年9月举行的中国人民政治协商会议第一届全体会议通过的《中国人民政治协商会议共同纲领》勾画了新中国的建设蓝图,确定了新民主主义社会经济运行目标和经济政策。从新民主主义革命到社会主义革命这次历史性的大转折中,党的中心工作的转变必然引起财政职能的转变。

2. 国家发展目标的转变

不同时期党和国家的发展目标是不同的,和平年代的目标是发展经济和改善人民生活。1949年9月,第一届中国人民政治协商会议通过的《共同纲领》明确规定:"发展新民主主义的人民经济,稳步地变农业国为工业国。"在这一目标的指引下,党和国家不断向发展经济迈进,实现国家发展战略的转型。"二五"时期,《国民经济十五年远景规划纲要》提出,到1967年建成社会主义社会,使国家强盛、人民富裕。1956年9月,党的八大指出:国内主要矛盾是人民日益增长的物质和文化需要同落后的生产力之间的矛盾,党和国家根本的任务已经是在新的生产关系下保护和发展生产力,实现国家工业化,逐步满足人民日益增长的物质和文化需要。要求把党和国家的工作重点转移到技术革命和社会主义建设上来。国家财政是为国家的施政纲领服务的,国家发展目标的转移必然引起财政目标的转移。

3. 新时期政府职能的转变

在革命战争年代,革命根据地政府的职能主要是领导战争、指挥战争、组织战争、服务战争,将革命战争进行到底,保障革命战争的全面胜利。新中国成立以后国家需要发展经济,壮大国家实力,尽快改变"一穷二白"的贫困面貌,政府的职能就必然转变到发展经济上来,这也是党和国家必须履行的职责和义务。财政职能也是政府职能,政府职能的转变必然使财政职能发生转变。

4. 国家投入重点的变化

从1953年开始,国家投入的重点转向经济建设,"一五"时期投资重点是社会主义工业化,"二五"时期党的八大提出投资重点首先是发展工业,其次是运输业和商业,再次是提高人民的生活和文化水平。第三个五年计划提出大力发展农业,仍然以发展经济建设为重点。1970年之后以"抓革命、促生产"为方针,经济建设又掀起一场跃进。第四个五年计划提出初步建成我国独立的、比较完善的工业化体系和国民经济体系,促进国民经济新飞跃。计划经济时期政府是配置资源的主体,发展经济的主要途径就是靠财政投资。国家投资重点的转变必然使财政转为经济建设型的财政。

从上可知,战时财政转为经济建设型财政是新中国财政的第一次转型,它是党和国家中心工作和发展目标转移的必然。

(二）计划经济时期经济建设型财政的标志

1. 财政把发展经济作为第一要务

我国进入经济建设时期后，财政主要的任务是发展经济，集中精力为经济建设筹集资金和物资。发展经济是党中央早已明确的方针，1951年，毛泽东在中共中央政治局扩大会议上提出"三年准备，十年计划经济建设"的指导思想。"三年准备"是三年经济恢复时期，"十年计划"包括"一五"和"二五"计划。"一五"实现社会主义工业化，使我国由贫穷落后的农业国转变为繁荣富强的工业国；"二五"时期赶上世界经济发达国家，实现现代化的发展目标。1954年，周恩来总理在第一届全国人民代表大会第一次会议上的政府工作报告中指出，财政工作的迫切任务，就是努力为国家工业化事业积累更多的资金，并更合理地使用这些资金。"一五"时期完成"一化三改"财政支出总额需要766.4亿元，折合黄金7亿两以上，财政通过各种手段筹集到1241.75亿元，有力地保障"一五"计划的完成。"二五"时期，为了适应高投入、快速度的经济建设高潮，周恩来在中共八大上指出，财政支出必须首先保证经济的发展。因此，应该首先考虑经济，特别是工农业生产的发展计划，然后根据它来制订财政计划，用财政计划保证经济计划的圆满执行。因此，"二五"时期基本建设投资额比"一五"时期提高一倍，工业投资所占比重由"一五"时期的58.2％提高到60％左右，农林水投资占比由"一五"时期的7.6％提高到10％。基本建设资金90％来自财政，其中79％来自中央财政。[①] 经济发展的目标和任务决定了财政的目标和任务，为财政的转型明确了方向。

2. 经济建设投入规模和比重迅速提高

从"一五"时期开始，经济建设支出大幅度直线上升，从几十亿元增加到上百亿元，1977年规模近500亿元，这在当时财政收入规模下已经相当高了。这一态势如表3-2所示。

表3-2 我国计划经济时期经济建设支出的发展态势

年份	财政总收入/亿元	财政总支出/亿元	经济建设支出/亿元	经济建设支出占财政总收入比重/(%)	经济建设支出占财政总支出比重/(%)
1953	222.86	220.12	87.43	39.1	39.7

---

① 周道炯主编：《当代中国的固定资产投资管理》，中国社会科学出版社1989年版，第19页。

续表

年份	财政总收入/亿元	财政总支出/亿元	经济建设支出/亿元	经济建设支出占财政总收入比重/(%)	经济建设支出占财政总支出比重/(%)
1954	262.37	246.32	123.58	47.1	50.2
1955	272.03	269.29	137.62	50.6	51.1
1956	287.43	305.74	159.14	55.4	52.1
1957	310.19	304.21	163.04	52.6	53.6
1958	387.60	409.40	278.86	71.9	68.1
1959	487.12	552.86	389.33	79.9	70.4
1960	572.29	654.14	460.71	80.5	70.4
1961	356.06	367.02	210.01	59.0	57.2
1962	313.55	305.25	152.64	48.7	50.0
1963	342.25	339.63	174.12	50.9	51.2
1964	399.54	399.02	209.99	52.6	52.6
1965	473.32	466.33	254.11	53.7	54.5
1966	558.71	541.56	309.43	55.4	57.1
1967	419.36	441.85	244.03	58.2	55.2
1968	361.25	359.84	166.03	46.0	46.1
1969	526.76	525.86	295.52	56.1	56.2
1970	662.90	649.41	392.61	59.2	60.5
1971	744.73	732.17	418.30	56.2	57.1
1972	766.56	766.36	431.96	56.4	56.4
1973	809.67	809.28	468.27	57.8	57.9
1974	783.14	790.75	460.93	58.9	58.3
1975	815.61	820.88	481.66	59.1	58.7
1976	776.58	806.20	466.22	60.0	57.8
1977	874.46	843.53	493.73	56.5	58.5

注：此表收支包括国内外债务部分。

资料来源：财政部综合计划司编，《中国财政统计(1950—1991)》，科学出版社1992年版，第13-14、104、106页。

从投入规模和增长速度看，"一五"到"四五"时期经济建设投入直线上升,"大跃进"三年中形成第一个高峰。从"一五"后期 1957 年的 163.04 亿元迅速提高到"二五"前三年的 278.86 亿元、389.33 亿元和 460.71 亿元,分别比 1957 年增长 71.0%、138.8%和 182.6%。经济调整时期尽管大幅度压缩基本建设投资,但经济建设支出规模仍然与"一五"时期持平。从 1964 年开始又在不断扩大,到"四五"时期每年经济建设支出都保持在 400 多亿元,最高接近 500 亿元的规模。总的来看,经济建设支出的增长速度是很快的,1977 年比 1953 年增加了 406.3 亿元,增长 464.7%。

从经济建设支出占财政总收支的比例看,计划经济时期 1953 年至 1977 年的 25 年中,经济建设支出占财政总支出的比重在 50%以上的年份多达 23 个,占总年份的 92%;比重在 50%以下的年份只有 2 个,占总年份的 8%。特别是 1959 年和 1960 年均达到 70.4%,大部分年份比重为 50%～70%。经济建设支出占财政总收入的比重也普遍较高,25 年中只有 4 年在 50%以下,占总年份的 16%,50%以上的年份多达 21 个,占总年份的 84%。1958—1960 年比重高达 70%以上,三分之二的财政收入都用于经济建设。

3. 经济建设支出成为财政预算的重点

在财政支出预算中,经济建设支出成为主体和中心,是其他支出都难以比拟的。这种格局反映在计划经济各个经济发展阶段,如表 3-3 所示。

表 3-3 "一五"至"四五"时期经济建设支出比较　　　　单位:亿元

时　　期	经济建设	国　　防	社会文教	行政管理
"一五"时期	670.81	314.79	191.32	112.18
"二五"时期	1491.55	272.94	302.07	133.16
经济调整时期	638.22	226.04	180.24	76.42
"三五"时期	1407.62	549.56	277.76	134.27
"四五"时期	2261.12	750.10	426.25	196.71

资料来源:《中国财政年鉴 1994》,中国财政杂志社 1994 年版,第 408 页。

表 3-3 显示,"一五"至"四五"各时期经济建设支出不断增加,"四五"时期增加到 2261.12 亿元,比"一五"时期的 670.81 亿元增长 237.07%。经济调整时期虽然有所减少,但经济建设支出仍居首位。再与其他支出比较来看,"一五"时期经济建设支出分别比国防、社会文教、行政管理支出多出 356.02 亿元、479.49 亿元、558.63 亿元;"二五"时期出现剧增,分别多出 1218.61 亿元、1189.48 亿元、1358.39 亿元;即使经济调整时期也分别多

出 412.18 亿元、457.98 亿元、561.8 亿元;"三五"时期分别多出 858.06 亿元、1129.86 亿元、1273.35 亿元;"四五"时期分别多出 1511.02 亿元、1834.87 亿元、2064.41 亿元。可知经济建设支出始终是财政支出的重中之重。

在每个预算年度支出中也能反映出经济建设支出始终名列前茅。1953 年经济建设支出比重大大超过其他支出所占比重。1958 年经济建设支出比重进一步超出其他支出比重,与国防支出相比二者相差 55.9 个百分点,1959 年相差 59.9 个百分点,1960 年相差 61.5 个百分点。1961 年至 1963 年即使大量压缩了基本建设投资,但与国防支出比也分别相差 43.6、31.3 和 31.6 个百分点。"文化大革命"十年中,尽管在"以战备为纲"的方针下,国防支出也没有赶上经济建设支出的比重,其中 1968 年、1969 年和 1970 年国防支出比重与经济建设支出比重相比还分别低 20、32.2 和 38.1 个百分点。[①] 至于社会教育、行政管理等其他支出占比就更不能和经济建设支出比重相提并论了。

4. 基本建设投资长期居高不下

基本建设支出是经济建设支出的风向标,从国民经济五年发展规划来看,基本建设投资规模、增速和比重占有主要的位置。如表 3-4 所示。

表 3-4 "一五"至"四五"时期基本建设支出态势

时 期	财政支出总额/亿元	基本建设支出/亿元	占财政支出比/(%)	增长速度/(%)
"一五"时期	1345.68	506.44	37.6	487.4*
"二五"时期	2288.67	1052.00	46.0	107.7
经济调整时期	1204.98	362.53	30.1	−65.5
"三五"时期	2518.52	974.72	38.7	168.9
"四五"时期	3919.44	1575.61	40.2	61.6

注:*,表示与经济恢复时期相比。

资料来源:财政部综合计划司编,《中国财政统计(1950—1991)》,科学出版社 1992 年版,第 17、120 页。

表 3-4 显示,基本建设总支出到"一五"时期达到 506.44 亿元,比经济恢复时期的 86.21 亿元增加了 420.23 亿元,增长 487.4%,占总支出的比重增加 14.1 个百分点,是一个飞跃式的发展;"二五"时期总支出由"一五"

---

① 赵云旗:《论中国财政预算转型》,中国财政经济出版社 2017 年版,第 156 页。

时期"的 506.44 亿元猛增到 1052.00 亿元,增加了 545.56 亿元,增长 107.7%,占总支出的比重增加 8.4 个百分点。"三五"时期基本建设支出由经济调整时期的 362.53 亿元增加到 974.72 亿元,增加 612.19 亿元,增长了 168.9%,占总支出的比重增加 8.61 个百分点。"四五"时期基本建设支出规模再次出现强劲增长,总支出达到 1575.61 亿元,比"三五"时期增加 600.89 亿元,增长 61.6%。"四五"时期比"大跃进"时期还要多出 523.61 亿元,增长 49.8%。30 年中出现了两个基本建设高潮。

我国计划经济时期年度基本建设投资大致可分为五个阶段。1953—1955 年为第一个阶段,每年投资规模在 100 亿元以内,从 1953 年的 70.34 亿元扩大到 1955 年的 88.53 亿元,占财政总支出的比重在 30% 左右,规模增加 18.19 亿元,增长 25.86%。1956—1960 年为第二个阶段,基本建设投资从原来的几十亿元规模增加到几百亿元,1960 年增加到 354.45 亿元,比重由 1956 年的 45.7% 提高到 54.2%,提高 8.5 个百分点,规模增加 214.87 亿元,增长 153.94%,形成第一个投入高峰。1961—1963 年是第三个阶段,由于经济调整,基本建设投资出现了洼地。1964—1968 年为第四个阶段,是基本建设投资的恢复时期,每年保持 100 多亿元的规模,比重保持在 30% 左右。从 1964 年开始又不断增加,其中最高年份是 1966 年的 191.04 亿元,占总支出的比重为 35.3%,比前面三年有了明显的改变。1969—1976 年为第五个阶段,基本建设投资规模从 200 多亿元增加到 300 多亿元,形成基本建设投资的第二个高峰。其中 1971 年到 1975 年每年投资保持在 300 多亿元,比重保持在 40% 左右,最高年份 1975 年基本建设投资 326.96 亿元,比重达到 39.8%。[①] 从基本建设投资经历的五个发展阶段看,除经济调整特殊时期外,总趋势是上升的,而且形成两次投资高峰。

基本建设投资中虽然也包含非生产性的项目,但这些项目比重都不大。如"一五"时期基本建设总投资是 588.47 亿元,其中,重工业投资的比重占 36.1%,交通运输占 15.3%,轻工业占 6.4%,社会教育占 7.6%,其他占 27.5%。[②] 经济建设方面的投资比重合计 57.8%,社会文教和其他方面投资比重合计只有 35.1%,二者相差 22.7 个百分点。充分证明基本建设投资中主要以经济建设为主,作为经济建设型财政,标志是成立的。

以上各种标志证明经济建设型财政已经建立。

---

① 赵云旗:《论中国财政预算转型》,中国财政经济出版社 2017 年版,第 160 页。
② 宋新中主编:《中国当代财政史》,中国财政经济出版社 1997 年版,第 194 页。

二、经济建设型财政的发展

改革开放以后,随着国家经济发展进入第二次快速发展高潮,经济建设型财政得到了极大的发展,成为经济建设型财政的黄金时代。

(一)经济建设型财政发展的原因

我国改革开放之后,经济建设型财政之所以继续发展,说明具有与之相适应的环境条件,主要是党和国家工作中心从政治斗争转移到经济建设,由此产生的第二次经济建设高潮之所需。

首先是党和国家工作中心的转移。新中国成立后发展经济本来就是党和国家的中心任务,党的八大就已确定党和国家的主要任务是发展经济,计划经济前20年党和国家的工作都以发展经济为中心,后来受到"文化大革命"冲击而中断。改革开放后党的十一届三中全会及时制止了阶级斗争,把全党工作的重点转移到社会主义现代化建设上。1982党的十二大提出开创社会主义现代化建设的新局面,促进社会主义经济的全面高涨,决定从1981年到20世纪末全国工农业总产值翻两番,使国民收入总额和主要工农业产品的产量居于世界前列,整个国民经济的现代化建设将取得重大进展。1984年党的十二届三中全会,围绕发展经济、提高经济活力,决定农村开展联产承包责任制改革,城市企业实行经济责任制改革,积极鼓励多种经济形式,发展对外经济合作和技术交流,促进工农业经济快速发展。党的十五大再次强调把集中力量发展社会主义生产力摆在首位,必须把经济建设作为全党全国工作的中心,各项工作都要服从和服务于这个中心。党的十一届三中全会以来,党的工作以经济建设为中心一以贯之,这就决定了国家财政要继续保持经济建设型的财政。

其次是国家经济发展目标的持续。党的十一届三中全会之后,国家围绕经济建设这个中心制定了发展经济的战略目标。从1974年开始编制的发展国民经济十年规划纲要,要求1980年基本上实现农业机械化,在1980年之前建成我国独立的、比较完整的工业化体系和国民经济体系。第五个国民经济计划提出到20世纪末,我国主要工业产品产量分别接近、赶上和超过最发达的资本主义国家,各项经济技术指标分别接近、赶上和超过世界先进水平。"六五"计划按照党的十二大提出的20年宏伟目标,制定工农业总产值翻两番或提前翻两番的发展目标。① "八五"计划提出实现全国

---

① 董辅礽主编:《中华人民共和国经济史》(下卷),经济科学出版社1999年版,第110页。

人民生活从温饱达到小康水平。"九五"计划提出在 1995 年提前实现国民生产总值比 1980 年翻两番,1997 年比预期目标提前三年实现人均国民生产总值比 1980 年翻两番。这就决定了与国家经济发展目标相适应的财政必须是经济建设型财政,只有这样的财政才能与国家经济发展目标相适应。

再次是经济发展方式的粗放。计划经济时期我国长期采取"粗放型"的经济发展方式、"赶超式"的经济发展速度,改革开放以后仍然坚持这样的发展方式和发展速度。1978 年国务院务虚会议提出,要组织新的大跃进,把 9 亿人民动员起来,在全国摆开战场,以更快的速度实现四个现代化。1978 年全国人大五届一次会议重新提出"赶英超美"的口号,1979 年党的第十一次全国代表大会重提"鼓足干劲,力争上游,多快好省地建设社会主义的总路线",强调"把整个国民经济纳入有计划、按比例、高速度发展"的轨道,实现"全面跃进"。这样的发展速度虽然经过第二次经济调整有所放缓,但很快又继续高速度发展起来。中央是非常重视和赞成高速度的,邓小平南方谈话中多次强调经济发展速度要快,我们的经济发展就是要力争隔几年上一个台阶。改革开放时期"粗放型"的经济发展模式和"赶超式"的经济发展速度要得到满足,非经济建设型财政莫属,经济建设型财政重投入,能够保障以巨额资源和成本换取快速发展的经济目标。

(二)改革开放后经济建设型财政发展的标志

所谓经济建设型财政的发展,也就是其标志表现得更加突出,即用于发展经济的财政支出比计划经济时期规模更大、增速更快、比重更高。

1. 经济建设支出明显大于计划经济时期

改革开放后,我国经济建设支出大大超过计划经济时期的,如表 3-5 所示。

表 3-5 我国各时期经济建设支出比较

时期	财政总收入/亿元	财政总支出/亿元	经济建设支出/亿元	经济建设支出占财政总收入比重/(%)	经济建设支出占财政总支出比重/(%)	经济建设支出增长率/(%)
经济恢复时期	382.05	366.56	125.70	32.9	34.3	

续表

时期	财政总收入/亿元	财政总支出/亿元	经济建设支出/亿元	经济建设支出占财政总收入比重/(%)	经济建设支出占财政总支出比重/(%)	经济建设支出增长率/(%)
"一五"时期	1354.88	1345.68	670.81	49.5	49.8	433.7
"二五"时期	2116.62	2288.67	1491.55	70.5	65.2	122.4
经济调整时期	1215.11	1204.98	638.22	52.5	53.0	−57.2
"三五"时期	2528.98	2518.52	1407.62	55.7	55.9	120.6
"四五"时期	3919.71	3919.44	2261.12	57.7	57.7	60.6
"五五"时期	4960.66	5247.35	3100.16	62.5	59.1	37.1
"六五"时期	6830.68	6951.91	3402.47	49.8	48.9	9.8
"七五"时期	13517.60	13978.27	6875.13	50.9	49.2	102.1
"八五"时期	22442.10	24387.46	10125.54	45.1	41.5	47.3

注："八五"时期财政总收支不包括国内外债务部分。

资料来源：财政部综合计划司编，《中国财政统计(1950—1991)》，科学出版社1992年版，第17、110页；《中国财政年鉴1994》，中国财政杂志社1994年版，第401页。

表3-5显示，改革开放初"五五"时期，经济建设支出规模是"一五"时期的4.6倍，增长362.2%；即使与"二五"时期相比也是其2倍，增长107.8%。从"七五"时期开始经济建设投入规模极大增加，达到6875.13亿元，与"六五"时期相比，增速达到102.1%；是"一五"时期的10.25倍，增长924.9%；是"二五"时期的4.6倍，增长360.9%。经济建设投入占财政总收入的比重，"二五"时期达到70%以上，改革开放后最高是"五五"时

期的 62.5%;经济建设投入占财政总支出的比重,"二五"时期最高,达到 65.2%,改革开放后最高达到 59.1%。比重尽管有所下降,但由于财政收入的大幅增长,支出规模仍然是扩大的。

2. 经济建设支出规模剧增

改革开放后经济建设支出规模与计划经济时期相比发生了巨大变化,计划经济 30 年中支出最多的年份没有超过 500 亿元,而 1985 年达到 895 亿元的规模,从 1986 年开始跨上 1000 亿元以上的新台阶,这样的水平一直保持到 1992 年,从 1993 年以后进入 2000 亿元以上的规模。1993 年比 1978 年增加支出 1435.85 亿元,增长 202.9%,支出规模如此之大是新中国成立后前所未有的。这一时期经济建设支出规模如表 3-6 所示。

表 3-6 1978—1993 年经济建设预算支出发展态势

年份	财政总收入/亿元	财政总支出/亿元	经济建设支出/亿元	经济建设支出占财政总收入比重/(%)	经济建设支出占财政总支出比重/(%)
1978	1121.12	1110.95	707.84	63.1	63.7
1979	1103.27	1273.94	761.59	69.0	59.8
1980	1085.23	1212.73	670.78	61.8	55.3
1981	1089.46	1114.97	544.43	50.0	48.8
1982	1123.97	1153.31	543.18	48.3	47.1
1983	1248.99	1292.45	635.21	50.9	49.1
1984	1501.86	1546.40	784.65	52.2	50.7
1985	1866.40	1844.78	895.00	48.0	48.5
1986	2260.26	2330.81	1234.71	54.6	53.0
1987	2368.90	2448.49	1259.95	53.2	51.4
1988	2628.02	2706.57	1397.00	53.2	51.6
1989	2947.87	3040.20	1435.25	48.6	47.2
1990	3312.55	3452.20	1546.22	46.7	44.8
1991	3610.88	3831.55	1608.60	44.5	42.2
1992	4153.05	4389.68	1821.72	43.9	41.5
1993	5088.17	5287.42	2143.69	42.1	40.5

资料来源:《中国财政年鉴 1994》,中国财政杂志社 1994 年版,第 401、408 页;财政部综合计划司编,《中国财政统计(1950—1991)》,科学出版社 1992 年版,第 106、108 页。

总的看来,除个别年份外,经济建设支出规模是上升的趋势,占财政总收入和支出的比重一般为40%～70%,占总收入比重最高达到69.0%,占总支出比重最高达到63.7%。

3. 经济建设支出增长迅速

这一时期经济建设支出增长率与财政收支的发展趋势保持一致,而且增长率大大超过财政收入和支出的增长率,如表3-7所示。

表3-7　1978—1993年经济建设支出增长与财政收入增长比较　单位:%

年　份	财政总收入增速	国内收入增速	财政总支出增速	经济建设支出增速
1978	28.2	28.2	31.7	43.4
1979	−1.6	−4.7	14.7	7.6
1980	−1.6	−2.4	−4.8	−12.0
1981	0.4	−2.5	−8.1	−18.8
1982	3.2	6.6	3.4	−0.2
1983	11.1	11.7	12.1	16.9
1984	20.2	21.1	19.6	23.5
1985	24.3	25.2	19.3	14.1
1986	7.9	5.8	12.4	38.0
1987	4.8	3.6	5.0	2.0
1988	10.9	10.0	10.5	10.9
1989	12.2	12.6	12.3	2.7
1990	12.4	11.8	13.8	7.7
1991	9.0	9.5	10.5	4.0
1992	15.0	15.0	15.1	12.9
1993	22.5	19.5	20.5	13.8

资料来源:财政部综合计划司编,《中国财政统计》,科学出版社1992年版,第16、106页;《中国财政年鉴2013》,中国财政杂志社2013年版,第496页。

表3-7显示,1978年经济建设支出增长率达到43.4%,高于财政收入增长率15.2个百分点,高于财政支出增长率11.7个百分点。1983年经济建设支出增长率高出财政收入增长率5.8个百分点,高于财政支出增长率4.8个百分点。1984年经济建设支出增长率上升到23.5%,高于财政收入增长率2.3个百分点和财政支出增长率3.9个百分点。1986年财政收入

和支出分别增长7.9%和12.4%,但经济建设支出增长38.0%,比财政收入和支出增长率分别高出30.1和25.6个百分点。1987年开始,经济建设支出增长率出现了低于财政收入和支出增长的情况(1988年除外),但从1992年开始又出现上扬。更让人醒目的是经济建设支出增速有些年份竟然高于国内收入增速,1978年经济建设支出增速竟然高于国内收入增速15.2个百分点,1986年高出32.2个百分点,1979年国内收入是负增长,而经济建设支出增长7.6%。

4. 经济建设支出是财政支出结构的主体

我国改革开放以后,经济建设支出长期为财政支出的重点和财政支出结构的主体,越发显示了财政的经济建设型特征,如表3-8所示。

表3-8 1978—1993年财政支出结构比较

年份	经济建设支出		社会文教支出		国防支出		行政管理支出	
	经济建设支出总额/亿元	占总支出比重/(%)	社会文教支出总额/亿元	占总支出比重/(%)	国防支出总额/亿元	占总支出比重/(%)	行政管理支出总额/亿元	占总支出比重/(%)
1978	707.84	63.7	146.96	13.2	167.84	15.1	52.90	4.8
1979	761.59	59.8	175.18	13.8	222.66	17.5	63.05	4.9
1980	670.78	55.3	199.01	16.4	193.84	16.0	75.53	6.2
1981	544.43	48.8	211.46	19.0	167.97	15.1	82.63	7.4
1982	543.18	47.1	242.98	21.1	176.35	15.3	90.84	7.9
1983	635.21	49.1	282.51	21.9	177.13	13.7	103.08	8.0
1984	784.65	50.7	332.06	21.5	180.76	11.7	139.80	9.0
1985	895.00	48.5	408.43	22.1	191.53	10.4	171.06	9.3
1986	1234.71	53.0	485.09	20.8	200.75	8.6	220.04	9.4
1987	1259.95	51.4	505.83	20.7	209.62	8.6	228.20	9.3
1988	1397.00	51.6	518.18	21.5	218.00	8.1	271.60	10.0
1989	1435.25	47.2	668.44	22.0	251.47	8.3	386.26	12.7
1990	1546.22	44.8	737.61	21.4	290.31	8.4	414.56	12.0
1991	1608.60	42.2	849.65	22.3	330.31	8.7	414.01	10.9

续表

年份	经济建设支出		社会文教支出		国防支出		行政管理支出	
	经济建设支出总额/亿元	占总支出比重/(%)	社会文教支出总额/亿元	占总支出比重/(%)	国防支出总额/亿元	占总支出比重/(%)	行政管理支出总额/亿元	占总支出比重/(%)
1992	1821.72	41.5	970.12	22.1	377.86	8.6	463.41	10.6
1993	2143.69	40.5	1178.27	22.3	425.80	8.0	634.26	12.0

资料来源：《中国财政年鉴1994》，中国财政杂志社1994年版，第408页；财政部综合计划司编，《中国财政统计（1950—1991）》，科学出版社1992年版，第106，109页；《中国财政年鉴1999》，中国财政杂志社1999年版，第453页。

根据表3-8数据，首先比较各项支出的发展趋势。经济建设支出从1982年开始是持续上升的，1993年达到2143.69亿元，大致呈现三个台阶。社会文教支出规模也是直线上升的，但是与经济建设支出规模不能相比，是在小规模的基础上不断增加的。国防支出规模直到1993年还没有达到500亿元。与经济建设支出规模相比，行政管理支出规模走势更缓慢，长期维持在几十亿元，从1983年才开始上百亿元，这种持续上升的态势一直维持到1993年。

其次比较各项支出的规模。1978年经济建设支出707.84亿元，是社会文教支出的4.8倍，是国防支出的4.2倍，是行政管理支出的13.4倍；五年之后的1983年，经济建设支出635.21亿元，是社会文教支出的2.2倍、国防支出的3.6倍、行政管理支出的6.2倍；十年之后的1988年，经济建设支出1397.00亿元，是社会文教支出的2.7倍、国防支出的6.4倍、行政管理支出的5.1倍；十五年之后的1993年，经济建设支出2143.69亿元，是社会文教支出的1.8倍、国防支出的5.0倍、行政管理支出的3.4倍。

再次比较各项支出占总支出的比重。1978年经济建设支出的比重是63.7%，比社会文教支出多50.5个百分点，比国防支出多48.6个百分点，比行政管理支出多58.9个百分点；五年之后的1983年，经济建设支出的比重是49.1%，比社会文教支出多27.2个百分点，比国防支出多35.4个百分点，比行政管理支出多41.1个百分点；十年之后的1988年，经济建设支出比重是51.6%，比社会文教支出多30.1个百分点，比国防支出多43.5个百分点，比行政管理支出多41.6个百分点；十五年之后的1993年，经济建设支出比重是40.5%，比社会文教支出多18.2个百分点，比国防支出多

32.5个百分点,比行政管理支出多28.5个百分点。比较可知,在各项支出占总支出的比重中,经济建设支出比重始终是最高的。

5. 基本建设支出进一步增加

作为经济建设型财政标志之一的基本建设支出,改革开放后增长态势更加迅猛,如表3-9所示。

表3-9 "五五"至"七五"时期基本建设支出态势

时　　期	财政支出总额/亿元	基本建设支出/亿元	占总支出比重/(%)	比上时期增长/(%)
"五五"时期	5247.35	1998.13	38.1	26.82
"六五"时期	6951.91	2095.32	30.1	4.86
"七五"时期	13978.27	3284.67	23.5	56.76

资料来源:财政部综合计划司编,《中国财政统计(1950—1991)》,科学出版社1992年版,第17、120页。

可见以上各时期的基本建设支出与计划经济时期差距巨大。"七五"时期达到3000亿元以上,这是计划经济时期绝对没有的;增速是56.76%,远远超过"五五"时期29.94个百分点,比"六五"时期增加51.9个百分点。

6. 预算外经济建设支出剧增

经济建设支出一方面来自财政预算内的安排,另一个重要方面是来自预算外支出。改革开放以后预算外收入急剧增长,"五五"时期达到1943.99亿元,"六五"时期达到5090.00亿元,"七五"时期竟然达到11494.35亿元,[①]成为地方政府经济建设投入的重要来源,如表3-10所示。

表3-10 1983—1992年预算外支出中固定资产投资比重及增长态势

年　　份	预算外支出/亿元	固定资产投资/亿元	固定资产投资占预算外支出比重/(%)	固定资产投资比上年增长/(%)
1983	875.81	374.44	42.75	2.30
1984	1114.74	449.38	40.31	20.01
1985	1375.03	571.28	41.55	27.13
1986	1578.37	576.45	36.52	0.90

---

① 财政部综合计划司编:《中国财政统计(1950—1991)》,科学出版社1992年版,第120页。

续表

年　份	预算外支出/亿元	固定资产投资/亿元	固定资产投资占预算外支出比重/(%)	固定资产投资比上年增长/(%)
1987	1840.75	740.43	40.22	28.45
1988	2145.27	815.28	38.00	10.11
1989	2503.10	864.86	34.55	6.08
1990	2707.06	925.91	34.20	7.06
1991	3092.26	1054.47	34.10	13.88
1992	3649.90	1343.64	36.81	27.42

资料来源:《中国财政年鉴1994》,中国财政杂志社1994年版,第428、429页。

经济建设支出中固定资产投资是重头戏,包括基本建设支出和企业更新改造支出,支出规模呈现不断上升的趋势,特别是1992年增加到1343.64亿元,比1983年增长258.84%。固定资产投资占预算外支出的比重最高超过了40%。

以上数据充分说明我国改革开放以后的经济建设型财政更加典型,特征更加突出。

三、经济建设型财政的重要意义

经济发展水平是一个国家或民族兴衰的标尺。经济建设型财政保障了我国经济迅速发展和国力不断增强,成为当今世界上第二经济大国,意义不可估量。

（一）计划经济时期经济建设型财政的意义

1. 促进国民经济迅速发展

从1953年开始,国民经济得到迅速发展。"一五"期间各种经济指标发生显著变化,社会总产值1957年比1952年增长了70.9%,年均增长14.18%;工农业总产值增长67.8%,年均增长13.56%,特别是工业总产值1957年比1952年增长128.6%,年均增长25.72%。工业产量刷新以往历史记录,1957年原煤产量比1952年增长96%,为1949年的4倍;发电量比1952年增长166%,为1949年的4.5倍。尤其是钢产量1957年达到535万吨,比1952年增长296%,为1949年的33.9倍。[①] 这样的发展

---

① 刘仲藜主编:《奠基——新中国经济五十年》,中国财政经济出版社1999年版,第109页。

速度在中国近代以前是没有过的。

2. 奠定了我国工业化基础

自18世纪西方工业革命以来,工业化成为一个国家强大、进步的标志。对于中国这样一个落后的农业大国来说,在新中国成立之后将其发展成一个先进的工业国是十分必要的。列宁指出,建立社会主义社会的真正的和唯一的基础只有一个,就是大工业,如果没有高度发达的大工业,那就根本谈不上社会主义,而对于一个农业国家来说更谈不上社会主义了。正如毛泽东强调的,"没有工业,便没有巩固的国防,便没有人民的福利,便没有国家的富强"①。可见工业化的重要性不仅是一个经济问题,而且是关系民族生存的政治、军事、战略问题。中国要巩固社会主义就必须实现社会主义工业化,建立一个独立的、完整的、先进的工业化体系。新中国成立后,"一五"时期经济建设型财政千方百计地为工业化筹集资金,优先保障工业化所需的大量投入,对中国工业化的实现具有极其重大的战略意义。

3. 改变了中国落后面貌

中国自清末以来,由于世界列强的入侵和国内长期战争的干扰破坏,直到建国初期仍然十分落后。毛泽东在"一五"时期曾指出:我们连一辆汽车都造不了,只能有一些张小泉剪刀之类传统的手工产品而已。可到了经济建设时期,我国过去不能制造的某些发电设备、冶金设备、采矿设备和新型号金属切削机床等已经能够制造,汽车和飞机也开始生产,工业发展水平已经能用自己制造的技术设备武装工业、农业等国民经济部门和国防。我国农业经济一千多年来基本保持着分散的、封闭的、落后的小农经济,生产力十分低下。按照马克思的话说就像装进麻袋里的一堆马铃薯,经不起任何自然灾害的冲击。在经济建设型财政的支持下,中国农业从"一五"时期开始实现合作化、人民公社化,走向集体化、机械化发展道路。中国的外贸经济自明朝中后期开始实行"闭关锁国"政策,鸦片战争之后中国开始沦为半封建半殖民地社会,中国政府被迫与列强进行的贸易都是不平等的。新中国进入经济建设时期后,我国开始了平等的对外贸易,而且打破了美国的封锁,对外贸易范围不断扩大。中国长期以来"一穷二白"的面貌得到改变,初步完成了在经济上由落后的、贫穷的农业国变为富强的社会主义工业国的发展目标,实现了广大人民梦寐以求的心愿,这些变化正是经济建设型财政支持的结果。

---

① 《毛泽东选集》(第3卷),人民出版社1991年版,第1080页。

4. 树立了中国在国际上的威望

新中国成立后,世界上一些资本主义国家怀疑中国共产党治理国家、发展经济的能力。国民经济恢复时期,帝国主义、国民党人士以及有些民族资本家都判断共产党在军事上是一百分,政治上八十分,经济上要得零分。即使一些善良的人也产生顾虑,担心中国政府能否治好战争创伤,而事实使帝国主义的预言彻底破产。对于我国实现工业化的目标,帝国主义曾认为是不可能的,认为"一五"计划雄心勃勃,但建设资金无法解决,好心的朋友也疑虑在中国这样一个贫穷落后的国家怎么能在短时期内积累如此大量的建设资金。这一时期经济建设型财政有力地回应了帝国主义的热嘲冷讽。从此,中国在国际上的威望和地位很快得到提升,迫使美国不得不与中国建交,恢复我国在联合国的地位,成为世界举足轻重的社会主义大国。

(二)改革开放后经济建设型财政的意义

1. 促进国民经济发生翻天覆地的变化

改革开放后,经济建设型财政在促进国民经济发展中发挥的作用更大。一是国内生产总值急剧增加。1985年为9016.0亿元,2000年为99214.6亿元,比1985年增加90198.6亿元;2018年达到827122亿元,比2000年增加727907.4亿元。二是经济持续高速增长。1985年比1978年增长147.34%,2000年比1986年增长865.57%,2018年比2001年增长646.08%。[①] 就年均增长速度看,"五五"时期国民经济年均增长速度是7.8%,其中最高年份达到11.7%。[②] "七五"时期年均增长13.1%,"八五"时期年均增长12%,"九五"到"十五"时期年均增长9.8%,大大高于世界平均3.8%的增长速度。从"十一五"时期开始由于世界金融危机的冲击,我国经济增长速度出现下降,2017年为6.9%,2018年为7%,尽管如此,仍然高于世界2.4%的增速。三是人均国内生产总值不断提高,我国是人口大国,人均国内生产总值往往低于世界各国,但增速也是非常之快的,1978年人均385元,1987年增加到1123元,2003年为10666元,2016年为53985元,比1978年分别增长191.69%、2670.39%、13922.08%。[③] 经济发展速度如此之快,使世界各国望尘莫及。

---

① 《中国财政年鉴2013》,中国财政杂志社2013年版,第521页。
② 国家统计局编:《"六五"期间国民经济与社会发展概况》,中国统计出版社1986年版,第151页。
③ 国家统计局编:《中国统计年鉴2017》,中国统计出版社2017年版,第57页。

2. 促进中国成为世界第二经济大国

在经济建设型财政推动下,改革开放以后我国各项经济指标在国际上的排名不断提高,2011年中国成为名副其实的世界第二经济大国,目前仍然保持领先的地位。2016年国内生产总值达到111991亿美元,占全球总额756416亿美元的14.8%,而美国为185691亿美元,法国24655亿美元,德国34668亿美元,英国26189亿美元,日本49394亿美元。国内生产总值增长率2016年中国为6.7%,超过2.4%的世界平均增长率4.3个百分点,而美国为1.6%,法国1.2%,德国1.9%,英国1.8%,日本1.0%。出口总额2016年中国为20982亿美元,占世界出口总额159550亿美元的13.15%,而美国为14546亿美元,法国5013亿美元,德国13396亿美元,英国4049亿美元,日本6449亿美元。进口总额2016年中国为15874亿美元,占世界进口总额162250亿美元的9.8%,而美国为22514亿美元,法国5730亿美元,德国10549亿美元,英国6358亿美元,日本6069亿美元。外商直接投资2015年中国为1356亿美元,占世界总额17622亿美元的7.69%,而美国3799亿美元,法国429亿美元,德国317亿美元,英国395亿美元,日本为-23亿美元。对外直接投资2015年中国为1279亿美元,占世界总额14742亿美元的8.68%,而美国3000亿美元,法国351亿美元,德国943亿美元,英国614亿美元,日本1287亿美元。外汇储备中国2016年为30105亿美元,而美国390亿美元,法国392亿美元,德国369亿美元,英国1056亿美元,日本11583亿美元。[①] 2011年中国成为名副其实的世界第二经济大国,这是新时期经济建设型财政最大的成就。

3. 由"物资短缺"时代进入"产品过剩"时代

新中国成立以来,由于生产力落后,长期处于物资短缺状态,不仅阻碍经济发展,而且降低人们的生活水平。改革开放以后,在经济建设型财政的支持下,物资不断丰富起来,主要农产品产量,2016年粮食61625.0万吨,油料3629.5万吨,棉花529.9万吨,水果28351.1万吨,水产品6901.3万吨。[②]缺粮挨饿的时代一去不复返。主要工业产品大量涌现,2016年原煤34.11亿吨,原油19968.52万吨,粗钢80760.94万吨,钢材113460.74万吨,水泥241030.98万吨,发电量47130亿千瓦小时,天然气1368.65亿立方米,发电机226001.13万千瓦,大中型拖拉机61.84万台,铁路客车

---

① 国家统计局编:《中国统计年鉴2017》,中国统计出版社2017年版,第932、933、939、940、941页。

② 国家统计局编:《中国统计年鉴2017》,中国统计出版社2017年版,第395、406页。

1303辆,铁路货车2.46万辆,汽车2811.91万辆,家用电冰箱8481.57万台,家用洗衣机7620.85万台,家用吸尘器8765.79万台,家用排油烟机7620.85万台,彩色电视机15769.64万台,移动通信手持机205819.34万台,微型计算机设备29008.51万台,笔记本计算机16498.14万台。[1] 缺油短电的时代再也看不见了。生产能力的提高不仅使物质极大丰富,而且出现大量过剩,致使政府开始淘汰过剩产业和产品,像这样物资充裕的时期在中国是少有的。

4. 人民生活彻底改善

经济发展使人民生活水平比计划经济时期大大提高,全国人均主要农产品2016年粮食447公斤,油料26.3公斤,猪牛羊肉47.0公斤,水产品50.6公斤,牛奶26.1公斤。人均主要工业产品2016年人均原煤2.47吨,原油144.84公斤,粗钢585.79公斤,水泥1748.29公斤,发电量4455.39千瓦小时。城镇居民平均每百户主要耐用消费品拥有量,2016年家用汽车35.5辆,摩托车20.9辆,洗衣机94.2台,电冰箱96.4台,微波炉55.3台,彩色电视机122.3台,空调123.7台,热水器88.7台,排油烟机71.5台,移动电话231.4台,计算机80.0台,照相机28.5台。国家职工收入从计划经济时期的低工资迈入高工资时代,城镇政府机构人员收入2016年为120074.8亿元,比2000年的10954.7亿元增长996.10%,国有企业高管年收入达几百万元至千万元。全国居民人均收入中可支配收入2013年18310.8元,2014年20167.1元,2015年21966.2元,2016年23821.0元;现金可支配收入2013年17114.6元,2014年18747.4元,2015年20424.3元,2016年22204.5元。城镇居民人均可支配收入,由1978年的343.4元增加到2015年的31790.3元,增长9157.51%,指数1978年为100,2015年为1396.9;农村居民人均纯收入由1978年的133.6元提高到2015年的10772.0元,增长7962.87%,指数1978年为100,2015年为1510.1。因此,居民消费水平显著提高。全国居民人均消费支出,2013年13220.4元,2014年14491.4元,2015年15712.4元,2016年17110.7元,2016年比2013年增长29.43%。其中城镇由1978年的405元提高到2016年的29219元,增长7114.57%;农村由138元提高到10759元,增长7696.38%。居民住房大大改善,2016年商品房销售额157348.53万平方米,其中住宅137539.93万平方米,占总额的87.41%;别墅和高等公寓

---

[1] 国家统计局编:《中国统计年鉴2017》,中国统计出版社2017年版,第444、451页。

4470.00万平方米,占总额的2.84%。城乡贫困率大大降低,按2010年贫困标准,农村1978年贫困人口77039万人,2016年减少到4335万人;贫困发生率1978年为97.5%,2016年为4.5%。[①] 人民的富裕程度在新中国历史上是空前的。

第三节 公共财政的确立与完善

我国从1998年确立公共财政,开始实现经济建设型财政到公共财政的巨大转变,经过1993—2007年过渡期,已经形成完整的框架体系,成为与市场经济体制相适应的财政模式。

一、公共财政形成的原因

经济建设型财政转型为公共财政是由其存在的环境条件决定的,其中市场经济体制的确立、党和国家发展战略的调整、财政体制改革、科学发展观的提出,与公共财政有着密切的关系。

(一)经济体制的重大改革

公共财政是市场经济体制的产物,它随着市场经济的产生而形成。1992年党的十四大确定建立社会主义市场经济体制的改革目标,十四届三中全会将市场经济体制改革系统化、具体化,从此与计划经济体制彻底告别。在市场经济体制下,市场配置资源的作用逐步加强,经济发展的主体不再是政府而是企业,政府的职能主要是提供公共产品和公共服务。这就要求财政不能再优先保障经济建设,而是将投入重点转移到公共产品和公共服务方面,从而促使公共财政的形成。

(二)全党中心工作的转移

我国党的中心工作从十六大以后,提出全面建设小康社会新目标。小康社会不仅经济方面要求国内生产总值到2020年比2000年翻两番,基本实现工业化,初步实现城市化,而且要求工农差别、城乡差别和地区差别缩小,社会保障体系比较健全,社会就业比较充分,家庭财产普遍增加,人民过上更加富足的生活,形成比较完善的现代国民教育体系、科技和文化创新体系、全民健身和医疗卫生体系。我国在公共服务方面长期处于薄弱环

---

① 国家统计局编:《中国统计年鉴2017》,中国统计出版社2017年版,第108、162、167、171、174、178、196、618页。

节,实现小康社会就要逐步加强,达到经济与社会、文化协调发展。因此,党的十六届四中全会进一步提出构建社会主义和谐社会,社会主义民主法制更加完善,城乡、区域发展差距扩大的趋势逐步扭转,合理有序的收入分配格局基本形成,社会就业比较充分,覆盖城乡居民的社会保障体系基本建立,基本公共服务体系更加完备,生态环境明显好转。为了达到和谐社会的目标,党的十七大提出了科学发展观,科学发展观的核心是以人为本,统筹城乡发展、区域发展、经济社会发展、人与自然和谐发展、国内发展和对外开放,统筹中央和地方关系,统筹个人利益和集体利益、局部利益和整体利益、当前利益和长远利益,达到全面协调可持续发展。"以人为本"的提出,充分体现了发展经济的最终目的是造福于人民,把人民的根本利益作为发展经济的起点和终点。党的十八大对民众的公共需要给予了充分的关注和肯定。指出必须从维护广大人民根本利益的高度,加快健全基本公共服务体系,以保障和改善民生为重点,提高人民物质文化生活水平,是改革开放和社会主义现代化建设的根本目的。从党的十六大到十八大,从建立小康社会到构建社会主义和谐社会,可以明显地看到党的工作中心已经发生变化,即从片面发展经济转向发展民生,大力发展教育、文化、医疗、卫生、社会保障、就业、生态环境等。党的中心工作的转移,必然要求财政支出重点转移到优先保障公共产品和公共服务上来,使经济建设型财政转向公共财政。

(三)国家发展战略的调整

在市场经济体制下,国家发展战略也相应进行了调整。新中国成立后,我国发展战略长期锁定在优先发展经济上,主要是重工业,把经济大国特别是工业大国作为发展战略的首要目标。改革开放后仍然以发展经济为中心,但从1986年第七个五年计划开始发生了变化,首次将社会发展作为计划中的重要组成部分。这不是形式上的变化,而是把经济与社会并举,具有突破性的意义,显示党和国家发展战略和目标由原来以发展经济为主要目标转到经济和社会共同发展。如"七五"计划就将发展科学、教育事业放到重要的战略位置上,坚持在发展生产和提高经济效益的基础上进一步改善城乡人民的物质文化生活,在推进物质文明建设的同时大力加强社会主义精神文明的建设。"十一五"规划中全面落实科学发展观,推进社会主义和谐社会建设。国家发展战略和发展目标的调整必然要求财政向社会发展方面倾斜,促使财政从经济建设型向公共型转变。

(四)政府职能转变

政府的职能就是财政的职能,政府职能的转变自然引发财政职能的转变。我国计划经济时期,政府把发展经济作为主要职能,社会主义市场经济体制确立后,发展经济的主体由企业担当,政府职能开始从主导经济向提供公共产品和公共服务转变,以满足社会的公共需要为己任。在配置资源上提供市场难以有效供给的行政、国防、教育、科学、公共卫生、社会保障、环境保护和公共基础设施等。政府职能决定财政职能,提供公共产品和公共服务职能的政府需要的必然是公共财政。

(五)财政体制的转变

1994年我国实施了分税制财政体制,分税制财政体制是与市场经济体制相适应的,与计划经济时期统收统支财政体制和改革开放后80年代的"承包式"财政体制是完全不同的。市场经济要求政府按照现代企业的管理方式管理社会,划清政府与市场的界限,将发展经济的职能归还给市场,将社会公共需要收回到政府。分清政府间的事权和财力,做到各级政府事权与支出责任相匹配。显然,统收统支财政体制和包干制财政体制是无法胜任的,只有分税制才能适应市场经济的要求,与这种新的财政体制相匹配只能是公共财政。

以上客观条件与公共财政的形成密切相关,二者的发展变化是相一致的,这些条件的变化过程也就是经济建设型财政向公共财政转型的过程。简言之,公共财政是市场经济体制下新形势、新需求、新变化的产物。

二、公共财政在我国的传播与确定

改革开放后,第二次"西学渐进"的浪潮开始兴起,市场经济国家的政治、经济、文化大量引进国内,成为中国改革的借鉴与参考。1984年,有学者首次翻译西方的公共财政学,主要内容分为政府活动范围、政府支出的经济效率、州和地方财政、大城市地区经济学、税收问题、公债经济学、稳定经济的财政决策等方面。[①] 20世纪90年代初期,公共财政学在学术界开始得到较多的关注并逐渐形成研究的热点,研究者发表了大量的学术论文,加深了国内对公共财政学的认识。在此基础上形成公共财政学专著,最早出版的有叶振鹏、张馨合著的《公共财政论》,奠定了我国公共财政学的框架体系。通过财政学术界的充分研究和倡导,公共财政得到决策层的

---

① 阿图·埃克斯坦:《公共财政学》,张愚山译,中国财政经济出版社1984年版。

认可。1998年,在全国财政工作会议上,李岚清副总理明确提出建立公共财政框架,由此迈开了建立公共财政的步伐。因而,1998年在中国财政发展史上成为一个有历史标记的年份,它是中国公共财政建立的起点。

三、我国公共财政的标志

我国公共财政经过不断发展和完善,其标志越来越显著,特别是在提供公共产品和公共服务方面尤为突出,充分说明经济建设型财政到公共财政转型的完成。

(一)财政职能以公共服务为宗旨

我国公共财政最显著的也是最根本的标志就是以提供公共服务为宗旨,完全满足社会公共需要,服务主领域包括教育、医疗、卫生、社保、就业、科技、环境、公共基础设施等方面,公共产品提供得越充足、质量越好、水平越高,公共财政的标志就越显著。公共财政虽然也有其他方面的职能,如资源配置职能、调节收入分配职能、稳定经济职能,但这些职能也在公共产品和公共服务范围之内。公共财政在资源配置方面只限制在公共服务领域"市场失灵"的部分,也即市场难以提供的公共产品和公共服务。调节收入分配是市场无法完成的,只能由政府来完成,政府调剂收入分配也是从实现公平、社会稳定角度出发,属于公共服务范畴。稳定经济主要指利用宏观经济手段调节社会供求关系,平抑经济周期,实现经济健康发展、稳定增长,而不是在经济领域的投资。公共财政支出还包括经济管理部门的支出,这属于政府机构正常运行的经费,更不是经济支出。公共财政在履行其公共职能中会严格遵守公共产品和私人产品的界限,把非社会公共需要的事务交给市场解决,把市场不能完成的公共需求作为自己服务的对象,所以公共财政的职能完全与经济分离。

(二)以公共需要构建新的支出框架

我国公共财政建立后,财政支出结构发生了明显变化,财政支出格局不再由经济建设为主体,完全以公共支出重新构建。一是一般政府服务。主要是政府需要且与个人和企业劳务无关的活动,包括一般公共管理、国防、公共秩序与安全等。二是社会服务。主要是政府直接向社会提供的服务,包括教育、医疗、卫生、社会保障等。三是经济服务。主要限定在政府经济管理、提高运行效率的支出,如交通、电力、农业和商业等政府管理部门。四是其他支出。如利息、政府间转移支付等。公共财政支出框架是全新的,反映公共产品和公共服务支出的不同层次,完全在公共财政职能范围之内,与统收统支财政支出和包干制财政支出框架完全不同。

(三)经济建设支出规模明显减少

我国经济建设型财政转型为公共财政有一个过程,"九五"时期是区分经济建设型财政转型的开始,以前经济建设支出占主要比重,基本呈增长趋势,之后经济建设支出比重明显缩小,转为下降的趋势,到"十一五"时期消失。如表3-11所示。

表3-11 我国各时期经济建设支出比较

时期	财政总支出/亿元	经济建设支出/亿元	占总支出的比重/(%)	比上时期增长/(%)
经济恢复时期	362.19	125.70	34.71	
"一五"时期	1320.52	670.81	50.80	433.66
"二五"时期	2238.18	1491.55	66.64	122.35
经济调整时期	1185.81	638.22	53.82	−57.21
"三五"时期	2510.60	1407.62	56.07	120.55
"四五"时期	3917.94	2261.12	57.71	60.63
"五五"时期	5282.44	3164.28	59.90	39.94
"六五"时期	7483.18	4196.61	56.08	32.62
"七五"时期	12865.67	6230.03	48.42	48.45
"八五"时期	24387.46	10125.54	41.52	62.53
"九五"时期	57043.46	21870.44	38.34	116.00
"十五"时期	128022.85	37308.52	29.14	70.59

资料来源:《中国财政年鉴2006》,中国财政杂志社2006年版,第380页。

表3-11显示,经济建设支出占财政总支出的比重在公共财政建立之前最高时达到66.64%,最低是34.71%;"九五"时期公共财政建立后最高时期是38.34%,最低时期是29.14%。前后两个时期比重最高和最低分别相差28.30个百分点和5.57个百分点,是很能说明问题的。从经济建设支出增长率比较来看,计划经济时期普遍增长快,"一五"至"三五"时期,除经济调整时期外,增长率都是三位数,经济建设支出在"九五"时期以前的预算中始终排名第一,"九五"时期之后这种情况基本没有了,这是经济建设型财政转型为公共财政最明显的痕迹。

（四）公共支出明显加大

公共支出是公共财政标志的重要体现，公共财政建立以来在这方面的支出呈现上升的态势，如表 3-12 所示。

表 3-12　2007—2013 年公共基础设施支出增长态势　　单位：亿元

年份	财政总支出	一般公共服务	外交	国防	公共安全	环境保护	农林水事务	交通运输
2007	49781.35	8514.24	215.28	3559.91	3486.16	995.82	3404.70	1959.38
2008	62592.66	9795.92	240.72	4178.76	4059.76	1451.36	4544.01	2354.00
2009	76299.93	8161.60	250.94	4951.10	4744.09	1934.04	6720.41	4647.59
2010	89874.16	9337.16	269.22	5333.37	5517.70	2441.98	8129.58	5488.47
2011	109247.79	10987.78	309.58	6027.91	6304.27	2640.98	9937.55	7497.80
2012	125952.97	12700.46	333.83	6691.92	7111.60	2963.46	11973.88	8196.16
2013	140212.10	13755.13	355.76	7410.62	7786.78	3435.15	13349.55	9348.82

注：由于我国公共支出分类开始于 2007 年，此前除国防外现有的支出科目都没有，只能选择 2007—2013 年的数据进行比较。

资料来源：《中国财政年鉴 2012》，中国财政杂志社 2012 年版，第 455 页；《中国财政年鉴 2006》，中国财政杂志社 2006 年版，第 380 页；《中国财政年鉴 2013》，中国财政杂志社 2013 年版，第 430 页；国家统计局编，《中国统计年鉴 2014》，中国统计出版社 2014 年版，第 190、192 页。

表 3-12 显示，各项公共支出都呈现增长的态势。2013 年与 2007 年相比，一般公共服务支出由 8514.24 亿元提高到 13755.13 亿元，增长 61.55%；外交支出从 215.28 亿元提高到 355.76 亿元，增长 65.25%；国防支出由 3559.91 亿元提高到 7410.62 亿元，增长 108.17%；公共安全支出由 3486.16 亿元提高到 7786.78 亿元，增长 123.36%；环境保护支出由 995.82 亿元提高到 3435.15 亿元，增长 244.96%；农林水事务支出由 3040.70 亿元提高到 13349.55 亿元，增长 339.03%；交通运输支出由 1959.38 亿元提高到 9348.82 亿元，增长 377.13%。这些支出的增长充分证明了公共财政发展之快。

从公共支出占财政总支出的比重和增速看，虽然增长的速度和比重不是直线上升，但有些年份的增长是非常显著的，如表 3-13 所示。

表 3-13　2007—2013 年公共支出占财政总支出的比重和增速　单位：%

年份	一般公共服务		外交		国防		公共安全		环境保护		农林水事务		交通运输	
	占比	增速	占比	增速	占比	增速	占比	增速	占比	增速	占比	增速	占比	增速
2007	17.1		0.4		7.2		7.0		2.0		6.8		4.0	
2008	15.7	15.1	0.4	11.8	6.7	17.4	6.5	16.5	2.3	45.7	7.3	33.5	3.8	20.1
2009	10.7	−16.7	0.3	4.2	6.5	18.5	6.2	16.9	2.5	33.3	8.8	47.9	6.1	97.4
2010	10.4	14.4	0.3	7.3	5.9	7.7	6.1	14.4	2.7	26.3	9.0	21.0	6.1	18.1
2011	10.1	17.7	0.2	15.0	5.5	13.0	5.8	14.3	2.4	8.1	9.1	22.2	6.9	36.6
2012	10.1	15.6	0.2	8.0	5.5	11.0	5.6	12.8	2.4	12.2	9.5	20.5	6.5	9.3
2013	9.8	8.3	0.2	6.6	5.3	10.7	5.6	9.5	2.4	15.9	9.5	11.5	6.7	14.1

资料来源：根据表 3-12 数据计算。

表 3-13 中，2007—2013 年一般公共服务支出增速最高达到 17.7%，国防支出增长最高达到 18.5%，公共安全支出增长最高达到 16.9%，特别是环境保护支出增速最高达到 45.7%，农林水事务支出增速最高达到 47.9%，交通运输支出增速最高达到 97.4%。公共支出增速如此之快是非常显著的。

（五）民生财政支出越来越突出

民生是公共产品和公共服务的核心，因而公共财政也称"民生财政"，在公共财政支出中民生支出的规模呈现上升的发展态势，如表 3-14 所示。

表 3-14　2007—2013 年预算内民生财政支出增长态势　单位：亿元

年份	财政总支出	教育	医疗卫生	社会保障与就业	文化体育与传媒	科学技术
2007	49781.35	7122.32	1989.96	5447.16	898.64	1783.04
2008	62592.66	9010.21	2757.04	6804.29	1095.74	2129.21
2009	76299.93	10437.54	3994.19	7606.68	1393.07	2744.52
2010	89874.16	12550.02	4804.18	9130.62	1542.70	3250.18
2011	109247.79	16497.33	6429.51	11109.40	1893.36	3828.02
2012	125952.97	21242.10	7245.11	12585.52	2268.35	4452.63

续表

年份	财政总支出	教育	医疗卫生	社会保障与就业	文化体育与传媒	科学技术
2013	140212.10	22001.76	8279.90	14490.54	2544.39	5084.30

资料来源:《中国财政年鉴2006》,中国财政杂志社2006年版,第384、387页;国家统计局编:《中国统计年鉴2008》,中国统计出版社2008年版,第425页;《中国财政年鉴2012》,中国财政杂志社2012年版,第455页;《中国财政年鉴2013》,中国财政杂志社2013年版,第430页;国家统计局编:《中国统计年鉴2014》,中国统计出版社2014年版,第190、192页。

其中,教育支出2013年比2007年增加14879.44亿元,增长208.9%;医疗卫生支出比2007年增加6289.94亿元,增长316.08%;社会保障与就业支出比2007年增加9043.38亿元,增长166.02%;文化体育与传媒支出比2007年增加1645.75亿元,增长183.13%;科学技术支出比2007年增加3301.26亿元,增长185.15%。由于各项民生支出规模都大幅度地增长,占财政总支出的比重和年均增长也非常显著,如表3-15所示。

表3-15 2007—2013年民生财政支出占财政总支出比重与增速 单位:%

年份	教育		医疗卫生		社会保障与就业		文化体育与传媒		科学技术	
	占比	增速	占比	增速	占比	增速	占比	增速	占比	增速
2007	14.3		4.0		10.94		1.8		3.6	
2008	14.4	26.5	4.4	38.5	10.87	25.0	1.8	21.9	3.4	19.4
2009	13.7	15.8	5.2	44.9	10.0	11.8	1.8	27.1	3.6	28.9
2010	14.0	20.2	5.3	20.3	10.2	20.3	1.7	10.7	3.6	18.4
2011	15.1	31.5	5.9	33.8	10.2	21.7	1.7	22.7	3.5	17.8
2012	16.9	28.8	5.8	12.7	10.0	13.3	1.8	19.8	3.6	16.3
2013	15.7	3.6	6.0	14.3	10.3	15.1	1.8	12.2	3.6	14.2

资料来源:根据表3-14数据计算。

从民生财政支出占财政总支出的比重看,教育支出占比居首,年均基本保持在15%左右;社会保障与就业支出居二,年均比重长期在10%以上;医疗卫生支出居三,年均比重大致在5%以上;第四位科学技术支出长期保持3%以上,第五位文化体育与传媒支出较低。从增长速度来看,第一位是医疗卫生支出,增速最高达到44.9%,教育支出最高年份增速达到

31.5%,社会保障与就业支出最高达到 25.0%,科学技术支出最高达到 28.9%,文化体育与传媒支出最高达到 27.1%。

比较以上年份民生支出比重和增速,经济建设型财政转变为公共财政前后的变化是巨大的。"九五"和"十五"时期教育支出分别是"四五"时期的 39.8 倍和 79.2 倍,增长 38.85% 和 78.18%;文教卫生支出分别是"四五"时期的 31.89 倍和 67.53 倍,增长 30.89% 和 66.53%;国防支出分别是"四五"时期的 6.33 倍和 12.98 倍,增长 5.33% 和 11.98%;科技支出分别是"四五"时期的 12.63 倍和 26.87 倍,增长 11.63% 和 25.87%;抚恤救济支出分别是"四五"时期的 17.76 倍和 51.46 倍,增长 16.76% 和 50.46%。[①] 比较结果充分说明公共财政的公共性是十分明显的。

我国公共财政具有的以上各种标志,属于财政性质、职能、作用等方面的转变,证明我国已从经济建设型财政转变为公共财政。

四、我国公共财政的特点

公共财政是与市场经济体制相适应的财政模式,呈现的特点与市场经济有着千丝万缕的联系,与经济建设型财政及其他财政模式的特点有很大区别。

1. 公共性

公共性特点主要反映在为社会提供公共产品和公共服务上,财政支出限制在市场不能或难以涉及的公共领域,以满足社会公共需要为目的。

2. 非营利性

即公共财政支出不是为了营利,换言之,公共财政资金不进入市场去追逐利润,支出不求商业报酬和经济效益。而且政府只活动于市场失效的领域,这些领域的投资很少或者说没有经济效益,只有社会效益。[②]

3. 调节性

主要表现在对宏观经济的调控和收入差距的调节两个方面。市场经济下各种不稳定因素非常多,市场机制虽然有自我调节的作用,但周期长、成本大,需要政府的配合,公共财政是政府调控经济的重要工具。市场机制不能保障收入分配的公平性,客观上要求政府实现公平进行再分配,公共财政天然地担当再分配的功能。

[①] 赵云旗:《论中国财政预算转型》,中国财政经济出版社 2017 年版,第 231 页。
[②] 叶振鹏、张馨:《公共财政论》,经济科学出版社 1999 年版,第 369-370 页。

4. 公开性

公共财政的公开性特点集中反映为公开透明,财政收入、支出、预算、管理等各个方面都要公布于众,让民众理解知晓,而且还要透明,即公开得全面、彻底、清楚,民众能看得清、看得懂、看得透彻,因而公共财政被称为"阳光财政"。

5. 法治性

市场经济是法治经济,与之相适应的公共财政必须具有法治性,公共财政预算要由国家权力机构和立法机构通过相应的法律程序决定,公共税收首先要法治化,政府活动和行为也必须置于法律约束之下,使财政成为具有法治的、规范的财政。

五、公共财政建立的意义

(一)促进市场经济体制的完善

市场经济体制之所以需要公共财政配合,因为公共财政能够促进市场经济体制的建立和完善。一是公共财政在资源分配上不再介入经济领域和竞争领域,避免了政府对市场的干预,增强了市场在资源配置中的决定性作用,使市场经济按照其自身规律发展。二是公共财政不再包办企业的生产、经营和发展,政企分开,在产权清晰、权责明确、政企分开、管理科学的现代企业制度下,企业成为独立自主、自负盈亏、自我发展的经济主体,有利于经济体制的市场化。三是公共财政的公共性、法治性、公开性,对建立市场统一、准则规范、竞争有序的市场经济体制发挥着积极促进作用。

(二)经济发展回归到本来目标

马克思主义政治经济学的一个基本观点,即发展生产的目的是逐步实现全体人民的共同富裕,这是检验经济发展的主要指标。社会主义国家的宗旨是为广大人民谋取利益,最大限度地满足人民物质生活和文化生活的要求。新中国成立后,由于生产力低下、科学技术落后、物质短缺、国力有限,经济建设型财政长期把发展经济放在首位,坚持"先生产、后生活"的原则,以压低人民生活水平换取经济上的发展。公共财政建立以来,把提供公共产品和公共服务放在首位,把不断提高人民的生活水平作为最终目的。由此可知,经济建设型财政是单纯的经济观点,属于典型的经济发展论,为了经济而发展经济,只把发展经济作为目标,对提高人民生活水平关注太少,这样下去就会失去马克思提出的发展经济的真正目标。公共财政则与其相反,在公共财政下公共产品和公共服务能够得到极大的满足,民众的社会福利会极大地增加,民生得到极大的改善。公共财政使我国经济发展回归到本来目标,意义极其重大。

(三) 有利于建立服务性政府

我国公共财政确立后,政府的主要任务是提供公共产品和公共服务,比起计划经济时期大包大揽的主导型政府而言,属于服务型政府。服务型政府的职能早在亚当·斯密时代的理论中就有充分的论述,并得到市场经济国家认可。凯恩斯理论出现后政府虽然不再是"守夜人",通过干预手段应对经济危机,保持经济稳定,但并没有因此改变市场经济下服务型政府的定位,只要在市场经济体制下政府永远是服务型的。建立服务型政府是完善市场经济的一项重要内容,也是我国行政体制改革的方向。实践证明,经济建设型财政是不能塑造出服务型政府的,只有公共财政才能孕育服务型政府。因为在公共财政下政府不能主导资源配置,只服务于市场经济,在完善法制、建立制度、加强监督方面为市场创造良好的外部环境。政府也不再插手微观经济,为国有企业当"奶妈",只能把满足公共需要作为职能。这样就使政府从经济主体的角色转换为服务的角色,从而建立起服务型政府。

(四) 保障小康社会目标的实现

党的十六大提出全面建立小康社会,十八大提出到 2020 年全面建成小康社会,十九大提出决胜全面建成小康社会的战略方针。小康社会的标志主要看民众物质生活水平和文化生活水平的程度,衡量指标大多属于公共产品和公共服务的范围、数量、质量,这些目标只有公共财政能够达到。公共财政将此作为优先保障的对象,能够发挥最大的作用。我国建立公共财政以来,居民的公共产品和公共服务日益改善。从 2016 年来看,教育资源方面,普通高等学校 2596 所,普通高中 13383 所,小学 177633 所;小学学龄儿童净入学率 99.9%,小学升学率 98.7%,初中入学率 93.7%,高中入学率 94.5%,使城乡都能有受教育的机会,基本解决了"上学难、上学贵"的问题。医疗卫生方面,医疗卫生机构总计 983394 个,其中医院 29140 个,基层医疗卫生机构 926518 个,专业公共卫生机构 24866 个,卫生人员 11172945 人。医疗卫生机构床位 7410453 张,其中医院 5688875 张,基层医疗卫生机构 1441940 张,专业公共卫生机构 247228 张。使城乡居民具备就医的条件,基本消除了"看病难、看病贵"的问题。文化生活方面,全国广播节目 2741 套,电视节目 3360 套,电视剧播出 227183 部,动画电视播出时间 328864 小时,广播节目人口覆盖率 98.37%,电视节目人口覆盖率

98.88%,使人民生活更加丰富、生动,具有档次。社会保障方面,至2012年,城乡低保制度、基本医疗保险制度、新型农村社会养老保险、城镇居民社会养老保险实现了全覆盖。2016年底,基本养老保险参保人数88776.8万人,城镇基本养老保险74391.6万人,城乡居民基本养老保险参保50847.1万人;失业保险18088.8万人,工伤保险21889.3万人,生育保险18451.0万人,城市居民最低生活保障1480.2万人,农村居民最低生活保障4586.5万人,农村特困人员集中供养139.7万人、分散供养357.2万人,①使老有所依,老有所养。由此证明,公共财政对我国实现小康社会意义非凡,这艘专门提供公共产品和公共服务的航船一定能够驶向小康社会的彼岸。

结　　语

新中国出现过三种不同职能的财政模式,经济恢复时期是战时财政模式,第一个五年计划后是经济建设型财政模式,1998年之后是公共财政模式。财政职能经历了两次重大的转型,第一次转型是战时财政向经济建设型财政的转变,第二次转型是经济建设型财政向公共财政的转变。财政职能的转型是我国政府职能转变的结果,是不同时期党和国家发展战略的需要,是我国社会经济改革的产物。

---

① 国家统计局编:《中国统计年鉴2017》,中国统计出版社2017年版,第687、704、708、726、750、791页。

第四章

财政预算——从单式财政预算到公共财政预算

财政预算是经立法程序批准的国家或政府年度财政收支安排计划,反映政府的政治、经济、军事、文化全部活动,决定财政收入规模和支出去向,反映政府的政治、经济、军事、文化全部活动,体现国家发展战略和政策变化的趋势。不同国家和不同时期的财政预算是不同的,我国自计划经济到市场经济对财政预算不断进行改革,完成了从新中国初期的单式财政预算到市场经济时期的公共财政预算,并进一步向绩效预算迈进。

第一节 计划经济时期的单式财政预算

1949年中华人民共和国成立后,中央政府对编制财政预算非常重视。全国政治协商会议通过的《共同纲领》中明确规定:建立国家预算决算制度,划分中央和地方财政范围,厉行精简节约,逐步平衡财政收支,积累国家生产资金。按照这一要求,开始编制新中国单式财政预算。

一、单式财政预算的框架体系

1951年8月,政务院颁布了《预算决算暂行条例》,对国家预算的组织体系,各级人民政府的预算权,各级预算的编制、审查、核定与执行程序等内容作出详细的规定,为计划经济时期单式预算的编制打下了基础,提供了指南。

(一)预算编制原则

预算编制的原则是:"量出为入"与"量入为出"兼顾,取之合理,用之得当。这条原则来自革命根据地,兼顾了"量出为入"与"量入为出"两种原则的优点,既保障收支平衡又坚持灵活机动,适合不同的情况和需要。"取之合理,用之得当"是历史经验的总结,既反映了稳定的一面,又体现了灵活的一面。

(二)预算与决算体系

财政预决算按照各级人民政府分为五级:一是国家总预算和总决算,二是大行政区总预算和总决算,三是中央直属自治区总预算和总决算,四是省(行署)总预算和总决算,五是县(市)总预算和总决算。各级人民政府[指中央、大行政区、省(市)、县(市)]的本级预算以及下级人民政府所汇编的预算和决算为总预算和总决算;各级人民政府的直属机关预算及其所属机关汇编的预算和决算为单位预算和单位决算;各级人民政府直属机关所属机关以下所编制的预算和决算为附属单位预算和附属单位决算。

(三)预算编制程序

预算编制实行"由上到下、由下到上"的程序。中央财政部每年6月30日前,将政务院批准的下年度预算指示及收支概算颁发给中央级各机关及各级人民政府;各级人民政府根据概算及指示的规定具体拟定所属各级机关及下级人民政府下年度预算草案的编报办法及期限;各级财政机关根据各级人民政府关于编制预算草案的编报办法,分别通知各直属机关拟编单位预算草案;各级直属机关根据财政机关的通知,除拟编本机关预算草案外,通知所属机关拟编附属单位预算草案。基层编制机关预算草案编成后,逐级递送上级机关审核汇总,由直属机关编成单位预算草案,送同级财政机关审核汇编总预算草案,提请各级人民政府审查,中央级由政务院审查。

(四)预算收支分类

新中国财政预算明确划分了中央与地方财政预算收支管理范围,政务院《关于一九五一年度财政收支系统划分的决定》将农业税、关税、盐税、中央企业收入、国家银行收入和内外债收入等列入中央预算收入;屠宰税、契税、房地产税、特种消费行为税、使用牌照税和地方企业收入等划入大行政区或省(市)预算收入;货物税、工商业税、印花税和交易税等列为中央和地方的调节预算收入。预算支出将国防费、外交费列入中央预算支出;经济建设支出按隶属关系分别列入中央预算和地方预算;文教、卫生、社会救济、行政管理支出分别按管理系统列入中央、大行政区和省(市)预算。地方政府收大于支者上解若干,不足者由中央补助,超收部分地方提成50%～70%。预算收支划分为地方编制本地区概算提供了条件和依据。

二、单式财政预算的格式特点

计划经济时期的财政预算属于单式预算,单式预算是将收支列入一张表格反映财政收支全貌的一种预算模式。编制格式如表 4-1 所示。

表 4-1　我国 1953 年单式预算决算格式　　　　　单位:亿元

收入项目	预算数	决算数	支出项目	预算数	决算数
各项税收	114.68	119.67	经济建设费	103.53	87.43
企业收入	69.99	76.69	社会教育费	34.81	32.44
信贷保险收入	10.28	9.62	国防费	52.25	75.38
其他收入	8.49	16.88	行政管理费	23.78	19.72
上年结余	30.06		其他支出	19.13	5.15
合计	233.50	222.86	合计	233.50	220.12

资料来源:宋新中主编,《当代中国财政史》,中国财政经济出版社 1997 年版,第 139 页。

从表 4-1 可知,单式预算主要分两部分,即收入部分和支出部分。收入部分反映全部财政收入,包括上年结余;支出部分反映全部财政支出。收入和支出部分又分为预算和决算,通过预算和决算的对照反映预算执行的情况。

单式预算是 20 世纪 30 年代以前世界各国普遍采取的一种财政预算模式,它把全部财政收支汇编在统一的预算表格之中,从整体上反映年度内的财政收支情况,体现国库统一和会计统一的要求。单式预算的优点是符合"健全财政"的原则,完整性强,便于了解财政收支全貌,便于立法机关的审议批准和社会公众对财政预算的了解,在当时的历史条件下起到监督与控制财政收支的作用。

新中国成立后国家预算采取了单式预算的编制方法,这是因为单式预算简单明了,与国家单一经济体制相一致,也适合我国传统的统收统支的财政体制。我国单式预算的编制,是把预算收支数及有关资料和核算依据安排在同一张预算表中,用以说明收支规模、收入来源和支出方向,通过了解预算的全貌控制财政支出,求得收支平衡。我国单式预算科目分"款"、"项"、"目"三级。整个预算并不是一张收支表,而是有相关的各种表格,我们看到的是汇总表,除此还有各种明细表,汇总表是明细表的总括,明细表是汇总表的内容补充。从世界财政预算历史的发展看,这种预算模式实际上是一种收支表,是预算收支指标体系中一种最基本的表现形式,它建立在传统的单式记账法上,对每项经济业务在一个账户里进行单方面登记。所以,西方市场经济国家将财政预算的概念解释为:政府在每一个财政年度的全部收支一览表,即政府的收支表。这种预算格式虽然简单明了,能够了解预算的全貌,但其缺点是看不出各项收支的来龙去脉。

三、计划经济时期单式财政预算的作用

从我国财政预算发展来看,新中国初期就开始建立预算制度,不论是单式预算还是其他模式的财政预算都是有意义的。因为它开启了新中国财政预算的崭新历史,使我国财政预算在建国伊始就步入正轨,成为计划经济时期财政预算的基本模式,保障了国家政策的贯彻和经济发展目标的实现。单式预算是与计划经济相适应的,计划经济需要掌握全部的财力物力,在此基础上进行有计划的资源配置,单式预算的完整性正好适应和有助于计划的制订和实施。预算是财政资源配置的枢纽,收入的筹集和财源的培养要由预算配置,各项支出的先后、轻重、缓急、多少更需要设计和安排。特别是在百废待兴而财力缺乏的情况下更显得预算的重要,由此可知单式预算所处的位置和发挥的作用。

当然,单式预算的缺点也是十分明显的,尤其是不能明确反映各项财政收支的性质和来龙去脉,经常性预算和经济建设预算混合在一起,财政赤字形成的原因往往误判,影响财政预算的执行。如1953年编制预算时,为了扩大基本建设的投入,把上年结余的30亿元列入当年预算收入,使基本建设战线拉得过长,预算执行中赤字不断加大,到7月赤字累计达20.9亿元,致使当年财政预算难以执行。为了弥补财政赤字,只好向中国人民银行提取存款,又造成银行信贷资金紧张,银行压缩商业部门的贷款,商业部门为还贷款纷纷压缩库存商品,减少收购,影响了正常的商品流通,导致整个国民经济发展出现困难。1953年8月28日,中共中央发出平衡国家预算的紧急通知,通过发展生产、增加收入、厉行节约、紧缩开支等办法才消除了财政赤字,保障收支平衡。正因如此,邓小平兼任财政部部长之后,实行"预算对口"管理制度,目的是控制财政支出,特别是基本建设方面的支出规模和进度。

"大跃进"开始以后,也因为单式预算不能明确反映财政支出的性质,一再扩大基本建设投资,三年中国家预算用于基本建设的拨款为886.17

亿元,比整个"一五"时期预算内基本建设拨款总额还增加了75%,极大地刺激了各地盲目追求不切实际的高指标、高速度。1958—1960年每年的施工项目都大于或等于"一五"时期全部施工项目的总和,给国家造成严重的经济损失。

总之,计划经济时期的财政预算是值得肯定的,在计划经济时期发挥了积极作用,不仅创建了财政预算制度,而且用较少的钱办了较多的大事,促进了经济社会的发展。但单式预算的缺陷也是客观存在,必将在改革中得到解决。

第二节 从单式财政预算到复式财政预算

我国自1978年结束了计划经济时代,开启了改革开放的新时期,随着经济体制的改革,财政预算由单式预算转变为复式预算。复式预算是把原来的国家预算分为经常性预算和建设性预算两部分,或者说是将同一年度的全部财政收入和支出按照性质分别编制成两个以上的预算。这是20世纪我国改革开放后80年代财政预算的一次重大改革。

一、复式财政预算改革的原因

我国复式预算改革主要是适应改革开放以后经济形势的复杂性、经济成分的多样性,解决经济发展中的资金短缺问题,实现党和国家经济发展战略和目标。

(一)改革开放后经济发展形势的变化

我国计划经济时期经济成分和经济活动比较单一,单式预算能够满足经济发展的需要。改革开放后经济发生了很大变化:一是随着改革的不断深入,非国有经济得到发展,国民收入分配格局发生变化;二是投资体制向多元化发展,国家用于建设的资金由以国家财政拨款为主变为财政、金融、集资、举债等多种渠道筹措;三是财政收支结构发生变化,预算外资金迅速膨胀,预算内资金相对缩小;四是各项税收成为国家财政收入的主要来源,其他方面的财政收入相对减少;五是财政支出方面经济建设支出始终占财政支出的很大比重,行政费和教育费支出也增加显著,其他方面支出所占比重则有所下降,如何管好用好财政资金面临新的课题。这样的经济形势单式预算就难以适应了,不利于对财政收支进行科学分析和严格管理,难以对国民经济进行有效调控,对其改革成为必然要求。

（二）解决发展经济资金的需要

我国改革开放后，党和国家的中心工作是发展经济，在单式财政预算下，财政一方面要投资于社会事业，另一方面要大力发展经济，由于两种支出性质划分不清，发展经济的支出往往受到影响。而且，为了贯彻"综合平衡，留有余地"的方针，又不能大量发放国债和举借外债，用于发展经济的资金缺口难以得到解决，财政预算严重影响了经济发展的速度。要解决这个问题必须实行复式预算，在保障经常性预算支出收支平衡的前提下，根据经济发展的需要发放一定数量的国债，必要时还可以举借外债。一方面经常性预算保持收支平衡，另一方面经济建设性预算不必拘泥收支平衡，这样就有效解决了经济发展中资金不足的问题，适应国家全面快速发展经济的战略目标。适度融资，适度超前投入，发债只用于经济建设，不用解决"吃饭"问题，不仅不会出现财政风险，反而有利于经济发展。

（三）加强宏观经济调控的需要

单式财政预算公共事务与经济支出不分，是一种行政权力为主导的制度，缺少调节经济的功能。如财政收入方面，由于指令性计划对商品价格的控制和税收手段的缺乏，财政预算既调节生产领域之外的分配关系，又调节生产领域之内的分配关系；财政支出方面，不仅要负责公共物品的提供，还要负责经济建设投入和国有企业的投入及亏损弥补；预算功能方面，财政预算制度基本上是指令性计划的附属工具，预算跟着计划走；预算编制方面，结构简单粗放，缺乏预算的法律性、权威性、严肃性。我国改革开放后，随着经济的复杂多变，需要政府加强宏观调控，单式财政预算对经济社会运行的调节作用非常有限，不利于国家宏观调控。

（四）对经济建设性预算支出的失控

改革开放后，由于国民收入增加，社会资金活跃，经济向多元化发展，用于发展经济的资金变化难以掌握和控制。除了预算内资金，各级政府预算外资金迅速膨胀，成为经济建设投入的重要组成部分，规模往往大于预算内的投入，常常打乱国民经济发展规划，盲目投资、重复建设，引起经济过热。单式财政预算由于经常性支出与经济建设性支出不清，无力控制基本建设资金的合理性投入，难以对发展经济的资金投入加以调控，影响国民经济健康发展。

（五）不利于债务收入的筹集使用

在市场经济体制下市场是资源配置的主体，债务收入成为预算收入的常态。所以,西方国家一贯使用"量出为入"的方针,利用大量的债务收入发展经济,使经济在财力不足的情况下得到超前发展,"借鸡下蛋"是国外发展经济的一条经验。单式预算经常性支出与经济建设性支出混合在一起,不利于国债的发行和举借外债,因为债务不能用于经常性开支,只能用于经济建设。计划经济时期坚持"量入为出"的原则,主张有多少钱办多少事,不靠外债,适合单式财政预算模式。我国改革开放后在筹措发展经济资金中也开始借他山之石,从20世纪80年代发行国债,债务收入急剧扩大,单式预算不再适应,否则不能全面反映财政赤字形成的原因和债务收入的用途,对经济健康发展不利。

二、复式财政预算结构特点

(一)复式预算改革

我国复式预算改革于1989年全国人大常委会正式提出。1991年,财政部正式向国务院报送复式预算方案,得到李鹏总理的赞同和李先念同志等中央领导的肯定。李鹏批示:经常性预算坚持不打赤字,这是完全正确的;建设性预算可以举借内外债来补充资金来源,这一定要有一套行之有效的约束办法,坚决防止失控。1991年4月9日,七届全国人大四次会议通过的《关于国民经济和社会发展十年规划和第八个五年计划纲要》明确规定:"国家预算实行复式预算制,分开经常性预算和建设性预算。经常性预算要做到平衡有余,不打赤字;建设性预算,要保持合理规模,收支差额通过举借内债外债来弥补。"1991年10月,国务院发布《国家预算管理条例》,规定"国家预算按照复式预算编制,分为经常性预算和建设性预算两部分。经常性预算和建设性预算应当保持合理的比例和结构","经常性预算不列赤字","中央建设性预算的部分资金,可以通过举借国内和国外债务的方式筹措,但是借债应当有合理的规模和结构;地方建设性预算按照收支平衡的原则编制"。从1992年起国家预算开始按照复式预算的模式编制,改革首先在国家预算、中央预算和部分省本级预算实施。1993年在国家预算、中央预算和全部省(市、区)级预算进行。1994年,复式预算写进《预算法》,上升到国家法律的地位,保障了复式预算的顺利实施。

(二)复式预算改革内容

1. 复式预算编制原则

一是充分体现国家财政的社会管理和经济建设双重职能;二是经常性预算保持收支平衡,结余用于经济建设;三是经济建设性预算坚持量力而行,保持合理的规模;四是复式预算要与国民经济和社会发展计划相适应,充分体现国家有关经济方针政策,保持国民经济持续、稳定、协调发展。

2. 复式预算的结构

预算分为两部分。第一部分是经常性预算。经常性预算收入是国家以社会管理者的身份取得的各项税收收入和其他一般性收入,经常性预算支出用于维护政府活动、国家安全和社会秩序,发展各项事业和人民生活以及社会保障等方面。经常性预算坚持收支平衡原则,实行预算硬约束,不能随意突破,有了赤字必须予以削减,或通过增税来弥补。经常性收入保证经常性预算支出后,其结余必须转入建设性预算。

第二部分是建设性预算。建设性预算收入是国家以国有资产者身份取得的收入、各种规费和国家明确规定用于建设方面的收入。建设性预算收入来源除了国家从经常性预算中得到的结余之外,还可以来自国有资本金收益和债务收入。国内外债务收入原则上都要用于建设,也要用相应产生的收益来偿还。建设性预算支出用于国家预算中各项经济建设。

3. 经常性预算收入和建设性预算收入的划分

经常性预算收入主要包括工商各税、关税、国营企业所得税、预算调节基金和其他收入等,建设性预算收入主要包括城市维护建设税、固定资产投资方向调节税、耕地占用税、企业上缴利润、基本建设贷款归还收入、国内外债收入、经常性预算结余、专项建设性收入等。

4. 经常性预算支出和建设性预算支出的划分

经常性预算支出主要是国家政权建设支出和非营利性社会事业发展支出及非生产性基本建设支出,包括行政管理支出,公检法支出,武警经费,国防费,农林水利事业费,文教卫生科学事业费,工业、交通和商业部门事业费,社会保障支出,抚恤和社会救济费,其他支出等。建设支出主要是国家直接用于生产建设方面的各项开支和国内外债务还本付息支出,包括生产性基本建设支出、企业挖潜改造资金和新产品试制费、地质勘探费、城市维护和建设经费、支援经济不发达地区发展资金等。

复式预算的特点也十分显著,不仅在形式上将财政预算"一分为二",划分为两个性质不同的部分,采取宽严不同的两种管理方式。而且对应性很强,经常性预算中经常性预算收入对应经常性预算支出,建设性预算中建设性预算收入对应建设性预算支出,泾渭分明,各不挤占。复式预算是新中国从来没有的,第一次打破了原来的预算理念和格局,是我国预算管理制度的一项重大改革。

三、复式财政预算改革的意义与作用

复式预算改革的重大意义,是突破了计划经济时期单式预算的束缚,开启了借债之门,解决了发展经济资金不足的问题,满足了经济全面高速发展的需要。

(一)促进国民经济跨越式发展

1. 有效解决了经济建设资金短缺问题

我国改革开放以后,党的中心工作转移到经济建设,经济建设掀起第二次高潮,但遇到的最大问题是发展经济的资金远远不足。计划经济时期靠压缩消费、提高积累的办法解决,改革开放后大量的资金需求用这种办法已无济于事。而且在坚持预算收支平衡的原则下,又不允许贷款借债出现赤字预算,这样下去经济发展就要受到很大的限制。实行复式预算后,从理论和制度上解决举债搞建设、加快发展的问题。从解决经济发展资金短缺方面来看,这是复式预算改革最大的意义,它科学地突破了计划经济时期"收支平衡,不打赤字"的禁锢,促进了经济的跨越式发展。

2. 开辟了政府投融资的新途径

在计划经济时期我国遵循"自力更生,不靠外援"的原则,"既无内债,又无外债",社会事业和经济建设全靠单一的财政收入。实践证明这是不科学的,既不利于经济发展,又不利于国债事业的发展。对债务没有充分全面地认识,只看到债务的危害和风险,没有看到其正确、合理、科学的一面,没有发挥债务杠杆的积极作用。复式预算改革后,通过适度举债促进我国国债事业很快发展起来,"七五"以来我国国债市场越来越完善,国债体系越来越健全,国债品种越来越丰富,国债规模越来越扩大,成为国家利用市场融资的重要渠道,这是计划经济时期财政预算难以做到的。

3. 有利于市场经济体制的建立

市场经济与计划经济显著的不同是,计划经济是单一的公有制经济成分,适合于单式预算。市场经济是多种经济成分并存,特别是非国有经济的比重不断加大,政府管理经济的方式必须由行政手段转移到经济手段。复式预算正好与多种经济成分并存相适应,将不同性质的资金分别编入不同的预算中,有利于政府财力分配,促进社会主义市场经济体制的建立。

(二)加强政府宏观调控

我国 20 世纪 80 年代是改革开放后经济高速发展的时期,各种经济成分同时发展,投资趋于多样化,经济过热情况时有发生,很需要加强宏观调控。

复式预算对政府宏观调控十分有利,因为它把各项财政收支按不同的收入来源和支出性质分为经常性收支和建设性收支,并建立起稳定的对应关系。经常性预算坚持收支平衡并有一定的结余,建设性预算保持合理的规模,中央重点建设资金不足可以通过举债和向社会筹资解决。国家通过对建设性预算规模大小的控制,实现对建设规模和结构进行宏观调控。复式预算还避免了单式预算下经常性支出与经济建设性支出的混合现象,可以清楚地了解财政赤字形成的原因和国家债务的用途,便于政府化解赤字和防止债务风险。这样的预算调节经济的作用大大加强,增强了政府宏观调控能力,保障国民经济持续、稳定、快速发展。

(三)促进财政预算制度走向完善

1. 创新预算理念

中国传统的理财理念是"量入为出",始终量力而行,有多少钱办多少事。财政预算始终控制着政府的财政经济活动,限制了经济社会的发展。中国封建社会的理财家是这样,革命根据地大部分时期也是这样,新中国成立后计划经济时期虽然坚持"量入为出"与"量出为入"兼顾,但往往还是以"量入为出"为主。除了经济恢复时期发行的"折实公债"和"一五"时期发行的"经济建设公债"及少数外债,计划经济时期基本没有债务。在计划经济时期财政收入不足、社会资金有限、外援极少的情况下,坚持"量入为出"的原则是非常正确的,保障了国家财政的稳定性、牢固性。但改革开放后这种理财理念就不适应了,需要及时转换,而复式预算改革为理财理念的转换找到了路径。经常性支出可以"量入为出",经济建设性支出实行"量出为入",资金缺口通过发债弥补,这是一种"借鸡下蛋"的理财新理念。实践证明,合理、适度地借债和利用赤字也是一种科学的理财思想,随着经济效益的提高,债务占财政收入一定的比例不仅风险不大,而且还可以形成一种良性循环。复式预算的实施使我国政府的理财理念发生了一场突变,这是财政理论上的一项重大创新,奠定了我国借债搞建设的理论基础。

2. 创新预算模式

在单式预算下,中国的预算科目基本上是按部门设置的,只能反映财政资金向部门的流向和流量,很难反映出各项资金的性质和用途。复式预算将经常性收支和建设性收支分列,使两方面情况都得到反映,两者的资金来源和运用情况比较清晰,便于统一认识,群策群力,共同探索解决财政困难的途径和措施。这种变化是我国财政预算模式的一种进步。

3. 增强预算约束机制

在复式预算下,对不同性质的财政资金采取不同的管理方法,经常性支出只能靠经常性收入来安排,有利于对经常性预算实行硬约束;同时,建设性预算支出只能用于经济建设,必须保持适当的规模,支出必须与其收入相适应,债务规模与能够直接产生收益的支出数额相适应,以保证到期偿还,也具有一定的约束机制。

总的来看,复式预算改革意义是重大和深远的。1995年后复式预算停止实施,引起不同的看法,停止的主要原因是分税制财政体制改革完成,国家在新形势和任务下要开始建立公共财政预算,即将经常性财政预算改为公共财政预算,经济建设性预算改为国有资本经营预算。虽然复式预算实施的时间不长,但不愧是一次创新型的有益的改革,为以后的预算管理改革提供了新思路,1995年以来我国长期坚持经常性预算不打赤字、经济建设可以适度举债,仍然是复式预算原则延伸。当然,财政预算问题不可能通过复式预算改革全部解决,改革之后出现的新问题还需要通过加快改革得到解决。

第三节　从基数法到零基预算

零基预算是指政府各部门编制预算以零为起点,不受以往各年度预算的影响和束缚,与过去预算项目和金额不发生关系,不仅对新年度的任务进行审核,对上年度确定的任务也要进行审定,在此基础上重新编制年度预算。相比之下,复式预算是一种预算模式框架改革,主要解决预算如何编制的问题,而零基预算是对预算指标分配方式的一种改革。

一、零基预算改革的原因

零基预算主要是针对传统预算分配中"基数法"进行改革的。基数法是计划经济以来我国财政预算分配中惯用的一种方法,不是根据部门实际需要编制下年预算,而是在上年的基数上适当增加。这种办法虽然有简单明了的优点,但却存在诸多弊端,与市场经济不相符。

(一) 预算分配不公平

我国各级政府在预算分配中长期采用基数法,具体分两种形式:一是基数加因素法,即在编制新年度支出预算时,首先确定上年度支出的基数,在此基础上考虑影响新年度各项支出的因素,然后确定新年度的支出预算。二是比例增长法,即在上年度实际支出数的基础上,根据下年度财政收入状况和影响支出的各种因素,对不同的支出确定一定的增长比例。基数法不公平的地方,首先是以既得利益为前提,保持原有利益分配格局,上年度的"基数"就是地方与中央讨价还价的结果,本身就是不合理的,预算分配中又将这些不合理的因素固化。其次在上年度实际支出数的基础上确定比例增长,基数大的部门分配资金多,常常造成职能少而资金充足,而基数小的部门分配资金少,应该办的事情反而得不到经费保障。厉行节约的单位少支,大把花钱的单位多支,各部门苦乐不均。

(二)预算分配不科学

运用基数法的方式确定预算分配指标,不符合实际,人为的因素很多。收入预算基本上是人为制定的,是必须完成的任务,不能体现各种经济因素的动态变化。支出预算同样是在原来的基数上做加法,由于地方利益、部门利益等各种因素的作用,财政支出指标比财政收入指标增长要快,造成收支两类预算的失衡。在上年的基数上制定下年度预算,实际上形成预算套预算,使年初核定的预算支出指标与实际差距越拉越大,加剧了财政资金的供求矛盾。单位预算由人员、经费标准、事业发展等因素形成,有些单位因职能扩大人员增加,而有的单位职能缩小、人员减少,但基数法不考虑这些因素,只是在原来不变的基数上进行累加和递增。这样的分配方式使预算失去了真实性和科学性。

(三)预算支出效率低

效率是市场经济追求的目标,而基数法只在上年的基数上增加而不能减少,实际上变成了增量预算,支出规模难以控制。由于基数只能上不能下,经过多年的积累基数变成常数,一些专项资金到期无法取消,形成"沉淀",造成资金浪费。反而,一些职能多的部门缺少经费,应该上的项目没有资金,这样严重影响了财政资金使用效率。

(四)预算与执行"两张皮"

采用基数法编制预算,基数部分往往不再分析,只是根据财力状况和新的增支因素考虑增支水平,人头费和专项经费混在一起,常常是人头费挤占事业费和专项费。由于编制预算以上年决算为依据,下年支出安排需要上年决算经人大批准后方可进行,所以本年度的详细支出预算要到四、五月份甚至七、八月份才能正式下达。造成"一年预算,预算一年",预算编制与预算执行严重脱节。

（五）预算缺乏约束力

财政预算是国家的法规，应该具有很强的约束力，但基数法只增不减，各部门的支出越来越大，预算失去约束力。出于部门利益，各单位特别看重"基数"，"基数"就是唐僧肉，"增长"犹如天上掉馅饼，每个年初开始编预算时拼命"保基数，争增长"，与财政部门争吵不休。预算确定后，基数小的单位在执行中马上提出追加预算，要求批钱增加支出。为了保基数、争增长、要追加，不少单位找关系、走后门、请客送礼。预算部门和有预算分配权的部门也借此"寻租"、得好处，行贿受贿、腐败现象在所难免，财政预算在他们面前显得软弱无力。①

二、我国零基预算改革

零基预算源于美国，是企业界在20世纪60年代初采用的一种管理财务的形式，要求对每个项目年初进行重新评估，以达到节省开支、有效使用资源的目的。国外编制零基预算时，首先对上年确定的项目进行审核清理，完成的项目给予取消，不再计入下年度预算。然后对部门本年度新增的工作任务进行审核，据此确定相应的资金量。我国零基预算也是借鉴国外经验改革的。

（一）零基预算改革的发起

我国零基预算改革始于地方政府，是地方的自发行为，不属于高层设计，但值得重视，应见之于史。较早试行零基预算是1993年和1994年，有的地方实行于1996年。零基预算改革不是全国性的，只在部分省市实施，实行的省市主要有河南、河北、安徽、湖南、湖北、海南、深圳、云南等。②

（二）改革目的与思路

我国部分省市零基预算改革目的，主要是解决财政预算不真实、预算分配不公平、预算额度只能上不能下、财政收支脱节失衡给财政造成的压力。改革思路：一是有破有立。全面清理家底，取消所有不真、不实、不合理、不合规的现象，保留合理合规的做法，一切从实际出发，按照原则制度办事。在此基础上，根据零基预算的要求重新制定各种经费的供给标准，确立零基预算制度体系。二是把"吃饭"和"办事"分开，首先保障人员经费

---

① 主要参考叶振鹏、梁尚敏主编的《中国财政改革二十年回顾》（中国财政经济出版社1999年版）和相关论文，在此基础上加以梳理。

② 本书所言零基预算改革内容以湖北和安徽两省为主。

的支出,但严格控制,尽量剩余较多的资金安排专项经费。但专项经费也要量力而行,按照轻重缓急,保障重点项目,照顾一般项目,做到收支平衡。三是不考虑既得利益,尽量化解因利益分配格局变化带来的各种矛盾,保障预算资金安排的公平合理。

(三)改革的主要内容

1. 摸清底细

主要是摸清预算单位,包括各行政单位、全额事业单位、差额事业单位、自收自支事业单位的机构级别、定编人数、实有人数及在职人员、离退休人员的数额。收集、分析各预算单位的详细资料和各种数据,作为编制零基预算的依据。

2. 确定标准

主要确定人员经费标准和公用经费标准。人员经费标准主要包括基础工资、工龄工资、职务工资、级别工资、各种补贴等,人员经费必须以国家规定的开支标准和编制内人数为依据,并根据当年出台的增支政策计算出全年的人员经费预算额度。公用经费标准按照物价水平和财力适当调整,公用经费主要包括公务费、业务费、设备费、修缮费及其他等费用。为了核定公用经费标准,要对各项费用进行全面评估,办公费和水电费等费用采取人均定额标准,会议费采取事均定额标准。

3. 清理专项

对以前的各种专项进行清理,该取消的取消,该保留的保留,保留下来的专项专款专用。

4. 清理退库

清理企业亏损补贴,凡是价格改革和体制改革后可以在市场上生存的企业,逐步取消企业亏损补贴退库,促进其走进市场;凡属于依靠补贴过日子的行政公司与财政尽快脱钩;对其他退库也要分别清理,力争规范。

5. 以收抵支

事业单位通过各种方式取得的收入,抵顶部分财政支出。这也是实行零基预算的重要环节,将事业单位的收入搞清了就等于摸清了家底,这样才能做到预算从零开始。

6. 制定表格

在摸清家底的基础上按照零基预算的要求设计预算总表、单位明细表、专项经费表、人员基数表、定额表、定额支出表等一系列表格,发送到业务处再送到上级行政事业单位,强化零基预算基础工作。

7. 制定测算方法

第一步,确定各单位预算管理形式,核实实有人数,超编人员不再供给经费。第二步,确定人员经费和专项经费分配原则,一切数据重新计算,对一些不合理的支出标准重新核定。第三步,确定行政、事业单位正常经费定额,正常经费定额按行政机关、公检法部门、全额事业单位、差额事业单位四大类分别制定,并对各大类的在职人员和离退休人员分别确定定额。定额内容包括人员经费定额、公务费定额、业务费定额三大部分。第四步,根据需要和财力可能确定专项经费,首先保障重点项目,其他专项量力而行。

8. 从零编制预算

打破预算基数的框框,截断上年度预算的影响,根据新年度的正常经费和专用经费重新核定各部门的经费支出。正常经费按人员定额核算,专用经费根据需要并结合财力逐项核定,不该保留的专项全部取消。

9. 配套措施

为了使零基预算顺利实施并取得预期效果,采取了相应的配套措施。一是硬化支出预算约束力,零基预算实施后行政事业单位一切经费标准按章执行,不许追加预算;二是严格控制人员编制,所有新增机构和编制必须得到财政部门的同意,对缺编单位的人员经费按实际人数核定,对超编单位按编制人数划拨经费;三是对会议费、电话费和小汽车费用进行重点控制;四是机关行政经费采取包干使用,超出不补。

零基预算改革的范围虽然是局部省市,但改革力度很大。试想对所有行政事业单位实行全面清理,不异于向既得利益宣战,没有一定的魄力是行不通的。建立新标准,预算从零做起,不是在中央统一要求下能够在一地和局部迈开步伐,无异于逆水行舟,孤军作战,决心之大、信心之足,难以想象。为了改革顺利成功,同时进行一系列配套改革,说明改革是从长计议,并不是一时之举。

三、零基预算改革的成效与意义

我国部分省市零基预算改革达到了预期效果,取得了可喜成效,起到了重要的导向作用,产生了实际意义。

(一) 改革的成效

1. 实现了零基预算

在这场预算改革中有不少省市取得了成功,其标志就是真正实行了零基预算。如安徽省在实行零基预算编制中,一切支出从零开始,各单位不再保留原有的基数,彻底打破了财政支出能上不能下的局面。像这样改革成功的还有湖北等不少省市,即使还没有完全达到零基预算标准的,也使基数法预算得到很大的改革,取得的进步是值得肯定的。

2. 减少财政资金浪费

基数预算下各部门出于自身利益,预算额度估算过高,指标只能上不能下;预算编制中许多数字不实,漏洞大、空隙多;资金充足的部门花钱大手大脚,疏于管理,财政资金浪费严重。零基预算各种经费按人头和项目从零算起,没有随意花钱的余地,大大节省了财政资金,促进收支平衡。

3. 提高财政支出效益

零基预算在项目资金上按照成本大小测算,有效避免高估预算支出;在项目安排上能够做到轻重缓急,保障重点项目,削减和废止不重要的项目,使资金流向有效益的项目,防止了重复建设、盲目投资,财政支出效益大大提高。

4. 增强预算公平性

零基预算把各单位置于同一条起跑线上,每个部门都从零做起,对各单位的人员经费一视同仁,消除了苦乐不均的现象,增强了预算的公平性,从而提高了预算部门的责任心和积极性。通过加强管理、合理开支,财政预算从编制到执行进入良性循环。

5. 强化预算约束

实行零基预算编制后,行政事业单位预算确定后必须认真执行,执行中不准追加预算,对会议费、电话费、旅差费实行定额管理,控制了原来预算逐年扩张的势头,提高了财政预算的约束力。

6. 消除基数预算的弊端

改革省市的基数预算被彻底废除或基本打破,基数预算造成的各种弊端相应地在一定程度上消除。原来各部门单位"保基数、争增长"现象不存在了,找关系、走后门的途径被堵死了,权力部门"寻租"的机会没有了,这些变化是我国财政预算发展的又一进步。

(二)改革的意义

1. 有利于实现财政收支平衡

通过实行零基预算,对各支出项目逐一审核和评价,尽量压缩不必要的开支,使未来年度的预算建立在科学、合理的基础上。零基预算不仅弄清楚了各单位的"家底",也清楚了各单位在财政拨款之外的创收情况,财政部门在核定单位支出时将单位的创收收入抵顶预算支出,弥补预算内财力不足,从而达到财政收支平衡的目标。

2. 有利于增强财政调控能力

实行零基预算促进了预算管理的细化,特别是对各单位预算基数的清理,掌握了各单位资金情况,为制定有关管理制度创造了依据。还能够使财政部门根据改革的方向和财力的可能调整支出结构,按照国家政策的轻重缓急安排资金,保证重点事业的发展。事业单位预算外收入编入部门预算后,财政部门由被动变为主动,掌握了整个财力的调控权。由此确立了财政对社会资金分配的主导地位,加强了财政宏观调控能力。

3. 有利于提高预算科学分配资金的能力

零基预算在资金分配中,按照政策规定对每一项财政收支的可行性和必要性进行审核和评价,按照预算年度所有因素和事项的轻重缓急程度测算每一个科目的支出需求,并侧重于对资金使用效益的考核,使预算资金的分配达到最优,取得最佳的经济效益,较高程度上体现了预算资金分配的科学性和合理性。

4. 有利于强化管理资金的意识

零基预算不仅注重财政资金的分配过程,而且注重财政资金的使用结果,促使在编制零基预算过程中财政部门就树立起效益意识,各部门、各单位由于要在财政部门核定的经费限额内安排使用资金,也必须考虑资金的使用效益。这样就促使挖掘单位内部潜力、强化管理手段和节约使用经费,调动各单位加强预算管理和改革的积极性。

5. 有利于加强对财政资金使用的监督

零基预算在预算分配过程中不论人员经费还是项目经费都要重新计算,有多少人就有多少经费,提高了预算的透明度,便于接受社会的评议与监督。①

第四节　从粗放型预算到部门预算

1993年市场经济体制确立后,结束了有计划商品经济时代,逐步遵循市场经济规律和要求深化改革,社会各界对我国传统预算制度不完整、不

---

① 贾康、赵全厚编著:《中国财税体制改革30年回顾与展望》,人民出版社2008年版,第122页。

细化、看不懂、资金挪用和私设"小金库"等问题反映强烈,民主党派和社会团体也通过各种参政议政渠道向政府提出改革预算制度的建议。为了适应市场经济新要求,财政预算又实施部门预算的重大改革。

一、部门预算改革的原因

如果说社会对财政预算的关注是部门预算改革的外在因素的话,那么财政预算本身存在的问题就是部门预算改革的内在原因。

1. 部门家底不清

所谓"家底不清"是指对各部门人员多少、职能多大、有哪些项目、收支情况等等都不清楚。而且一个部门同时编制多个预算,预算外收入又不纳入预算内管理,整个部门没有一个完整的预算,严重影响预算资金分配的公平性。可以说这是部门预算改革的首要原因。

2. 预算编制盲目性较大

我国计划经济时期预算主要按政府部门功能管理,预算编制相对集权,"自上而下"由主管部门代办。"分灶吃饭"后预算编制管理的高度集权被打破,上级政府不再代编下级政府预算,但却由预算主管部门(财政系统)负责编制政府各部门预算,同样是越俎代庖,而且各部门下属单位的单位预算通常仍由该部门按照资金性质的不同代为编制。由于对下属单位情况不了解,又为了本部门利益最大化,部门上报预算往往多报、虚报,与实际不相符,"头戴三尺帽,不怕砍一刀"。这种虚假做法加大了预算的随意性、草率性和盲目性,给国家财政造成极大的损失。

3. 收入预算不完整

收入预算不完整主要指政府所有的收入不能纳入预算内管理,预算内收入基本只涉及税收,大量行政事业性收费和政府性基金被放到预算外管理,形成了不受监督的巨额部门财力。1996年开始,党中央和国务院高度重视预算外资金管理,要求逐步提高预算的完整性。

4. 支出预算太分散

我国改革开放后,国家财政"放权让利",地方政府组织和创造财政收入的积极性空前提高,非税收入成为地方政府收入的重要组成部分,有些地方占到财政收入的50%以上。但财政支出预算只编制预算内的支出规模和用途,预算外支出完全由地方自主安排,造成盲目投资、重复建设,最终导致经济过热,影响国民经济健康发展。

5. 预算资金不统一

我国长期以来预算资金按资金性质归类编制,各个部门和单位的资金性质不同、来源渠道不同,各类支出预算,如行政管理费、科研经费、基建支出等分别由财政系统不同的职能部门负责管理,资金分散在内部各职能机构。不管是财政部门还是政府部门,都不能全面准确地掌握各部门全部财政性资金的收支活动,财政预算的控制功能大大减弱。

6. 预算职责不清

财政内部预算部门应该主要负责预算编制,各业务部门主要负责预算执行和预算监督,但实际上各业务部门都承担着预算编制的职能。预算部门名为预算编制的具体负责单位,其职责只是对各业务部门提供的预算进行汇总,根据财力可能再进一步调整。

7. 预算编制粗放

在预算编制程序上,各项收支一般只按"类",少数按"项"编列,上报的预算草案只有按功能分类的基建、挖潜改造、文教、支农、行政、科学、国防等支出总额,没有将预算指标细化到部门和单位,也没有细化到具体项目,致使预算支出中经常出现上级挤下级、行政挤事业、人头费吃专款等现象。预算由财政部门直接编制,而且程序往往被简化,"只上不下",不能及时、准确、全面反映各级预算单位的收支信息。在编制时限上,指标落实时间长,预算单位在相当长一段时间内处于无预算状态,许多资金只能按上年支出水平拨付,严重影响到年度预算的正常执行。在预算资金分配上,财政部按功能把预算分到各司,各司再把各项经费分别按部门进行二次分配,部门才能最后将各司分配来的各项经费汇总起来,因此财政并不知道部门一年到底花多少钱。

8. 缺乏监督和约束

在财政预算监督方面,表面看人大的权力很大,对预算具有否决权,但实际上并不了解实际情况,难以真正起到监督作用,实际上成了一个程序而已。由于预算编制与实际脱节,加上预算分配不准确,执行中需要随时调整和变动,追加预算的现象十分频繁,预算的约束力极度弱小。

由此可知,传统财政预算存在的问题主要集中在粗放性上,这种粗放性表现在各个方面,部门预算改革主要就是针对传统财政预算的粗放性,改革的目的是实现财政预算的精细化管理,使其与市场经济要求相适应。

二、部门预算改革的内容

我国部门预算改革是2000—2003年完成的。2000年财政部制定了

《关于改进 2000 年中央预算编制的意见》,在中央部门进行试点,主要建立部门预算基本框架;2001 年进行基本支出和项目支出预算编制试点,并扩大试点范围;2002 年深化中央部门预算改革,规范部门预算;2003 年部门预算改革在全国推进,改革的主要内容有以下方面。

(一)实行"一个部门一本预算"

在预算编制形式上,部门预算改变了传统预算按经费功能分类编制多本预算的做法,将一个部门所有的收入和支出都按照统一规定的编报程序、编报格式、编报内容和编报时间反映在一本预算中,全面反映一个部门或单位各项资金来源、支出方向和使用情况。

(二)建立新型预算分配机制

在预算编制指标分配上,所有行政事业经费一律划分为基本支出和项目支出两部分。基本支出预算采取定员定额管理方式,改变原来按基数法分配预算指标的方法,体现公平、透明、规范的分配原则;项目支出预算采取项目库管理方式,按照项目重要程度区分轻重缓急,使项目经费安排与部门的行政工作计划和事业发展规划以及年度工作重点紧密结合,并逐步建立项目预算滚动管理机制。① 各部门预算编制优先保障单位基本支出的合理需要,以保证行政事业单位正常工作的运转;各项事业发展的项目支出坚持"有多少钱办多少事"的原则,不得挤占基本支出。对本部门的年度预算支出进行准确的分解,按照基本支出和项目支出重新界定。

项目库实行开放式,完善管理办法,使部门项目支出预算的编报、审核日常化。制定规范统一的行政事业单位项目填报文本,使部门和主管司在编制、审核项目支出预算过程中有据可依。

(三)预算外资金纳入部门预算管理

改变传统预算只反映预算内收支,大量预算外资金只报账甚至不报账的粗放管理方式,逐步将一个部门的各项预算外资金、政府性基金、经营性收入以及其他收入按照统一的编报内容和形式编入部门预算。改革措施:一是对部分执法部门取消预算外收入,收入全部纳入预算,支出由财政按照部门职能、工作任务及支出需求统一核定;二是对行政部门的行政性收费和行使行政职能的事业单位的收费收入,取消收支挂钩的办法,预算内外资金实行统筹管理;三是对各部门的预算外收入实行收缴(或票款)分离

---

① 财政部:《中央部门基本支出预算管理试行办法》(财预〔2001〕331 号)。

制度,并调整部门收入留用比例;四是在对预算外资金进行清理的基础上,对已经与行政、事业主管部门脱钩但仍然挂靠在这些部门的单位取得的收费收入,作为脱钩单位的经营收入从主管部门中剥离出来实行企业化经营,按照有关规定照章纳税。2002年将公安部等5个部门的行政性收费全部纳入预算,将国家质检总局等28个部门预算外收入全部纳入专户管理,对国税系统和海关系统按照收入比例提取经费,根据部门预算的统一要求核定经费支出。

(四)实行"自下而上"的编制程序

部门预算改革将传统功能预算"自上而下"的编制程序改为"自下而上",从基层单位开始编起,申报主管部门,汇总到财政部门,经本级人大批准后再批复到各部门。中央部门预算编制程序:一是由各部门编制,汇总到本部门的主管部门,主管部门按照国务院关于编制预算的批示和财政部下达的编制预算要求,根据国家社会经济发展规划,结合本部门的情况,提出本部门的收支安排建议,上报财政部和有预算分配权的部门;二是财政部对部门上报的预算建议和财政收入测算数额进行审核后,汇总成国家预算草案报国务院批准,并根据国务院批准的数额落实到各个部门;三是各部门接到财政部门和有预算分配权部门的预算控制数额后,再下达到所属的二级预算单位并落实到具体项目,然后根据财政部的要求及时报送预算草案;四是财政部收到部门上报的预算草案后,经审核汇总的情况报国务院,国务院批准后财政部代表国务院向全国人民代表大会提交中央预算草案,全国人民代表大会审议批准后财政部再批复到部门,部门在规定时间内批复到所属单位。整个程序称之为"两上两下"。

(五)细化部门预算科目

2002年,财政部针对原预算科目中目级科目分类过于简单的状况进行调整,将原来一般预算支出中的12个科目修改、扩充细化为44个目级科目,进一步划分为人员支出、日常公用支出、对个人和家庭的补助支出、固定资产购建和大修理等四个部分。各部门在财政部下达的基本支出预算控制数内,根据本部门实际情况在"目"级科目下自主编制本部门的基本支出预算项目。为了保障财政资金安排与业务重点不脱节,赋予部门自主安排基本支出"目"级科目预算的权限,要求严格执行现行各项规章制度,不得自行扩大人员工资、补贴等发放数额,更不许在安排基本支出预算时对一些"目"级支出留下硬"缺口",在基本支出预算与项目支出预算之间部门不得自行调整预算资金。在"二上"申报之前,部门在基本支出科目间作出的调整预算要有政策依据和分项调整说明,报财政部审核批准。2003年,财政部根据所得税分享改革适当调整有关收入科目,进一步修改完善支出目级科目,选择教育、科技、农业、社会保障等支出科目按国际通行的功能分类方法重新分类,根据清理调整政府性基金的要求对政府性基金预算收支科目进行部分增减。

(六)部门经费分配使用因素法

部门预算收入根据历年收入情况和下一年度增减变动因素测算,并按收入类别逐项核定,行政性收费、预算外收入以及部门其他收入都核定到单位和具体项目;支出预算根据国家现有的经费开支政策和规定进行测算,即按照预算年度所有因素和事项测算每一级科目的支出需求。个人工资性支出按编制内的实有人数核定,公用经费按部门分类分档定额和项目编制预算,基本建设、企业挖潜改造、科技三项费用、支援农业生产等建设性专款支出和教育、科学、卫生、文化及其他部门的事业性专项支出通过项目论证,测定支出概算。结合国民经济和社会发展规划,对行政事业经费中的专项支出进行分类排队,制订滚动项目计划。

(七)提高部门预算的真实性

在编制预算中各部门必须扎扎实实摸清"家底",保证预算的真实性。一是全面、准确地界定本部门的职责、职能和年度工作目标;二是把握本部门发展规划、机构设置、人员编制与构成;三是彻底清查部门资产和资源的占用情况、质量状况及分布状况;四是认真测算本部门支出范围、开支标准,分析近年部门财务收支状况及预算执行情况等。为了防止弄虚作假,财政部规定:凡在预算核定中过多占用或有意扩大部门资产、资源占用情况的,对与其职能不相符的多占或虚增的部分,在经费上不安排维持性预算,并向有关部门提出收回的建议;对于有意缩小资产、资源占用而提出购置申请的部门,只按其报送的资产、资源安排维持性支出,在一定时期内对其购置经费不给予补偿,并对有意扩大、缩小资产、资源占用状况的部门予以通报。

(八)细化报送人大审议的预算内容

在向全国人大报送按功能汇总的中央财政总预算的同时,增加了报送部门预算的数量,由2000年的4个逐步增加到2008年的50个。细化报送审议的预算内容,中央财政用于教育、科技等涉及人民群众根本利益的重大支出总量和结构情况均报全国人大审议。从2008年起,向全国人大报审的教育、科学技术、社会保障和就业、农林水事务共计15类关系民生的重点支出进一步明细到款级科目。

通过以上改革,预算分配全面按照人头和项目计算,预算编制由基层预算单位编起,预算内容包括部门预算内外所有资金,预算申报按照部门职责和实际工作需要提出。这种新的预算体系,全面完整、统一真实、科学准确,一个预算编制精细化、科目设计科学化、运行机制规范化的部门预算体系基本建立。

三、部门预算的优势与特点

（一）部门预算的优势

分析部门预算组成因素可知,它不是单一性的,而是兼有各种财政预算的功能和优势。一是具有综合预算的雏形。从内容上看,预算涵盖了部门所有的收入和支出,包括预算内外收支、政府性基金收支、经营收支以及其他收支。二是继承了复式预算的框架。将每个部门的预算分为行政类支出和项目类支出,行政类支出按人员编制测算,严格控制预算标准,项目类支出根据经济发展规划和目标测算。三是采用零基预算的方法。预算分配取消往年的基数,根据部门和单位的职责、任务和目标以及下一年度政府的施政计划,重新测算安排本部门和单位的各项预算指标。四是具有汇总预算的性质。由基层预算单位根据本单位承担的工作任务、部门发展规划以及年度工作计划进行编制,逐级上报、审核并按单位或部门汇总而成。五是具有绩效预算的宗旨。部门预算要求提高预算资金的使用效益,并在完善过程中提出建立项目绩效评价体系,这说明我国部门预算改革吸收了绩效预算的宗旨。由此可知,部门预算不仅仅纠正了传统预算粗放、不真实等缺陷,而且吸取和采纳了各类财政预算的长处,具有不少优点,部门预算改革是一个吐故纳新的过程。

（二）部门预算的特点

1. 精细化

精细化是部门预算最显著的特点之一。预算内容既细化到具体预算单位人员编制和具体项目,又细化到按预算科目划分的各功能支出。预算既反映本部门所有收支预算总额,又反映收支按单位和项目的具体构成情况,以及单位及项目按支出功能分类的具体构成。从最基层汇总形成的预算不仅包括收支总数,还包括全部部门收支的单位构成,在单位分类下还有功能分类构成。预算的准确性和真实性大大增强,俗称"一个萝卜一个坑"。

2. 全面性

部门预算的全面性主要反映在预算收支上,各部门要将所有预算内外收入和支出都编进部门预算。从预算单位看,既包括行政单位,又包括财政全额拨款事业单位、差额拨款事业单位、自收自支事业单位与部门所属经营性单位,还包括部门所属的二级预算单位、基层预算单位。从收入方面看,既包括由财政部门拨款形成的预算内收入,也包括行政单位依据国家法律法规收取的预算外收入、事业单位的预算外收入,还包括上级补助收入、事业收入、事业单位经营性收入、附属单位上缴收入、用事业基金弥补收支差额以及政府性基金收入等。从支出方面看,既包括基本支出(人员经费和公用经费支出),也包括项目支出(基本建设项目支出、行政事业性项目支出、其他项目支出)、上缴上级支出、事业单位经营性支出、对附属单位补助支出等。这与传统财政预算制度下预算权分解、收入不全面、支出分散状态形成了鲜明的对比。

3. 完整性

部门预算的完整性是指预算改革的完整和制度构建的完整,这次预算改革不是就一个方面进行的改革,或者对原来预算的修补或更新,而是预算整体的改革。建立了比较完整的预算制度体系,包括统一预算分配权、统一预算程序、统一预算编制,反映了政府完整的活动范围和方向。

4. 规范性

部门预算各个环节都不同程度地走向规范,随意性大为减少。首先,实行定员定额和项目库管理,避免了预算分配过程中的人为因素;其次,所有财政性资金都编入预算,规范了财政资金的分配行为;再次,预算程序"由下到上",不再由上级部门代编,预算程序由预算单位建议、财政部门审核、人大审批,执行中不准随意调整和追加,与传统财政预算相比发生很大变化。

四、部门预算改革的成效与意义

(一) 部门预算改革的成效

1. 摸清了预算部门家底

部门预算改革了传统预算根据政府职能和经费性质划分支出的做法。按部门分类编制预算,根据部门行使的职能不同安排不同的功能支出,一个部门由原来的"多本预算"变为"一本预算",改变了原来一个部门"多本预算"而引起的预算单位家底不清的状况,有效地解决了"家底不清"的问题,为科学合理地编制预算创造了真实可靠的基础。

2. 改变了预算收入的不完整性

部门预算将行政和事业单位的所有收入都纳入预算,既包括大量游离于预算管理之外的预算外资金,又包括计划部门、机关事务管理局、科技部门等有预算分配权的部门安排的资金,每个部门全部收入都可以通过预算反映出来,极大地增强了财政预算的完整性。

3. 提高了财政预算的精细化程度

部门预算不仅在预算体系、资金分配、编报程序等各个方面都比以前细化,而且将每一笔经费都细化到单位和项目,有效克服了传统财政预算编制的粗放型。

4. 实现了预算编制的统一性

部门预算中,由于一个部门所有的收入和支出都按照统一的编报内容和形式在一本预算中得到反映,改变了传统预算因各部门经费按功能划分成若干类申报预算而造成编报时间不统一、编报内容和形式不统一、资金使用无法统筹安排的现象,保证了财政预算的统一性。

5. 明确了预算的主体责任

部门预算确立了中央部门的主体地位,要求各部门必须担负起预算管理的基础责任。中央部门通过填报本部门的基本支出和项目支出预算,理清了所应承担的责任。特别是允许各部门在财政部下达的基本支出预算控制数额内根据本部门的实际情况在目级科目之间自主编制,更增强了部门从严掌握预算编制的责任心。为此,各部门设置了专门管理机构指导部门预算编制,从组织上给予保障。而且建章立制,加强项目库的建设和管理,从制度上加以保障。

6. 增强了预算的严肃性和约束力

部门预算实施后规定预算必须具体到每个单位和支出项目,提高了预算分配准确程度,预算一次编制到位。预算批复后原则上 6 月 30 日前不追加,重大不可预见事项所需开支报国务院批准,这样增强了预算的严肃性和权威性,提高了财政预算的约束力。

7. 便于人大和审计部门监督

部门预算要求各方面必须细化,一个部门一本预算,各部门、各预算单位资金有多少,用到哪些地方,安排了哪些具体项目,清晰明了,为人大代表履行监督职能提供了条件,改变了原来"内行说不清,外行看不明"的现象,同时也有利于国家审计部门的审计和社会各界对政府财政的监督。

(二)部门预算改革的意义

1. 预算理念从"重分配"向"重管理"转变

我国财政预算长期以来把重点放在预算资金的分配上,在资金的管理使用方面疏于问津。部门预算改革使这一理念发生改变,从"重分配"转向"重管理"。财政部门将更多精力由应付日常追加转到参与部门行业的发展规划、项目的选择确定以及监督资金使用等方面。这一变化的原因在于部门预算改革保证了预算分配的真实性、准确性、合理性,减少了主观随意性。这一重要的问题得到解决后,财政部门的管理重点自然向着管理方面延伸,倾注更多精力对部门预算资金使用过程的监督和使用效益进行考核分析。

2. 财政资源配置由粗放向优化发展

部门预算改革以综合预算和零基预算为基础,能够将有限的资金安排到急需用的项目。另一方面,部门预算将大量预算外资金纳入部门预算内统筹安排,改变了部门利用财政预算外资金和自有资金盲目投资、重复建设的情形,从而使财政资源配置得到优化。

3. 斩断了部门利益最大化与预算规模最大化的纽带

传统财政预算编制受部门利益最大化的驱使,往往追求预算规模最大化,虚报成分多,追加现象频繁。部门预算改革建立了科学规范的预算分配机制和分配体系,明确了预算主体的责任,增强了预算的规范性和约束力。财政资金的分配、管理权限及操作程序在政府、财政和部门之间都制定了严格的规章制度相互制约,规范了政府的管财行为、财政的理财行为和部门的用财行为。预算经过部门上报、财政审核、政府批准、人大通过等多个关口,形成严密链条,在制度上和源头上抑制了部门利益最大化,使财政预算走上正常化和规范化。

总之,部门预算改革的作用与意义是重大的,尤其在改进预算模式和提高预算管理的完整性、规范性、真实性、有效性方面,均取得显著成效。说明部门预算改革是必要的、成功的,与市场经济体制是相适应的。

第五节 公共财政预算的形成与建立

20世纪90年代初期,随着公共财政在国内传播和研究的兴起,不仅公共财政得到国家决策层的肯定,而且与公共财政俱来的公共预算也得到认可。1993年党的十四届三中全会提出"建立政府公共预算和国有资产经营预算",这是决策层最早对建立公共预算的决定。从1998年确定建立公共财政以后,明确迈开了建立公共财政预算的步伐,至2007年基本建立,这是继2000年部门预算改革以来我国预算制度的又一次重大变革。如果说以往的复式预算、部门预算改革属于预算框架、编制模式方面的改革的话,那么公共预算则是对传统财政预算性质的一场革命,不仅改变了传统财政预算的内核,而且改变了政府的职能,可称为中国财政预算改革发展史上的里程碑。

一、公共财政预算改革途径

我国公共财政预算形成经历了一个认识、准备的过程,是通过预算科目分类改革实现的。2007年预算科目分类改革的完成掀开了我国财政预算新的一页,在此之前我国属于国家财政,财政预算是封闭式的、经济建设型的预算,之后属于公共财政,财政预算是开放的、公共服务型的预算。2007年是我国财政预算的分水岭,也是公共财政预算体系建立的标志。

(一)预算科目分类改革的原因

预算收支分类是对政府收入和支出项目进行类别和层次的划分,建立公共财政预算从改革预算科目入手,是因为预算科目是政府职能的细化列示,政府收支分类是各级政府编制预算、执行预算以及各预算单位进行明细核算的准则。我国2006年以前实行的政府收支分类(即政府预算收支科目)仍然是计划经济时期参照苏联财政管理模式确定的,对应的是集权、封闭、计划性的财政体系,与社会主义市场经济要求显然不相适应,要建立与市场经济适应的公共财政预算必须改革原有的财政预算科目。

1. 与市场经济下政府职能不符

我国社会主义市场经济体制确立后,市场资源配置的决定性作用日益强化,政府公共管理和公共服务的职能不断加强。政府职能的转变要求财政收支结构相应转变,但作为反映政府职能活动的预算收支科目,如基本建设支出、企业挖潜改造支出、科技三项费用、流动资金等仍然是按照过去政府代替市场配置资源的思路设计的,既不能体现市场经济下政府的职能,又不能反映公共财政管理的实际。

2. 预算科目与政府的活动不符

市场经济下政府重要的活动是弥补市场缺陷,满足社会公共需要,财政预算必须反映公共需求。但我国原有预算支出科目主要是按"经费"性质进行分类的,把各项支出划分为行政费、事业费、基建费等。这种分类在科目上看不出政府究竟办了什么事,很多政府的重点工作如农业、教育、科技等都分散在各类科目中,难以形成一个完整、清晰的概念,不能反映市场经济下政府新的职能,名实不符,也是造成"外行看不懂,内行说不清"的一个原因。

3. 与财政管理规范化、科学化和精细化的总体要求不符

按照国际通行做法,政府支出分类体系包括功能分类和经济分类。功能分类反映政府的职能活动,如搞教育、办学校;经济分类是对各项具体支出进行剖析和核算,如办学校的资金是发了工资,还是买了设备、盖了校舍。我国原有的支出目级科目虽然属于经济分类性质,但涵盖的范围偏窄,财政预算中大多数资本性项目支出以及用于转移支付和债务等方面的支出都没有反映出来,而且原有的目级科目也不够明细、规范和完整。这些对细化预算编制、规范预算管理、提高财政信息化水平都有不利影响。

4. 与有效实施全口径预算管理不符

原有政府预算收支科目只反映财政预算内收支,不包括应纳入政府收支范围的预算外收支和社会保险基金等收支,给财政预算全面反映政府各项收支活动和加强收支管理带来较大困难,尤其是不利于综合预算体系的建立。

5. 与国民经济核算体系及国际预算科目不符

我国改革开放后,国民经济核算体系不断更新,但预算科目没有改变。财政与国际上的合作交流日益频繁,但预算科目与国外公共财政科目不衔接。这种差异既不利于财政经济分析与决策,也不利于国际财政交流和对话。货币信贷统计核算科目以及国民经济核算体系均按国际通行标准作了调整,而政府预算收支科目体系一直未作相应改革,财政部门和国家统计部门每年要进行大量的口径调整和数据转换。尽管如此,仍难以保证数据的准确性以及与其他国家之间的可比性。

很明显,要建立公共财政预算,首先要重点改变原来预算收支科目,全国人大、国务院、中纪委等有关方面对政府收支分类改革都提出了明确要求。

(二) 收支分类改革的内容

收支分类改革的内容分为两部分,一部分是对原来预算科目内容的改革,另一部分是按照公共财政预算要求对科目设置方面的改革。

1. 更换调整全部预算支出科目

我国自计划经济开始至这次收支分类改革之前的财政预算科目都是经济建设型的,虽然也有教育、医疗卫生、文化科技、抚恤救济等内容,但不是主要的,主要的是经济建设方面的科目。预算科目是在经济建设基础上设计制定的,预算结构是以经济建设为基础设计制定的,预算科目以经济建设支出为主体,在预算功能基础上为经济建设服务。这次收支分类改革完全按照公共财政预算的要求,将经济建设方面的支出科目全部取消,保留原来属于公共财政预算范围之内的科目,增加原来预算中没有的公共财政预算科目,这是一次预算科目"大换血"式的改革。

2. 对政府收入进行统一分类

新的收入分类按照科学标准和国际通行做法将政府收入划分为税收收入、社会保险基金收入、非税收入、贷款回收本金收入、债务收入以及转移性收入六类,为进一步加强收入管理和数据统计分析创造了有利条件。从分类结构看,改革后分设类、款、项、目四级,增加了目级这一层次。四级科目再进一步细化,以满足不同层次的管理需求。

3. 建立新的政府支出功能分类体系

根据政府管理和部门预算的要求,统一按支出功能设置类、款、项三级科目(如教育—普通教育—小学教育),分别为 17 类、160 多款、800 多项。类级科目综合反映政府公共职能活动,款级科目反映为完成某项政府职能所进行的某方面工作,项级科目反映为完成某一方面的工作所发生的具体支出事项。新的支出功能科目能够清楚地反映政府支出的内容和方向。

4. 建立新型的支出经济分类体系

按照简便、实用的原则,支出经济分类科目设类、款两级,分别为 12 类、90 多款。款级科目是对类级科目的细化,主要体现部门预算编制和单位财务管理等有关方面的具体要求。新型的支出经济分类体系不仅全面、规范、明细地反映政府各项支出的具体用途,而且是进行政府预算管理、部门财务管理以及政府统计分析的重要手段。

(三)政府收支分类改革的结果

2007 年政府收支分类改革,是建国以来我国财政分类统计体系最大的一次调整,基本实现了财政预算"体系完整、反映全面、分类明细、口径可比、便于操作"的改革目标,体现了国际通行做法与国内实际有机结合以及市场经济条件下建立健全我国公共财政制度的总体要求,保障了公共财政预算的建立。

1. 建立健全公共财政预算科目体系

这次收支科目分类改革首先使公共财政预算科目体系得到建立健全，这是关键性的也是最最重要的。收支科目分类改革后财政预算有了全新的模式，所有的预算科目都属于公共财政预算之内，经济建设支出从此消失，是名副其实的公共财政预算。

2. 形成预算内外资金统一、规范使用的收支分类体系

改革后，将政府预算内外各类收支由长期分散统计、分散管理改为综合统计、综合管理，政府收支得到更为完整、准确的反映，实现了党的十六届三中全会提出的全口径预算管理的要求。通过统一的收支科目体系，不仅可以得到全口径政府收支概念，而且还可对财政收入占 GDP 的比重以及教育、科技、农业、社会保障等重点支出占全部政府支出的比重等得出一个清晰的判断，从而为准确把握宏观调控力度、合理配置财政资源、不断优化财政支出结构提供科学依据。

3. 体现政府预算公开、公正、透明的发展趋向

新的支出分类客观上促成了政府预算编制的出发点由便于管理向便于监督转变，原有按行政费、事业费、基建费等支出经费性质设置的支出科目不便社会公众了解政府举办的各项事业究竟花了多少钱，新的支出功能分类能够清楚反映政府各项支出的具体用途，如支出经济分类能够反映办教育的资金究竟是建了校舍还是支付教师工资。这种制度设计使政府预算更加透明，预算监督更加有力，更加符合公共财政的要求。

4. 实现了与国际财政统计口径有效衔接

新的政府收支分类除包涵预算内外收支，还按国际通行做法纳入了具有"准财政资金"性质的社会保险基金收支，从而实现了与国际通行的政府全部收支口径的衔接，有利于进行宏观决策与国际比较。

5. 加强了财政预算规范、科学、精细化管理

新的政府收支分类体系和财政信息管理系统相配合，实现了对财政运行过程的全面、实时监控，促进我国财政预算走向规范、精细、科学化管理。

总之，政府收支分类改革体现了公共财政的统一性、公共性、公开性和规范性，为我国公共财政预算的建立创造了基础和条件。

二、公共财政预算新体系

通过政府收支分类改革，我国财政预算发生了质的变化，财政支出完全从经济建设中脱离出来走向公共服务，转变为公共财政预算，崭新的财

政预算支出科目与之前的预算科目完全不同。

改革后我国财政预算分类科目完全规范在公共支出范围之内,如表4-2所示。

表 4-2 2007 年以后我国公共财政预算支出科目

类	款
一般公共服务支出	人大事务、政协事务、政府办公厅(室)及相关机构事务、发展与改革事务、统计信息事务、财政事务、税收事务、审计事务、海关事务、人力资源事务、纪检监察事务、人口与计划生育事务、商贸事务、知识产权事务、工商行政管理事务、质量技术监督与检验检疫事务、民族事务、宗教事务、港澳台侨事务、档案事务、群众团体事务、党委办公厅(室)及相关机构事务、组织事务、宣传事务、对外联络事务、其他共产党事务支出、其他一般公共服务支出。分设 27 款
外交支出	外交管理事务、驻外机构、对外援助、国际组织、对外合作与交流、对外宣传、边界勘界联检、其他外交支出。分设 8 款
国防支出	现役部队、国防科研事业、专项工程、国防动员、其他国防支出。分设 5 款
公共安全支出	武装警察、公安、国家安全、检察、法院、司法、监狱、劳教、国家保密、缉私警察、其他公共安全支出。分设 11 款
教育支出	教育管理事务、普通教育、职业教育、成人教育、广播电视教育、留学教育、特殊教育、进修与培训、教育费附加安排的支出、其他教育支出。分设 10 款
科学技术支出	科学技术管理事务、基础研究、应用研究、技术研究与开发、科技条件与服务、社会科学、科学技术普及、科技交流与合作、科技重大专项、其他科学技术支出。分设 10 款
文化体育与传媒支出	文化、文物、体育、广播影视、新闻出版、其他文化体育与传媒支出。分设 6 款

续表

类	款
社会保障和就业支出	人力资源和社会保障管理事务、民政管理事务、财政对社会保险基金的补助、补充全国社会保障基金、行政事业单位离退休、企业改革补助、就业补助、抚恤、退役安置、社会福利、残疾人事业、城市居民最低生活保障、其他城市生活救助、自然灾害生活救助、红十字事业、农村最低生活保障、其他农村生活救济、补充道路交通事故社会救助基金、其他社会保障和就业支出。分设19款
医疗卫生支出	医疗卫生管理事务、公立医院、基层医疗卫生机构、公共卫生、医疗保障、中医药、食品和药品监督管理事务、其他医疗卫生支出。分设8款
节能环保支出	环境保护管理事务、环境监测与监察、污染防治、自然生态保护、天然林保护、退耕还林、风沙荒漠治理、退牧还草、已垦草原退耕还草、能源节约利用、污染减排、可再生能源、资源综合利用、能源管理事务、其他节能环保支出。分设15款
城乡社区支出	城乡社区管理事务、城乡社区规划与管理、城乡社区公共设施、城乡社区环境卫生、建设市场管理与监督、其他城乡社区支出。分设6款
农林水支出	农业、林业、水利、南水北调、扶贫、农业综合开发、农村综合改革、促进金融支农支出、其他农林水支出。分设9款
交通运输支出	公路水路运输、铁路运输、民用航空运输、石油价格改革对交通运输的补贴、邮政业支出、车辆购置税支出、其他交通运输支出。分设7款
资源勘探电力信息支出	资源勘探开发、制造业、建筑业、电力监管、工业和信息产业监管、安全生产监管、国有资产监管、支持中小企业发展和管理支出、其他资源勘探电力信息支出。分设9款
商业服务业支出	商业流通事务、旅游业管理和服务支出、涉外发展服务支出、其他商业服务业支出。分设4款

续表

类	款
金融支出	金融部门行政支出、金融部门监管支出、金融发展支出、金融调控支出、其他金融支出。分设5款
援助其他地区支出	一般公共服务、教育、文化体育与传媒、医疗卫生、节能环保、农业、交通运输、住房保障、其他支出。分设9款
国土海洋气象支出	国土资源事务、海洋管理事务、测绘事务、地震事务、气象事务、其他国土海洋气象支出。分设6款
住房保障支出	保障性安居工程支出、住房改革支出、城乡社区住宅。分设3款
粮油物资储备支出	粮油事务、物资事务、能源储备、粮食储备、重要商品储备。分设5款
预备费	
国债付息	国内债务还本、向国外政府借款还本、向国际组织借款还本、中央其他国外借款还本、地方向国外借款还本、国内债务付息、国外债务付息、国内外债务发行、补偿还贷准备金、地方政府债券还本、地方政府债券付息、中央境外发行主权债券还本。分设12款
其他支出	年初预留、其他支出。分设2款

资料来源：财政部制定，《2014年政府收支分类科目》，中国财政经济出版社2015年版，第2-7页。

表4-2反映的我国公共财政预算支出科目与2007年的支出科目是完全一致的，而且更加完善。财政预算支出结构不再是经济建设时期以经济建设支出为主体的格局，完全符合联合国《政府职能分类》。财政预算支出大体包括四个部分：一是一般政府服务，主要反映公共需要且与个人和企业无关的活动，包括一般公共管理、国防、公共秩序与安全等；二是社会服务，主要反映政府直接向社会、家庭和个人提供的服务，如教育、卫生、社会保障等；三是经济服务，主要反映政府用于经济管理方面的支出，包括交通、电力、农业和工业等行政管理部门的经费；四是其他支出，如利息、政府

间转移支付等。财政预算支出统一按支出功能设置类、款、项三级科目,类级科目综合反映政府公共职能活动,款级科目反映为完成某项公共职能所进行的某方面工作,项级科目反映为完成某一方面的工作所发生的具体支出事项。目前我国财政预算支出完全在公共需要范围之内,反映公共产品和公共服务方面的主要支出多达 23 类 196 款。这是一个巨大的变化,与经济建设型财政预算支出结构完全两样,是公共财政预算最大、最显著、最集中的标志。

与公共支出相比,预算支出科目中经济管理方面的支出是较少的,而且用途只限制在政府经济管理部门。从形式上看各项支出虽然都表现为资金从政府流出,但资金的性质是不同的。有的是为了完成政府的公共管理职能,即为市场、企业从事经济活动创造外部环境;有些表现为政府的商品和服务购买,直接对社会就业产生影响;有些表现为资金的无偿转移,主要调节收入分配,对社会生产和就业产生间接影响。直言之,这些经济支出是政府经济管理部门的事业费和管理费,用于为社会的公共需要服务方面,不在经营性和竞争性经济领域,不会影响或削弱我国财政预算的公共性。

三、公共财政预算改革的意义

(一) 实现了我国财政预算的重大转型

新中国财政预算从"一五"时期到改革开放后的 2007 年财政收支分类改革之前,其性质属于经济建设型财政预算,2007 年之后属于公共财政预算。不仅财政预算的支出科目、内容、体系不同,更重要的是财政预算的性质发生了彻底变化,所以公共财政预算的建立是我国历史上的一次重大转型。这种质的变化是由各时期经济体制和财政体制决定的,经济建设型财政预算对应的是计划经济体制和高度集中的统收统支的财政体制,公共财政预算对应的是市场经济体制和公共财政体制。公共财政预算的建立标志着我国财政预算脱离了计划经济时期走进市场经济新时代,完成了历史使命的更替,卸下经济建设的重任而肩负起提供公共产品和公共服务的新任务。从历史的交替发展看,这次财政预算改革意义是非凡的、深远的,具有里程碑的地位和作用。

(二) 建立了我国崭新的公共财政预算模式

新中国成立以来,我国的财政预算职能一直是国家财政预算,即大包大揽,无所不包,涵盖政府的一切活动。公共财政预算建立以后,财政预算职能发生了巨大变化,完全从经营性和竞争性的经济领域退出,专心于公共产品和公共服务的提供。政府通过财政预算支出结构的调整和资源配置的制度安排,主要满足社会公共需求,其职能包括四个基本方面:一是为了满足社会的公共需要对稀有资源进行分配;二是为公共项目提供服务,并以一定的成本标准评价公共项目的效率和效果;三是通过预算衡量一国经济增长和经济发展水平;四是以预算为工具对政府所实施的项目进行管理。公共预算体系通常分为公共收入预算和公共支出预算,公共收入预算决定社会资源总量中公共经济与民间经济各自所占份额,公共支出预算将公共财政资源分别配置于各种职能的公共权力机构,公共收入预算和公共支出预算的平衡关系决定着公共财政对民间经济活动的调节,决定着社会需求总量和居民收入差距的调控。公共财政预算编制和执行是政府发挥资源配置和稳定经济职能的主要途径,是政府职能在财政收支上的具体体现,反映政府介入活动的范围、规模和程度。这样的财政预算是之前我国没有的,是一种全新的财政预算模式。

(三) 促进我国市场经济体制的发展与完善

公共预算是与市场经济体制相适应的一种财政预算形式,有市场经济就必须有公共财政预算,我国1993年确立市场经济体制后就着手建立公共财政预算,不仅是经济发展形势的外在需要,也是市场经济体制的内在需要。这是因为市场经济体制下政府的主要职能是向社会提供公共产品和公共服务,公共财政预算是政府实现其公共职能的途径和工具。市场经济体制下企业是发展经济的主体,如果财政预算仍然把发展经济作为己任,就会与市场经济体制相抵触。在资源配置中市场经济起决定性作用,如果财政预算仍然以政府配置资源为主,市场机制就难以发挥作用。所以,只有公共财政预算可以成为市场经济体制的基础和支柱,促使市场经济体制牢固建立、健康发展和不断完善。

(四) 加快我国公共财政体系的建设步伐

公共财政预算是公共财政的核心,离开了公共财政预算,公共财政体系就难以健全和完善。我国从1998年就确定建立公共财政,但财政预算却一直是计划经济时期建立的、有计划商品经济时期继续使用的经济建设型财政预算,财政预算与公共财政是"两张皮",财政支出迟迟不能从经济领域退出,公共需求得不到满足,公共财政体系长期未能完善,这一时期的公共财政可以说是有名无实。自从2007年公共财政预算建立以后,公共财政体系很快得到发展和完善,成为名副其实的公共财政。由此说明,公共财政是为独立的市场运营实体企业和个人的生产活动提供公共服务的财政①,公共预算的"公共性"与公共财政的"公共性"完全一致,只有建立公共预算才能促进公共财政的建立和完善。

(五)推进了预算公开、公正、民主意识

公共财政的内涵,不仅指财政支出覆盖的是社会公共产品和公共服务的范围,同时也包含财政分配的公开、公正、民主性。公开就是财政决策、财政预算、财政管理等全部向人大、社会公开;公正就是财政分配要公平、合理,包括预算指标、税负税率、财政补贴、转移支付等;民主就是财政决策、预算编制、公共产品提供要有社会成员和纳税人的参与,接受民众的监督和建议。公共财政预算的这些意识是新中国以前从来都没有的,也是不可能做到的,可以说公共财政预算开一代新风。

(六)为我国新时代预算制度现代化奠定了基础

党的十八届三中全会提出实现经济社会发展现代化目标,党的十九大确定到2020年全面建成小康社会,现代化目标和小康社会需要现代化财政预算的保障。什么是现代化财政预算?新中国成立后的统收统支财政预算以及有计划商品经济时期的包干制都是计划经济时期的产物和半计划时期的产物,与市场经济体制产生着这样或那样的冲突和抵触,已经是过时的财政预算,不属于现代财政预算之列。而公共财政预算是当前世界发达的市场经济国家普遍实行的一种财政预算,属于现代财政预算范畴,我国现代财政预算只能在公共财政预算基础上改革完善。在此基础上,推进全口径预算管理,加快统一预算分配权,推进预算公开透明,全面实施绩效管理,加强预算法制化,硬化预算约束,建立现代公共财政预算。

第六节 向绩效财政预算迈进

我国向绩效预算迈进自2003年就已经起步,党的十六届三中全会提出"建立预算绩效评价体系"。2017年党的十九大强调"全面实施绩效管理",进一步为实现绩效财政预算指出了方向。我国目前实施的预算项目支出绩效评价是根据设定的绩效目标,运用绩效评价指标、评价标准和评价方法,对支出项目的效益进行的一种评价。这是我国财政预算管理上的一大进步,对提高财政资金使用效率和效益非常必要,也是我国实施绩效

---

① 叶振鹏、张馨:《公共财政论》,经济科学出版社1999年版,第369-370页。

预算的良好开端。

一、预算支出绩效评价改革的原因

新中国财政预算虽然经历过多次改革,但财政支出仍然延续"重投入、轻效益"的管理思路。其特点以保障财政预算支出为主,将"保支出"放在首位,上级财政部门最关心的是如何"分蛋糕",各部门最关心的是财政"蛋糕"能分多少。把财政职能和任务单纯地视为筹集收入保障支出的需要,至于财政资金使用效益却不太关心,以为资金使用是行业部门的事而不用财政部门过问,否则就是越权越位。预算分配以部门职能为依据,主要考虑履行职能需要的资金,分配方式仍然习惯以上年指标为参考。对预算执行主要看有没有违规现象,不关心预算投入的产出和效益,预算执行效果的优劣也不作为主要的考核目标,执行结果不影响部门和单位下年度获得预算资金的额度。预算执行缺乏约束机制和激励机制,造成预算部门和预算单位缺少责任心,不会主动考虑如何降低成本、提高效益,而是机械地按部就班,很难保障将有限的预算资金真正用于需要的地方且取得最大的效益。在这种机制下,预算部门和预算单位以争取扩大预算资金为己任,争取资金的途径之一是把财政部门分配到账户上的资金尽快花完,这样就可以在下年度得到更多的预算资金。[①] 因为如果提高支出效益从而出现资金结余的话,上级部门就会减少下年度预算分配额,反而给部门带来不利。

受"重投入、轻效益"思路的引导,我国财政预算支出"低效益"问题长期而严重地存在。首先是预算编制中不讲效益。预算编制没有绩效目标,即使有预算目标也没有定性和定量标准。一些部门为了扩大预算额与财政部门讨价还价,甚至虚报编制和项目,"吃空饷"现象十分普遍。上级部门对预算部门申报的单位预算审查不严,更不从绩效目标出发进行认真的论证,预算变成财政资金分配的一道程序。其次是预算资金分配中不讲效益。财政部门在分配预算指标时缺乏绩效目标作依据,也不遵照成本-效益原则,零基预算改革后虽然打破了原来的"老基数",但又争当年的"新基数",特别是地方年度预算分配基本上是一些大部门和大项目的盛宴,那些不重要和小单位只是陪衬而已。下达的资金与实际不相符,这样的预算分配机制效益无从谈起。再次是预算资金管理不讲效益。由于预算只重视

[①] 参见马喆:《从投入预算制度到绩效预算制度的必然性分析——以制度经济学的视角》,《无锡商业职业技术学院学报》2012年第3期。

资金分配，各级管理部门都紧抓不放，并尽量扩张权力范围。2013年"农林水事务"类专项资金有66个专项在中央本级9个主管部门的50个司局、114个处室参与分配，下达到地方后仅省一级涉及近20个主管部门。[①] 造成资金严重分散、损耗，工程的进度和质量受到严重影响。另外是预算执行中不讲效益。在预算执行中缺乏对预算资金的追踪问效，审计部门和监督部门也只是抽样检查，在抽样调查中也没有把预算效益作为一项内容审计，只是追查违规违纪现象。预算资金在使用中拖延、沉积成为"常态"，部门结转几乎成为"第二次预算"。[②] 由于以上原因，造成预算绩效低，如公共支出目标不能如期实现，部分重大投资项目进度慢、质量差，导致国家财政投资负债增加。[③] 这样低效率的财政预算在追逐效益的市场经济下必须进行改革。

二、预算支出绩效评价体系的建立

（一）制定全国性预算支出绩效评价制度

在中央层面，我国预算支出绩效评价改革的重点是相关制度的建立和完善。2005年，财政部制定《中央部门预算支出绩效考评管理办法（试行）》（财预〔2005〕86号），确立了财政部门统一领导、各部门具体组织实施的绩效考评分工体系。2009年，财政部印发《财政支出绩效评价管理暂行办法》（财预〔2009〕76号），对2005年预算绩效考评办法进行修改完善，从"考评"层次进入到"评价"层次，制度进一步走向规范。2011年对2009年的《财政支出绩效评价管理暂行办法》又一次修订[④]，提出"全面推进预算绩效管理，建立覆盖所有财政性资金，贯穿预算编制、执行、监督全过程的具有中国特色的预算绩效管理体系"，标志着我国中央政府层面的预算绩效评价制度全面启动。2011年8月，财政部出台《财政支出绩效评价管理暂行办法》（财预〔2011〕285号），2012年9月又发布《预算绩效管理工作规划（2012—2015年）》（财预〔2012〕396号），并制定了《县级财政支出管理绩效综合评价方案》和《部门支出管理绩效综合评价方案》等配套文件，不仅标志着我国预算支出绩效评价由中央、省、市层面推行至县级，在全国范围内

---

① 2013年度审计署关于中央预算执行和其他财政收支的审计工作报告。
② 参见国务院2013年度中央预算执行和其他财政收支的审计工作报告。
③ 财政部：《财政支出绩效评价管理暂行办法》（财预〔2011〕285号）。
④ 自2011年此办法发布，《中央部门预算支出绩效考评管理办法（试行）》（财预〔2005〕86号）、《财政支出绩效评价管理暂行办法》（财预〔2009〕76号）同时废止。

基本实施,而且说明绩效评价制度进一步完善。

(二)建立财政支出绩效评价体系

1. 绩效目标

绩效目标是绩效评价的对象计划在一定期限内达到的产出和效果。内容包括:预期产出,即项目完成的情况;预期效果,即项目产生的经济效益、社会效益和环境效益等;服务对象或项目受益人满意程度;达到预期产出所需要投入的成本;衡量预期产出、预期效果和服务对象满意程度的绩效指标。绩效目标要求指标明确、具体细化、合理可行。

2. 绩效评价指标

绩效评价指标是衡量绩效目标实现程度的考核工具。绩效评价指标的确定要遵循相关性原则、重要性原则、可比性原则、经济性原则。绩效评价指标分为共性指标和个性指标,共性指标是适用于所有评价对象的指标,主要包括预算编制和执行情况,财务管理状况,资产配置、使用、处置情况和收益情况等;个性指标是针对预算部门或项目特点设定的,适用于不同预算部门或项目的业绩评价指标。共性指标由财政部门统一制定,个性指标由财政部门会同预算部门制定。

3. 绩效评价标准

绩效评价标准是衡量财政支出绩效目标完成的尺度。具体包括:计划标准,指以预先制定的目标、计划、预算、定额等数据作为评价的标准;行业标准,指参照国家公布的行业指标数据制定的评价标准;历史标准,指参照同类指标的历史数据制定的评价标准;其他经财政部门确认的标准。

4. 绩效评价方法

主要采用成本-效益分析法、比较法、因素分析法、最低成本法、公众评判法等。成本-效益分析法是将一定时期内的支出与效益进行对比分析,以评价绩效目标实现程度;比较法是通过对绩效目标与实施效果、历史与当期情况、不同部门和地区同类支出的比较评价绩效目标实现程度;因素分析法是通过分析影响绩效目标实现的内外因素对绩效目标进行评价;最低成本法是对效益确定不易计量的多个同类对象的实施成本进行比较,评价绩效目标实现的程度;公众评判法是通过专家评估、公众问卷及抽样调查等方式对财政支出效果进行评判。

5. 绩效评价程序

依次分九个步骤:确定绩效评价对象—下达绩效评价通知—确定绩效评价工作人员—制定绩效评价工作方案—收集绩效评价相关资料—对资

料进行审查核实—综合分析并形成评价结论—撰写与提交评价报告—建立绩效评价档案。

6. 绩效报告

绩效报告由财政资金使用单位提交,主要包括以下内容:基本概况、绩效目标、目标设立的依据和调整情况、管理措施及组织实施情况、总结分析绩效目标完成情况、说明未完成绩效目标的原因、下一步改进工作的意见及建议。

7. 绩效评价报告

绩效评价报告由主持绩效评价的财政部门和预算部门撰写,内容主要包括:绩效评价的组织实施,绩效评价指标、评价标准和评价方法,绩效目标的实现程度、存在问题及原因分析,评价结论及建议,其他需要说明的问题。绩效评价报告要依据充分、真实完整、数据准确、分析透彻、逻辑清晰、客观公正。预算部门应当对绩效评价报告所依据的资料真实性、合法性、完整性负责。绩效评价采取评分与评级两种方式,具体分值和等级可根据不同评价内容设定。财政部门对预算部门提交的绩效评价报告进行复核,提出审核意见。

8. 绩效评价结果及其应用

绩效评价结果是改进预算管理和安排以后年度预算的重要依据。绩效评价结果较好的财政部门和预算部门给予表扬或继续支持,绩效评价发现有问题、达不到绩效目标或评价结果较差的予以通报批评,并责令其限期整改。不进行整改或整改不到位的根据情况调整项目或相应调减项目预算,直至取消该项财政支出。①

三、财政支出绩效评价改革成效与意义

以西方市场经济国家绩效预算来看我国还存在着差距,我国财政支出绩效评价还局限在项目评价层面,还没有达到绩效预算的程度。尽管如此,目前我国财政支出绩效评价改革已取得了阶段性成果,发挥了积极的作用,具有一定的意义。

(一)财政支出绩效评价改革的成效

1. 制度建设取得显著成就

经过多年的实践,我国不仅建立了全国性财政支出绩效评价管理办

---

① 财政部:《财政支出绩效评价管理暂行办法》(财预〔2011〕285号)。

法、预算绩效管理工作规划、县级财政支出管理绩效综合评价方案和部门支出管理绩效综合评价方案,而且还建立起一套比较完整、科学的财政项目支出绩效评价体系。绩效评价是西方市场经济国家的制度,对于我国来说是从无到有。相关制度的建立属于一种创新,为绩效评价工作的顺利开展提供了有力支持和保障。

2. 评价组织体系不断健全

为了加强对绩效评价的指导和管理,我国各级财政部门都成立了专门的绩效评价管理部门,专职负责绩效评价管理和制度建设。项目绩效评价实施单位若委托第三方绩效评价机构要提供必要的数据资料,第三方绩效评价机构分别成立专家咨询小组,在绩效评价中分工协作、权责明确,保障评价工作有序进行。

3. 财政支出绩效意识明显提高

通过项目绩效评价,强化了相关部门的绩效意识和对绩效评价的认识,"绩效评价就是财务审查"的模糊认识不存在了,财政支出"重投入、轻产出"、"重分配、轻管理"的传统做法得到很大程度的转变,财政部门由原来的"分蛋糕"走向"看效果"。这些变化是追求绩效意识的具体表现,有了意识才能取得制度的进步和管理上的飞跃。

4. 政府部门责任感大为加强

通过对财政支出项目绩效评价、向社会公开评价结果、对预算单位和主体负责人实行绩效问责,大大增强了部门或项目管理者的责任心。积极作为,主动作为,加强项目支出绩效管理,建立指标量化、良性互动、科学规范的财政绩效管理机制,努力提高财政资金的使用效益。[①] 从不愿作为到愿意作为,从不敢作为到敢于作为,从不会作为到大有作为,都是责任心增强的结果。

5. 财政资金配置和使用效率提升

财政支出绩效评价是一个全过程的评价,在财政支出事前评价中通过绩效指标所确定的项目按优先次序分配资金,把有限的财政资源用于绩效更突出的项目,将绩效风险消除于未然,从而提高财政资源的配置效率;通过事中信息反馈和执行动态跟踪评价,使出现的问题及时得到补救,保持绩效目标不偏离;通过事后效益评价,对绩效进行科学的评估,在总结经验教训的基础上提出改进的措施。由此可知,只要进行严格的绩效评价程

---

① 周晶:《公共财政支出绩效评价》,华中师范大学公共管理学院硕士学位论文,2013年。

序,就能够改善财政资金配置,提高财政支出项目的效率。①

6. 财政决策水平得到改善

财政支出绩效评价制度,要求制定绩效目标和政府的长期战略与短期目标相结合,并基于分解的绩效指标评价整体的政府财政支出活动,为财政科学决策提供了扎实的基础。财政决策从原来的"靠基数"转变为"看结果",由主观性的"拍脑袋"转变为"算细账",使长期以来决策粗放、规划与效果脱节的现象得到改变。决策失误、损失浪费、国有资产流失问题大大减少,财政决策水平和治理能力明显提高。

(二)财政支出绩效评价改革的意义

1. 有利于推动我国经济转型

我国长期以来实行的是粗放型经济发展方式,经济快速增长靠投入驱动,各种经济指标以数量为尺度,造成资源消耗、环境污染等负面效应。绩效评价的原理就是将企业的"成本-产出"运用到政府经济管理中,追求效率和效益,看重的是质量,与党的十九大提出的发展质量型经济目标是一致的。实行财政支出绩效评价可以有效促进质量型经济的发展,改变经济增长方式,从数量型经济转向质量型经济。

2. 有利于我国财政预算转型

绩效预算是以结果为导向的预算,绩效评价的结果决定预算资金的分配,其过程为结果—产出—投入,预算重心从投入转向结果。预算编制遵循"战略目标—工作目标—绩效目标"这样一个完整的逻辑。这样的财政预算有利于改变我国传统的以投入—产出—结果为特征的投入导向型预算模式。从投入导向型预算模式转变为结果导向型预算模式是我国财政预算面临的又一次质的飞跃,可以与第一次飞跃即经济建设型财政预算转变为公共财政预算媲美,目前我国财政支出项目绩效评价是这一转变的重要引擎。

3. 为实现完全的绩效预算奠定基础

从国际上成熟的范例看,绩效预算包括项目支出绩效评价和政府经常性支出绩效评价,我国只实行了项目支出绩效评价。国外绩效预算评价均属"全过程评价",包括事前评价、事中评价和事后评价,我国只限于事后评价,只有上海闵行区和广东珠江三角洲地区实现了全过程评价。国外绩效预算是典型的结果导向,绩效结果的优劣决定下年度预算资金的分配,没

---

① 吴亚敏:《对我国财政支出绩效评价的研究》,《企业研究》2014年第3X期。

有绩效或绩效不佳的项目下年度会被取消或减少预算额度。我国绩效评价结果的运用还没有全面达到这一程度,评价结果大部分只作为下年度预算分配的参考。但是,项目支出评价是绩效预算的重要组成部分,做好这一环节为实现完全的绩效预算奠定了良好的基础。

4. 有利于防止财政风险

世界经济形势的复杂多变,加剧了财政风险和经济风险的形成和爆发。财政支出绩效评价,尤其是全过程的绩效评价对防止财政风险非常有利。如上海闵行区在事前绩效评价中,项目定位时要评价绩效目标是否具体明确、项目设计是否避免了重大缺陷、是否同其他项目重复、项目的服务对象或受益人是否明确等,还有项目实施计划是否明确、项目是否有科学合理的绩效指标体系、项目资金安排是否合理等。这些都大大提高了预算的质量,把住了风险第一关。在事中绩效评价中邀请人大、政协、纪检委、国资委、审计局等相关部门参加,审核评价项目的管理者和参与者是否有明确的责任,项目是否具有有效的财务管理办法,部门是否运用项目绩效信息加强项目的管理等。这样严格把关、层层过滤,会将风险尽可能地消除于未然。

结　　语

新中国 70 年是我国财政预算不断发展、改革、转变的过程,从单式预算、复式预算、零基预算、部门预算到公共财政预算,其中有预算编制模式的改变,也有财政预算性质的转型,不论是模式的改变还是性质的转型,都是一次次改革的结果、一次次进步的表现、一页页光辉的记录。特别是党的十九大以后,不仅全面规范透明、标准科学、约束有力的现代财政预算制度逐渐形成,而且向着全面绩效预算新目标快步挺进。

第五章

税收制度——从单一税轨道转向复合税制

税收制度是国家征税的依据,具有筹集收入、调节经济和收入分配的重要作用。纵观新中国70年的税制发展历程,成功地实现了计划经济单一税制到市场经济复合税制的巨大转变,基本建立起与社会主义市场经济需要相适应的税政统一、结构优化、税负合理、政策透明、调控有力的税收体系,有力地促进了社会主义市场经济体制的建立和完善,促进了社会稳定和谐,为我国社会主义现代化建设提供了可靠的税收保障。

第一节 从农业型税制转为工商型税制

新中国的税制是在革命根据地的税制基础上建立的,革命根据地的税制以农村为基础并以农业税收为重点,中国共产党在解放战争中夺取广大城市后开始建立工商税制,实现了新中国初期税制从以农业税为主到以工商税为主的第一次转变。

一、农业型税制的形成与发展

土地革命时期,中华苏维埃共和国临时中央政府执行委员会于1931年12月1日颁布了《关于颁布暂行税则的决议》和《中华苏维埃共和国暂行税则》,实行统一的累进税制。土地革命时期的税制是以农业税为主体的一种简单的复合税制。中央所在地的税种主要有:土地税(即现代的农业税)、山林税(相当于农业特产税)、工业税(包括矿税、企业税)、商业税

（包括商业税、烟税、酒税、屠宰税、商品出入口关税）。税收结构中农业税是主体，所以土地革命时期的税制主要是针对农业税制而言的，当然，并不是单一的农业税，但由于根据地位置偏僻，工商业落后，工商税制不健全，长期收入占比低。这也是根据地不重视工商税的原因之一，如中央执行委员会1932年指出各级苏维埃"根本不注意"商业税。财政人民委员部训令称："过去各地政府一般只征收土地税，至于商业税、工业税一般都没有提起。"从此可以判断工商税的分量。

抗日战争时期，由于根据地仍然建立在以农业为主的广大农村，税收制度仍然是以农业税为主体的农村税制。当时中央所在地陕甘宁边区的税种，主要有农业税和工商税两大类，其中农业税是主体，农业税称"救国公粮"。毫不例外，抗日根据地也建立了工商税制，征收工商税，但税种较少，税制建立较晚。如陕甘宁边区1937—1940年工商税只有盐税、货物税、牲畜交易税和羊子税等，1941年开始增设了营业税、烟酒税等。晋察冀边区和晋冀鲁豫边区与陕甘宁边区相差不多。大致来讲抗日根据地工商税是从1940年以后开始的，与农业税制相比发展滞后，至1945年才走向制度化。

根据地农业税收入与工商税收入相比数量大、增速快，从表5-1中可见。

表5-1　陕甘宁边区农业税收入与工商税收入比较

年份	救国公粮		货物税		营业税	
	征收额/石	占比/(%)	征收额/元	占比/(%)	征收额/元	占比/(%)
1937	13859	100				
1938	15972	64				
1939	52250	86			100000	15.2
1940	97354	93.4			400000	20.4
1941	201617	89.1	349570	4.4	83249	1.1
1942	165369	100	2894277	4.2	435702	0.6
1943	184123	96.3	14341462	3.0	9743071	0.2
1944	160000	100	86578009	60.0	39744352	34.8

续表

年份	救国公粮		货物税		营业税	
	征收额/石	占比/(%)	征收额/元	占比/(%)	征收额/元	占比/(%)
1945	124000	90	290565914		50315512	

资料来源:陕甘宁边区财政经济史料编写组,《抗日战争时期陕甘宁边区财政经济史料摘编》(第六编 财政),陕西人民出版社1981年版,第90页;西北财经办事处,《抗战以来的陕甘宁边区财政概况》附表,1948年2月18日;西北财经办事处,《抗战以来陕甘宁边区的财政概况》,1948年2月18日;边区财政厅税务局,《税收工作》,1944年。

由表5-1可知,陕甘宁边区的农业税在开征时间上比工商税早,救国公粮增长很快,从1937年到1941年增长率是1354.77%。1938—1941年分别比上年增长15.25%、227.13%、86.32%和107.10%。而营业税和货物税占税收总收入的比重较小,与救国公粮所占比重有较大差距。大致来看,抗日根据地执行以农业税为主体、工商税为辅助的一种税制,税收基本上是建立在广大农村基础上,充分显示了农业型税制的特点。

二、工商型税制的建立与完善

新中国成立后,建立以工商税为主体的工商型税制提上了议程。1949年11月,中央人民政府财政经济委员会和财政部在北京召开首届全国税务工作会议,讨论了统一全国税收、建设新税制、加强城市税收工作、制订第一个全国税收计划等问题,草拟《全国税政实施要则》和《全国各级税务机关暂行组织规程(草案)》,为建立健全工商型税制创造了条件。

(一)建立新的工商税制

1950年政务院颁发了《全国税政实施要则》、《全国各级税务机关暂行组织规程》、《工商业税暂行条例》、《货物税暂行条例》。《全国税政实施要则》规定14种税,即货物税、工商税、盐税、关税、薪给报酬所得税、存款利息所得税、印花税、遗产税、交易税、屠宰税、房产税、地产税、特种消费行为税、使用牌照税[①]。新中国初期的税制主要是在城市基础上建立的,其中主体税种有三个:货物税、工商税和所得税。货物税征税对象主要包括烟、酒、矿产、棉花、皮毛、水产等,货物税按照不同产品、不同行业设计不同的

---

① 宋新中主编:《当代中国财政史》,中国财政经济出版社1997年版,第39页。

税率。公私企业使用统一的货物税,但在执行中采取"分别对待、繁简不同"的政策,以贯彻对资本主义工商业实行的利用、限制和改造的方针。工商税包括坐商、行商、摊贩的营业课税及所得课税。特种消费行为税征收范围包括筵席、娱乐、饮食、旅店。另外,由于当时我国实行低工资,"文革"时期又取消了稿酬,所以薪给报酬所得税实际上一直没有开征。

这一时期是新中国税制建立的重要时期,加上农业税,全国共有15种税,由此构建了新中国第一套新税制(见表5-2),结束了长期以来全国各地税收、税种、税率不一致的局面,实现了全国税收的统一。

表5-2 1950年税制改革后我国的税收体系

税 类	数 量	税 种
流转税类	3	货物税、工商税、关税
所得税类	2	薪给报酬所得税、存款利息所得税
资源税类	1	盐税
财产税类	3	房产税、地产税、遗产税
行为目的税类	5	特种消费行为税、使用牌照税、印花税、屠宰税、交易税
农业税类	1	农业税

资料来源:根据宋新中的《当代中国财政史》(中国财政经济出版社1997年版,第39页)提供的资料分类整理。

1950年4月,新中国稳定了金融物价,统一了财政,平衡了财政收支,使国民经济走上健康规范的发展轨道。但由于"急刹车",社会经济出现"后仰"现象,对工商业造成严重影响,工商界经营出现许多困难。1950年5月,财政部在北京召开第二届全国税务工作会议,决定修订税法,调整工商税收。为了引导资本主义工商业沿着有利于国计民生的方向发展,继续实行工轻于商、日用品轻于奢侈品的政策,工、商两种营业税按不同的行业征税:工业分26个行业,税率分别为1%~3%;商业分17个行业,税率为1.5%~3%。区别不同情况分别采取自报查账、依率计征,自报公议、民主评定,以及在自报公议、民主评定的基础上定期定额上交这三种方法,大大简化了征税的方法和手续。工商税调整减轻了资本主义工商业的税收负担,促进了工商业合理发展;改善了国家同资本主义工商业的关系,增强了资本主义工商业的活力,促使其逐步走上既有利于国计民生又有利于自身发展的道路。1950年,全国16个大城市私营工商税收,第三、四季度比第一季度分别增加 90% 和 80%。①

与此同时,建立新的关税制度。北洋政府时期中国的关税被控制在英国人手里,国民政府时期争取到了关税自主权,新中国成立后建立的新的关税制度成为城市税收的重要组成部分。1951 年 5 月,政务院公布实施《海关进出口税则》和《海关进出口税则暂行实施条例》。新海关进出口税则比旧海关税有显著的变化。一是合理运用复式税率,实行较高与最低两种税率;二是按照我国对进出口货物的需要程度,分别制定最低税率和最高税率;三是一律实行从价计征,以利于反映国际市场货物的紧缺情况;四是根据我国进出口商品结构编制新的分类目录。海关进出口税则是我国近代以来第一部真正独立自主制定的海关税则,是中国海关税制的重大改革,是税制税法上革命性的转变。新中国第一部海关税则的实施,表明中国经济大门的钥匙已安放在中国人民自己的口袋里,关税已成为国家恢复和发展生产、与帝国主义经济侵略进行斗争的重要工具,发挥了不可忽视的作用。

以工商税为主体的税制并不是不再重视农业税。新中国初期的农业税仍然称为"公粮",在建立完善工商税制的同时也统一和调整了农业税制。新中国初期农业税分两种情况,占全国农村人口三分之一的老解放区早已实行了新型的农业税制,而针对三分之二的新解放区,1950 年 9 月政务院公布了《新解放区农业税暂行条例》,实行差额较大的累进税制,税率共分 40 个税级,不足 150 斤免征,荒地实行免税。至此,全面废除了几千年的田赋制度,改为按产量征收的、累进的新型农业税制。这是中国农业税制的一次根本性变革,彻底废除了地主阶级逃避、转嫁税负的特权,使广大农民从数千年的田赋制度的奴役下解放出来,具有里程碑的意义。

新中国初期的工商型新税制,在建立中坚持了"有破有立"的原则,既不像对待旧政权那样彻底予以铲除,也不像中国历史上改朝换代那样简单地完全继承,而是在全面彻底改造的基础上建立起来的。工商型新税制在政治上体现了人民政权的性质,经济上没有因税负变动刺激物价引起市场不稳,具体操作上既废除了旧税制种种弊端又减少税制执行阻力,新税制较快地占领了广大城乡阵地。

(二)工商型税制的标志

计划经济时期,我国从根据地的农业型税制转变为工商型税制,与根

---

① 柳随年、吴群敢主编:《中国社会主义经济简史》,黑龙江人民出版社 1985 年版,第 37 页。

据地税制相比发生了显著变化,具有鲜明的标志。

1. 农业税收不再成为财政收入主体

从1952年开始,国家为了减轻农民的负担,公粮征收总额基本保持在1952年352亿斤细粮的水平上不再增加,农业税占财政总收入的比重逐渐下降,由主体地位下降到辅助地位。1950年农业部门提供的收入占财政总收入的30.2%,1952年的比重为12.0%,下降到第三位。进入第一个五年计划以后,为了减轻农民负担,不仅实行"增产不增收"的政策,而且不再增加公粮征收总量,农业税几乎没有增加。如表5-3所示。

表5-3 1952—1957年农业税征收情况

年 份	征收额/亿斤细粮	实际产量/亿斤细粮	农业税占实际产量比/(%)	农业税增长率/(%)
1952	352	2924	12.0	
1953	328	2892	11.3	-6.81
1954	343	2988	11.5	4.57
1955	351	3297	10.6	2.33
1956	319	3409	9.4	-9.12
1957	355	3450	10.3	11.29

资料来源:宋新中主编,《当代中国财政史》,中国财政经济出版社1997年版,第144页。

第一个五年计划中除了1957年比1952年征税额增加了3亿斤,其余年份都没有达到1952年的水平。农业税征收额只占实际产量的10%左右,农业税的增长率也很低,有两年是负增长,只有1957年增长率突破了10%。由此可知,农业税从这一时期就已经显示出是辅助的,至于改革开放以后更无足轻重,2006年农业税的废除是有先兆的。

2. 工商税收占财政总收入比重不断提高

1950年工业部门的税收占财政总收入的30.2%。1952年工业税收的比重为33.9%,占据第一位,商业税收的比重为22.7%,在各部门经济中位居第二,工业和商业税收比重合计达56.6%,工商税收成为国家财政的牢固基础(见表5-4)。

表5-4 "一五"时期工商税收增长态势

年 份	财政总收入/亿元	工商税收/亿元	占总收入比/(%)	增长率/(%)
1953	222.86	88.64	39.8	42.42

续表

年　份	财政总收入/亿元	工商税收/亿元	占总收入比/(%)	增长率/(%)
1954	262.37	108.44	41.3	22.34
1955	272.03	118.48	43.6	9.26
1956	287.43	134.32	46.7	13.37
1957	310.19	152.57	49.2	13.59
合计	1354.88	602.45	年均44.5	年均20.20

资料来源：财政部综合计划司编，《中国财政统计（1950—1991）》，科学出版社1992年，第30页。

由表5-3可知，来自工商部门的税收增长率远远高于农业税的增长率，特别是1953年和1954年增长率分别达到42.42%和22.34%，1953—1957年，年均增长20.20%。农业税增长率最高的1957年仅为11.29%。而工商税收占总收入比逐年增加，1953年为39.8%，1957年达到49.2%，城市税收已经占据税收主体。

3. 国营企业收入比重不断提高

国营企业收入在国家财政总收入的比重，1950年为13.4%，1952年达到31.2%，提高17.8个百分点，在当时多种不同性质的企业中位居第二位。国民经济恢复时期除了国营企业外，还有众多的私营企业，如果加上私营企业的税收，企业收入占财政总收入的比重还要高。这说明工商税中企业税收是国家财政收入的重要来源。

从以上可知，计划经济时期的税制从"一五"时期已经实现了转变，成为工商型税制，这是我国税制发展史中一件值得关注的变化。

三、工商型新税制的特点

新中国初期的工商型新税制，是以货物税、工商税和所得税为主体的多税制、多次征税的复合税制，是针对城市经济结构在"公私兼顾、劳资两利、城乡互助、内外交流"的"四面八方"政策之上建立的，与国民党政府城市税制相比发生了本质的变化，具有新特点。

（一）合理性

国民党政府统治时期城市工商税不仅重，而且苛捐杂税多如牛毛，城市居民深受其苦。新税制全面彻底铲除了国民党政府遗留的苛捐杂税，如北京市废除50余种,上海市达300余种,全国废除的数量之多可想而知,保障了税制的合理性。

(二)简明性

新中国初期的新税制经过调整,合并税种,简化税率,是非常简明的。将国民党政府长期开征的营业税、特种营业税、财产租赁所得税、一时所得税、综合所得税、过分利得税等多种属于工商税性质的税收,合并为一种工商税,与国民党政府的城市税相比趋于简化。

(三)政策性

新税制贯彻了国家鼓励、限制和合理负担的政策,工商税对有利于国计民生的行业减征10%～40%。营业税为了体现国家"工轻于商"的政策,对工业和商业制定不同税率,有利于国计民生的行业税率低,与国计民生关系不太密切的行业税率高。货物税对重工业与轻工业、生活必需品与奢侈品制定不同税率,以利于调节生产和消费。

(四)阶级性

中国共产党领导的革命是消灭阶级和剥削,革命的性质和目的无时不体现在税收政策中。革命根据地时期,税收的阶级性体现在对富农、地主和资本家的高税率;社会主义建设时期,税收的阶级性体现在废除对城市官僚买办资本的税收照顾和优待权。这说明税制不仅有强制性,而且还具有革命性、阶级性,这是阶级社会的必然。

四、农业型税制转为工商型税制的原因与意义

(一)农业型税制转型为工商型税制的原因

1. 党和国家中心工作的转移

新中国成立以前,中国共产党领导革命的基础是农村,主要任务是发展农村经济,保障革命战争的胜利;新中国成立以后,由农村包围城市的战略方针也随之发生转变。1949年党的七届二中全会上,毛泽东对中国国情和党的中心工作的转变作了精辟论述,指出:从1927年到现在我们走的是乡村包围城市的道路,从现在起开始了由城市到乡村并由城市领导乡村的时期,党的工作中心由乡村转移到了城市。从我们接管城市的第一天起,一切工作必须围绕城市生产建设这一中心,并为这个中心工作服务,党的重点任务是动员一切力量恢复和发展城市的工商事业。七届二中全会是中国共产党中心工作转移的一次历史性重要会议,新中国的税制建设必

须以恢复与发展城市经济为指南,由农业型税制转变为工商型税制,保障党和国家中心工作的顺利转移。

2. 党和国家经济发展目标的转变

中国自古是一个农业大国,在帝国主义列强掠夺和战争的摧残下,至新中国成立之前几乎是"一穷二白",与工业革命之后的西方国家相比犹如两个世界,把中国由落后的农业国发展成为繁荣富强的工业国成为中国共产党社会主义建设时期的发展目标。毛泽东在1949年党的七届二中全会上指出:恢复和发展经济的顺序,第一是国营工业的生产,第二是私营工业的生产,第三是手工业生产,表明工业经济是新中国经济建设的中心。1949年9月,中国人民政治协商会议通过的《共同纲领》明确指出:"发展新民主主义的人民经济,稳步地变农业国为工业国"。1956年9月,党的八大对国内的主要矛盾作出正确判断,指出党和国家根本任务是在新的生产关系下保护和发展生产力,实现国家工业化,逐步满足人民日益增长的物质和文化需要。党和国家经济发展目标的转移也要求国家税制的转变。

3. 国家财政职能的转变

新中国成立后我国财政发生了显著变化。一是建立在农村基础上的分散式财政转向以城市为中心的集中统一的财政。革命根据地的财政都是建立在分散落后的小农经济基础之上的,从1946年开始,随着解放战争的推进,大批城市由共产党接管,财政开始以城市为中心实行集中统一,有重点地发展市营企业,积极组织收入以满足必要的支出。二是由保障战争需要的财政转向为国民经济服务的财政。经济建设支出的比重逐渐提高并成为支出结构的主体,财政职能由供给型转为建设型。税收是财政的组成部分,国家财政由以农村为基础到以城市为基础的转变必然使税制发生同样的转变。

4. 我国工业化的发展

第一个五年计划期间,我国的工业化建设基本完成,主要是以苏联帮助设计的156项建设单位为中心、由限额以上694项建设单位组成的工业建设。在我国工业化建设时期,所需资金766.4亿元(折合黄金达7亿两以上)从哪里来?单靠农民缴纳的公粮是远远不够的,必须依靠工商业筹集资金,在这种情况下必须大力发展工商税收。随着我国工业化的进一步发展,工商业成为国家主要的税收来源,税制也必须由农业型转变为工商型,与新中国的经济结构变化相适应。

(二) 工商型税制建立的意义

1. 奠定了我国税制结构和体系

从我国税制发展来看,这次税制转型的意义首先是奠定了我国的税制结构和税制类型。中国的税制从计划经济时期到改革开放,一直是以货物税、营业税、增值税等工商税为主体,这种税制就是在这一时期税制转变中形成的。换言之,这一时期的税制转变奠定了我国计划经济时期几十年的税制体系,这种意义是重大而深远的。

2. 促进城市经济的恢复和发展

税收对经济发展具有促进和调节作用,新中国工商型税制的建立使城市经济得以规范、健康发展。这一时期我国公私工业和商业经济发展,特别是国营经济和国营企业发展之快,与工商税制的促进密不可分。如果税收仍然以农业税为主就会影响城市经济的发展速度,甚至造成城市的混乱。这次税制的转变正好适应了城市经济发展,避免了这些问题的出现。

3. 奠定新中国社会主义的基础

新中国是建立在公有制基础上的社会主义性质的国家,必须完成对手工业和资本主义工商业的改造。这一时期工商税制成为改造资本主义工商业的有效工具,一方面照顾他们的生产、经营和生活,发挥其利于国民经济发展的积极性;另一方面采取相应的税收政策向他们征税,限制他们的资本主义自发性,使其尽快地走上社会主义道路。1955年国家对各类手工业组织的合作社采取减税、免税政策,有力地推动了手工业合作社的发展,1956年底,参加手工业合作社的从业人员占全国手工业从业人员总数的91.7%,来自手工业合作社的产值占全国手工业总产值的92.9%。[①] 工商税制促进国有经济的形成,奠定了新中国社会主义国家的经济基础。

第二节 从工商单一税制恢复到复合税制

新中国初期建立起了复合税制,在第一个五年计划完成对手工业和资本主义工商业改造后,由于经济结构的单一化,形成公有制一统天下的局面,受"非税论"和阶级斗争的影响,税制逐渐向单一化发展。1978年改革开放以后随着多种经济成分的并存和发展,复合税制得到恢复和完善,成为中国税制发展史上第一次重大改革。

---

① 周太和主编:《当代中国的经济体制改革》,中国社会科学出版社1984年版,第29页。

一、计划经济时期工商单一税制的形成

所谓税收单一化是指实行一种税或少数几种税。这种发展趋势最早始于 1950 年,为了应对统一财政经济"急刹车"的"后仰"效应,开始调整城市税收。首先是简化税目,货物税品目由 1136 个简化合并为 358 个,印花税由 30 个税目简化合并为 25 个。其次是提高计税基数,工商所得税率由纯所得 100 万元以下征收 5% 改为 300 万元以下征收 5%,3000 万元以上征收 30% 改为 1 亿元以上征收 30%。再次是合并税种,房产税和地产税合并为房地产税,遗产税和薪给报酬所得税暂不开征,使工商税由 14 种简化为 11 种。

第一个五年计划中,随着对资本主义工商业改造的完成,1956 年开始简化税制。一是从货物税中划出 22 个品目开征商品流通税,实行一次性课征制。货物税、工商营业税、商业批发营业税和零售环节营业税以及营业税的附加税、印花税,合并起来集中到商品第一次批发环节征税,商品批发、流通环节一律免征。二是修订货物税,将货物税原来缴纳的营业税、工业营业税、商业批发营业税及附加,并入货物税。三是修订工商税,将工商业应缴纳的营业税、印花税及营业税附加并入营业税,统一调整营业税税率,同时已纳商品流通税的商品不再缴纳营业税,已纳货物税的货物只在商业零售时缴纳一道营业税。四是进一步简并货物税税目,由 358 个简并到 174 个。五是取消特种消费行为税,交易税中只保留牲畜交易税,屠宰税应缴纳的印花税、营业税及附加都并入屠宰税。

"大跃进"时期,为了加快经济发展,认为税种多、手续复杂,束缚人民大干快上的手脚,是阻碍经济发展的桎梏。1958 年对工商税制又进行了一次较大的简化。一是合并税种。将原来的货物税、商品流通税、营业税和印花税合并成工商统一税,单独建立工商所得税。二是改变纳税环节。对工农业产品实行从生产到流通两次课征制,在工业销售环节、商业零售环节课征一道税,皆取消批发环节的税收,农产品批发也不再征税。三是简化纳税办法。减少对中间环节的征税,把原来按国家规定的调拨价格、国营企业批发牌价计税,改为一律按销售收入计税。经过这次简化税制,由原来的 11 种简并为 9 种,工商业领域只征收工商统一税,从根本上改变了原来实行的多税种、多次征的税收制度。

"文化大革命"期间,受"左"倾思想的影响,"税收无用论"泛滥,税制成为随便肢解的对象。1966 年对国营企业只一次性征收一种国营企业工商

税。1972年对工商税制又进行了一次重大简化,一是合并税制,把工商统一税及附加、对企业征收的城市房地产税、车船使用牌照税、盐税、屠宰税合并为一种工商税。二是简化税目和税率。税率由141个简为82个,实际上不相同的税率只有16个,多数企业只用一个税率。工商税合并以后,对国营企业只征收一种工商税,对集体企业只征收工商税和工商所得税,至于城市房地产税、车船使用牌照税和屠宰税实际上只对个人征收。地方上简化税制的力度更大,把多种税合并为一种"积累税"、"综合税"、"行业税"等。1968年天津市将税制简化为三种:一是把企业销售缴纳的工商统一税、城市房地产税、车船使用牌照税、工商统一税附加合并为一种税,按一个税率交纳;二是把企业销售缴纳的工商统一税合并为一个税率,城市房地产税、车船使用牌照税和工商统一税附加合并为一个税率,分别缴纳计算;三是把企业销售的各种产品按不同税率缴纳的工商统一税合并为一个税率,其他三税按原办法缴纳。由于第一种比其他两种更简单,很快推行到全国国营企业。1970年又进行"行业税"改革试点,按照生产行业确定一个税负缴纳。

税制经过再三简化,建国初期的复合税制基本上成为单一税制,失去了对经济的调节作用,导致国民经济比例严重失调,国家税收制度混乱,税收管理松弛,偷税漏税严重,财政收支失衡。

二、改革开放后工商复合税制的重建

党的十一届三中全会之后,我国长期以来封闭式的单一经济开始向多元的开放性经济发展,为了发挥税收对国民经济的调节和促进作用,对税制展开了突破性的重大改革,税制从单一税制的轨道回归到复合税制。

(一) 复合税制重建的原因

1. 国民经济成分的变化

我国计划经济时期的单一公有制在改革开放后发生变化,在公有制为主体的前提下,非公有制经济作为公有制的辅助部分存在和发展。个体经济、私营经济、中外合资企业、外资企业等多种所有制经济如雨后春笋般涌现,即使公有制也实行承包制、股份制等。短短十几年间,我国传统的社会主义公有制发展为公有制为主体、多种经济成分共同发展的国民经济新体系。为了适应中国社会主义初级阶段多种经济成分、多种经营方式、多种流通渠道、多种分配方式并存的经济形式,对多样化的国民经济进行较为广泛的、有效的调节,必须对计划经济时期的单一税制进行改革。

2. 国有企业改革加快

我国改革开放后,对国有企业进行重大改革,为了使企业走上市场,向自主经营、自负盈亏的方向发展,打破了计划经济时期国家与企业之间"一体化"的关系,实行"政企分开",即所有权与经营权分离,扩大企业的经营自主权,减少国家对企业的直接干预。在改革中企业实行了多种形式的经营,到1987年底预算内的承包面达到78%,大中型企业达80%。政企分开后,企业与国家的关系不再是一切利润上缴、所有资金下拨的关系,而变为主要向国家缴税。原来的单一税制无法适应国有企业体制改革的新要求,只有恢复复合税制才能促进企业的发展与改革。

3. 对外开放不断扩大

我国改革开放后为了促进经济发展,弥补投资不足,经济由封闭走向开放。一是吸引外资,通过吸收国际金融组织贷款、外国政府贷款和外国金融机构贷款,为经济发展筹集必要的资金。二是发展"三资"企业,积极吸引外商投资,吸引大批外商前来洽谈合资经营。三是创办经济特区和开放沿海城市,相继创办了深圳、厦门、珠海、汕头4个经济特区,开放大连、秦皇岛、天津、烟台、青岛、连云港、南通、上海、宁波、温州、福州、广州、湛江、北海等沿海14个港口城市和海南岛。四是创办经济技术开发区,1985—1986年国家批准长三角、珠三角、闽东南和环渤海湾等4个地区实行开放政策。1988年设立海南为第五个经济特区,1990年上海浦东批准开放。到1992年前后我国对外开放的地区逐步形成了一条沿太平洋的西岸经济特区—沿海开放城市—经济开发区构成的中国沿海开放地带。而这个时期我国还没有相应的涉外税法,无法有效维护国家税收权益,也不利于中外合资经营企业的发展和对外开放政策的落实。为了适应改革开放后对外经济交流日益扩大的新形势,建立一套完整的涉外税收制度成为当务之急。

4. 居民消费水平明显提高

在改革开放的推进中,改革的红利使城乡居民收入增加,消费水平不断提高。农村实行家庭联产承包责任制以来,把计划经济时期单一的农业自然经济引向以粮为主、多种经营、全面发展的商品经济轨道,农民生活普遍得到改善。1985年城市非农业居民消费水平为763元,比1978年增长40.0%,平均每年递增4.9%;农民消费水平达到328元,比1978年增长83.8%,平均每年递增9.1%。"六五"期间居民消费结构发生了显著变化:城市居民穿、用的比重大幅上升,购买新款时装和高档衣料明显增加;农民消费中住、用、烧的比重上升幅度较大,农村出现"盖房热",1985年末每个农户拥有房屋3.13间,比1980年的2.52间增加0.61间。由于居民消费量增加和水平提高,社会总需求大于社会总供给,至"七五"时期前三年出现通货膨胀。人民消费水平提高需要发挥税收对居民收入、消费的调节,个人所得税、消费税等具有专门针对性的税种都提到了议事日程。

由此可知,我国改革开放后国民经济发生的诸多新变化是这次税制全面改革的原因。

(二)税制改革的内容

这一时期(1980—1990年)的税制改革主要分三个方面,一是国营企业"利改税",二是建立涉外税制,三是改革工商税制。税制改革的总体设想是合理调节各方面的经济利益,正确处理国家、企业、个人之间的利益关系以及中央与地方财政分配关系,充分发挥税收的作用,促进国民经济发展。税制改革的原则:一是要适应经济情况的复杂性和经济性质、经济形式的多样性,逐步恢复、增加一些税种;二是加强经济责任制,逐步把国营企业的上缴利润改为征税;三是根据国家政策对不同产品、不同行业进行鼓励或限制发展;四是在价格不大动的情况下,用税收杠杆来调节企业利润;五是在保证国家财政收入的前提下,调整地方、部门、企业的利益。

1. 国营企业"利改税"

为了提高国营企业的积极性,推动国营企业改革,1983—1984年实行了两步"利改税"。第一步"利改税"主要在国营大中型企业进行,赢利的国营大中型企业根据实现的利润,按55%的税率缴纳企业所得税,税后利润在国家与企业之间再进行分配;赢利的国营小型企业,根据实现的利润按照八级累进制税率缴纳企业所得税,税后企业自负盈亏。第一步"利改税"形成了"税利并存"的模式,比改革开放初期的利润留成、利润包干显示出很大优点。一是国营企业大部分利润以所得税的形式上缴国家,规范了企业和国家的分配关系;二是改革后"国家得大头、企业得中头、个人得小头",正确处理了国家、企业和个人之间的分配关系;三是扩大了企业的财权,调动了企业的积极性。不足之处是企业税制单一、税后利润分配不统一、企业间留利悬殊等。为了解决这些问题,1984年进行第二步"利改税"。

第二步"利改税"在原来企业所得税和调节税基础上新设置9个种税,即把工商税按照性质划分为产品税、增值税、营业税和盐税,对某些采掘企业开征资源税,恢复和开征房产税、土地使用税、车船使用税和城市维护建设税。国营企业按照11个税种向国家纳税,大中型企业按照55%的比例税率缴纳企业所得税,国营小型企业按照新的八级超额累进税率缴纳所得税(新税率调整了累进起点和级距,税负有所减轻)。对国营大中型企业缴纳所得税以后的利润征收调节税,税率按照企业的不同情况分别核定。以1983年利润为基数,对于基数部分依率计征,增长部分采取减征,减征幅度由第一次"利改税"的60%改为70%,一定七年不变。对国营小型企业适当放宽划分标准,使更多的国营小型企业能够逐步过渡到国家所有、自主经营、依法纳税、自负盈亏的管理体制。

第二步"利改税"将"税利并存"改为"以税代利"的模式,税后利润全部归企业所有,体现了企业的义务,但没有体现国家是生产资料所有者的身份。"利改税"以后企业实行承包经营责任制,承包制的方针是"包死基数,确保上缴,超收多留,欠收自补",企业只承包上缴国家的所得税和调节税,不承包产品税、增值税、营业税、资源税、盐税和其他各税,企业上缴国家的收入连年下降。不少企业包肥不包瘦、包盈不包亏,并不能做到自负盈亏。针对出现的问题,开始实行"税利分流"改革。一是统一国企所得税制,将大中型企业55%的比例税率和小型企业八级超额累进税率统一改为35%的比例税。二是取消"税前还贷"和按还款额提取职工福利基金、职工奖励基金的办法,企业固定资产借款用企业留用资金归还。对借款余额过大的企业采取区别对待的过渡办法,以1988年底为界划分新老贷款,老贷款的本金一律用留用资金归还。三是税后利润需要上缴国家的部分,实行多种形式的承包办法,其余留归企业。"税利分流"改革明确了政府的社会管理者身份与财产所有者身份,企业要向管理者身份的政府缴纳所得税,而政府以财产所有者身份参与国企税后利润分配,形成税收和利润的分渠分流。也就是把国有企业原来上缴的利润分解为两个层次,第一个层次是企业将利润先以所得税的形式上缴国家;第二个层次是再将税后利润分给国家一部分,其余部分由企业承包自主使用。国家和国企的分配关系概括为"税利分流、税后还贷、税后承包"。

2. 建立和完善涉外税制

我国改革开放初期,流转税方面暂时沿用1958年的《工商统一税条例(草案)》,所得税方面沿用1950年《工商业税暂行条例》中所得税部分的规定,财产税方面则沿用1951年的《城市房地产税暂行条例》和《车船使用牌照税暂行条例》。为了适应对外开放的新形势,1979年召开的全国税务工作会议提出涉外税制建设先行一步的主张。税制改革以涉外税制为突破口,1980年颁布了《中外合资经营企业所得税法》和《个人所得税法》,1981

年颁布《外国企业所得税法》。其后这三个税法的实施细则陆续颁布,同时明确规定涉外企业继续沿用修订后的工商统一税,并要缴纳车船使用牌照税和城市房地产税。《个人所得税》既是国内税法,也是涉外通用的法律,因为当时实际上只对外籍人员征收,规定:在中国境内住满一年的外国人,在中国境内取得所得和从中国境外汇来的所得,都按照税法规定征税;不在中国居住或居住不满一年的外国人,只就从中国境内取得的所得征税。由此,从流转税、所得税到财产税,一套比较完整的涉外税收制度得以初步建立起来。

《中外合资经营企业法》规定,允许外国公司、企业和其他经济组织或个人在中国境内同中国的公司、企业或其他经济组织共同投资举办合营企业。《中外合资经营企业所得税法》和《外国企业所得税法》,明确了外资企业在中国的税收责任和权益。与税法相配合,国务院公布了经济特区及14个开放城市对外税收的有关规定,以及其他一些有关涉外税收的规定。涉外税制中为了更多地吸引外资,鼓励外商在中国投资,制定了多种税收优惠政策。如在所得税方面,对在经济特区内开办的中外合资经营企业、中外合作经营企业、外商独资经营企业,其生产经营所得和其他所得一律按15%的比例税率征收所得税。而国内国营企业所得税税率一律为35%,相差20个百分点。外商来源于开发区的股息、利息、租金、特许权使用费和其他所得,除依法免征所得税外,都按10%的税率征收所得税。新建涉外税制对维护国家权益、促进对外开放、加快经济开发均具积极作用。

为了配合对外开放,利用外资,引进先进技术,发展对外经济技术合作,从1983年以来进一步调整和完善涉外税收。1986年4月在《外资企业法》中对外资企业再投资退税问题作出了优惠规定;同年10月国务院发布《关于鼓励外商投资的规定》,对外商投资的产品出口企业和先进技术企业,在减免所得税和再投资退税等方面作出了进一步优惠的规定。1987年国务院发布《关于对来华工作的外籍人员工资、薪金所得减征个人所得税的暂行规定》,根据《个人所得税法》规定计算出来的应纳所得税额实行减半缴纳。1988年5月国务院发布《关于鼓励投资开发海南岛的规定》,对海南经济特区实行更加灵活开放的经济政策,使外商投资企业在所得税、流转税的某些方面享受比深圳经济特区还要优惠的待遇。1988年6月,财政部发布《关于沿海经济开放区鼓励外商投资减征、免征企业所得税和工商统一税的暂行规定》。1990年财政部发布《关于上海浦东新区鼓励外商投资减征、免征企业所得税和工商统一税的暂行规定》。

3. 全面改革工商税制

这一时期工商税制改革分两阶段,第一阶段是"六五"时期,第二阶段是"七五"时期。第一阶段工商税制改革主要建立增值税、营业税、产品税三大税制;第二阶段对工商税制进行了全面改革,重点建立健全所得税制,进一步改革流转税,建立、完善和恢复特定税制。

1) 建立健全所得税制度

(1) 改进国营企业所得税制度。1989年对所有赢利的国营企业一律按35%的比例税率征收所得税后,取消原来的调节税,将原来应缴的调节税并入缴纳所得税以后的利润。

(2) 调整城乡个体工商户所得税。从1986年开始,对从事工业、商业、服务业、建筑安装业、交通运输业及其他行业,经工商行政管理部门批准的城乡个体工商户,开始征收所得税。城乡个体工商户所得税按十级超额累进税率征收,最低一级年所得额不超过1000元的税率为7%,最高一级年所得额超过30000元的税率为60%,年所得额超过50000元的部分加征10%~40%的所得税。

(3) 开征私营企业所得税。1988年对私营企业投资者参加企业经营取得的工资收入征收个人收入调节税;对私营企业投资者将私营企业税后利润用于个人消费的部分按40%的比例税率征收个人收入调节税,用于发展生产基金的部分不再征税。

(4) 开征个人收入调节税。1980年第五届全国人民代表大会第三次会议通过并颁布了《个人所得税法》,这是建国以来颁布的第一部个人所得税法。规定征税项目包括工资、薪金所得,劳务报酬所得,特许权使用费所得,利息、股息、红利所得,财产租赁所得,以及经财政部确定征税的其他所得。税率设计上采取分项计算法,规定两种税率:工资、薪金所得按月计征,适用七级超额累进税率,最低一级是5%,最高一级为45%。确定计税所得额时每月定额减除800元。其他几种所得采取比例税率,劳务报酬所得、特许权使用费所得,每次收入在4000元以上的,定率减除20%的费用,就其余额征税。但由于当时人们工资和其他收入还较低,并没有开征。之后,随着工资、奖金、劳务报酬、技术转让收入、承包所得以及股息、红利等收入来源的扩大,将我国公民征收的个人所得税改为征收个人收入调节税。1986年,国务院发布了《个人收入调节税暂行条例》,决定对个人收入开征个人收入调节税,其中应纳税的个人收入包括工资、薪金收入,承包、转包收入,劳务报酬收入,财产租赁收入,专利权的转让、专利实施许可和非专利技术的提供、转让取得的收入,投稿、翻译取得的收入,利息、股息、红利收入以及经财政部确定征税的其他收入。根据收入来源不同设计两种税率,一种是把工资、薪金、承包、转包、劳务报酬、财产租赁收入合并为综合收入,采用超额累进税率。另一种是对专利技术转让、稿酬、利息等项收入,采用20%的比例税率。超额累进税率按全国不同类别的工资地区划分为四档,纳税人每月综合收入超过计税基数三至四倍的部分税率为20%,最高超过七倍以上的部分税率为60%。个人收入调节税的开征调节了公民个人收入差距,增强了公民依法纳税的意识。

2) 进一步改革流转税

(1) 增值税改革。从1985—1989年,减少产品税税目,扩大增值税范围。产品税税目由270个减少到96个,增值税由过去的几个行业几个产品扩展到除卷烟、酒、石化、电力等产品以外的大部分工业产品。同时规范增值税制度。一是扩大增值税扣除范围,由原来只扣除主要原材料或零部件增加到原材料、燃料、动力、低值易耗品、包装物和支付的委托加工费等六项,把固定资产以外的物化劳动部分都列入了扣除范围。二是简化税率,限制差别税率使用范围,初步形成14%的基本税率。计税方法由最初的"扣额法"与"扣税法"并用统一到"扣税法",并由"购进法"与"实耗法"并用向"购进扣税法"过渡。通过改革,增值税成为中国税收体系中的重要税种之一,缓解了流转税重复征税的矛盾,有效增加了国家财政收入。

(2) 营业税改革。1985年开始对国营商业企业(包括国营物资、供销、外贸、医药、文教及其他国营企业)经营其他商品的批发业务取得的收入征收营业税。1986年对铁道部直属铁路局运营业务收入的营业税税率降至5%。1987年对国营建筑安装企业承包工程的收入一律恢复征收营业税。1988年对典当业征收营业税。1990年营业税税目由原来的11个增加到14个,使一切有营业收入的单位依法纳税。

3) 建立、完善和恢复特定税种

为了拓宽税收调节经济的领域,这一时期又建立、完善和恢复了许多具有特定目的的税种。

(1) 建立城镇土地使用税。从1988年起对在城市、县城、建制镇和工矿区使用应税土地的单位和个人征收土地使用税。以纳税人实际占用的应税土地面积为依据计征,具体税额按大、中、小城市及县城、建制镇、工矿区分别规定。

(2) 开征耕地占用税。1987年开始对非农业建设占用耕地征收耕地占用税。以县为单位,按人均占用耕地多少确定适用税额。一类地区为每平方米 2.0～10.0 元,二类地区为每平方米 1.6～8.0 元,三类地区为每平方米 1.3～6.5 元,四类地区为每平方米 1.0～5.0 元。农村居民新建住宅占用耕地减半征收,经济特区、经济技术开发区和经济发达、人均耕地特别少的地区,适用税额在规定税额的基础上提高 50%。

(3) 开征特别消费税。为了调节消费,减少进口用汇,治理整顿彩色电视机和小轿车流通领域的混乱状况,从 1989 年起对彩色电视机、小轿车开征特别消费税。

(4) 开征固定资产投资方向调节税。为了控制固定资产投资速度过快、缓解投资结构不合理和投资分散等现象,1989 年将建筑税改为固定资产投资方向调节税,1991 年国务院发布《固定资产投资方向调节税暂行条例》,同时废止《建筑税暂行条例》。与建筑税相比,征税面和税基明显扩大,调节和监督的范围拓宽,强化了引导投资方向的作用。

(5) 改革和完善房产税。为了搞好城镇建设,促进合理建房,1986 年国务院发布新的《房产税暂行条例》。征收范围由原来只对核定的城市征收扩大到所有城市、县城、建制镇和工矿区;年税率由原来房价的 1.8% 或房租的 18% 分别改为按房产余值的 1.2% 或房产租金收入的 12% 征收;对从价征税的部分由过去规定按评定的标准房价计算,改为按房产值一次减除 10%～30% 后的余额征税。

(6) 恢复筵席税。为了引导合理消费,提倡勤俭节约的社会风尚,1988 年对在中国境内的饭店、酒店、宾馆、招待所以及其他饮食营业场所举办筵席的单位和个人征收筵席税。按次从价计征,税率为 15%～20%,起征点为一次筵席支付人民币金额 200～500 元。

(7) 恢复印花税。改革开放后经济交往中书立和领受凭证成为普遍现象,从 1988 年 10 月 1 日起对在中国境内书立、领受应税凭证的单位和个人,根据应纳税凭证的性质,分别按比例税率或按件定额征收印花税。

4. 改革和完善关税制度

新中国的关税制度最早是 1950 年制定的,不能适应改革开放之后的新形势。1980 年对进出口贸易公司的进口货物开征关税,将电视机、收录音机和电子计算器的进口关税税率分别提高到 60%、60% 和 40%,后又统一提高到 80%。从 1982 年起我国关税进入了建国和改革开放以来最大范围的税率调整期,共调整了 149 个税号的税率,占当时海关税则 939 个税号总数的 16%。调整原则是降低国内不能生产和供应不足的原材料以及机器、仪表零部件的税率,提高某些耐用消费品和国内能够生产供应的机器设备的税率。1985年开始对进出口税则进行全面修改,1987年到1991年3月,共调整进口关税税率18次,涉及248种商品,仅1991年内就调整了69个税目的商品税率,有效调节了进出口贸易。

1992年,我国制定实施了以国际上通用的《商品名称及编码协调制度》为基础的进出口税则,这是海关制度的一次重大改革,税目由原来的5019个增加到6250个。从此海关统计、许可证管理等采用国际通用的商品名称及编码协调制度的目录,使海关管理与外贸管理协调一致,对国家外贸进出口宏观管理及国际海关、国际贸易谈判和交流发挥了积极作用。从1992年12月31日起,我国实施第一步自动降低关税总水平,关税总水平由43.2%下降到39.9%,总体降幅3.3个百分点。降税涉及3371个税目,占进口税则税目总数的比例超过50%,为早日恢复中国关贸总协定缔约国的地位创造了条件。

5. 改革和完善农业税制

1979年以后,随着农村家庭联产承包经营责任制的实施,我国对农业税制进行了改革和完善。一是农业税继续增产不增税的政策,从1980年开始实行起征点办法,起征点以下的地区和社队免征三年农业税,并允许各地因地制宜地核定起征点,至1983年停止。二是社队企业所得税也实行起征点办法和减税免税政策。三是从1983年开始全面征收农林特产税,税率为5%~10%。四是牧业税控制在畜牧业总收入的3%之内。五是开征耕地占用税和调整契税政策。

经过这一轮税制改革和完善,我国初步建成内外有别、以流转税和所得税为主体、其他税种相配合的新的复合税制体系。这一轮税制改革和完善从理论上突破了以往税制改革片面强调简化税制的指导思想,注重多环节、多层次、多方面地发挥税收的经济调节作用;实践上突破了长期以来单一税制的约束,转向开放的复合税制。中国的税制建设开始进入健康发展的新轨道,与国家经济体制、财政体制改革的总体进程协调一致。

三、工商复合税制重建的意义

(一) 奠定了我国税制基础

我国税制回归到复合税制后,形成了流转税、所得税、资源税、财产税、行为目的税、涉外税、农业税七大类37个税种。① 如表5-5所示。

表5-5　1978—1990年我国复合税收体系

税　类	数　量	税　　种
流转税类	5	工商统一税、增值税、营业税、产品税、关税
所得税类	11	国营企业所得税、集体企业所得税、私营企业所得税、城乡个体工商业户所得税、个人所得税、个人收入调节税、国营企业调节税、国营企业奖金税、集体企业奖金税、事业单位奖金税、国营企业工资调节税
资源税类	3	资源税、盐税、城镇土地使用税
财产税类	2	房产税、城市房地产税
行为目的税类	13	城市维护建设税、耕地占用税、固定资产投资方向调节税、车船使用牌照税、车船使用税、印花税、契税、屠宰税、烧油特别税、特别消费税、集市交易税、牲畜交易税、筵席税
涉外税类	1	外商投资企业所得税和外国企业所得税
农业税类	2	农业税（含农业特产税）、牧业税

资料来源：根据谢旭人主编的《中国财政改革三十年》（中国财政经济出版社2008年版）和贾康、赵全厚编著的《中国财税体制改革30年回顾与展望》（人民出版社2008年版）整理。

以上税收体系构成以流转税、所得税为主体，其他各税相结合的多税种、多环节、多层次的复合税型税制，弥补了计划经济时期税制的缺陷，为我国的税制发展奠定了新基础。

（二）建立起新型国家与企业分配关系

计划经济时期国家与企业的关系是"利润全交，费用全拨"，企业吃国家的"大锅饭"，职工吃企业的"大锅饭"。"利改税"后打破了计划经济时期长达30年之久的国营企业"大锅饭"，按照规定的各种税种向国家纳税，剩余利润与国家进行分配，保障了国家得大头、企业得中头、个人得小头的合理分配。这种分配关系是前所未有的，成为国家与企业分配关系的一个历史性转折，奠定了我国市场经济下企业与国家的基本分配关系。"利改税"不仅使国家财政收入随着经济发展稳定增长，而且扩大了企业的财力和自主权，增强了企业自我发展的能力，取得了双赢效果，掀开了新中国历史上

---

① 贾康、赵全厚在《中国财税体制改革30年回顾与展望》（人民出版社2008版，第107页）总结为37种，但税种稍有不同，可相互参考。

国家与企业关系的崭新一页。

（三）较好地发挥了税收的调节作用

复合税制显著地扩大了调节经济社会的范围和力度，调节的对象遍及工农业生产、商品流转、劳务服务、企业各种所得、个人各种所得、资源土地利用、财产占用、利润分配、工资奖金发放、特种行为等各个方面、多个环节。通过国营企业所得税促进企业经营机制的转换，通过增值税促进企业专业化生产和外贸体制的改革，通过个人所得税缩小社会收入分配差距，通过扩大税收渠道保证财政收入增长，配合价格政策、运用价值规律促进国民经济健康发展等。可以说，税收的调节作用深入到了社会再生产的绝大多数环节，对社会生产和生活进行较为广泛的、有效的调节。税收成为国家引导经济活动的有力手段和国家的调节器。

（四）确立了正确的税收理论体系

通过这一轮税制改革，打破了计划经济时期传统的税收理论，确立了适应商品经济发展的税收理论。首先清除了税收工作中"左"的思想影响，摆脱了长期以来"非税论"观点的影响，突破了国营企业不能征所得税的禁区，树立起税收在国家治理和国民经济中的地位。其次正视税制对经济的调节作用，将税收确立为新时期一个重要的经济杠杆和宏观调控工具，在促进产业结构和产品结构调整、缓解价格不合理矛盾、调节社会分配不公等方面都发挥了重要的杠杆作用。再次提高了对税收职能的认识，税收的调节理论、分配理论、公平税负理论等都取得了新的突破和发展。

（五）促进了企业自我发展能力

这次税制改革反映在实体经济上最大的亮点是增强了企业自我发展能力。计划经济时期国营企业是在政府的怀抱中成长，不经风见雨，决策、经营、管理能力极差，亏损成为常态化。在这次税制改革中，国营企业获得了较大的财力和经营自主权，有条件第一次离开母亲的怀抱游向海洋，走上自主经营、自负盈亏的道路。这在我国是一个从来没有过的极大变化，也是这次税制改革最显著的成效。

（六）促进了对外开放的蓬勃发展

我国改革开放后，维护国家利益和促进对外贸易对国民经济健康发展是十分重要的，这轮税制改革按照维护国家权益、尊重国际惯例、优惠政策适度、缴纳手续从简的原则，建立起涉外税收制度，弥补了税制的空缺，适应了改革开放新形势的需要，在改善外商投资环境、引进外国资金和先进技术方面发挥了重要作用。特别是我国涉外税制独有的税负从低、优惠从宽、手续从简的特点，极大地吸引和鼓励外资在中国的投资，加快了对外经济贸易和技术合作，使我国对外开放事业迅速崛起。要说税制改革对国民经济发挥作用最大的方面，就在这里。除了中国近代，外资外企在中国的投资这一时期是第二次，但二者是不能相提并论，不单单是数量的悬殊，更重要的是性质的不同，近代外资外企在中国经营矿产、铁路等等是对中国主权的践踏和资源的掠夺，而这一时期是在主权完整、利益合理分配的前提下借助外力发展本国经济。利用外资能达到这样的程度，与这次改革中涉外税制的建立密不可分。

第三节 建立适应市场经济体制的新税制

1992年党的十四大确立了建立社会主义市场经济体制的改革目标，中国改革开放的历史车轮从长达14年的有计划商品经济时期迈入建立市场经济体制的新阶段。为适应社会主义市场经济发展要求，我国1994年开始又进入建国以来第二轮规模最大、范围最广、内容最全、力度最强的税制改革。

一、税制全面改革的原因

（一）建立市场经济体制的需要

党的十四大确立了市场经济体制的改革目标，20世纪80年代的税制改革虽然弥补了计划经济时期税制的弊端，发挥了税收对经济发展的调节作用，但改革是在"有计划商品经济"这种特定的体制环境下进行的，在一定程度上还保留着计划经济体制下行政手段管理经济的成分，或单方面为了促进开放、加快经济发展而产生的不规范性。如所得税按照不同经济成分设立税种，有的实行累进税率，有的实行比例税率，税负高低不一，不利于各种经济成分公平竞争。企业税前还贷实际上形成了投资的"大锅饭"，不利于控制基本建设规模，加重了国家财政的负担。流转税中产品税、增值税互相交叉，不能完全适应调整产业结构和消费结构的需要。增值税还没有在工业环节全面推行，没有实行增值税的行业仍然存在着重复征税的问题。产品税、增值税税率是在价格扭曲的情况下制定的，当时对于缓解价格方面的矛盾起了一定的作用，但是不能充分地体现产业政策。这些缺陷需要进一步改革才能与市场经济体制相适应。

（二）新时期国家经济发展目标的需要

从 1993 年开始我国进入了市场经济新时期,《国民经济和社会发展十年规划和第八个五年计划纲要》提出 20 世纪我国实现第二步战略目标,即到 20 世纪末国民生产总值比 1980 年翻两番,人民生活从温饱达到小康。为达此目的,国家提出"抓住机遇、深化改革、扩大开放、促进发展、保持稳定"的战略方针,实施我国改革开放以来规模最大、涉及面最广的一次综合配套改革,财政体制、税收体制、金融体制、外贸外汇体制、投资体制、价格和流通体制等六项重大改革同步进行,迈出建立社会主义市场经济体制框架的决定性步伐。在这场全面性体制改革中,税制直接参与国民收入分配和再分配,处于各种利益分配矛盾的焦点,因而成为整个经济体制改革的中心。需要税制改革配合和促进其他各方面的改革顺利进行,在实现新时期国家经济发展目标上发挥领头羊的作用。

（三）分税制财政体制的需要

为了促进市场经济体制的建立,我国 1994 年实行了分税制财政体制改革,为市场经济体制建立打下良好基础。财政体制改革需要与之相应的税制配套,税收要确保财政体制改革的成功。分税制改革的一个重要内容是划分政府间税收和税种,调整和规范政府间财政分配关系,目的是提高中央财政收入占全国财政收入的比重,增强国家的宏观调控能力。要达到分税制改革目标,必须对税制进行改革。

（四）国有企业改革的需要

市场经济体制确立后,国有企业改革进一步向政企分开、产权明晰、责权分明、管理科学的现代企业制度迈进。为了切实增强企业活力,国家规定企业为独立享有民事权利和承担民事义务的企业法人,享有生产经营决策权,产品、劳务定价权,产品销售权,物资采购权,进出口权,留用资金支配权,资产处置权,联营兼并权,劳动用工权,人事管理权和内部机构设置权。同时企业必须承担自负盈亏的责任,建立分配约束机制和监督机制,严格执行国家财政、税收和国有资产管理的法律、法规。1993 年我国《公司法》的颁布为现代企业制度奠定了法律基础,1994 年大批国有大中型企业成为现代企业制度改革试点。改革加重了企业自筹资金和自负盈亏的责任,加大了企业决策经营的风险,因此需要按照市场经济体制的要求改革工商税制,为国有企业创造公平竞争的市场环境。同时,也需要进一步理顺国家与企业的分配关系,一方面激励企业改变经营机制、改善管理方式、减少经济亏损;另一方面减轻企业负担,使其依法承担缴纳所得税的义务。另外,为了给企业创造市场竞争环境,还需要增强税收的公平、公正、公开性和透明度,这些都必须通过税制改革来完成。

(五)对外贸易发展的需要

进入"八五"时期以来,我国对外贸易不仅范围进一步扩大,而且进口贸易的形式和经济交往的内容都有很大变化,情况随之趋于复杂。如中国出口货物的进口,低报、瞒报价格和偷逃关税,给国家财力物力带来很大损失。向国外支付的专利、商标、著作权以及专业技术、计算机软件不断增加,有些地方和部门钻国家"奖出限入"的政策空子,对一些赢利大的商品竞相压价出口,影响了国内市场物价的稳定。而且,国际上经济竞争日趋激烈,特别是加入世贸组织面临着严峻的考验。这些新情况、新问题都需要税制改革加以规范和调节。

二、建立以增值税为主体的新型流转税制度

这次税制改革的指导思想是以复合税制为基础,统一税法、集中税权、公平税负、简化税制、规范分配方式、理顺分配关系,建立符合社会主义市场经济发展要求的税收体系。

我国20世纪80年代改革开放初期的复合税制是以增值税和所得税为主体,流转税体系还不健全,这次税制改革把原来对内资企业征收的产品税、增值税、营业税三种以及对外商投资企业和外国企业征收的工商统一税调整合并,建立以增值税为主体的新流转税制度,形成增值税、消费税、营业税三税并立,双层次调节的新工商税制模式。

(一)以增值税为主体的流转税

1. 按国际通行做法制定新的增值税

增值税是这次工商税制改革的核心,1993年国务院颁发《增值税暂行条例》,规定对商品的生产、批发、零售和进口全面实行增值税,采取17%的基本税率、13%的低税率和零税率三档税率,一、二档税率适用于基本食品和农业生产资料等,零税率一般用于出口商品。实行价外计征,即按照不含增值税税金的商品价格和规定的税率计征增值税,但为了适应中国消费者的习惯在商品零售环节实行价内税。对于年销售额较小、会计核算不健全的小规模纳税人,实行按销售收入金额和规定的征收率计征增值税额。对增值税的纳税人进行专门的税务登记,使用增值税专用发票,同时建立对购销双方交叉审计的稽查体系和防止偷漏税的内在机制。这次增值税

的改革参照了国际上流转税的一般做法,彻底改变了原来按产品分设税目、分税目制定差别税率的制度。增值税一般纳税人支付的运输费用和收购的废旧物资准予按10%的扣除率计算进项税额予以抵扣,购进农产品进项税额扣除率统一由10%提高到13%。将增值税运费的抵扣率由10%调减为7%,与经济和物价变化相适应。

2. 部分产品开征消费税

原来征收产品税的产品全部改为征收增值税后,有不少产品的税负大幅下降,为了保证财政收入、体现税负公平,这次改革选择烟酒、化妆品、贵重首饰、摩托车、小汽车、汽油、柴油等消费品再征收一道消费税。1993年规定消费税的征收范围仅限于生产、委托加工和有关规定允许进口的消费品,税目设有11个。采用从价定率征收和从量定额征收两种办法。从价征收的,按照不含增值税税金而包含消费税税金在内的价格和规定的税率计征。1994年将金银首饰消费税纳税环节由生产环节改为零售环节,税率由10%下调为5%。1998年将雪花膏、洗发水、护发素等消费税税率从17%调减到8%。2001年对烟酒产品分别实行从量与从价相结合的计征方法。

3. 重新制定营业税

1993年国务院共设置9个征税项目和3档税率,交通运输业、建筑业、邮电通信业、文化体育业等税率为3%,金融保险业、服务业、转让无形资产、销售不动产等税率为5%,娱乐业税率为5%～20%。征收方法按照其营业额和规定的税率计算缴纳,统一适用于内资企业和外商投资企业,取消对外商投资企业征收的工商统一税,取消不符合市场经济要求的集市交易税和牲畜交易税。2001年将夜总会、歌厅、舞厅等营业税由原来5%～20%的税率统一改为20%的比例税率。2003年起将营业税起征点提高到月销售额1000～5000元,营业税不断得到调整和完善。

(二)统一内资企业所得税和个人所得税

1. 统一内资企业所得税

根据1993年国务院发布的《企业所得税暂行条例》的规定,一是统一税种。改变过去按所有制形式设置所得税的做法,把原国营企业所得税、集体企业所得税、私营企业所得税三个税种并为一种企业所得税,适用于各种经济成分的内资企业。取消国营企业调节税,分步取消对税后利润征收的国家能源交通重点建设基金和国家预算调节基金。二是统一税率。把原来各种所得税不同税率统一为33%的较低税率,利润低的小规模企业适用27％和18％的低税率。三是统一计税标准。改变过去计算应纳税所得中各行业、各经济成分企业财务、会计制度的不同做法，明确按国家税法规定的统一方法计算。取消各类企业不同的税前列支标准，规定统一适用的列支范围、项目和标准。四是统一征收方法和优惠政策。对国企不再实行承包上交所得税的办法，统一由税务机关按税率征收，取消原来过多、过滥的减免税和优惠。新的企业所得税实施后，中外合资企业、中外合作企业、外商独资企业仍然按照《外商投资企业和外国企业所得税法》及相关规定征收所得税。

2. 建立统一的个人所得税

为了促进我国社会主义市场经济体制的建立，适应个人收入普遍增长的趋势，调节社会成员之间收入差距的扩大，我国将原来个人所得税、个人收入调节税和城乡个体工商户所得税三个税合并为统一的个人所得税。1993年10月31日，国务院颁布修正的《个人所得税法》，于1993年10月31日实施，个人收入调节税废止。新的个人所得税的主要内容：一是增加应税项目。在原税法规定的六项基础上新增加个体工商户的生产、经营所得，对企事业单位的承包经营、承租经营所得，稿酬所得，财产转让所得和偶然所得。二是调整生活费扣除额。从1986年个人收入调节税扣除额400元提高到800元。三是调整税率。税率采取国际上通行的超额累进制，对工资、薪金所得采用5％～45％的九级超额累进税率，对个体工商户的生产、经营所得采用5％～35％的五级超额累进税率。四是采用统一的征收办法。采用"分项扣除、分项定率、分项征收"的征税方法，以利于实现源泉扣除，堵塞税收征管漏洞。五是统一免税规定。调整原个人所得税规定的免税项目，对外籍人员采用加计扣除额的照顾办法。为公平税负，解决个人独资、合伙企业重复征收所得税的问题，2000年对这一类企业停征企业所得税，其投资者的生产经营所得比照个体工商户的生产经营所得征收个人所得税。

（三）改革关税制度

为了适应我国进出口贸易新形势和经济交往的变化，1992年我国对1985年的《进出口关税条例》进行了较大的修订。一是对从境外进口的国产货物征收进口关税；二是海关对报价过低的进出口货物有自行报价的权力；三是对向境外支付的专利、商标、著作权以及专有技术、计算机软件和资料等费用，按照进口货物的完税价格计征关税；四是对产自与中国没有签订关税互惠条款的国家或地区的进口货物，经国务院关税税则委员会特别批准的可以按优惠税率征税;五是对享受特别关税减免优惠的进口货物,经海关核准出售、转让或移作他用时按其使用时间折旧估价补征进口关税;六是对暂时进口的施工机械、工程车辆、工程船舶等,在海关核准给予延长的时限内按货物使用的时间征收进口关税。1995年为了解决出口货物"征少退多"的问题,实行"征多少、退多少"的政策,出口货物增值税退税率分别降低到3%、10%和14%。1996年再次调低出口退税率,分别降到3%、6%和9%。1997年开始对有进出口经营权的生产企业自营(委托)出口货物实行"免、抵、退"政策。1998年为应对亚洲金融危机提高退税率,至2002年先后提高8次。2002年对企业自营(委托)出口货物全面实行"免、抵、退"政策。

(四) 改革其他工商税

一是开征土地增值税。对有偿转让房地产行为的人,以转让房地产的增值额为课税对象,实行四级超额累进税率,最高为60%,最低是30%。二是改革资源税,规定7个税目,把盐税并作资源税的一个税目,征税范围扩大到所有矿产资源,按产品类别从量定额征收;三是改革城市维护建设税;四是调整城镇土地使用税;五是把现有的股票交易印花税改为证券交易税;六是将特别消费税和烧油特别税并入消费税;七是开征车辆购置税,取消车辆购置费;八是取消奖金税和国营企业工资调节税;九是2000年暂停征收固定资产投资方向调节税。

(五) 改革农业税制

为了加强农业税与工商税的衔接,1994年将原来农林特产农业税和原来工商统一税中的农林牧水产品税合并,改为农业特产税。将烟叶、牲畜产品纳入农业特产税,扩大农业特产税税基,并重新规定应征税收的项目、税率和征收办法。同时,授予省级政府具有增加新的应税产品、在规定范围内确定部分应税产品的税率、制定本地区农业特产税征收管理办法等权力。

总之,1994年是新中国税收发展史上极不平凡的一年,我国的税制进行了全面改革。改革的重大成果是建立以增值税为主体的新流转税制度,统一内资企业所得税和统一个人所得税。

三、全面性税制改革的特点

(一) 规模最大、范围最广

这一轮税制改革被财政界认为是我国建国以来规模最大、范围最广、改革力度最深的一次税制改革,在我国税制发展史上是一个具有重要意义的里程碑。这次税制改革如此之大的举动在世界上也属罕见,国内外普遍评价很高。

（二）结构性调整

这次税制改革主要是改革完善税制结构,流转税改革、统一内资企业所得税和统一个人所得税三个重点都体现了这一特点。改革是在保持20世纪80年代建立的复合税制基础和框架上进行完善,使税制结构更加合理,适应市场经济体制下经济社会发展的需要。

（三）公平税负

这次税制改革从市场经济需求出发,重点是统一税法、公平税负,有利于企业自由竞争。就企业的税负水平来看总体上保持了原税负不变,虽然在产品之间、地区之间、行业之间企业的税负有增有减,但总体税负没有增加,为企业走向市场经济创造了宽松、良好的环境。

（四）平稳过渡

这一轮税制改革规模大、范围广,涉及各行业、各部门之间的关系。为了使新旧制度平稳过渡,在改革的同时采取了必要的过渡性措施。如在对内资企业普遍征收33％所得税的同时,为照顾部分利润水平较低的国有企业和原有适用低税率的集体企业的实际情况,暂时增设了27％和18％两档照顾税率,避免了因新税制的实施对一些企业和行业带来压力,没有给经济发展带来不利的影响。

（五）与国际税制接轨

这次税制改革主动与国际税制接轨,流转税改革中彻底改变了原来按产品分设税目、分税目制定税率的做法。个人所得税税率采用国际通行的超额累进制,同时根据纳税人基本生活费不纳税的国际惯例,形成规范的减免税规定。特别是从1992年开始一直到2001年自动降低关税总水平,更加使我国的税制与国际接轨,有利于我国税制国际化。

四、税制改革的成效

（一）初步建立与市场经济相适应的税制

经过这次税制改革及后来的逐步调整,我国已建立起适应社会主义市场经济发展需要、结构日趋合理、框架较为完善的税收体系。税种由原来的七大类37种减少到七大类23种,其规模与结构如表5-6所示。

表 5-6　1994 年税制改革后我国的税收体系

税　类	数　量	税　种
流转税类	4	增值税、消费税、营业税、关税
所得税类	2	企业所得税、个人所得税
资源税类	2	资源税、城镇土地使用税
财产税类	2	房产税、城市房地产税
行为目的税类	10	城市维护建设税、耕地占用税、固定资产投资方向调节税（2000 年暂停征收）、土地增值税、车船使用牌照税、车船使用税、印花税、契税、屠宰税、筵席税
涉外税类	1	外商投资企业和外国企业所得税
农业税类	2	农业税（含农业特产税）、牧业税

资料来源：根据谢旭人主编的《中国财政改革三十年》（中国财政经济出版社 2008 年版）和贾康、赵全厚编著的《中国财税体制改革 30 年回顾与展望》（人民出版社 2008 年版）整理。

这次建立的新税制所谓"新"，是因为它是按照市场经济的要求改革的，一是很大程度上消除了计划经济时期传统税制的弊端，二是克服了有计划商品经济时期税制存在的不规范，三是税制设计吸收了市场经济国家的做法和经验，尽量与国际接轨。这样建立的税制体系与市场经济体制相适应，对市场经济体制的建立有着举足轻重的作用。

（二）为市场经济发展创造了良好的税收环境

在这次税制改革中，统一了税法，统一了内资企业所得税，实现了公平税负；改变过去按企业所有制性质设置所得税的做法，消除重复征税对专业化分工和社会化大生产发展的不利因素；严格税收减免和优惠政策，以往过多、过乱、越权等随意性减免现象得到了有效抑制；树立了税法的权威，使一切不符合税制税法的行为得以制止，保障了市场的统一。只有在这样的税收条件下才能使市场机制得以充分发挥。

（三）提高财政收入两个比重

新税制建立以增值税为主体的新流转税制度，统一了内资企业所得税和个人所得税，极大地提高了企业生产经营的积极性，加之统一税法、简并税种，税制要素设计更为科学、合理、规范，适应市场经济发展的需要，促使税收收入明显增加。1994年出现各税种收入普遍增长的局面,工商税收完成4514亿元,比上年增长25.5%,税收占财政收入的比重达到90%。财政收入大大增加,中央财政收入占全国财政收入的比重和占国内生产总值的比重显著提高,从此彻底改变了有计划商品经济时期中央的困窘局面,改变了财政分配中"干弱枝强"的格局,中央财政依靠向地方政府借债的日子一去不返。两个比重的提高不仅规范了中央与地方财政分配关系,更重要的是保障了国家的宏观调控。

(四) 促进中外经济贸易与合作

新税制在设计上借鉴国外税制的有益经验,使中国税制进一步与国际税收惯例接轨,促进了对外开放和中外经济、技术交流合作,既利于外商来华投资、洽谈生意,又有利于我国企业对外经贸合作,参与国际竞争。新税制在统一内资企业所得税的同时,适当保留了对外商投资企业和外国企业的优惠政策,税法的相对稳定性、连续性维护了我国对外开放政策的一贯性,使外资继续以较高的增幅进入中国。这一点得到外商的普遍欢迎和世界银行、国际货币基金组织的高度赞扬。

第四节 市场经济体制完善时期的税制改革

2003年党的十六届三中全会通过了《中共中央关于完善社会主义市场经济体制若干问题的决定》,以此为标记,我国进入了市场经济体制完善时期,税制按照进一步完善社会主义市场经济体制的总体要求开始了改革开放以来的第三次改革。

一、新形势新问题对税制的挑战

所谓完善市场经济体制,主要是消除不符合市场经济要求的行为和完善市场经济体制不完善的环节,保障国民经济规范健康发展。这既是税制改革的原因所在,也是改革的目标所至。市场经济体制建立以来,由于改革范围扩大和力度加深,深层次的矛盾问题陆续暴露,针对经济社会中出现的各种问题和矛盾需要进一步改革税制,以加强对经济社会的调节。

从工商税制来看仍然有税收负担不公平的问题,不同所有制经济之间、不同地区之间和内外资企业之间税制还存在差异,不利于市场经济健康发展。税制交叉在一定程度上存重复征税问题,影响国内产品竞争力的提高,不利于促进扩大投资和企业技术进步。税收优惠政策偏多,政策目标之间缺乏协调,特别是地方自行出台的优惠政策,既影响财政收入,又造成不公平竞争。工商税制要适应新形势、新问题和新挑战,需要继续改革完善。

从农业税制看也有不适应的地方,农村联产承包责任制虽然让农民摆脱了吃不饱饭的困境,但却出现了许多深层次的问题。农业增长越来越面临需求约束,农民种粮增产不增收,收入往往不够成本。农民非农就业不足,大量农村劳动力被束缚在土地上,导致农业相对劳动生产率过低。农民税负过重,农业税税率虽然规定不高于常年产量的7%,但常年产量既包括农民销售的商品粮,也包括农民的口粮和种子粮等。附加税率规定不高于正税的20%,合计不超过常年产量的8.4%,但无论与我国历史上相比还是与其他国家农民承担的税负相比,税率都偏高,再加上农村乱收费致使农民负担雪上加霜。国家财政支农资金投入总量不足,1996—2000年农业投资总量分别占当年农业总产值的4.9%、5.3%、7.4%、7%和8.8%,按相同口径发达国家的支持水平为30%~50%。农村资金严重外流,1978—2000年通过农村信用社净流出4519.2亿元,农户和农村中小企业获得贷款非常困难。农村义务教育、医疗卫生、社会保障等民生事业发展严重滞后,农民上不起学、看不起病、因病致残、因病返贫的问题十分突出。农民收入跌入低谷,1997—2002年农民人均纯收入年均增长3.97%,比改革开放以来24年平均值(7.33%)低3.36个百分点。农业发展落后,以自然经济为主,机械化、科学化程度有的地方甚至不如计划经济时期。农村公共设施损坏严重,道路失修,水渠荒芜,通信瘫痪。2000年一位乡党委书记给时任总理温家宝写信,反映"农村真穷,农民真苦,农业真危险",这就是所谓的"三农"问题。解决、缓和这些矛盾需要改革农业税制。

二、完善市场经济体制的新税制

2003年以来,根据完善社会主义市场经济体制的总体要求和党的十六大、十七大对税收工作的指示精神,按照"简税制、宽税基、低税率、严征管"的基本原则,借鉴国际经验,结合我国实际,积极稳妥地推进税制改革和税政建设。

(一)流转税类改革

1. 启动增值税转型改革

我国1994年为了抑制投资膨胀造成的经济过热选择了生产型增值税,企业新购进机器设备所含的增值税进项税额不能抵扣。为了减轻企业负担,这一时期实行增值税转型改革,由生产型增值税改为消费型增值税。2004年在东北地区装备制造业等八大行业进行改革试点,实行消费型增值税,允许企业新购进机器设备所含的增值税进项税额予以抵扣。2007年将增值税转型改革试点扩大到中部六省26个老工业基地城市的电力业、采掘业等八大行业。2008年改革试点扩大到内蒙古东部地区的装备制造业、石油化工业、冶金业、船舶制造业、汽车制造业、高新技术产业、军品工业和农产品加工业,运行平稳,效果初显。

2. 调整消费税税目

为促进环境保护和资源节约,更好地引导生产和消费,从2006年起对消费税进行了重大调整。一是在消费税的应税品目中新增加了高尔夫球及球具、高档手表、游艇、木制一次性筷子、实木地板、成品油税目,同时取消护肤护发品税目。二是对原有税目的税率进行调整,涉及调整的有白酒、小汽车、摩托车、汽车轮胎等税目。调整后消费税税目由原来的11个增至14个,增强了引导作用。

3. 调整出口退税政策

为完善出口退税机制,解决出口退税长期积存的问题,2004年实行中央与地方共同负担出口退税的新机制。同时,根据宏观调控的需要取消电解铝、铁合金等商品出口退(免)税,恢复桐木板材出口退税,提高部分信息技术产品的出口退税率。2005年为了控制高耗能、高污染和资源性产品出口,调低钢铁、电解铝、铁合金、成品油、煤焦油、部分皮革、农药、有色金属及其制品、硫酸二钠、石蜡等产品的出口退税,取消加工出口专用钢材增值税退税。2006年取消煤炭、天然气等高耗能、高污染产品的出口退税,降低钢材等容易产生贸易摩擦的大宗出口商品和个别不宜取消出口退税的耗能污染产品的出口退税率,调高部分高科技产品和以农产品为原料的加工品出口退税率,将所有取消出口退税的商品列入加工贸易禁止类目录。2007年调整了2831项商品的出口退税,其中取消553项高耗能、高污染、资源性产品的出口退税,降低2268项容易引起贸易摩擦商品的出口退税率,将10项商品的出口退税改为出口免税政策。经过这次调整,出口退税率变为5%、9%、11%、13%和17%五档。为抑制粮价上行势头,取消小麦、稻谷、大米、玉米、大豆等原粮及其制粉产品的出口退税。这是我国这一时期出口退税力度最大的一次调整,减轻了中央财政压力,促进对外贸易健康发展。

4. 自主降低关税总水平

为了完成我国加入世界贸易组织谈判中承诺的关税减让义务,2003年实施第二次降税,共涉及3000多种商品的最惠国税率,关税总水平由12%降至11%。2004年实施第三次降税,涉及2400多种商品的最惠国税率,关税总水平由11%降低到10.4%。2005年实施第四次降税,涉及900多个税目的最惠国税率,关税总水平由10.4%降低至9.9%。2006年实施第五次降税,关税总水平仍为9.9%。2006年降低42个汽车及其零部件税目的最惠国税率,完成了我国入世承诺的汽车及其零部件降税义务。2007年进一步降低44个税目的最惠国税率,关税总水平由9.9%降为9.8%。2008年降低45个税目的最惠国税率,这些税目的平均税率由2007年的9.8%降至8.0%,平均降幅13%。其中苯二甲酸、聚乙烯等42个税目的化工品完成降税义务,税率降至6.5%。至此,我国进出口税则7700多个税目中,除4个税目外,均已降至我国入世承诺的最终约束税率。

(二) 所得税类改革

1. 统一内外资企业所得税

为适应改革开放和促进企业公平竞争,2004年启动统一内外资企业所得税改革。主要内容为"四统一":统一内外资企业适用的所得税法,实行法人税制;统一企业所得税税率,将法定税率由33%降至25%;统一税前扣除办法及标准,明确了工资薪金支出的税前扣除;统一税收优惠政策,建立"产业优惠为主,区域优惠为辅"的新税收优惠体系。在改革调整的基础上,2007年《企业所得税法》、《企业所得税法实施条例》相继通过发布,表明从2008年1月1日开始我国内外资企业实行统一的所得税,结束了内外资企业所得税法分立的局面。

2. 改革个人所得税

1994年税制改革时为了堵塞税收征管漏洞,个人所得税采用分类征收的办法,将个人所得分为工资、薪金所得、个体工商户生产经营所得等11个应税税目,而且相应规定了每个应税税目的适用税率、费用、扣除标准及计税方法,"分项扣除、分项定率、分项征收"。这种方法不能充分考虑纳税人真实的"纳税能力",无法对纳税人家庭生活成本进行合理扣除。进入21世纪后中央历次提出改革。2001年第九届全国人民代表大会通过的《国民经济和社会发展第十个五年计划纲要》提出建立综合与分类相结合的个人所得税制度;2003年十六届三中全会要求改进个人所得税,实行综合和分类相结合的个人所得税制;2005年十六届五中全会进一步强调,实行综合和分类相结合的个人所得税制度。综合与分类相结合成为我国个人所得税改革的明确方向。随着物价水平的变化,原个人所得税规定的费用减除标准明显与实际不适应。从 2006 年 1 月 1 日起工薪所得费用扣除标准由 1994 年规定的每月 800 元提高至 1600 元，2007 年又决定提高至 2000 元。同时将居民储蓄存款利息个人所得税税率由 20％降低到 5％，使个人所得税的负担水平更符合客观实际。

（三）资源税类改革

1. 完善资源税

为促进合理开发利用资源，解决部分资源税应税品目税负偏低的问题，2005 年调高河南、山东、福建、云南等 15 个省（区、市）煤炭资源税税额；调高全国范围内油气田企业原油、天然气资源税税额，最高标准为 30 元/吨；①提高锰矿石、钼矿石、铁矿石、有色金属等应税品目资源税税额。同时，实行矿业权有偿使用制度，自 2006 年开始对新设的探矿权、采矿权一律以招标、拍卖、挂牌等市场竞争方式出让，结束了我国长期以来无偿使用国家资源的历史，开始走上市场化配置道路。提高石油特别收益金起征点，从 2006 年 3 月 26 日开始，石油特别收益金实行五级超额累进从价定率计征，征收比率按石油开采企业销售原油的月加权平均价格确定，最低为 20％，最高为 40％，石油特别收益金开征初期起征点设定为 40 美元/桶。②

2. 统一城镇土地使用税

为了加强对土地资源的宏观调控，促进税制的统一和规范，公平内外资企业在土地保有环节的税负，2006 年底修订《城镇土地使用税暂行条例》，调整城镇土地使用税税额幅度，征收范围扩大到外资企业。

（四）财产税类与行为税类改革

1. 统一车船税

2007 年将车船使用税与车船使用牌照税合并为车船税，调整税目、提高税率、缩小免税范围，适应于内外资企业，从此车船税实现统一和规范。

2. 统一耕地占用税

为了实行最严格的耕地保护制度，国务院决定从 2008 年开始提高税额标准，将外资企业纳入耕地占用税的征收范围，取消对铁路线路、飞机场跑道、停机坪、炸药库占地免税的规定，将占用林地、牧草地、农田水利用地等其他农用地纳入征税范围，明确耕地占用税的征收管理。

---

① 谢旭人主编：《中国财政改革三十年》，中国财政经济出版社 2008 年版，第 146 页。
② 国土资源部调控和监测司：《2014 年国土资源主要统计数据》。

（五）农村税费改革

农村税费改革的主要内容是"三取消、两调整、一改革"，是这一时期我国税制改革的重头戏，取得了辉煌卓著的成绩，成为我国税制改革史上浓墨重彩的一页。

1. 取消农村不合理收费

从 2000 年开始在中国农村展开了一场空前绝后的税费改革，改革的指导思想和基本原则是"减轻、规范、稳定"六字方针。一是取消乡统筹费、农村教育集资等专门面向农民征收的行政事业性收费和政府性基金、集资；二是取消劳动积累工和义务工；三是规范农村收费管理；四是推进相关配套改革，精简乡镇机构和人员，建立健全农民负担监督管理机制等。改革的宗旨是减轻农民负担、规范农村分配关系。2000 年首先在安徽省进行试点，其他省份选择部分县（市）进行局部试点。2001 年江苏省依靠自身财力自主在全省进行试点，其他省份共选择 102 个县（市）进行局部试点。2002 年试点扩大到河北、内蒙古、吉林、黑龙江、江西、山东、河南、湖北、湖南、四川、重庆、贵州、陕西、甘肃、青海、宁夏 16 个省份，浙江、上海等沿海经济发达省份进行自费改革。截至 2002 年底，改革试点工作在全国 20 个省份展开，其余 11 个省份在 53 个县（市）进行局部试点。2003 年改革在全国范围内展开，全面取消屠宰税，取消乡统筹费、农村教育集资、劳动积累工和义务工等。从此全国农民不再承担其他任何费用，村内生产公益事业投入实行村民会议"一事一议"制度。

2. 废除农业税

为了彻底减轻农民负担，在 2003 年试点的基础上，从 2004 年开始，农村税费改革以取消农业税为主要内容。2004 年，温家宝总理在政府工作报告中提出"五年内取消农业税"的庄严承诺。当年在黑龙江、吉林 2 省进行免征农业税改革试点，河北、内蒙古等 11 个粮食主产省（区）的农业税税率降低 3 个百分点，其余地区农业税税率降低 1 个百分点。北京、上海、天津、浙江、福建等抢先一步，自主免征农业税。2005 年进一步扩大农业税免征范围，加大农业税减征力度，要求农业税税率降低 1 个百分点的省份再降低 4 个百分点，降低 3 个百分点的省份再降低 2 个百分点，农业税附加与正税同时减征或免征。2005 年，全国免征农业税的省份达到 28 个，河北、山东、云南 3 个省在 247 个县（市）暂时保留征收税率在 2% 以下的农业税。2005 年 12 月 29 日十届全国人大常委会第十九次会议决定，从 2006 年 1 月 1 日起废止《农业税条例》，从此广大农民不再缴纳农业税，原定五年内取消农业税的目标提前两年实现。

3. 废除农村其他税

2003年在农村全面取消屠宰税,2004年在全国取消烟叶以外的农业特产税,2005年全面取消牧业税。至2006年国家将烟叶特产税改为烟叶税,并入工商税,颁布实施《烟叶税暂行条例》,实现了对烟叶农业特产税的替代,标志着农业特产税全面废除。

三、调整型税制改革的特征

由于这一时期税制改革的主旋律是"简税制、宽税基、低税率、严征管",因而与20世纪80年代、90年代两次改革的特点明显不同。

(一)调整为主,改革为辅

这次税制改革是在我国改革开放以来两次大规模税制改革(1978年和1994年)的基础上进行的。第一次大规模改革已经改变了计划经济时期的税制单一性,回归到复合税制,适应了改革开放后多样化的经济结构。1994年的税制改革初步建立了适应市场经济体制的税制。在这样的基础上促进市场经济体制的完善,只能是根据这一时期市场经济体制运行中出现的新问题调整现有的税种和税制结构,在调整的同时进行一些改革,使税制在促进市场经济体制完善中进一步发挥作用。

(二)渐进式改革途径

这次税制改革从市场经济体制背景下出现的问题入手,在原来的基础上调整,选择了渐进式改革,以税制改革的稳定性保障经济社会发展的稳定性。当然,农业税的废除属于重大改革,全面彻底,史无前例,但在改革方式上也是经过几年的试点,逐渐扩大范围和加深力度完成的,使废除农业税成为人心所向、水到渠成的事,因而得到地方政府的大力支持,特别是农业大省的支持。选择这样的路径,即使改革的力度大、范围广,也能够平稳过渡。

(三)简、宽、低、严兼顾

这次改革中,简税制是取消造成重复征税、税负不公等负效应的税种、税目和税率,宽税基是扩大某些税种的征收范围,低税率是普遍降低各种税率,严征管是应收尽收、杜绝偷漏。这样既解决了重复征税的问题又提高了征税的规范性,既减轻各种税负又能保障财政收入。通过统一企业所得税、统一车船税,税目明显减少,由26种减少到19种。但减税降负与扩收严管相辅相成、互为补充,保障财政收支平衡。这样既减轻了企业、农民、城市居民的负担又保障了财政平衡,既体现了税制公平又做到应收尽收,各方面效果都得到兼顾。

（四）改革力度大

主要表现在农村税费改革上,农村税费改革全面彻底,与农业、农村、农民相关的农业类税费统统废除,既轰轰烈烈又扎扎实实。这样的改革在中国历史上找不到,也没有哪一种税像这样改得彻底,可以说是创新中的稳中求进,平稳中有大动作,也是这次税制改革的一大特点和亮点。

（五）扩大税制统一

这次税制改革统一内外的税制最多,包括企业所得税、城镇土地使用税、耕地占用税、车船税,各类企业的税收待遇基本相同,不仅体现了税制的公平、公正,而且为内外资企业公平竞争创造了更好的环境。

四、税制改革的评价

（一）税制进一步科学合理

这次税制改革中,统一内外资企业所得税,统一车船税,涉外税类不再存在,取消农业税、农业特产税、牧业税,农业税类没有了,我国税种体系由七大类23种精简为五大类20种,税制体系愈益简明合理。如表5-7所示。

表5-7　2003年税制改革后我国税制体系

税　　类	数　　量	税　　种
流转税类	5	增值税、消费税、营业税、关税、烟叶税
所得税类	2	企业所得税、个人所得税
资源税类	1	资源税
财产税类	5	房产税、城镇土地使用税、城市房地产税、车船税、船舶吨税
行为目的税类	7	土地增值税、城市维护建设税、耕地占用税、固定资产投资方向调节税（2000年暂停征收）、印花税、契税、车辆购置税

资料来源:根据谢旭人主编的《中国财政改革三十年》（中国财政经济出版社2008年版）和贾康、赵全厚编著的《中国财税体制改革30年回顾与展望》（人民出版社2008年版）整理。

我国税制体系虽然比1994年有所收缩,但更加简明,避免了重复征税。税制进一步趋向合理,增值税开始转型,符合国际通行的惯例;税制调节作用更具针对性,农村税费改革弱化了我国城乡二元结构;资源税、城镇土地使用税、耕地占用税、资源税的调整,强化了对房地产业、"两高一低"等产业的调节力度。税制结构进一步优化,以增值税为主体的流转税在税收总收入中保持着较大的比重,但同时所得税占税收收入的比重明显提升。2003—2007年,我国各主要流转税增速均低于同年全国税收增速,流转税占税收收入的比重由2003年的51.2%降到2007年的47.3%,下降3.9个百分点;所得税年均增幅高于全国税收增幅,占税收收入的比重由2003年的19.7%上升到2007年的23.3%,提高3.6个百分点,拉动税收增长的主力逐渐由流转税向所得税转移,不仅体现了税制的可持续性,而且提高了税收增长的质量,愈加符合市场经济的要求。这时期的税制精简与计划经济时期是不一样的,这是追求税制公平合理科学的结果。经过调整改革,建立了一个税政统一、结构优化、税负合理、政策透明、调控有力的税收体系,形成密切配合完善市场经济体制要求的税制、有力促进国民经济持续健康协调发展的税制。

(二)给企业增添了活力

企业是市场经济的主体,提高企业经营效益是检验市场经济体制完善与否的重要标志。这次税制改革中增值税的转型,极大地减轻了企业负担,增添了企业的活力。统一内外资企业税制的范围和力度是较大的,最大限度地形成了各类企业公平竞争的税收环境。因此,企业利润显著提高,改革五年中年均增长30%,2006年全国国有及规模以上非国有企业增加值79752亿元,利润总额18784亿元,税金总额13653亿元。工业企业利润占增加值比重由2002年的17.5%上升到2006年的23.6%,[①]充分说明了税制改革对完善市场经济体制的作用。

(三)促进经济规范和谐发展

这次税制改革由于加大了税收的调节作用,经济发展中出现的各种"乱象"明显减轻。不同企业之间不平等竞争、无序竞争、恶性竞争现象减少,房地产业过热得到抑制,盲目投资、重复建设的势头得到扭转,乱收费、乱摊派、乱集资得到禁止;越权减税、免税、退税和欠税、偷税、漏税、骗税、逃税得到遏制。同时,社会分配不平的问题得到缓解,工农业之间、城乡之间、不同性质企业之间的矛盾得到缓和。税收在国家宏观调控中调节作用

---

① 谢旭人主编:《中国财政改革三十年》,中国财政经济出版社2008年版,第149页。

的扩大和力度的加强,提高了企业科技自主创新能力,促进了出口产品结构优化和加工贸易转型升级,推进了资源节约和环境保护,鼓励了高新技术产业发展,促进了东北老工业基地振兴和中部崛起,加快了经济结构调整,促进了经济增长方式转变,支持了区域协调发展和对外开放等。市场经济走向规范、和谐的发展道路。

(四)"三农"问题得到有效缓解

这一时期的"三农"问题集中反映了工农业之间的矛盾、城乡二元结构的矛盾、城乡居民分配关系的矛盾,是各种经济社会矛盾的焦点和导火索。"三农"问题解决得好坏关系重大,是对这次税制改革的严峻考验。在党和国家高度重视下,农村税费改革取得了重大的历史性成就。一是取消了一切不应该由农民负担的收费,通过农村税费改革专门针对农民的费不再出现,农民从各种不合理的收费中解放出来。二是废除了农民所有的税,包括农业税、农业特产税、农业税附加、牧业税、屠宰税等,极大地减轻了农民负担。据统计,2006年全面取消农业税后,与改革前的1999年相比,全国农民减负总额约1250亿元,农民成为不纳税、不交费的阶层。与此同时,国家与农民分配关系规范化、法制化,保障了农民的合法权益。农村税费改革后,国家与农民的关系由原来的"多取少予"转向"少取多予",加大了对农村公共基础设施建设、义务教育、医疗卫生、社会保障的财政投入,初步形成了全方位、多层次向农村倾斜的农业支出格局。"三农"问题在税费方面的清理和解决,有效化解了工农业矛盾、城乡二元结构矛盾、收入分配矛盾、农村的社会矛盾,农村开始步入和谐社会,涉农负担的群体性事件明显减少。农业发展、农民安定、农村和谐,"三农"发生天翻地覆的变化,中国具有2600年历史的农业税正式退出历史舞台,标志着中国几千年"皇粮国税"历史的终结。这是盘古开天地以来从未发生过的惊天动地的大事,具有划时代的意义。

(五)促进国家税收收入快速增长

税制改革促进了经济发展,经济发展加快了税收增长。2003—2007年税收收入累计完成153379亿元,年均增长21.1%,税收收入占全国财政收入平均比重为90.7%。2007年我国实现税收收入45613亿元,是1978年519亿元的88倍。税收收入中,国内流转税、所得税、进出口税等主体税种所占比例保持稳定,主体税种平均比重为88.1%,年均递增21.5%。[1] 税

---

[1] 谢旭人主编:《中国财政改革三十年》,中国财政经济出版社2008年版,第150页。

收收入的快速增长奠定了财政收入的坚实基础,强化了国家的宏观调控能力,有利于经济结构的调整、产业结构的优化、经济增长方式的转变、基本公共服务均等化。

第五节 "新常态"下我国的税制改革

2008年世界金融危机爆发,受其影响我国经济出现大幅度的下滑,内需不足、外需锐减、企业亏损,从此步入"新常态"。为了发挥税收对经济社会的调节作用,应对新形势下出现的一系列问题,税制又进行了较大的改革与调整。

一、"新常态"下的经济问题

（一）企业正常生产难以维持

在金融危机的冲击下,内需和外需出现双紧,商品供大于求,库存不断增加,企业效益下滑,亏损严重。特别是民营企业、私营企业和小微企业缺少订单,融资困难,举步维艰,濒临破产和关闭的困境。但营业税和增值税分别征收,企业出现重复交税。实行生产型增值税,企业新购机器设备所含增值税进项税额不能抵扣,生产成本居高不下,对企业极为不利。要使企业顺利渡过世界金融危机,必须通过税制改革对企业减负。

（二）房地产市场过热影响市场稳定

在经济下滑的趋势下,为了激活经济,解决内需不足的问题,房地产领域调控一度放松,需求旺盛,价格猛涨,不利于市场稳定。因为我国房价过高与炒作有关,房产泡沫一旦破裂对我国经济就是雪上加霜。房地产领域出现大批投机行为是我国现有的财产税"重交易、轻保有"造成的,在房地产交易环节中税负大量转嫁到购买者身上,使房价高企不下,而保有环节税负偏轻,持有房地产的税收成本低。这种税负结构不仅助长了房产投机久盛不衰,而且加剧了房地产开发商的囤地行为,需要改革房地产税加以调节。

（三）环境问题制约经济可持续发展

我国长期以来经济高速发展,造成资源消耗、环境污染、生态恶化日益严峻,成为世界耗能污染之首,世界经济大国的背后挂着污染大国的牌子。环境污染成为我国经济社会可持续发展的瓶颈,走到了不治理不能生产、难以生存的地步。而资源税长期以来从量计征,税负偏低,难以发挥资源节约和生态保护的作用,反而加剧了乱开采、粗利用的程度。面对环境日益恶化,我国税收中长期缺少专门的税种加以调节,消费税虽然涉及环境保护但作用是有限的,通过改革开征环境保护税迫在眉睫。

(四) 收入分配失衡潜伏社会危机

我国改革开放以来居民收入由计划经济时期的单一工资走向多样化,个人收入普遍增加,但收入差距越来越大。主要表现为城乡之间的收入差距扩大,行业之间的收入差距扩大,不同所有制之间的收入差别扩大,区域之间的收入差距扩大。特别是垄断行业的不合理高收入问题引起社会高度关注和强烈不满。2006年,石油、石化、通信、电力等行业的12家企业员工工资达到全国平均工资水平的3~4倍,高层管理者最高年收入超过百万元,领导层最高年收入超千万元,而最低水平的群体年平均收入仅3000多元,形成严重的分配不公和两极分化。2000—2008年我国基尼系数突破国际警戒线0.4,保持在0.402~0.457之间[①],2010年飙升到0.69,2011年为0.477,2012年为0.474,2013年为0.473。收入差距对经济发展和社会安定均为不利,亟待改革个人所得税、财产税、行为目的税进行调节。

(五) 地方税体系建立滞后导致县乡财政困难

1994年分税制改革后我国县乡税收长期处于小、散、杂的状态,缺少主体税种,税额小、征收成本大,县乡财政困难始终没有得到很好的解决。但在我国"财权上移、事权下移"的政府间财政分配关系中,文化教育、医疗卫生、社会保障、道路交通等都要县乡财政承担,其中仅教育支出就占县财政收入70%以上,县乡财政困难造成不能正常发放工资,重点项目没有保障,债台高筑,风险日增。解决县乡财政困难,只有通过税制改革构建地方税收体系。

总之,"新常态"下不稳定因素复杂多变,深层次矛盾多发叠加。经济增速下滑固然与世界金融危机的冲击相关,但经济改革中深层次矛盾也是回避不了的,迟早会暴露,影响经济快速增长和社会和谐发展。要解决世界金融危机带来的表象问题,必须解决深层次的根本问题,达到标本兼治的效果。政府加大投资拉动内需固然重要,但更重要的是通过税制改革有针对性加以调节。

---

① 国家发改委社会发展研究所课题组:《我国国民收入分配格局研究》,《经济研究参考》2012年第21期。

二、建立现代税收制度

（一）流转税的改革完善

1. 增值税全面转型

为了应对金融危机对企业的冲击，2009年1月1日开始增值税全面转型，全国所有地区、所有行业推行消费型增值税。在维持现行增值税税率不变的前提下，允许全国所有增值税一般纳税人抵扣其新购进设备所含的进项税额，未抵扣完的进项税额结转下期继续抵扣。2011年对《增值税暂行条例实施细则》进行修订，保障了增值税转型顺利完成。

增值税转型后在实施中又不断调整。2016年为了鼓励科学研究和技术开发，继续对内资研发机构和外资研发中心采购国产设备实行全额退还增值税制度。从2017年7月1日开始简并增值税税率和简并增值税税率结构，取消13%的增值税税率。一是进口货物增值税实行11%的税率。纳税人销售或进口货物范围主要是农产品，包括粮食、食用植物油、食用盐、农机等30余种。二是调整纳税人购进农产品抵扣进项税额。纳税人购进农产品以增值税专用发票或海关进口增值税专用缴款书上注明的增值税额为进项税额，小规模纳税人按增值税专用发票上注明的金额和11%的扣除率计算进项税额，取得农产品销售发票或收购发票的以农产品销售发票或收购发票注明的农产品买价和11%的扣除率计算进项税额。营业税改征增值税试点期间，纳税人购进用于生产销售或委托受托加工17%税率货物的农产品维持原扣除力度不变，纳税人购进农产品既用于生产销售或委托受托加工又用于生产销售其他货物服务的，分别核算两种农产品进项税额。未分别核算的统一以增值税专用发票或海关进口增值税专用缴款书上注明的增值税额为进项税额，或者以农产品收购发票或销售发票注明的农产品买价和11%的扣除率计算进项税额。外贸企业2017年8月31日前出口通知所列货物，购进时已按13%税率征收增值税的按13%的出口退税率退税，购进时按11%税率征收增值税的按11%出口退税率退税。① 2018年"营改增"之后，为了支持小微企业等实体经济的发展，持续为市场主体减负，现行增值税税率高于原来营业税税率的继续进行调整。一是将制造业等行业增值税税率从17%降低到16%，交通运输、建筑、基础电信服务等行业及农产品等货物的增值税税率从11%降低到10%。二

---

① 参见《关于简并增值税税率有关政策的通知》（财税〔2017〕37号）。

是统一增值税小规模纳税人标准,将工业企业和商业企业小规模纳税人的年销售额标准由50万元和80万元上调至500万元,并在一定期限内允许已登记的一般纳税人企业转为小规模纳税人,让更多企业享受较低税率的优惠。三是对装备等先进制造业、研发等现代服务业未抵扣完的进项税额予以一次性退还。三项改革2018年将减轻市场主体负担超4000亿元,其中第一项改革减负2400亿元,占到60%左右。此项改革中,内外资企业将同等收益,通过不断改革逐步建立现代增值税制度。

2. 营业税改征增值税

为了避免对企业的重复征税,对营业税进行了彻底改革,取消营业税改征增值税,简称"营改增"。从2012年开始"营改增"在河北、河南、山东、江西、湖南、新疆等10多个省份进行试点,2013年开始由试点阶段进入全国分行业逐步推进阶段,在交通运输和部分服务业实施。2014年以分行业推行为主,各行业根据准备情况分头进行,争取在2015年底完成全行业"营改增"。2016年"营改增"扩大到建筑业、房地产业、金融业、生活服务业,这些是难度较大的行业,特别是金融行业难度最大。在"营改增"中,增值税按17%、13%、11%、6%和3%五个档次税率征收,由于从事管道运输、有形动产、融资租赁等行业的纳税人增值税税负提高较大,国家给予增值税即征即退的优惠政策,显示了改革的普惠性和公平性。2017年11月国务院总理李克强宣布,我国实行60多年的营业税正式废除,标志着"营改增"这场规模巨大的税制改革完成,极大地帮助企业在世界金融风险中走出困境。

3. 完善消费税

为了节约资源、保护环境,2008年提高大排量乘用车的消费税税率,排量3.0～4.0升(含4.0升)的税率由15%上调至25%,排量在4.0升以上的税率由20%上调至40%。同时降低小排量乘用车的消费税税率,排量在1.0升以下的税率由3%下调至1%。2009年再次提高燃油消费税的比例,汽油消费单位税额每升由0.2元提升到1元,柴油由0.1元提升到0.8元。2011年为了增强消费税在促进节能减排中的作用,将电池等高污染、高耗能产品以及私人飞机等高档奢侈品和部分高消费行为纳入消费税征收范围,制定高档护肤品消费税的征税范围。完善消费税实施细则,防止部分汽车、白酒生产企业利用委托加工方式偷逃消费税。[①] 加快消费税的

---

① 《中国财政年鉴2012》,中国财政杂志社2012年版,第146页。

立法,加快制定《消费税法》及实施条例并提呈全国人大通过。

4. 调整进出口关税

这一时期出口关税改革方向由原来促进外贸发展转向提高进出口质量、促进经济增长方式转变。一是对加工贸易企业转型升级实行税收优惠。2009—2011年,对来料加工企业转型为法人的企业给予进口设备税收优惠政策,2011年将这一优惠期限延长一年半,而且扩大适用范围。二是对企业转型升级进口设备实行税收优惠。在远洋渔业、救助打捞业等领域实行专项进口税,对国内不能生产或国产标准不达标的部分关键设备、零部件、原材料实施税收优惠,并逐步调整进口商品清单。三是对有利于经济结构调整的进出口物品减免关税。2011年规定,有关科学研究、技术开发机构在2015年12月31日以前进口国内不能生产或性能不能满足需要的科技开发用品、科学研究和教学用品,免征进口关税和进口环节增值税、消费税。① 经过调整,使关税充分发挥灵活多样的税率结构优势,有利于提高国内自主研发和配套能力,促进产业优化升级。

(二) 房产税改革

1. 统一内外房产税

我国城市房地产税是1951年颁布实施的,是以城市中的房屋、土地为征税对象,按照标准房价、地价或租价向产权所有人征收的一种税。征收范围包括城市、县城、建制镇和工矿区,开征地区和标准由各省确定。与房产税以房屋为征税对象、按房屋的计税余值或租金收入收税不同,城市房地产税由产权所有人缴纳,包括房屋所有人、承典人、代管人和使用人。计税分为两种:一是以房价为计税依据,税率为1.2%;二是以租金收入为计税依据,税率为12%。1986年国务院颁布《房产税暂行条例》后,对内资企业和个人统一征收房产税,对外商投资企业、外国企业和组织以及外籍个人征收城市房地产税。在市场经济体制下,这种内外有别的税制与税负公平的时代要求不相适应,也不利于外国企业在我国的投资发展,与应对世界金融危机中刺激投资、扩大内需的政策不一致。国务院决定自2009年1月1日起废止城市房地产税,对外商投资企业、外国企业和组织以及外籍个人统一征收房产税。

2. 制定新的房产税

为了抑制房地产热,促使房地产业健康发展,房产税改革2010年首先

---

① 《中国财政年鉴2012》,中国财政杂志社2012年版,第149、643、645页。

在上海、重庆进行试点。从保障市场平稳出发,试点中没有对存量房全部征税,仅限于对两套以上新购房和高档别墅等增量房征税,而且还有免税优惠政策。2012年6月底上海市税务机关共开具房产税征免认定通知书38007份,认定应征税住房7585套,每套年均应纳房产税税额约4504元。在总结试点经验基础上,财政部新制定了房产税改革方案并报全国人大经立法的形式通过。这一时期房产税改革总思路是,按照"立法先行、充分授权、分步推进"的原则推进:立法先行是现代税收制度中依法制税的体现;充分授权主要是对地方政府授权,但必须在中央统一立法和税制开征权的前提下根据税制特点,通过立法授权适当扩大地方税收管理权限,地方税收管理权主要集中在省级政府;分步推进意味着改革的步骤是先城市后农村,先市民后农民,先企业后个人,逐步完成。总的改革精神,是对工商业房地产和个人住房按照房屋评估值征收,适当降低建设、交易环节税费负担,逐步建立完善的现代房地产税制度。

(三)个人所得税改革

这一时期个人所得税改革进一步向综合和分类相结合推进。2013年党的十八届三中全会再次提出逐步建立综合与分类相结合的个人所得税制。2018年8月,全国人大常委会通过了第七次修正的《个人所得税法》,个人所得税根本性的改革正式起步。第一,对部分劳动性所得实行综合征税。即对工资薪金、劳务报酬、稿酬和特许权使用费四项所得,实行统一的超额累进税,居民个人按年合并计算个人所得税,非居民个人按月或按次分项计算个人所得税。同时适当简并所得分类,不再保留对企事业单位的承包经营、承租经营所得,分别纳入综合所得和经营所得。第二,优化调整所得税结构。一是综合所得税率的调整。扩大3%、10%、20%三档低税率的级距,3%税率的级距扩大一倍;现行税率是10%的部分所得税率降为3%,但大幅扩大税率的级距;现行税率是20%的所得,以及现行税率是25%的部分所得税的税率降为10%;相应缩小25%税率的级距;30%、35%和45%的三档较高税率的级距不变。二是经营所得税税率的调整。现行个体工商户的生产、经营所得和企事业单位的承包经营、承租经营所得税率仍然保持5%~35%的五级税率,但调整各档税率的级距,其中最高档税率级距下限从10万元提高至50万元。第三,完善纳税人的规定。为适应个人所得税改革对两类纳税人在征税方式等方面的不同要求,将所得税纳税人明确为居民个人和非居民个人两类,不再实行原来纳税人的规定。第四,提高综合所得基本减除费用标准。我国个人所得税免征额2008

年提高到 2000 元,2011 年提高到 3500 元,2018 年在此基础上进一步提高到 5000 元。首次增加子女教育支出、继续教育支出、大病医疗支出、住房贷款和住房租金等专项附加扣除。这一标准综合考虑了人民群众消费支出水平增长等各方面因素,并体现了一定的前瞻性。按此标准并结合税率结构调整测算,取得工资、薪金等综合所得的纳税人总体上税负都有不同程度下降,特别是中等以下收入群体税负下降明显,有利于增加居民收入、增强消费能力。该标准统一适用于在中国境内无住所而在中国境内取得工资、薪金所得的纳税人和在中国境内有住所而在中国境外取得工资、薪金所得的纳税人。第五,设立专项附加扣除。在现行的个人基本养老保险、基本医疗保险、失业保险、住房公积金等专项扣除项目以及依法确定的项目之外,增加规定子女教育支出、继续教育支出、大病医疗支出、住房贷款和住房租金等与人民群众生活密切相关的专项附加扣除,考虑到了个人负担的差异性,更符合个人所得税的基本原理,有利于税制公平。第六,增加反避税条款,堵塞税收漏洞,维护国家税收权益。这是个人所得税的一次重大改革,进一步体现了所得税的公平性。

(四) 资源税改革

这一时期矿产资源税改革由"从量计征"改为"从价计征"。2010 年在新疆率先试点,原油、天然气资源税从价定率计征,税率为 5%。2010 年底试点推进到西部其他省(区),2011 年推广到全国,取消对外合作开采海洋和陆上油气资源征收的矿区使用费,统一改征资源税。2013 年在湖南省对铅锌矿和石墨、在湖北省对磷矿石实行从价计征。自 2014 年起在全国范围内实施煤炭资源税从价计征,同时清理相关收费基金。煤炭资源税的税率幅度为 2%~10%,具体到地方由省级财税部门在国家制定的幅度内,根据本地区清理收费基金、企业承受能力、煤炭资源条件等因素提出建议,报省人民政府拟定。我国现行资源税的征收范围包括原油、天然气、煤炭、其他非金属矿原矿、黑色金属矿原矿、有色金属矿原矿 6 种矿产品和盐。石油、天然气资源税适用税率由 5%提高到 6%。同时,逐步取消矿产资源补偿费,石油特别收益金起征点上调到 55 美元/桶。2014 年国际油价暴跌,为减轻石油开采企业的负担,2015 年起征点进一步提高至 65 美元/桶。

(五) 环境保护税立法

为了保护生态环境,近年来财政部等相关部门一直在积极推进环境保护税立法。2016 年 12 月,十二届全国人大常委会正式通过《环境保护税法》,自 2018 年 1 月 1 日起施行。《环境保护税法》明确了征收环境保护税,不再征收排污费。该法根据"谁污染,谁缴税"的原则,规定依法设立的城乡污水集中处理场所、生活垃圾集中处理场所,超过国家和地方规定的排放标准向环境排放应税污染物的应当缴纳环境保护税,企事业单位和其他生产经营者贮存或者处置固体废物不符合国家和地方环境保护标准的应当缴纳环境保护税。环境保护税应纳税额计算方法有多种规定,应税大气污染物的纳税额为污染当量数乘以具体适用税额。为了保证《环境保护税法》的顺利实施,同时制定了《环境保护税法实施条例》,对环境保护税税目税额、固体废物具体范围的确定机制、城乡污水集中处理场所的范围、固体废物排放量的计算、减征环境保护税的条件和标准,以及税务机关和环境保护主管部门的协作机制等作出明确规定。这是中国第一部专门体现"绿色税制"、推进生态文明建设的单行税法,标志我国环境保护税改革向前迈进一步。

三、税制改革特点显著

这一时期的税制改革是在"新常态"下进行的,呈现出与以往改革显著不同的特点与特征。

(一)减税性强

为了应对世界金融危机的冲击,这一时期税制改革具有强烈的减税性,增值税转型和"营改增"主要是减轻企业负担;个人所得税改革的目的也是扩大纳税人家庭生活成本扣除的范围,减轻个税纳税人负担,以实现扩大内需的目的。总之,为企业减负、为居民减负是这场税制改革的主旋律。

(二)立法在先

这次税制改革与以往明显不同的地方是税制立法。以往改革可以说是先改革后立法,改革的依据往往是国务院的文件和通知,甚至是相关部委发行的文件、通知、草案、办法等。这一时期税制改革的前提是"完善立法",要先由人大立法后才能实施改革,如房产税改革,个人所得税改革、环境保护税改革都是如此。立法在先减少了改革的随意性、盲目性,将税制改革全面纳入法治化轨道。这一个巨大变化既是财政法制化的结果,也是税收民主化的体现。

(三)注重顶层设计

我国改革开放40年走出了一条具有中国特色的改革之路,概括起来就是"由下到上",许多改革都是发起于地方政府,经过地方实验取得效益后由中央政府肯定,形成制度后推行到全国。这样的改革之路是稳妥的、可取的,但这种典型性往往缺少普遍性、可行性、权威性,有不规范的问题。这一轮税制改革在总结以往改革经验的基础上,关注到顶层设计的重要性。《深化财税体制改革总体方案》指出:顶层设计对于改革十分重要,深化财税体制改革不是政策上的修修补补,更不是扬汤止沸,而是一场关系国家治理现代化的深刻变革,是一次立足全局、着眼长远的制度创新和系统重构,必须坚持总体设计,然后将总体设计和分步实施相结合。这一机制是非常重要的,能够协调各部门利益关系,破解改革难题,发挥着极其重要、不可或缺的作用。所以,这一时期税制改革多为"由上到下",增强了改革的可行性、法制性、权威性,符合国家治理现代化。

(四)改革重点突出

这一时期的税制改革是针对重点问题进行重点改革,不是全面性的、大规模的改革。改革的重点是全面推进增值税转型、营业税改征增值税、开征房产税和环境保护税、资源税从价计征、改革个人所得税。税制改革的重点是由经济社会运行中的主要矛盾决定的,税制改革就是针对这些重点展开的。

(五)税制公平性提升

以往税制改革注意到了公平性,这次税制改革仍然注重税制的公平性、公正性。进入完善市场经济体制阶段以后,市场统一的问题已经不是主要的问题,深层次不公平的矛盾凸显出来。公平性在这一时期税制改革中的体现,主要是个人所得税的改革,目的是使不同收入的人缴纳不同的税收,实现纳税公平。房产税改革试点也包含公平性的问题,调节固定资产占有不均,使固定资产多的人多纳税。统一内外房产税坚持国民待遇原则,体现了内外公平。公平性是深化经济体制改革必然触及的问题,深层次的内容不仅有个人之间的利益分配,还有部门间的利益分配、行业之间的利益分配,要调节这些矛盾必须关注分配公平和税负公平。

四、税制调节作用得到充分发挥

(一)保障中国经济率先摆脱金融危机

企业是市场经济的主体,对宏观经济发展具有决定性作用。这次税制改革最大的调节作用是减轻各类企业的负担,增值税全面转型减收超过

1200亿元。"营改增"2012年试点当年减税426亿元,2013年减税1402亿元,2014年减税1918亿元,2015年减税2666亿元,2016年减税5736亿元,五年来累积减税12148亿元。2018年3月5日国务院总理李克强在作政府工作报告中指出,在财政收支矛盾较大的情况下,着眼"放水养鱼"、增强后劲,我国率先大幅减税降费。分步骤全面推开"营改增",结束了66年的营业税征收历史,累计减税超过2万亿元,加上采取小微企业税收优惠、清理各种收费等措施,共减轻市场主体负担3万多亿元。

这样大幅度减税是中国历史上空前的,使我国企业特别是国有大中型企业在世界金融危机的冲击下化险为夷,峰回路转。从而保障了国民经济稳定发展,率先走出世界金融危机的阴影,国民生产总值增速从低谷较快转升,2017年国内生产总值增速达到6.9%,2018年增速为6.6%,远远高于世界各国。

(二)促使房地产业健康发展

房地产业是我国的经济增长点,保有环节房产税改革启动后,过热势头开始扭转,二三线城市房价普遍下降,一线城市房价增速也程度不同地回落。说明此项改革有利于引导房地产消费预期,减轻市场投机行为,促进土地集约合理利用。因此也可以看出,国家在房地产业调控中开始重视税收的调节作用,房地产业调控政策开始由解决房地产市场短期相应向促进房地产市场长期发展转变,从简单的增减土地供给向金融、财税、土地和住房保障等多项政策综合运用发展。这些转变将会更加有效地保障房地产业健康发展,防止类似美国次贷危机造成的重大危害。

(三)加快产业结构转型升级

从中国经济长远发展来看,要保障快速持续增长必须从根本上调整经济结构和产业转型升级,经济结构和发展方式是我国经济的深层次、根本性的问题。这次税制改革在这方面的作用是非常显著的,增值税全面转型使企业有实力进行设备更新、技术创新和产品创新,发展高科技产业,实行集约化生产,对促进产业结构升级意义非同寻常。尤其是"营改增",一是有效促进了现代服务业的发展,如武汉市到2014年5月底现代服务业产值比试点初期净增2.31倍;二是打通了二、三产业增值税抵扣链条,鼓励企业用新技术、新工艺、新材料、新设备改造企业的产品开发、工艺流程、市场营销和企业管理等环节,全面提升工业层次和水平;三是解决了重复征税问题,推动企业经营专业化和主辅分离,改变了过去"大而全、小而全"的经营模式,将物流辅助、仓储、研发设计等生产性服务功能从主业中剥离出来做大做强;四是有效激发了创业热情,现代服务产业快速增加,劳动力资源由第一产业和第二产业向第三产业有序转移,很好地落实了"大众创业、万众创新"的战略方针。进出口关税在调整中对科学研究、技术开发的关键设备、零部件、原材料实施税收优惠,也有利于产业优化升级。

(四) 资源节约和环境保护明显改善

从我国资源的开发利用来看,在从量计征税制下由于税收成本过低,不足以用经济的手段促使生产者和消费者充分认识到资源的稀缺性,导致企业粗放经营,野蛮开采、低效利用,浪费巨大。从价计征能够真实地反映市场矿产品的价格变动情况和稀缺程度,真正体现资源税与矿产资源消耗之间的本质联系,矫正了过去资源税对价格不敏感的现象,增加税负弹性,促进矿产企业合理开采和有效利用,并通过价格机制将税负传递到中下游产业和最终产品上,提高了资源的节约率。进出口关税调整中取消"两高一低"产品的出口退税,加大污染产品进出口关税,对生态保护和环境治理起到了积极作用。消费税改革方面,提高燃油消费税,将一些高耗能、高污染产品纳入征税范围,倒逼煤炭、石油等污染性资源消耗大大减少。特别是《环境保护税法》的实施将环境保护提高到法律的高度,更加快了环境保护和治理的速度。因此,随着税制改革作用的显现,资源和环境问题得到较大的改善,大量耗资型、污染性企业被淘汰,各大城市空气污染明显好转,自然生态保护得到进一步重视,由此看到了青山绿水、美丽家园的前景。

(五) 居民收入差距扩大态势得到抑制

这一时期的个人所得税改革方案,根据综合和分类相结合的个人所得税征收方式,低收入人群的税负会大大降低,高收入人群所得税率适当提高,会进一步限制收入分配差距的扩大。房产税改革遏制了房产投机行为,限制了对房产占有的欲望,使居民固定资产占有差距扩大态势得以收缩。在市场经济下,由于通货膨胀,富有群体往往将大量资金变成固定资产储存,尤其是随着房价快速上升,居民投资房产所得的财产性收入成倍增长,固定资产及其收益在居民收入中的比重越来越大,收入差距很大一部分体现在房地产等存量财富的分配不公上。税制改革中针对房地产等存量财富开征房产税,有助于加大对存量财富占有不均的调节,减缓居民财富差距扩大的态势。

(六) 税制建设得到进一步完善

经过这一轮改革税制,与"新常态"下经济社会发展不适应的方面得到了改善。增值税转型后全面实行消费型增值税,这是目前国际上三种增值税中较好的一种模式。营业税取消后避免了重复征税,税种结构趋于合理。个人所得税改革为综合与分类征收相结合以后,进一步体现了税制的公平性。房产税开征后,由于其地域性强、税基不流动、纳税面广、收入稳定、扭曲性小,天然地具有地方主体税种的属性,美国、加拿大、澳大利亚、日本等国无不以房产税作为地方税的主要税种,有利于构建我国地方税体系。资源税实行从价计征更具科学性,符合市场经济规律,世界各国大多采用从价计征的方式。税制的完善适应了新时期下新形势的要求,更能够在经济社会发展中发挥积极的调节作用。

结　　语

新中国70年的税制改革充分证明,税制是国家经济社会的调节器,不仅可以调节经济运行中的矛盾,而且还能够解决社会运行中的问题。要充分发挥税制的调节作用,需要对税制进行不断的改革调整,消除其不规范、不科学、不公平等不利因素,增强其规范、科学、公平等有利因素,使税制始终与经济社会发展目的相适应。新中国初期税制的建立和改革开放后各时期的税制改革都是从这个角度出发的,随着新时期、新要求、新问题的出现,税制改革是永远不会结束的。

第六章

财政收入——由计划时期的弱小到市场时期的壮大

财政收入也称政府收入,1998年公共财政建立后一般称公共财政收入。[①] 财政收入是指国家财政参与社会产品分配所取得的收入,也是国家财政为提供公共产品与公共服务而筹集的一切资金的总和。由于财政收入是实现政府国家职能的保障、政权建立和巩固的支柱,是稳定社会、改善民生的基础,往往成为衡量一国政府财力的重要指标,是一个国家经济实力的体现。新中国成立70年来,随着经济社会的发展变化,我国财政收入体系发生了由单一性到多样化的转变,经历了规模小、增速慢到规模大、增速快的发展过程,形成与社会主义市场经济相适应的财政收入体系,为促进经济发展和社会进步发挥了重要作用。

第一节 财政收入规模发展态势

我国财政收入规模发展变化呈现着由小到大的特点。计划经济时期由于国民经济以农业为主,生产力低下,科学技术落后,加之受政治运动的干扰,财政收入长期规模很小。改革开放后全党中心工作转到发展经济以来,财政收入随着经济的高速发展出现高增长的态势,长期高于国民经济增速,形成改革开放前后财政收入的显著变化。

---

① 一般将1998年以前称财政收入,以后称公共财政收入,本书统称财政收入。

一、计划经济时期财政收入的弱小

三年经济恢复时期,是新中国财政收入的开端。由于战争创伤严重,经济处在起死回生的阶段,财政收入起点非常低,1950年决算总收入只有65.19亿元。1951年财政是建立在抗美援朝战争的基础之上的,经过千方百计组织收入,总收入达到133.14亿元,比1950年增长104.23%。1952年提高到183.72亿元,比上年增长38.0%。1950—1952年三年经济恢复时期总收入达382.05亿元[①],保障了366.56亿元的财政支出,结余15.49亿元,收支平衡,财政状况开始好转。

第一个五年计划我国正式进入大规模经济建设时期,1953年财政收入增加到222.86亿元,比上年增加21.3%。1954年到1956年财政收入稳步上升,每年增加大约10亿元,保持在200亿元以上的规模。1957年上升到300亿元台阶,收入达到310.19亿元,比原计划293.94亿元超收16.25亿元。"一五"时期财政总收入1354.88亿元,相当于原计划1309.41亿元的103.47%,平均增长11%,与同时期社会生产总值年均增长11.3%基本一致,财政收入有力地保障了我国工业化建设目标的实现,仅苏联帮助建设的项目就有156个,限额以上的项目达16000个,限额以下项目5000多个,工业方面施工的项目达到10000多个。这一时期,财政收入明显增长的原因是国民经济发展的结果,特别是工业经济的发展,五年中工业部门缴纳的收入为602.45亿元,占全部财政收入的44.5%,1957年上升到49.2%。这反映了发展工业对财政收入的重要性,也证实了农业大国变为工业大国的必要性。

第二个五年计划时期(含"大跃进"时期)是我国经济高速度发展时期,财政收入出现了大幅增长态势。1958—1960年财政收入分别增加到387.60亿元、487.12亿元和572.29亿元,增速分别是25.0%、25.7%和17.5%,占国民收入比重分别为29.7%、33.9%、39.3%。这三年财政收入从原来300亿元规模进入500亿元,增速是"一五"时期年均增长11%的一倍多,成为新中国建立以来财政收入发展的高峰。但从1961年开始出现下降趋势,一直延续到国民经济调整时期。不过这一时期的财政收入受"浮夸风"的影响存在水分,但水分并不是空报数字,而是统计的不精细,如

[①] 财政部综合计划司编:《中国财政统计(1950—1991)》,科学出版社1992年版,第13、17页。

商业部生产多少收购多少,收购的物资就成为生产单位已经实现的销售收入,转为财政收入,实际上有一部分是实物并不是货币。又如国营工业交通企业把该进成本的不进成本,该摊销的费用不摊销,人为地加大利润,也形成一部分财政收入。

从1961年我国进入国民经济调整时期。坚持求真务实,重视综合平衡,财政收入回到理性轨道。1961—1965年财政收入前四年基本维持在300多亿元的水平,1961年和1962年是负增长,分别是—37.8%和—11.9%。1963年转为正增长9.2%,到1965年财政收入473.32亿元,比上年增长18.5%。这一时期出现了财政收入的"低潮"。

"文化大革命"十年(1966—1976年)是我国"三五"和"四五"时期,经济受政治运动的干扰,财政收入从1966年的558.71亿元下降到1967年的419.36亿元,比1966年减收139.35亿元,减少24.9%,出现财政赤字22.5亿元;1968年比1967年又减少58.11亿元,减少13.9%。从1969年开始,随着工农业生产的恢复,财政收入出现转机,收入规模达到526.76亿元,增长45.8%。1970年达到662.90亿元,比上年增加136.14亿元,增长25.8%。从1971年开始周恩来主持国家工作,进行两次整顿,1974年邓小平主持中央工作,进行全面整顿,财政随着经济的好转出现了稳步增长的局面,1971—1977年财政收入规模保持在700多亿元或800多亿元,超过"大跃进"时期的水平,是计划经济时期财政收入的最高峰。计划经济时期我国财政收入规模的发展变化态势,从表6-1中可以得到清晰的反映。

表6-1　计划经济时期财政收入规模与增长变化态势

年　份	财政收入/亿元	财政收入增长率/(%)	国内生产总值/亿元	国内生产总值增长率/(%)	财政收入占国内生产总值的比重/(%)
1950	65.19				
1951	133.14	104.2			
1952	183.72	38.0	679.0		27.1
1953	222.86	21.3	824.0	21.4	27.0
1954	262.37	17.7	859.0	4.2	30.5
1955	272.03	3.7	910.0	5.9	29.9
1956	287.43	5.7	1028.0	13.0	28.0

续表

年　份	财政收入/亿元	财政收入增长率/(%)	国内生产总值/亿元	国内生产总值增长率/(%)	财政收入占国内生产总值的比重/(%)
1957	310.19	7.9	1068.0	3.9	29.0
1958	387.60	25.0	1307.0	22.4	29.7
1959	487.12	25.7	1439.0	10.1	33.9
1960	572.29	17.5	1457.0	1.3	39.3
1961	356.06	−37.8	1220.0	−16.3	29.2
1962	313.55	−11.9	1149.3	−5.8	27.3
1963	342.25	9.2	1233.3	7.3	27.8
1964	399.54	16.7	1454.0	17.9	27.5
1965	473.32	18.5	1716.1	18.0	27.6
1966	558.71	18.0	1868.0	8.9	29.9
1967	419.36	−24.9	1773.9	−5.0	23.6
1968	361.25	−13.9	1723.1	−2.9	21.0
1969	526.76	45.8	1937.9	12.5	27.2
1970	662.90	25.8	2252.7	16.2	29.4
1971	744.73	12.3	2426.4	7.7	30.7
1972	766.56	2.9	2518.1	3.8	30.4
1973	809.67	5.6	2720.9	8.1	29.8
1974	783.14	−3.3	2789.9	2.5	28.1
1975	815.61	4.1	2997.3	7.4	27.2
1976	776.58	−4.8	2943.7	−1.8	26.4
1977	874.46	12.6	3201.9	8.8	27.3

资料来源：财政部综合计划司编，《中国财政统计(1950—1991)》，科学出版社1992年版，第13页；国家统计局编，《中国统计年鉴1998》，中国统计出版社1998年版，第55页。

表6-1显示出计划经济时期财政收入的特点：一是规模长期较小，即使最高的1977年也只有874.46亿元，属于低水平的增长。二是占国内生产总值的比重很高，长期以来都居两位数，最高年份1960年达到39.3%，最低的年份1968年还占有21.0%的比重。这是一个很奇怪的现象，主要是国内生产总值基数小，经济发展单一，财税收入是其中的主要收入。三是

财政收入的增速超过了国内生产总值的增速,财政收入增速最高是1951年的104.2%,国内生产总值的增速最高年份是1958年22.4%,二者相差81.8个百分点。当然,财政收入出现过负增长,但同时国内生产总值也属于负增长。就"一五"时期总体来看,财政收入年均增长11.26%,国内生产总值年均增长9.68%。

计划经济各时期财政收入总量的发展态势是,经济恢复时期和经济调整时期是两个洼地,"二五"和"四五"时期是两个高峰期,"四五"时期是最高峰,不过都是在低水平中的高峰。如图6-1所示。

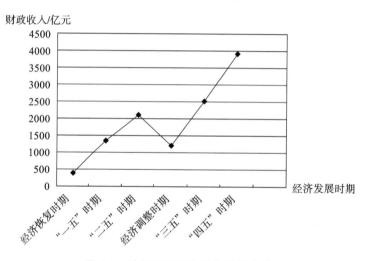

图6-1 计划经济财政规模发展态势

二、有计划商品经济时期财政收入的高涨

我国改革开放以后,由计划经济进入有计划商品经济时期,全党中心工作转到经济建设。随着经济高速发展,财政收入明显增加,发展态势由低水平转入中等水平,收入规模从计划经济时期年均几百亿元上升到1000亿元以上的新台阶。1978年财政收入达到1132.26亿元,比1977年增长29.5%,从此长期保持增长态势。分阶段看,第五个五年计划财政收入总体趋势是由下降转为上升,后三年出现大幅度增长的好势头。"六五"时期财政收入出现新一轮增长,1985年收入提高到2004.82亿元。"七五"时期财政收入进一步提高,年均收入规模都超出2000亿元规模,比"五五"和"六五"时期增加一倍。"七五"时期财政总收入12280.6亿元,比计划目标11194亿元增加1086.6亿元。"八五"时期财政收入加倍增长,从3000亿

元增加到 4000 亿元规模,其中 1993 年为 4348.95 亿元,比上年增长 24.8%。五年全国财政收入超过计划 27.8%,年均增长 12.4%,高于"六五"时期年均增长 11.9% 和"七五"时期年均增长 7.9% 的速度。这一时期财政收入增长态势如表 6-2 所示。

表 6-2　1978—1993 年我国财政收入规模与增长态势

年　份	财政收入/亿元	增长率/(%)	国内生产总值/亿元	增长率/(%)	财政收入占国内生产总值的比重/(%)
1978	1132.26	29.5	3645.20	13.8	31.1
1979	1146.38	1.2	4062.60	11.5	28.2
1980	1159.93	1.2	4545.60	11.9	25.5
1981	1175.79	1.4	4891.60	7.6	24.0
1982	1212.33	3.1	5323.40	8.8	22.8
1983	1366.95	12.8	5962.70	12.0	22.9
1984	1642.86	20.2	7208.10	20.9	22.8
1985	2004.82	22.0	9016.00	25.1	22.2
1986	2122.01	5.8	10275.20	14.0	20.7
1987	2199.35	3.6	12058.60	17.4	18.2
1988	2357.24	7.2	15042.80	24.7	15.7
1989	2664.90	13.1	16992.30	13.0	15.7
1990	2937.10	10.2	18667.80	9.9	15.7
1991	3149.48	7.2	21781.50	16.7	14.5
1992	3483.37	10.6	26923.50	23.6	12.9
1993	4348.95	24.8	35333.90	31.2	12.3

注:此表中的财政收支包括国内外债务部分。
资料来源:《中国财政年鉴 2007》,中国财政杂志社 2007 年版,第 374、459 页。

表 6-2 显示,有计划商品经济时期财政收入经历三个发展阶段。1978—1984 年收入规模在 1000 亿元以上,1985—1990 年收入规模为 2000 亿元以上,1991—1993 年收入规模为 3000 亿元以上。财政收入增长稳定,没有出现负增长,最高增长年份 1978 年达到 29.5%,次高 1993 年 24.8%。但财政增长速度比不上国内生产总值增长速度,虽然个别年份高于国内生产总值增速或者持平,但大部分年份都低于国内生产总值的增

速。财政收入占国内生产总值的比重1990年以前比较高,之后出现下降态势,1992年为12.9%,与1978年比较少18.2个百分点。

有计划商品经济时期,我国经过了四个五年计划,财政收入在各时期都出现增长的态势。"七五"时期比"五五"时期增长141.3%,"八五"时期比"五五"时期增长352.4%,可谓大幅度的增长。如图6-2所示。

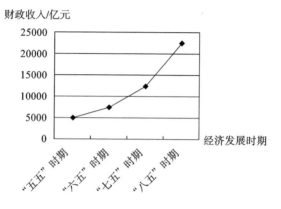

图6-2 有计划商品经济时期财政收入增长态势

三、市场经济时期财政收入快速增长

1993年,我国确立了市场经济体制改革目标,经济社会进入了一个新时期,自此到2007年世界金融危机之前,经济体制改革的"红利"突显,经济活力空前高涨,促使财政收入走上更高的水平。财政收入规模从1993年的4000多亿元依次提高到1998年的9000多亿元,1999年财政收入规模突破万亿元大关,2003年突破2万亿元大关,2005年突破3万亿元大关,2007年突破5万亿元大关,一年一个新台阶。如表6-3所示。

表6-3 1994—2007年财政收入规模与增长态势

年份	财政收入/亿元	增长率/(%)	国内生产总值/亿元	增长率/(%)	财政收入占国内生产总值的比重/(%)
1994	5218.10	20.0	48197.90	36.4	10.8
1995	6242.20	19.6	60793.70	26.1	10.3
1996	7407.99	18.7	71176.60	17.1	10.4
1997	8651.14	16.8	78973.00	11.0	11.0

续表

年　份	财政收入/亿元	增长率/(%)	国内生产总值/亿元	增长率/(%)	财政收入占国内生产总值的比重/(%)
1998	9875.95	14.2	84402.30	6.9	11.7
1999	11444.08	15.9	89677.10	6.2	12.8
2000	13395.23	17.0	99214.60	10.6	13.5
2001	16386.04	22.3	109655.20	10.5	14.9
2002	18903.64	15.4	120332.70	9.7	15.7
2003	21715.3	14.9	135822.80	12.9	16.0
2004	26396.5	21.6	159878.30	17.7	16.5
2005	31649.3	19.9	183084.80	14.5	17.3
2006	38760.2	22.5	210871.00	15.2	18.4
2007	51321.8	32.4	249529.90	18.3	20.6

注：2005—2007年的财政收入，《中国财政年鉴2012》与以上记载不同。

资料来源：《中国财政年鉴2007》，中国财政杂志社2007年版，第372、374、459页；《中国财政年鉴2008》，中国财政杂志社2008年版，第398页。

表6-3显示，财政收入快速增长，1994年为20.0%，2001年上升到22.3%，2007年高达32.4%，比1994年增加12.4个百分点。财政收入占国内生产总值的比重持续上升，由1994年的10.8%上升到1999年的12.8%，此后几乎一年增加一个百分点，2007年提高到20.6%，比1994年增加9.8个百分点。这一时期财政收入与分税制前相比出现了显著变化，1990—1993年全国财政收入年均增长13.2%，分税制改革后的1994—2007年，全国财政收入年均较上年增长19.4%，高于改革前6个百分点。分税制前1990—1993年全国财政收入年均增加400多亿元，分税制后1994—2007年年均新增财政收入超过3350亿元，可谓是改革的奇迹。

四、"新常态"时期财政收入态势的变化

2007年，由美国次贷危机引发了世界性的金融危机，中国经济出现严重的下滑态势，由此进入"新常态"时期。财政收入明显发生前后不同的变化，以这次世界金融危机为分界点，之前财政收入一直保持着总量与增速双增长的大好势头，之后随着国民经济严重下滑，财政蒙上危机的阴影，收

入总量虽然仍处于增长的态势,但增速呈现严重下滑。其变化如表 6-4 所示。

表 6-4　2008—2017 年财政收入规模与增长态势

年　份	财政收入/亿元	增长率/(%)	国内生产总值/亿元	增长率/(%)	财政收入占国内生产总值的比重/(%)
2008	61330.35	19.5	314045.4	25.9	19.5
2009	68518.30	11.7	340902.8	8.6	20.1
2010	83101.51	21.3	401513.0	17.8	20.7
2011	103874.43	25.0	473104.0	17.8	22.0
2012	117253.52	12.9	518942.1	9.7	22.6
2013	129209.64	10.2	595244.4	14.7	21.7
2014	140370.03	8.6	643974.0	8.2	21.8
2015	152269.23	8.5	689052.1	7.0	22.1
2016	159604.97	4.8	744127.2	8.0	21.4
2017	172566.57	8.1	827122.0	11.2	20.9

资料来源:《中国财政年鉴 2013》,中国财政杂志社 2013 年版,第 422、423 页;国家统计局,《中国统计年鉴 2017》,中国统计出版社 2017 年版,第 204 页;国家统计局编,《中国统计摘要 2017》,中国统计出版社 2017 年版,第 69 页;《关于 2017 年中央和地方预算执行情况与 2018 年中央和地方预算草案的报告》,财政部网站。

这一时期财政收入总规模还保持增长的态势,从 2007 年的 51321.8 亿元提高到 2008 年的 61330.35 亿元,2010 年增加到 83101.51 亿元。特别是 2011 年跨入了 10 万亿元大关,2015 年达到 15 万亿元以上,2017 年达到 17 万亿元以上,几乎一年增加 1 万亿元。财政收入占国内生产总值的比重与 1994—2007 年相比大致翻了一番,最高 2012 年达到 22.6%。在金融危机的冲击下我国财政收入还保持强劲的增长,成为世界奇观,达到令人不可思议的境界,这说明我国财政基础是牢固的,是能经得起考验的。

财政收入的增长速度明显下降,从 2007 年的 32.4% 下降到 2008 年的 19.5%,减少 12.9 个百分点。2010 年和 2011 年有所回升,但从 2014 年出现断崖式现象,出现一位数增长,依次为 8.6%、8.5% 和 4.8%,这在新中国历史上也是绝无仅有的。2017 年财政收入比上年增长 8.1%,2015—2016 年形成的增长"谷底"开始出现扭转的取向。

至此可以全面考察一下新中国成立到"十二五"时期财政收入规模的发展态势,如图6-3所示。

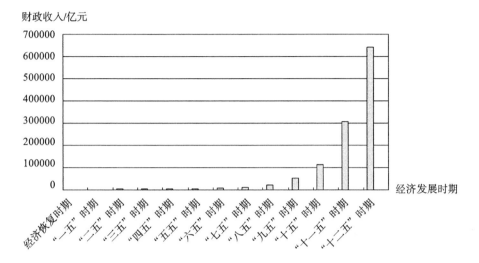

图6-3 新中国成立至"十二五"时期财政规模发展态势

资料来源:《中国财政年鉴2013》,中国财政杂志社2013年版,第422页;国家统计局编,《中国统计摘要2017》,中国统计出版社2017年版,第69页。

图6-3显示,经济恢复时期的财政收入几百亿元,与现在相比微不足道,在图上难以显示。计划经济时期的财政收入长期维持在较低的水平,有计划商品经济时期财政收入也不高,"七五"时期才上万亿元。市场经济时期财政收入开始突飞猛进,"九五"、"十五"时期初露头角,"十一五"、"十二五"时期高高崛起,充分显示了市场经济的活力和潜力,显示了改革开放的"魄力"和"红利"。

第二节 财政收入体系发展变化

财政收入体系,指财政收入的来源、范围和类别。由于国民经济结构不同,国内外财政收入体系有不同形式的划分,即使从国内来看,随着国民经济结构调整,我国各个时期财政收入体系也不尽相同,大体经历了四个阶段,即计划经济时期、有计划商品经济时期、市场经济体制确立时期和市场经济完善时期,经过不同阶段的改革发展逐渐形成与市场经济体制、公共财政体制相适应的财政收入体系。

一、计划经济时期的单一收入体系

计划经济时期的财政收入体系由两部分组成：一部分是经常性收入，主要有企业上缴的利润、各项税收和其他收入，其他收入包括规费、罚没收入、资源管理收入、公产收入和援助收入等；另一部分是非经常性收入，主要是债务收入。

（一）计划经济财政收入体系的形成

新中国成立伊始就面临着经济恢复时期，财政状况十分艰难。一方面国有企业数量有限，除了没收四大家族的企业外，接受的企业大部分是资本主义私营企业，国有经济薄弱，公有制的财政基础没有建立。私营企业虽然数量居多，但经过战争之后多面临破产或难以正常生产，能够正常生产的企业税后利润留在企业，或者通过差额税率将一部分利润以税的形式纳入财政收入。所以，这一时期来自企业的收入总量有限，1950年企业收入只是税收的17.56%，随后两年企业收入有所增加，但也没有超过税收收入。税收之所以能够成为经济恢复时期财政收入的主要来源，是由于国家对税制建设的重视。这一时期统一全国财政，使财政收入由分散走向集中，为高度集中全国财政收入打下了基础；健全税收制度，加强税收征管，特别是对盐税和关税的征管，致使税收总量超过企业收入。总的来说，经济恢复时期我国的财政收入体系处于起步初建阶段，是影响财政收入总量的主要原因。

"一五"时期，我国开始了以工业化为中心的大规模经济建设，为财政开拓了收入来源。同时，对手工业和资本主义工商业进行社会主义改造，农业实行合作化，财政收入体系发生了显著变化。国有企业上缴的利润大大增加，超过税收收入而成为财政收入体系的主要来源。如1960年企业收入为365.84亿元，税收为203.65亿元，相差162.19亿元，1972年相差128.67亿元。从此以后基本形成计划经济时期财政收入体系格局，但并不是绝对的，个别年份也有企业收入略低于税收的。这一时期债务收入和其他收入都不是主要的，只是企业收入和税收收入的补充。

总的来看，"三大改造"之前是计划经济时期建立财政收入体系的起步阶段，"三大改造"之后是形成阶段。社会主义改造基本完成后，公有制代替私有制，奠定了计划经济时期的经济基础，在这样的经济基础上正式形成了我国统收统支财政收入体系和收入机制。这种体系在当时世界范围内是少见的，有其特殊性。有些人认为它既不同于苏联东欧国家，更不同于西方私有制市场经济国家的财政收入机制,是一种特殊的收入形成机制。[①]

以公有制为基础的计划经济成分简单、所有制单一,财政收入体系也比较简单,收入来源主要有企业收入、税收收入、债务收入及其他收入四个方面。如表 6-5 所示。

表 6-5　计划经济时期财政收入体系　　　　　　　　　单位:亿元

年　份	企业收入	税收收入	债务收入	其他收入
1950	8.69	48.98	3.02	4.50
1951	30.54	81.13	8.18	13.29
1952	57.27	97.69	9.78	18.98
1953	76.69	119.67	9.62	16.88
1954	99.61	132.18	17.20	13.38
1955	111.94	127.45	22.76	9.88
1956	134.26	140.88	7.24	5.05
1957	144.18	154.89	6.99	4.13
1958	189.19	187.36	7.98	3.07
1959	279.10	204.71		3.31
1960	365.84	203.65		2.80
1961	191.31	158.76		5.99
1962	146.22	162.07		5.26
1963	172.68	164.31		5.26
1964	212.93	182.00		4.61
1965	264.27	204.30		4.75
1966	333.32	221.96		3.43
1967	218.47	196.63		4.26
1968	166.73	191.56		2.96
1969	286.74	235.44		4.58
1970	378.97	281.20		2.73

---

① 项怀诚主编:《中国财政 50 年》,中国财政经济出版社 1999 年版,第 285 页。

续表

年 份	企业收入	税收收入	债务收入	其他收入
1971	428.40	312.56		3.77
1972	445.69	317.02		3.85
1973	457.02	348.40		3.70
1974	407.26	360.40		15.48
1975	400.20	402.77		12.64
1976	338.20	407.96		30.56
1977	402.35	468.70		3.84

资料来源：财政部综合计划司编，《中国财政统计(1950—1991)》，科学出版社1992年版，第18页。

由表6-5可见，债务收入从1959年就没有了，只有企业、税收、其他三方面收入来源，且其他收入非常之少。即使按经济类型划分来看也是很简单的，主要是全民所有制、集体所有制和个体经济，来自公私合营的收入到1957年消失，私营经济收入到1958年消失，个体经济收入1955年之前每年保持几十亿元，之后每年只有几个亿，最多年份为7亿元。

(二) 计划经济时期主要的财政收入

1. 企业收入

企业收入由1950年的8.69亿元增长到1973年的457.02亿元，增长5159.1%。其中，来自工业企业的收入最多，从1950年的4.43亿元增加到1973年的346.39亿元，增长7719.2%；其次是来自铁道、交通、邮电、民航企业的收入，从1950年的0.4亿元增加到1973年的43.85亿元，增长10862.5%；再次是来自商业、粮食、外贸、银行企业的收入，从1950年的3.16亿元增加到1973年的72.69亿元，增长2200.3%。这一时期企业的收入态势如图6-4所示。

图6-4显示，企业收入有两个黄金期：一是"二五"时期，总收入1171.66亿元；二是"四五"时期，总收入2138.57亿元。改革开放以后，由于经济体制改革和企业与国家分配关系的转变，黄金时期逐渐消失。

从企业的性质来看，国有企业是财政收入主要来源，其次是集体企业，公私合营企业、私营企业收入极少。如表6-6所示。

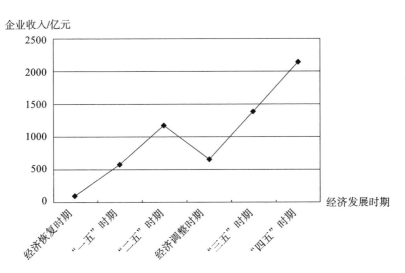

图 6-4　计划经济时期企业收入发展态势

资料来源:财政部综合计划司编,《中国财政统计(1950—1991)》,科学出版社 1992 年版,第 49 页。

表 6-6　计划经济时期不同类型企业收入占比　　　　　单位:%

时　期	全民所有制	公私合营	集体所有制	私营	个体	其他
经济恢复时期	50.1	0.9	0.8	24.4	22.7	1.1
"一五"时期	69.4	4.1	9.8	6.3	9.2	1.2
"二五"时期	87.8		10.9		0.9	0.4
经济调整时期	84.1		14.2		1.7	
"三五"时期	86.5		12.9		0.6	
"四五"时期	87.4		12.1		0.5	

资料来源:财政部综合计划司编,《中国财政统计(1950—1991)》,科学出版社 1992 年版,第 28 页。

2. 税收收入

税收收入在经济恢复时期是主要的收入来源,"一五"以后税收退居企业收入之后,而且随着国民经济公有化税制日趋简化,工商税是主要的收入,相比起来增长较快,从 1950 年的 23.63 亿元增加到 1977 年的 400.90 亿元,增长 1596.57%。其次是农牧业税收,从 1950 年的 19.10 亿元增加到 1977 年的 29.33 亿元,增长 53.56%。关税和盐税长期是两位数,一直到 1975 年计划经济结束。如表 6-7 所示。

表 6-7　计划经济时期税收收入　　　　　　　　单位：亿元

时　　期	税 收 收 入	工　商　税	盐　　税	关　　税	农牧业税
经济恢复时期	227.80	132.56	10.13	15.31	69.80
"一五"时期	675.07	473.58	25.77	25.04	150.68
"二五"时期	916.55	704.68	43.26	30.48	138.13
经济调整时期	550.07	441.73	18.98	14.23	75.13
"三五"时期	1126.79	907.49	39.13	30.11	150.06
"四五"时期	1741.70	1499.68	44.76	48.00	149.26

资料来源：财政部综合计划司编，《中国财政统计(1950—1991)》，科学出版社 1992 年版，第 42 页。

3. 债务收入

我国计划经济时期债务收入很少，1950 年发行的"人民胜利折实公债"，总额为两亿分，每"分"以沪、津、汉、穗、渝和西安六大城市大米（天津为小米）六市斤、面粉一市斤半、白细布四市尺和煤炭十六市斤的平均批发价的总和计算。同时向苏联举借 3 亿美元的贷款，名曰贷款，实际上给的是一些物资，苏联在五年内将机器、设备与器材按照国际市场价格分批提供给我国。第一个五年计划期间累计发行 35.44 亿元的"国家经济建设公债"，国外债务收入为 36.35 亿元，外债占同期财政总收入的 2.7%。1968 年公债全部偿清后，中国出现了"既无外债，又无内债"的时期。

（三）计划经济时期财政收入体系的特点

计划经济 30 年，我国在公有制基础上长期实行统收统支的财政体制，形成财政收入体系独特的特点。一是财政收入体系简单、范围较窄、来源细小；二是企业收入是主要的收入来源，税收处于第二位，债务和其他收入次之；三是财政体系完全建立在国有经济基础上，与社会主义公有制相适应。

二、有计划商品经济时期的多元收入体系

这一时期财政收入体系由单一趋向多元，财政收入的来源和渠道比计划经济时期丰富多样。从财政分项目收入看，增加了能源交通基金收入、预算调节基金收入、债务收入等；从财政分经济类型收入看，原来比重较小的集体所有制、个体所有制收入大大增加，原来没有的"三资"企业也成为国家的财政收入来源。

(一) 有计划商品经济时期财政收入体系的形成

从党的十一届三中全会开始实施对内改革、对外开放的政策,虽然计划经济体制还占据主要地位,但商品经济开始发挥作用。企业实行利润留成,打破了利润全额上缴的财政分配制度。国民收入分配由于提高农副产品收购价格,工农业产品"剪刀差"缩小,传统体制下工商业超额利润相对下降。私营企业、个体经济等非公有制经济迅速崛起。经济特区、经济技术开发区星罗棋布,"三资"企业迅速发展,外向型经济从无到有,改变了我国经济的单一性。新型经济打破计划经济时期的财政收入体系和机制,国家来自企业的收入下降,税收收入开始凸现;源于农副产品方面的收入减少,外向型经济和非公有制经济成为新的税收来源。所以,这一时期财政收入渠道大大拓展,来源日趋丰富,多元化的财政收入体系逐渐形成。这一时期财政收入体系如表6-8所示。

表6-8 有计划商品经济时期财政收入体系　　　　　　单位:亿元

年份	各项税收	企业收入	企业亏损补贴	能源交通基金收入	预算调节基金收入	教育附加收入	其他收入
1978	519.28	571.99					40.99
1979	537.82	495.03					113.53
1980	571.70	435.24					152.99
1981	629.89	353.68					192.22
1982	700.02	296.47					215.84
1983	775.59	240.52		93.00			257.84
1984	947.35	276.77		122.45			296.29
1985	2040.79	43.75	−507.02	146.79			280.51
1986	2090.73	42.04	−324.78	157.07			156.95
1987	2140.36	42.86	−376.43	180.18			212.38
1988	2390.47	51.12	−446.46	185.93			176.18
1989	2727.40	63.60	−598.88	202.18	91.19		179.41
1990	2821.86	78.30	−578.88	185.08	131.21		299.53
1991	2990.17	74.69	−510.24	188.22	138.53	28.01	240.10
1992	3296.91	59.97	−444.96	157.11	117.47	31.72	256.15
1993	4225.30	49.49	−411.29	117.72	102.46	44.23	191.04

资料来源:《中国财政年鉴2007》,中国财政杂志社2007年版,第376页。

表 6-8 说明,这一时期国家财政收入的项目比计划经济时期多出 4 项。按经济成分分类看,原来主要是来自全民所有制和集体所有制企业的收入,现在增加了私营经济、个体经济、"三资"企业等非公有经济收入,收入体系多元化特点非常明显。

(二)财政收入体系的新变化

这一时期财政收入体系发生了显著变化。一是国有企业的收入在下降,从 1979 年开始退居税收之后,而税收收入不断上升,1979 年开始居于财政收入的首位,成为财政收入的主体。如表 6-9 所示。

表 6-9 有计划商品经济时期税收与企业收入升降变化

年 份	各项税收/亿元	企业收入/亿元	税收超企业收入额/亿元	企业收入占税收比重/(%)
1979	537.82	495.03	42.79	92.0
1980	571.70	435.24	136.46	76.1
1981	629.89	353.68	276.21	56.1
1982	700.02	296.47	403.55	42.4
1983	775.59	240.52	535.07	31.0
1984	947.35	276.77	670.58	29.2
1985	2040.79	43.75	1997.04	2.1
1986	2090.73	42.04	2048.69	2.0
1987	2140.36	42.86	2097.50	2.0
1988	2390.47	51.12	2339.35	2.1
1989	2727.40	63.60	2663.80	2.3
1990	2821.86	78.30	2743.56	2.8
1991	2990.17	74.69	2915.48	2.5
1992	3296.91	59.97	3236.94	1.8
1993	4225.30	49.49	4175.81	1.1

资料来源:《中国财政年鉴 2007》,中国财政杂志社 2007 年版,第 376 页。

表 6-9 显示,税收收入直线上升,1984 年比 1979 年增长 76.15%,从 1985 年开始提高到 2040.79 亿元高台阶,比 1984 年增长 115.42%。至 1993 年提高到 4225.30 亿元,比 1985 年增长 107.0%;与此相反,企业收

入步步下降,从 1979 年的 495.03 亿元下降到 1985 年 43.75 亿元,下降了 91.16%。税收与企业收入差距越来越大,1979 年税收超过企业收入 42.79 亿元,至 1993 年超 4175.81 亿元。企业收入占税收收入的比重越来越小,从 1979 年的 92.0%下降到 1993 年的 1.1%。

二是国有经济收入增速在下降,非国有经济收入在上升,这一变化也十分明显,如表 6-10 所示。

表 6-10 有计划商品经济时期财政分类收入比重　　　单位:亿元

年　份	全民所有制经济	集体所有制经济	个体经济	其他经济
1978	984.79	142.40	5.07	
1979	1002.04	139.04	5.30	
1980	1007.30	146.27	6.36	
1981	1017.46	149.46	8.84	0.03
1982	1032.85	163.86	15.52	0.10
1983	1146.86	194.16	14.89	11.04
1984	1360.34	247.98	18.92	15.62
1985	1556.27	395.12	36.15	17.28
1986	1662.00	370.14	50.12	39.75
1987	1620.87	410.92	96.96	70.60
1988	1687.96	463.61	135.84	69.83
1989	1877.22	525.16	146.48	116.04
1990	2095.10	545.15	136.90	159.95
1991	2246.00	548.70	176.56	178.22
1992	2483.03	595.01	187.11	207.22
1993	3115.66	750.76	237.47	245.06

资料来源:《中国财政年鉴 1997》,中国财政杂志社 1997 年版,第 443 页。

表 6-10 显示,全民所有制收入呈上升趋势,由 1978 年的 984.79 亿元上升到 1993 年的 3115.66 亿元,增长 216.4%;集体所有制收入由 1978 年的 142.40 亿元上升到 1993 年 750.76 亿元,增长 427.2%;个体经济收入

由 1978 年的 5.07 亿元上升到 1993 年 237.47 亿元,增长 4583.8%;其他经济类型收入由 1983 年的 0.03 亿元上升到 1993 年的 245.06 亿元,增长 816766.7%。集体所有制、个体和其他经济收入规模虽然没有全民所有制经济收入大,但增速非常快,这种变化是多种经济成分同时发展的结果。

三是来自工商业的超出利润收入在下降。计划经济时期粮食统购统销政策下,政府可以通过农副产品低价统购和低价统销,降低工业原材料投入成本和商业经营成本,产生工商业高额利润。财政部门通过统收将工商业的高额利润集中起来,形成超常水平的财政收入。改革开放以后,为了调整国民收入分配格局,开始提高农副产品收购价格,如棉花 1978 年统购价和供应价各提高 10%,1979 年统购价格又提高 17%,1980 年再次提高 10%。① "剪刀差"开始缩小,打破了原来的财政收入机制,工商业原材料价格上升、成本增加,工商业超常利润相对下降,致使国家来自这部分的收入开始减少。

由此可知,有计划商品经济时期的财政收入体系是以税收收入为主体的税收体系。换言之,这一时期的财政收入体系从企业上缴利润为主转向以税收收入为主的收入体系。

(三) 主要的财政收入

1. 税收收入

这一时期税收收入成为财政收入体系的主要来源,这个变化是从 1979 年开始的,从此税收收入远远超过来自企业的收入。1979 年至 1984 年税收收入规模在 500 亿~1000 亿元,从 1985 年开始突破 2000 亿元的水平,并连续保持稳定增长的态势。1992 年上升到 3296.91 亿元,1993 年上升到 4225.3 亿元,一年增加 1000 亿元左右。1993 年比改革开放初的 1978 年增长 713.68%,可谓突飞猛进,税收收入与企业收入形成鲜明的对比。其变化如图 6-5 所示。

这一时期税收收入也走向多元化,除了原有的工商税、农牧业税、关税、盐税、契税以外,增加了许多新税种,如国营企业所得税、国营企业调节税、烧油特别税、建筑税、特别消费税、产品税、增值税、营业税、消费税,农牧业方面新增农业特产税、耕地占用税等,税收本身已经构成一个丰富的收入体系,如表 6-11 所示。

---

① 项怀诚主编:《中国财政 50 年》,中国财政经济出版社 1999 年版,第 306 页。

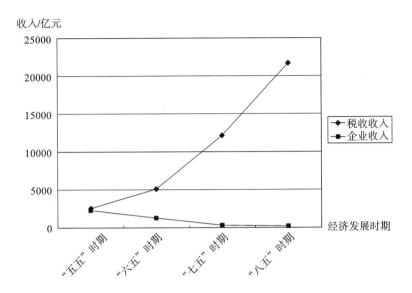

图 6-5　1978—1993 年税收收入与企业收入发展态势

资料来源：财政部综合计划司编，《中国财政统计(1950—1991)》，科学出版社 1992 年，第 22 页；《中国财政年鉴 2007》，中国财政杂志社 2007 年版，第 377 页。

表 6-11　有计划商品经济时期税收体系　　　　　　　　　　　单位：亿元

税　　种	"五五"时期	"六五"时期	"七五"时期	1979—1991 年
合计	2502.03	5093.64	12143.94	21364.15
工商税	2176.93	3719.13	7830.71	14548.53
国营企业所得税		513.80	2605.77	3690.14
国营企业调节税		82.04	311.47	450.53
烧油特别税		63.60	68.61	142.12
盐税	51.53	48.67	46.12	121.93
关税	129.52	463.66	789.56	1500.03
农牧业税	144.05	167.58	314.82	657.23
建筑税		35.16	146.94	212.86
特别消费税			29.94	40.78

资料来源：财政部综合计划司编，《中国财政统计(1950—1991)》，科学出版社 1992 年版，第 42 页。

如表 6-12 所示，这一时期税收体系中以产品税、增值税、营业税为主的流转税渐露头角,成为这一时期的主要税收,特别是增值税的设置有着重大的意义。

表 6-12　1985—1993 年产品税、增值税、营业税收入　　　单位:亿元

年　份	产　品　税	增　值　税	营　业　税
1985	594.60	147.70	211.07
1986	546.59	232.19	261.07
1987	533.26	254.20	302.00
1988	480.93	384.37	397.92
1989	530.28	430.83	487.30
1990	580.93	400.00	515.75
1991	629.41	406.36	564.00
1992	693.25	705.93	658.67
1993	821.42	1081.48	966.09

资料来源:《中国财政年鉴2007》,中国财政杂志社 2007 年版,第 380 页。

表 6-12 所示,增值税由 1985 年的 147.70 亿元增加到 1993 年的 1081.48 亿元,增长 632.21%;产品税由 594.60 亿元增加到 821.42 亿元,增长 38.15%;营业税由 211.07 亿元增加到 966.09 亿元,增长 357.71%。

农业方面的税收包括农牧业税、契税、农业特产税、耕地占用税,收入呈缓慢增长态势,如表 6-13 所示。

表 6-13　1986—1993 年农业税体系　　　单位:亿元

年　份	农业税收	农牧业税	契　税	农业特产税	耕地占用税
1986	44.52	44.22	0.30		
1987	50.81	48.96	0.45		1.40
1988	73.69	46.90	0.68	4.95	21.16
1989	84.94	56.81	0.95	10.25	16.93
1990	87.86	59.62	1.18	12.49	14.57
1991	90.65	56.65	1.89	14.25	17.86
1992	119.14	70.10	3.61	16.21	29.22
1993	125.74	72.65	6.21	17.53	29.35

资料来源:《中国财政年鉴2007》,中国财政杂志社 2007 年版,第 380 页。

表 6-13 所示,农业税类收入从 1986 年的 44.52 亿元增加到 1993 年的 125.74 亿元,增长 182.43%;农牧业税由 44.22 亿元增加到 72.65 亿元,增长 64.29%。

2. 国有企业收入

与税收收入如日中天相比,来自企业的收入夕阳西下,一步步退居二线。1978—1984 年出现负增长,增长 －51.66 亿元。1985—1993 年每年上缴国家的利润只有几十亿元,1992 年比 1978 年增长 －91.42%。企业收入下降是国有企业改革形成的,这一时期主要向国家缴税,上缴利润的数额减少,国有企业上缴的各种税在统计时划分在税收中,不再单独出现。

3. 政府基金收入

这一时期基金收入还不多,主要是能源交通重点建设基金和预算调节基金。能源交通重点建设基金 1983 年只有 93 亿元,1984 年进入百亿元,最高 1989 年增加到 202.18 亿元。以后逐渐减少。预算调节基金 1989 年开始收入为 91.19 亿元,1993 年上升到 102.46 亿元,以后逐渐减少。

4. 各种收费收入

改革开放后我国鼓励各级政府尽最大的努力组织收入,此项收入从计划经济时期的星火之态迅速发展为燎原之势。仅 1978 年就达到 347.1 亿元,占当年预算收入的 30.7%。1981 年预算外收入占财政总收入的比重达到 50% 以上,比 1978 年增加 20 个百分点。1987 年,比重上升到 92.2%,1988 年达到 100.1%,1991 年达到 102.9%,1992 年达到 110.7% 新高,增速超过同年国内生产总值和预算内收入的增速。如表 6-14 所示。

表 6-14　1978—1993 年各种收费收入增长态势

年　份	收费规模 /亿元	收费规模占国内生产总值比重/(%)	增长速度 /(%)	预算内收入增长速度 /(%)	相当于当年预算内收入的比重/(%)
1978	347.1	9.5	11.5	29.5	30.7
1979	452.9	11.1	30.5	1.2	39.5
1980	557.4	12.3	23.1	1.2	48.1
1981	601.1	12.3	7.8	1.4	51.1
1982	802.7	15.1	33.5	3.1	66.2
1983	967.7	16.2	20.6	12.8	70.8
1984	1188.5	16.5	22.8	20.2	72.3

续表

年 份	收费规模/亿元	收费规模占国内生产总值比重/(%)	增长速度/(%)	预算内收入增长速度/(%)	相当于当年预算内收入的比重/(%)
1985	1530.0	17.0	28.7	22	76.3
1986	1737.3	16.9	13.5	5.8	81.9
1987	2028.8	16.8	16.8	3.6	92.2
1988	2360.8	15.7	16.4	7.2	100.1
1989	2658.8	15.6	12.6	13.1	99.8
1990	2708.6	14.5	1.9	10.2	92.2
1991	3243.3	14.9	19.7	7.2	102.9
1992	3854.9	14.3	18.9	10.6	110.7
1993	1432.5	4.1	−62.8	24.8	32.9

资料来源:根据历年《中国财政年鉴》的数据计算整理。

从表6-14数据显示,这一时期"三乱"(乱收费、乱摊派、乱罚款)非常普遍且严重。1993年出现一个断崖是因为1993年以后企业性收入不再作为预算外资金,不过这是暂时的,预算外资金仍然潜伏着巨大的活力。

5. 债务收入

改革开放以后我国为了解决经济快速发展资金不足的问题,结束了从1968年到1981年长达13年无内债的时期,开始发行公债,筹集发展经济的资金。"六五"时期发行国库券合计237.21亿元。[1] "七五"时期发行751.78亿元,是"六五"时期的3倍多,占"七五"时期财政总收入的6%。[2] 这一时期我国的内外债规模如表6-15所示。

表6-15　1979—1993年我国内外债务发展态势　　　单位:亿元

年 份	债 务 额	国内债务	国外债务	国内其他债务
1979	35.31		35.31	
1980	43.01		43.01	
1981	73.08		73.08	

[1] 宋新中主编:《当代中国财政史》,中国财政经济出版社1997年版,第396页。
[2] 宋新中主编:《当代中国财政史》,中国财政经济出版社1997年版,第535页。

续表

年 份	债 务 额	国内债务	国外债务	国内其他债务
1982	83.86	43.83	40.03	
1983	79.41	41.58	37.83	
1984	77.34	42.53	34.81	
1985	89.85	60.61	29.24	
1986	138.25	62.51	75.74	
1987	169.55	63.07	106.48	
1988	270.78	92.17	138.61	40.00
1989	282.97	56.07	144.06	82.84
1990	375.45	93.46	178.21	103.78
1991	461.40	199.30	180.13	81.97
1992	669.68	395.64	208.91	65.13
1993	739.22	314.78	357.90	66.54

资料来源：财政部综合计划司编，《中国财政统计(1950—1991)》，科学出版社1992年版，第52页；《中国财政年鉴2013》，中国财政杂志社2013年版，第431页。

总的来看，这一时期我国的债务规模不算太大，1985年以前（包括1985年）不到百亿元，1986年进入百亿元台阶。1993年达到739.22亿元，内债与外债几乎各占半壁。

(四) 有计划商品经济时期财政收入体系的特点

改革开放后新形成的财政收入体系呈现出新特点。一是形成了以税收收入为主要来源的财政收入体系。这一时期完成了财政收入体系由企业收入为主向税收收入为主的转型过程，税收型的财政收入体系开始形成，说明我国的财政收入已成为税收型收入，从此向税收国家迈进。二是财政收入体系出现多元化。收入来源大大扩充，财政收入体系越来越丰富。三是财政收入体系存在着一定的离散状态。即预算外收入和预算内收入齐头并进，预算外收入离预算内收入越来越远。四是财政收入体系不规范。表现在财政收入体系不断扩充、膨胀，出现数以百亿计的不合理收费，财政收入体系庞杂，影响财政收入质量。

三、市场经济体制建立时期的规范收入体系

1994—2002年是我国构建与社会主义市场经济体制相适应的财政收

入体系的重要阶段。1992年社会主义市场经济体制目标的确立,对财政收入体系的建设提出了新的要求,财政收入体系通过改革完善逐步走向规范化。

(一) 规范化财政收入体系的形成

这一时期为了加强财政收入体系的规范化,我国进行了一系列改革,通过税收制度全面改革初步建立了适应社会主义市场经济体制要求的新税制,进一步确立了税收收入在财政收入中的主体地位;以规范税费关系为主线的税费改革启动,特别是农村税费改革规范了政府收入行为;国有资产管理不断得到加强,开始探索建立国有资产收益收缴制度;国债和外债管理日趋规范。在此基础上,逐步形成了统一规范的财政收入体系,"统一"是指内外资企业实行统一的纳税标准;"规范"是指不合理的收入(如不合理的收费、不规范的基金等)减少,财政收入体系比放权让利时期趋于健康。

(二) 规范化财政收入体系的变化

这一时期财政收入体系与有计划商品经济时期有相同的地方,也有不同的地方。相同的是税收仍然是财政收入体系的主脉,这是以后各时期不会改变的框架。不同之处:一是企业收入到1994年完全消失;二是基金收入由下降到消失;三是教育附加收入呈现上升的趋势;四是其他收入增长较快。如表6-16所示。

表6-16 1994—2002年财政收入体系变化态势　　　　单位:亿元

年份	总收入	各项税收	企业亏损补贴	能源交通重点建设基金收入	预算调节基金收入	教育附加收入	其他收入
1994	5218.10	5126.88	−366.22	53.96	59.10	64.20	280.18
1995	6242.20	6038.04	−327.77	17.42	34.92	83.40	396.19
1996	7407.99	6909.82	−337.40	3.78	11.09	96.04	724.66
1997	8651.14	8234.04	−368.49			103.29	682.30
1998	9875.95	9262.80	−333.49			113.34	833.30
1999	11390.08	10628.58	−290.03			126.10	925.43
2000	13395.23	12581.51	−278.78			147.52	944.98

续表

年份	总收入	各项税收	企业亏损补贴	能源交通重点建设基金收入	预算调节基金收入	教育附加收入	其他收入
2001	16386.04	15301.38	−300.04			166.60	1218.10
2002	18903.64	17636.45	−259.60			198.05	1328.74

注：能源交通重点建设基金和预算调节基金1996年停征，该年度还有少量清欠。

资料来源：《中国财政年鉴2007》，中国财政杂志社2007年版，第377页。

表6-16显示，这一时期财政收入体系中，基金收入1997年取消。教育附加收入从1994年的64.20亿元上升到2002年的198.05亿元，增长208.49%，其他收入从1994年的280.18亿元上升到2002年的1328.74亿元，增长374.25%。说明其他收入中车船使用税、房产税、屠宰税、牲畜交易税等各种小税种受到重视，体现了分税制提高地方政府积极性的作用。

(三) 市场经济体制建立时期主要财政收入

1. 税收收入

这一时期的税收收入和以前不同之处是，税收主体流转税中没有了产品税，而是增值税、营业税、消费税。同时，企业所得税、个人所得税等直接税规模也大有发展。如表6-17所示。

表6-17　1994—2002年我国主要税收收入　　　　单位：亿元

年份	国内增值税	国内消费税	营业税	企业所得税	个人所得税	关税
1994	2308.34	487.40	670.02	708.49		272.68
1995	2602.33	541.48	865.56	878.44		291.83
1996	2962.81	620.23	1052.57	968.48		301.84
1997	3283.92	678.70	1324.27	963.18		319.49
1998	3628.46	814.93	1575.08	925.54		313.04
1999	3881.87	820.66	1668.56	811.41	413.66	562.23
2000	4553.17	858.29	1868.78	999.63	659.64	750.48
2001	5357.13	929.99	2064.09	2630.87	995.26	840.52

续表

年份	国内增值税	国内消费税	营业税	企业所得税	个人所得税	关　税
2002	6178.39	1046.32	2450.33	3082.79	1211.78	704.27

资料来源:《中国财政年鉴 2013》,中国财政杂志社 2013 年版,第 427 页。

表 6-17 显示,这一时期的流转税成为税收的主流,增值税、营业税、消费税三驾马车飞速行驶,齐驱并进。特别是增值税居各种税收的首位,从 1994 年的 2308.34 亿元上升到 2002 年的 6178.39 亿元,增长 167.66%。营业税从 1994 年的 670.02 亿元上升到 1996 年的 1052.57 亿元,增长 57.10%,2002 年上升到 2450.33 亿元,比 1994 年增长 265.71%。消费税从 1994 年的 487.40 亿元上升到 2002 年的 1046.32 亿元,增长 114.67%。由此来看,这一时期形成了我国以流转税为主体的财政收入体系。企业所得税和个人所得税也初露头角,企业所得税由 1994 年的 708.49 亿元提高到 2002 年的 3082.79 亿元,增加 2374.30 亿元,增长 335.12%。个人所得税 2002 年为 1211.78 亿元,比 1999 年的 413.66 亿元增长 192.94%。

2. 预算外收入

从 1993 年开始国家财政对预算外收入管理逐步规范起来,预算外收入规模有所下降,1993 年为 1432.54 亿元,比上年减少 2422 亿元。但 1993 年以后又呈刚性增长,1996 年达 3893.34 亿元。通过对预算外收入进一步调整和"收支两条线"管理,1997 年全国预算外收入 2826 亿元,比上年下降 1067.34 亿元。至 2000 年预算外收入再次反弹到 3826.43 亿元。其增长态势如表 6-18 所示。

表 6-18　1994—2002 年预算外收入变化态势

年　份	预算外收入/亿元	预算外收入增速/(%)	预算外收入占预算内收入的比重/(%)
1994	1862.53	30.0	35.69
1995	2406.50	29.2	38.55
1996	3893.34	61.8	52.56
1997	2826.00	−27.4	32.67
1998	3082.29	9.1	31.21
1999	3385.17	9.8	29.58

续表

年 份	预算外收入/亿元	预算外收入增速/(%)	预算外收入占预算内收入的比重/(%)
2000	3826.43	13.0	28.57
2001	4300.00	12.4	26.24
2002	4479.00	4.2	23.69

资料来源：《中国财政年鉴2007》，中国财政杂志社2013年版，第410页。

表6-18显示，这一时期预算外资金收入规模呈现增长态势，特别是1994—1996年增速很快，1994年增速为30.0%，1996年达到61.8%。1996年整顿之后出现下降，但有些年份还保持两位数的增速。占预算内收入的比重也是非常可观的，1994—1998年每年都在30%以上，最高1996年达到52.56%。从1996年开始下降，由1994年的35.69%降低到2002年的23.69%。

这时期预算外收入主要有以下方面，如表6-19所示。

表6-19 1994—2002年预算外分项目收入情况 单位：亿元

年 份	预算外收入	行政事业性收费	政府性基金	乡镇自筹统筹资金	地方财政收入	国有企业和主管部门收入	其他收入
1994	1862.53	1722.50			140.03		
1995	2406.50	2234.85			171.65		
1996	3893.34	3395.75		272.90	224.69		
1997	2826.00	2414.32		295.78	115.90		
1998	3082.29	1981.92	478.41	337.31		54.67	229.98
1999	3385.17	2354.28	396.51	358.86		50.11	225.41
2000	3826.42	2654.54	383.51	403.34		59.22	325.81
2001	4300.00	3090.00	380.00	410.00		60.00	360.00
2002	4479.00	3238.00	376.00	272.00		72.00	521.00

注：1993—1995年和1996年预算外资金收支包括范围分别进行了调整，与以前各年不可比。从1997年起，预算外资金收支不包括纳入预算内管理的政府性基金（收费），与以前各年也不可比。各年收入和支出增长速度均按可比口径计算。

资料来源：《中国财政年鉴2007》，中国财政杂志社2007年版，第411页。

从表6-19可知,预算外收入中行政事业性收费规模最大,从1994年的1722.50亿元上升到1996年的3395.75亿元,增长97.1%。1998年下降到1981.92亿元,但2002年又反弹到3238.00亿元,增长63.4%。可见行政事业性收费的普遍性和严重性。

3. 公共债务收入

这一时期国债发行实现了市场化,债务成为一项主要的财政收入来源。1994年内外债规模达到1175.3亿元,突破了1000亿元大关。1998年上升到3000多亿元,2000年上升到4000多亿元,2002年国内外债务总额由1994年的1175.3亿元增加到5679.0亿元,增长383.2%。历年情况如表6-20所示。

表6-20　1994—2002年债务收入增长态势　　　单位:亿元

年　份	债务额	国内债务	国外债务	国内其他债务
1994	1175.3	1028.6	146.7	
1995	1554.4	1510.9	38.9	4.6
1996	1967.3	1847.8	119.5	
1997	2476.8	2412.0	64.8	
1998	3310.9	3228.8	82.1	
1999	3715.0	3702.1		12.9
2000	4180.1	4153.6	23.1	3.4
2001	4604.0	4483.5	120.5	
2002	5679.0	5660.0		19.0

注:从1999年开始国内其他债务项目为债务收入大于支出部分增列的偿债基金。
资料来源:《中国统计年鉴2013》,中国财政杂志社2013年版,第431页。

表6-20显示,这一时期不仅债务规模大大增加,增速也是很快的。1994年比1993年增长59.2%,2002年比1994年增长383.2%。债务收入主要是内债,1997年内债占债务总额的97.38%,2002年为99.67%。特别是1998年实施积极财政政策后,国债筹资规模更呈现快速增长态势。2002年上升到5660亿元,比1994年增长450.3%。如图6-6所示。

(四) 市场经济体制建立时期财政收入体系的特点

这一时期财政收入体系的特点与有计划商品经济时期相比,最突出的就是财政收入体系的规范化。有计划商品经济时期是我国经济"放"的阶段,尽量打破计划经济时期的束缚,给企业、地方政府、事业单位、非国有经

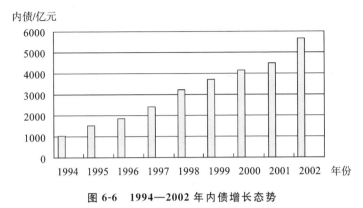

图 6-6　1994—2002 年内债增长态势

资料来源：国家统计局编，《中国统计年鉴 2013》，中国统计出版社 2013 年版，第 431 页。

济"松绑"，只要经济能发展，用什么办法都行。在这种宽松的情况下，财政收入必然多样、杂乱，不合理的、违法违规的收入难免混杂其中。市场经济体制建立后要求财政收入向规范化发展，这一时期按照规范、合理的原则，不断改革和调整财政收入管理，特别是强化对收费资金的整顿，地方政府的土地出让金等收入开始纳入预算。所以，这一时期财政收入体系已经开始步入规范化轨道。

四、市场经济体制完善时期公共财政收入体系

2003 年，国务院颁布完善社会主义市场经济体制方案，我国市场经济体制由建立时期进入完善时期，公共财政按照完善市场经济体制的要求，在深化改革的基础上建立符合公共财政职能的财政收入体系，形成以税收为主体、政府收费为辅助、其他收入为补充的财政收入体系。

（一）公共财政收入体系的形成

我国财政改革进入这一时期发生了很大的变化。从财政收入公共化看，国有企业上缴利润经过"利改税"以后不再是财政收入的基本形式，虽然国有企业开始通过资本经营预算向国家财政上缴 10% 的利润，但这是国家以产权所有者的身份通过股份形式获取的分红，不可视为企业上缴的利润。政府收费制度在这一时期也发生很大变化，20 世纪 90 年代政府收费急剧膨胀、严重失控的局面正在得到整顿和控制，向着适度收费的方向发展。同时，政府收费的项目、种类和形式也在发生变化，政府收费中包含的计划经济时期的成分通过改革逐步取消，代之以政府的各种规费。

从税收制度的公共化看，一是复合税制的完善，进一步符合市场经济

体制对税制的要求;二是追求公平税负,税收从计划经济时期的对不同经济成分"区别对待"转变为"一视同仁",对所有的经济成分都给予同等待遇,如内资企业所得税的统一、内外资企业所得税的统一,越来越接近国际通行税制的模式;三是税制不再干预市场价格,如不再干预市场机制对资源的配置,不再扭曲市场的正常运行,计划经济时期那种以税收配合计划价格的做法基本没有了;四是税制的正规化,税收的特殊形式如各种基金得到减少和控制,说明这一时期开始将税收形式纳入规范化轨道加以管理。

从税制结构方面的变化看,一是形成了以流转税(增值税)为主、所得税为辅的税制格局,不再是计划经济时期以单一的"工商税"为主的税制格局。二是流转税转变为以增值税课税为主,符合市场经济的根本要求,与国际上流转税改革潮流相适应。三是所得税成为一种普遍的税收,越来越成为主要的税种类型。我国所得税在改革开放前还是一个小税种,只对非公有制经济征收。个人所得税在20世纪80年代才开始征收,从20世纪90年代到21世纪迅速发展,在整个税收中的地位和作用不断提高,所得税制度大幅度向规范化模式转化。四是财产税、行为税和资源税等在计划经济时期几乎不存在,有之也微不足道。在市场化改革中不仅有的旧税制按照市场化和公共化的要求得到改革,而且一些新的税种开始出现,征收范围不断扩大,收入不断增长。五是税收制定方面,改革开放前是按照国家计划的要求制定,即按照政府计划课税,这一时期开始转变为按照税法征税,即"依法课税"。① 特别是党的十八大以来坚持税收"立法在先"原则,任何一种税收通过人大立法才能开征。这些都是我国市场经济体制完善时期财政收入公共化的表现,按照规范化的公共财政制度衡量虽然与国际上还存在差距,但这样的发展趋势是值得肯定的。我国财政收入制度和税收制度公共化的发展,是公共化财政收入体系形成的基础。

(二)公共财政收入体系的变化

这一时期财政收入体系的重大变化是企业收入消失,能源交通重点建设基金、预算调节基金收入在2003年前就停止,从2007年开始,国家财政收入体系与之前是完全不同的格局,②各种税收成为财政收入体系的主流

---

① 参阅张馨主持:《构建公共财政框架问题研究》,经济科学出版社2004年版,第127-131页。

② 《中国财政年鉴2013》已无这样的统计,改为中央与地方各种税收,可知各种税收成为财政收入的主体。

收入。如表 6-21 所示。

表 6-21　2003—2012 年我国财政收入体系变化态势　　　　　　单位：亿元

年份	财政总收入	各项税收	企业亏损补贴	能源交通重点建设基金收入	预算调节基金收入	教育附加收入	其他收入
2003	21715.25	20017.31	-226.38			232.39	1691.93
2004	26396.47	24165.68	-217.93			300.40	2148.32
2005	31649.29	28778.54	-193.26			356.18	2707.83
2006	38760.20	34804.35	-180.22			446.85	3689.22
2007	51321.78	45621.97	-277.54			556.91	5420.44
2008	61330.52	54223.79	-157.00			650.85	6612.88
2009	68518.30	59521.59				754.05	8242.66
2010	83074.51	73210.79				927.52	8936.20
2011	103874.43	89738.89					
2012	117253.52	100614.00					

资料来源：《中国财政年鉴 2007》，中国财政杂志社 2007 年版，第 377 页；《中国财政年鉴 2009》，中国财政杂志社 2009 年版，第 478 页；《中国财政年鉴 2011》，中国财政杂志社 2011 年版，第 449 页；《中国财政年鉴 2013》，中国财政杂志社 2013 年版，第 422、427 页。

(三) 主要财政收入

1. 税收收入

与市场经济体制建立时期相比，我国的流转税初现威力，其规模从百亿元升至千亿元。这一时期增值税至 2005 年上升到 10792.11 亿元的新水平，比上年增长 19.67%。2008 年至 2012 年在世界金融危机冲击下，增值税不但没有受到影响，反而在稳步增长，2010 年至 2013 年保持在 20000 亿元以上，2014 年上升到 30000 亿元以上，2016 年上升到 40712.08 亿元。2016 年与 2003 年相比，超出 33475.54 亿元，增长 462.59%。2017 年达到 56378.0 亿元，与 2003 年相比超出 49141.46 亿元，增长 679.07%。新的税收体系已经形成，如表 6-22 所示。

表 6-22　市场经济体制完善时期税收体系　　　　　单位:亿元

年份	税收收入	国内增值税	国内消费税	营业税	企业所得税	个人所得税	关税
2003	20017.31	7236.54	1182.26	2844.45	2919.51	1418.03	923.13
2004	24165.68	9017.94	1501.90	3581.97	3957.33	1737.06	1043.77
2005	28778.54	10792.11	1633.81	4232.46	5343.92	2094.91	1066.17
2006	34804.35	12784.81	1885.69	5128.71	7039.60	2453.71	1141.78
2007	45621.97	15470.23	2206.83	6582.17	8779.25	3185.58	1432.57
2008	54223.79	17996.94	2568.27	7626.39	11175.63	3722.31	1769.95
2009	59521.59	18481.22	4761.22	9013.98	11536.84	3949.35	1483.81
2010	73210.79	21093.48	6071.55	11157.91	12843.54	4837.27	2027.83
2011	89738.89	24266.63	6936.21	13679.00	16769.64	6054.11	2559.12
2012	100641.28	26415.51	7875.58	15747.64	19654.53	5820.28	2783.93
2013	110530.70	28810.13	8231.32	17233.02	22427.20	6531.53	2630.61
2014	119175.31	30855.36	8907.12	17781.73	24642.19	7376.61	2843.41
2015	124922.20	31109.47	10524.16	19312.84	27133.87	8617.27	2560.84
2016	130360.73	40712.08	10217.23	11501.88	28851.36	10088.98	2603.75
2017	172566.57	56378.00	10225.00		32111.00	11966.00	2998.00

资料来源:国家统计局编,《中国统计年鉴2017》,中国统计出版社2017年版,第207页;财政部网站。

2. 非税收入

政府非税收入是指除税收和政府债务收入以外的财政收入,是由各级政府、国家机关、事业单位、代行政府职能的社会团体及其他组织依法利用政府权力、政府信誉、国家资源、国有资产或提供特定公共服务和准公共服务取得的财政资金。这一时期具体包括行政事业性收费、政府性基金、国有资源有偿使用收入、国有资本经营收益、彩票公益金、罚没收入、以政府名义接受的捐赠收入、主管部门集中的收入、政府财政资金产生的利息收入等。自1999年以来,国家对非税收入采取"收支两条线"管理,有六大项非税收入纳入预算,形成了规范的非税收入体系。如表6-23所示。

表 6-23 市场经济体制完善时期非税收入体系　　　　单位:亿元

年　份	非税收入	专项收入	行政事业性收费	罚没收入	其他收入
2007	5699.80	1241.85	1897.35	840.26	1720.34
2008	7106.56	1554.10	2134.86	898.40	2519.20
2009	8996.71	1636.99	2317.04	973.86	4068.82
2010	9890.72	2040.74	2996.39	1074.64	3778.95
2011	14136.04	3056.41	4039.38	1301.39	5738.86
2012	16639.24	3232.63	4579.54	1559.81	7267.26

资料来源:《中国财政年鉴2013》,中国财政杂志社2013年版,第444页。

表 6-23 显示,非税收入总额呈直线上升态势,2012年比2007年增长191.93%。各项非税收入也呈上扬态势,其中行政事业性收费2012年比2007年增长141.37%,专项收入增长160.31%,罚没收入增长85.63%,其他收入增长322.43%。

3.公共债务收入

债务总额2005—2014年保持在30000亿~100000亿元之间,至2015年达到10万亿元以上,2016年达到120066.75亿元,比2005年超出87452.54亿元,增长268.14%。其中,国内债务由2005年的31848.59亿元增加到2016年的118811.24亿元,超出86962.65亿元,增长273.05%;国外债务由2005年的765.62亿元增加到2016年的1233.51亿元,超出467.89亿元,增长61.11%。如表6-24所示。

表 6-24 2005—2016中央债务总额增长态势

年份	债务余额	国内债务/亿元	国外债务/亿元	国内债务增速/(%)	国外债务增速/(%)	国内债务占比/(%)	国外债务占比/(%)
2005	32614.21	31848.59	765.62			97.7	2.3
2006	35015.26	34380.24	635.02	7.9	−17.1	98.2	1.8
2007	52074.65	51467.39	607.26	49.7	−4.4	98.8	1.2
2008	53271.54	52799.32	472.22	2.6	−22.2	99.1	0.9
2009	60237.68	59736.95	500.73	13.1	6.0	99.2	0.8
2010	67548.11	66987.97	560.14	12.1	11.9	99.2	0.8

续表

年份	债务余额	国内债务/亿元	国外债务/亿元	国内债务增速/(%)	国外债务增速/(%)	国内债务占比/(%)	国外债务占比/(%)
2011	72044.51	71410.80	633.71	6.6	13.1	99.1	0.9
2012	77565.70	76747.91	817.79	7.5	29.0	99.0	1.0
2013	86746.91	85836.05	910.86	11.8	11.4	98.9	1.1
2014	95655.45	94676.31	979.14	10.3	7.5	99.0	1.0
2015	106599.59	105467.48	1132.11	11.4	15.6	99.0	1.0
2016	120044.75	118811.24	1233.51	12.7	9.0	99.0	1.0

注：本书所言债务是中央债务，不包括地方政府债务。

资料来源：《中国财政年鉴2013》，中国财政杂志社2013年版，第431页；国家统计局编，《中国统计年鉴2017》，中国统计出版社2017年版，第213页。

相比之下，国内债务是主要的，占债务总额的97%以上，国外债务规模始终很小，2006—2008年是负增长，占债务总额比重一般年份为1%左右。债务收入体系呈现内债大、外债小的格局。

（四）公共财政收入体系的特点

这一时期我国财政收入体系与以往各时期相比，公共化特点非常显著。这主要体现在：一是财政收入格局的公共化，即由计划经济时期的"利税并重"发展为"税主费辅"的格局。计划经济时期利润和税收两大形式主导了整个财政收入，至此税收主导着整个财政收入。二是税制的公共化，即体现税负公平、不干预市场价格、税收形式规范化、符合国际通行的税收模式等。三是符合公共财政的要求。在公共财政框架下，财政收入主要由税收、公债和规费组成，我国的财政收入体系已基本达到了这样的格局，符合公共财政的要求。这三个方面足以说明这一时期的财政收入体现了公共性，应该说这一时期我国的财政收入体系是按照市场经济体制和公共财政的要求完善起来的，换言之，我国符合市场经济体制要求和公共财政职能的财政收入体系基本建立。

第三节 财政收入结构发展变化

财政收入结构，指财政收入的构成及各种收入的比例关系，由此反映出财政收入的主体,并衡量一个国家财政收入的质量。财政收入结构有广义和狭义之分,广义的财政收入结构指以价值形式表现的财政收入结构和比例关系,反映财政收入中不同收入来源之间、不同收入形式之间的比例关系。狭义的财政收入结构指财政收入的形式结构,即税收收入与非税收入之间的协调关系。影响财政收入结构因素很多,经济基础、产业结构、经济管理、税制变化等都与财政收入结构有关系。新中国70年各时期的财政收入结构不同,通过各时期财政收入结构的考察可以看出我国财政收入的组成和质量的提升。

一、计划经济时期企业利润为主的收入结构

我国计划经济时期的财政收入结构比较简单,主要由税收收入、企业收入、债务收入和其他收入构成。其中,从整体趋势上,企业收入占最大的比重,是财政收入的主体。如表6-25所示。

表6-25 计划经济时期我国财政收入结构　　单位:%

年　份	税收收入	企业收入	债务收入	其他收入
1950	75.1	13.4	4.6	6.9
1951	60.9	22.9	6.2	10.0
1952	53.2	31.2	5.3	10.3
1953	53.7	34.4	4.3	7.6
1954	50.4	38.0	6.5	5.1
1955	46.9	41.1	8.4	3.6
1956	49.0	46.7	2.5	1.8
1957	49.9	46.5	2.3	1.3
1958	48.3	48.8	2.1	0.8
1959	42.0	57.3		0.7
1960	35.6	63.9		0.5
1961	44.6	53.7		1.7
1962	51.7	46.6		1.7
1963	48.0	50.5		1.5
1964	45.6	53.3		1.1
1965	43.2	55.8		1.0
1966	39.7	59.7		0.6

续表

年 份	税收收入	企业收入	债务收入	其他收入
1967	46.9	52.1		1.0
1968	53.0	46.2		0.8
1969	44.7	54.4		0.9
1970	42.4	57.2		0.4
1971	42.0	57.5		0.5
1972	41.4	58.1		0.5
1973	43.1	56.4		0.5
1974	46.0	52.0		2.0
1975	49.4	49.1		1.5
1976	52.6	43.5		3.9
1977	53.6	46.0		0.4

资料来源：财政部综合计划司编，《中国财政统计（1950—1991）》，科学出版社1992年版，第20页。

表6-25显示，虽然在1958年以前税收比重较大，但这是因为这一阶段国有企业数量还不多，对资本主义工商业的社会主义改造还没有完成，这些非国有企业都缴纳税收，因而造成税收在财政收入中的比重较高。1958年以后企业利润成为财政收入的主体，1960年企业收入高出税收收入28.3个百分点，1966年高出20个百分点。债务和其他收入比重极小，在结构中位置微不足道。

财政收入结构以企业收入为主的格局从各部门的收入比重也可以充分得到反映。我国在第一个五年计划实现工业化之后，工业生产在国民经济中的比重明显上升，财政来自工业部门的收入与日俱增，在财政收入中占据主要位置，从此奠定了计划经济时期财政收入的格局。如表6-26所示。

表6-26 计划经济时期各部门收入占财政收入比重　　　　单位：%

时 期	工业部门	农业部门	商业部门	交通运输部门	建筑部门	其他部门
经济恢复时期	32.4	25.2	21.1	4.1	0.5	16.7

续表

时　　期	工业部门	农业部门	商业部门	交通运输部门	建筑部门	其他部门
"一五"时期	44.5	14.9	22.5	7.5	0.5	10.1
"二五"时期	58.8	8.4	17.7	10.9	0.2	4.0
经济调整时期	70.6	8.3	8.1	8.9	0.2	3.9
"三五"时期	71.7	7.0	11.6	7.4	−0.1	2.4
"四五"时期	74.2	3.9	11.8	7.6	−0.1	2.6

资料来源：财政部综合计划司编，《中国财政统计(1950—1991)》，科学出版社1992年版，第36页。

来自工业部门的收入主要是工业企业上缴的利润，仅工业企业收入就达到70%以上，各部门企业收入总和就更多了。当然，也有个别年份企业收入比重低于各项税收收入比重，但无妨财政收入中企业收入的支柱地位。由此说明，计划经济时期的财政收入是以企业利润收入为主、各项税收收入为辅的结构，可以概括为"利税并重"。

二、有计划商品经济时期税收为主的收入结构

有计划商品经济时期我国财政收入的构成发生了明显变化。一是税收收入的比重明显上升。这是由于建立以流转税、所得税为主体，其他税种相配合的多税种、多环节、多层次的复合税制，税收收入明显增加。二是债务收入不断提高，比计划经济时期所占比重高出许多，成为财政收入结构中不可缺少的组成部分。三是企业收入逐年减少，在财政收入中的贡献份额日益萎缩。这是因为国有企业"利改税"后不再以上缴利润为主。四是预算外资金变得越来越庞大，一度与预算内收入等量齐观。这一时期财政收入形成一种新的结构与格局，如表6-27所示。

表 6-27　1978—1993 年财政收入结构　　　　　　　　单位：%

年份	税收收入	企业收入	企业亏损补贴	能源交通重点建设基金	预算调节基金收入	公共债务	其他收入
1978	46.3	51.0					2.7
1979	48.7	44.7				3.2	3.4
1980	52.7	40.1				4.0	3.2
1981	57.8	32.5				6.7	3.0
1982	62.3	26.4				7.4	3.9
1983	62.1	19.3		7.4		6.3	4.9
1984	63.1	18.4		8.2		5.1	5.2
1985	109.3	2.3	−27.1	7.9		4.8	2.8
1986	92.5	1.9	−14.3	6.9		6.1	6.9
1987	90.4	1.8	−16.0	7.6		7.2	9.0
1988	91.0	1.9	−17.0	7.1		10.3	6.7
1989	92.5	2.1	−20.3	6.9	3.1	9.6	6.1
1990	85.2	2.4	−17.5	5.6	4.0	11.3	9.0
1991	82.8	2.1	−14.1	5.2	3.8	12.8	7.4
1992	75.2	1.4	−10.7	3.7	2.8	16.1	11.4
1993	83.6	0.9	−8.1	2.3	2.0	13.6	5.6

资料来源：财政部综合计划司编，《中国财政统计(1950—1991)》，科学出版社 1992 年版，第 21 页；《中国财政年鉴 1994》，中国财政杂志社 1994 年版，第 404 页。

表 6-27 所示，税收收入的比重远远超过企业收入的比重，1980—1981 年为 50% 以上，1982—1984 最高达到 60% 以上。特别是 1985 年高达 109.3%，之后虽然出现小幅度下降，但仍在 70%～90% 高位运行。债务收入比重上升迅速，1987 年以前（包括 1987 年）比重是一位数，从 1988 年开始上升到两位数，最高年份达到 16.1%，比 1979 年增加 12.9 个百分点。相反，企业收入占比却是一路下跌，1984 年以前（包括 1984 年）是两位数，之后变成一位数。由此可知，这一时期财政收入不仅以税收收入为主，而且债务收入也明显上升，形成了以税收收入为主、债务收入为辅的结构。

有计划商品经济时期财政收入结构还有一个变化，就是来自国有经济的收入占主要比重但逐渐出现下降态势，来自非国有经济收入比重不大但呈现逐渐上升的态势。如表 6-28 所示。

表 6-28　有计划商品经济时期财政收入分类比重　　　　单位:%

年　　份	全民所有制经济	集体所有制经济	个 体 经 济	其 他 经 济
1978	86.8	12.7	0.5	
1979	86.5	13.0	0.5	
1980	85.4	14.0	0.6	
1981	84.4	14.7	0.9	
1982	81.6	15.1	3.3	
1983	80.1	16.0	3.0	0.9
1984	78.9	17.2	2.8	1.1
1985	73.1	21.8	4.1	1.0
1986	77.1	17.0	4.1	1.8
1987	73.6	18.4	4.6	3.4
1988	72.2	19.0	5.9	2.9
1989	70.2	18.9	6.7	4.2
1990	70.2	17.4	7.3	5.1
1991	67.4	17.1	10.1	5.4

资料来源:财政部综合计划司编,《中国财政统计(1950—1991)》,科学出版社 1992 年版,第 27 页。

全民所有制经济收入比重由 1978 年的 86.8% 下降到 1991 年的 67.4%,减少 19.4 个百分点;集体所有制经济收入由 1978 年的 12.7% 上升到 1991 年的 17.1%,增加 4.4 个百分点;个体经济收入由 1978 年的 0.5% 上升到 1991 年 10.1%,增加 9.6 个百分点;其他经济类收入由 1983 年的 0.9% 上升到 1991 年的 5.4%,增加 4.5 个百分点。这种结构说明税收收入主要来自全民所有制经济,但也反映其他经济成分的收入逐渐增加。

三、市场经济体制建立时期税债并重的收入结构

我国市场经济体制建立以后,财政收入结构又发生了显著变化。一是企业收入所占比重完全消失,二是能源交通重点建设基金收入和预算调节

基金收入在1996年以后消失,三是教育附加收入的比重也在减少。与此同时,各项税收收入仍然保持90%以上的高比重,债务收入比重从有计划商品经济时期的10%以上提升到20%以上,增长了一倍,1998年上升到30%以上。如表6-29所示。

表6-29 市场经济体制建立时期财政收入结构　　　单位:%

年份	税收收入	企业亏损补贴	能源交通重点建设基金收入	预算调节基金收入	教育附加收入	公共债务收入	其他收入
1994	98.3	−7.0	1.0	1.1	1.2	22.5	5.4
1995	96.7	−5.3	0.2	0.3	1.3	24.8	6.4
1996	93.3	−4.6	0.4	0.1	1.3	26.6	9.8
1997	95.2	−4.3			1.2	28.6	7.9
1998	93.8	−3.4			1.1	33.5	8.4
1999	93.3	−2.5			1.1	32.8	8.1
2000	93.9	−2.0			1.1	31.2	7.1
2001	93.4	−1.8			1.0	28.1	7.4
2002	93.3	−1.4			1.0	30.0	7.0

资料来源:根据《中国财政年鉴2007》(中国财政杂志社2007年版,第377页)国家财政分项目收入计算。

从表6-29可知,税收在财政收入结构中独大,标志着我国已经成为真正的税收国家,我国财政成为真正的税收财政,比西方市场经济体制国家的财政收入结构并不差。公共债务收入比重上升,与1998年应对亚洲金融危机实行积极财政政策有关,也说明这一发展趋势是市场经济下不可避免的。这一时期财政收入结构体现出"税债并重"的特点。

四、市场经济完善时期税、债、非税并驾的收入结构

在这一时期,2010年以前我国财政收入仍然保持分项目统计,财政收入由税收收入、企业亏损补贴、教育附加收入、债务收入和其他收入构成。税收收入的主体地位坚持不衰,从2006年开始虽稍有下降,但仍处于最高比重。如表6-30所示。

表 6-30　2003—2009 年财政收入结构变化态势

年份	财政收入/亿元	税收收入比重/(%)	企业亏损补贴比重/(%)	教育附加收入比重/(%)	债务收入比重/(%)	其他收入比重/(%)
2003	21715.25	92.18	−1.0	1.07	28.33	7.80
2004	26396.47	91.58	−0.8	1.14	26.06	8.14
2005	31649.29	90.93	−0.6	1.13	103.04	8.56
2006	38760.20	89.79	−0.5	1.15	90.34	9.52
2007	51321.78	88.87	−0.5	1.09	101.46	10.56
2008	61330.35	88.41	−0.3	1.06	86.86	10.53
2009	68518.30	86.87		1.10	87.91	12.03

注：债务收入 2004 年前是债务发行数，之后改为债务余额，因而比重趋高。

资料来源：《中国财政年鉴 2007》，中国财政杂志社 2007 年版，第 377 页；《中国财政年鉴 2011》，中国财政杂志社 2011 年版，第 449 页；《中国财政年鉴 2013》，中国财政杂志社 2013 年版，第 422、427 页。

从 2012 年以后财政收入不再分项目统计，企业亏损补贴、教育附加收入消失，出现了一个全新的结构。如表 6-31 所示。

表 6-31　2010—2016 年我国财政收入结构

年份	财政收入/亿元	税收收入/亿元	税收收入占财政收入比重/(%)	债务余额/亿元	债务余额占财政收入比重/(%)	非税收入/亿元	非税收入占财政收入比重/(%)
2010	83101.51	73210.79	88.1	67548.11	81.3	9890.72	11.9
2011	103874.43	89738.39	86.4	72044.51	69.4	14136.04	13.6
2012	117253.52	100614.28	85.8	77565.70	66.2	16639.24	14.2
2013	129209.64	110530.70	85.5	86746.91	67.1	18678.94	14.5
2014	140370.03	119175.31	84.9	95655.45	68.1	21192.00	15.1

续表

年份	财政收入/亿元	税收收入/亿元	税收收入占财政收入比重/(%)	债务余额/亿元	债务余额占财政收入比重/(%)	非税收入/亿元	非税收入占财政收入比重/(%)
2015	152269.23	124922.20	82.0	106599.59	70.0	27325.00	17.9
2016	159604.97	130360.73	81.7	120066.75	75.2	29244.44	18.3

注：本表中的财政收入不包括国内外债部分。

资料来源：国家统计局编，《中国统计年鉴2017》，中国统计出版社2017年版，第204、207、213页；《中国财政年鉴2013》，中国财政杂志社2013年版，第444页。

表6-31所示是当前我国财政收入新型结构，财政收入结构由税收收入、债务收入和非税收入三驾马车构成。其中，税收收入是结构中的主体，长期保持在80%以上。① 债务收入也值得注意，从每年债务余额占财政收入的比重可以看出一斑。

第四节 主要财政收入制度改革

财政收入制度是财政收入的保障，合理、科学、规范和持续的财政收入制度，不仅能够使财源得到涵养和持续，而且可以提高财政收入的数量和质量。为了使财政收入制度符合经济社会发展的需要，新中国成立以来财政收入制度不断改革与完善。

一、国有企业利润收入制度改革

我国计划经济时期，政府是国企的所有者和经营者，国企的全部利润和固定资产折旧资金的大部分都要上缴国家，由国家财政统一管理使用。国企的固定资产、流动资金、更新改造等所有经费全部由国家财政拨付，国企出现的亏损也由国家财政补贴。国企职工福利救济和奖励基金按照工资总额的固定比例提取，职工医疗、救助、住房等生活保障由企业负担。有

---

① 其他收入因为不是主要的，这里没有涉及。

计划商品经济时期对国企利润分配制度开始改革,1979年对国企实行"利润留成",1983年实行第一步"利改税",将国企利润上缴模式由利润留成改为缴纳企业所得税的模式。1984年第二步"利改税",将国企上缴国家的财政收入按11种税缴纳,通过"以税代利"将政企分配关系以税收形式规范起来。1988年开始"税利分流"改革,国家作为社会管理者向国企征缴税收,同时作为国有财产(资产)所有者参与企业税后利润分配,获取国有资产收益。不仅为建立公共收入体系奠定了制度基础,而且为加强国有资产收益管理开拓了新的路径。从1994年起,"逐步建立国有资产投资收益按股分红、按资分利或税后利润上交"的分配制度。2007年,我国正式建立国有资本经营预算制度,在国有资本经营预算框架内主要通过收入预算完成对国有资本收益的管理。包括国有独资企业按规定上缴国家的利润,国有控股、参股企业国有股权(股份)获得的股利、股息,国有产权(含国有股份)转让收入,国有独资企业清算收入(扣除清算费用)及国有控股、参股企业国有股权(股份)分享的公司清算收入及其他收入。2011年和2014年国家对国企利润上缴比例作了两次调整,利润上缴比例区间由最初的0%~10%提升至0%~25%。[①] 党的十八届三中全会要求,提高国有资本收益上缴公共财政比例,2020年提到30%。2017年,国务院决定转化部分国有资本充实社保基金,划转的企业范围主要是中央和地方国有及国有控股大中型企业,划转比例统一为企业国有股权的10%,2018年分批实施。同时探索建立对划转国有股权的合理分红机制,以维护改革发展稳定大局,保障企业离退休人员权益。

二、政府债务制度的发展完善

我国政府债务制度改革总的看是不断健全完善的过程,债务收入从财政收入的补充成为财政收入的重要组成部分、政府筹集资金的正常渠道。

计划经济时期国内债务很少,只有国民经济恢复时期1950年发行过"人民胜利折实公债",第一个五年计划时期发行"国家经济建设公债",债务形式是以物折钱,发行管理行政化。改革开放后债务制度得到恢复和发展,"六五"时期发行国库券,"七五"时期扩大和完善发行渠道,形成由中央

---

① 《财政部关于进一步提高中央企业国有资本收益收取比例的通知》(财企〔2014〕59号)规定,纳入中央国有资本经营预算实施范围的中央企业税后利润(净利润扣除年初未弥补亏损和法定公积金)的收取比例分为五类执行:第一类企业收取比例为25%;第二类企业收取比例为20%;第三类企业收取比例为15%;第四类企业收取比例为10%;第五类政策性企业免交当年应交利润。

银行、财政、邮政等部门参加的多渠道、多部门的国内公债推销网络,形成国债一级市场(发行市场)。1990年,建立国债二级市场,发行方式走向市场化,发行对象由以单位为主转向多层面,以公民个人为主,发行品种由原来单一制转变为多品种、多期限,利率设计由原来行政化制定转变为根据市场情况制定。国债制度成为发展国民经济建设、筹集财政资金的一种正常化制度。1993年确立市场经济体制后,国债发行进入新阶段。一级市场建立自营商制度,二级市场全面放开流通市场,推行国库券承购报销,实行国债无券发行,开创国债期货业务,发行"凭证式国库券"。进入21世纪后,我国债务制度进一步向市场化发展。国债品种转型升级,完全脱离实物型、低等级的债券,实施无券化、无纸化、电子化债券。债务发行渠道实行招标方式,招标利率采取多种利率即混合式利率。国债发行透明度显著提高,从2007年起将储蓄国债发行纳入季度发行计划提前公布。我国内债制度已经成熟完善,基本达到制度化、规范化、法制化。

国外债务制度也不断发展完善。我国第一个五年计划时期借外债36.35亿元,占当时财政收入的2.7%。[①]从国民经济调整时期开始中国没有外债,到20世纪70年代初随着中国同西方国家的经济交往,外债随之出现。1979年以来我国先后与日本、德国、法国、西班牙、意大利、加拿大、英国、奥地利、澳大利亚、瑞典、科威特、荷兰、芬兰、丹麦、挪威、瑞士、比利时、韩国、以色列、俄罗斯、卢森堡、波兰及北欧投资银行、北欧发展基金、法国开发署共25个国家及机构建立了政府(双边)贷款关系。"六五"时期外债总额214.99亿元。"七五"时期不仅有外国政府和国际货币基金组织的贷款,还有商业性贷款、在华外资银行贷款、国际金融租赁等。[②]举借外债坚持适度原则、效益原则、能力原则、比较原则和独立原则。"八五"时期开始在国外发行主权债券,1994年2月在美国、欧洲和亚洲发行10亿美元的全球债券,7月在日本东京首次发行600亿日元的武士债券,标志着我国主权外债发行正式开始。外债管理以1998年为界分为两个阶段,1998年以前实行分工负责、归口管理的体制,1998年以后由财政部统一负责,管理进一步科学化和精细化。

三、预算外收入制度改革

预算外收入在计划经济体制下就已有之,各地区、各部门、各单位根据

---

① 宋新中主编:《当代中国财政史》,中国财政经济出版社1997年版,第135页。
② 《中国财政年鉴》1979—1985年、1986—1990年外债收入加总。

国家有关规定,自行提取、自行使用,不纳入国家预算管理。主要包括地方财政部门按国家规定管理的各项附加收入,事业、行政单位自收自支的资金,国企主管部门管理的各种专项资金,地方和中央主管部门所属的预算外企业收入,其他按照国家规定不纳入预算的各种收入。计划经济时期,为了加强计划性,政府严格控制预算外收入,新中国初期只是几种附加费,1952年开始取消各机关单位的"小公家务",将所有的收支都纳入国家预算。1953年,我国进行大规模的经济建设和社会主义改造,为了解决某些特殊需要,预算外项目逐渐增多,主要有企业管理的专项基金、工商税附加、公路养路费。"大跃进"时期预算外资金有了较大的发展,有10余种。国民经济调整时期进一步加强管理,对预算外资金采取"纳、减、管"的办法,有的纳入预算,有的减少数额,不经中央批准不许增加项目或提高比例。[①] 1963年,所有预算外收入全部纳入国家预算,只有按国家规定实行自收自支的各种资金,如育林费、养路费、学杂费、园林收入、机关特种资金等仍由各单位安排使用,在预算以外进行管理。总的来看,计划经济时期预算外资金由不管到管,不断走向规范。

改革开放以后,为了提高各级政府组织财政收入,推动发展经济的积极性,预算外收入激增,影响了宏观经济健康发展。1983年,我国发布了第一个全国性、综合性的《预算外资金管理试行办法》,对预算外资金管理作了一系列规定。1986年,国务院发布《关于加强预算外资金管理的通知》,规定各地区、各部门对预算外资金的管理在资金所有权不变的前提下采取不同的方式,专款专用,不得将用于发展生产和事业的预算外资金发放奖金、实物和补贴等。市场经济体制确立后,国家财政对预算外资金管理进一步规范,逐步将预算外资金纳入预算内管理。1994年,财政部将83项行政收费项目纳入财政预算,同时缩小预算外资金的范围,由原来的三部分变为地方财政部门的预算外资金和行政事业单位的预算外资金两部分。[②] 1996年,预算外资金实行"收支两条线"管理,统一纳入财政部门在银行开设的财政专户存储,不进入国家金库。铁路建设基金、电力建设基金、三峡工程建设基金、民航机场管理建设费等13项数额较大的政府性基金纳入财政预算管理。地方财政部门按国家规定收取的各项税费附加统一纳入

---

① 宋新中主编:《当代中国财政史》,中国财政经济出版社1997年版,第277页。
② 财政部财政科学研究所编:《热点与对策:2007—2008年度财政研究报告》(上册),中国财政经济出版社2008年版,第512页。

地方财政预算,作为地方财政的固定收入,不再作为预算外资金。1999年,将预算外资金收入全部纳入财政专户,2000年纳入部门预算统筹管理。

四、非税收入制度改革

2002年开始将预算外资金称为"非税收入",财政不再有预算外收入的提法,从"预算外资金"到"非税收入"的概念转变,是预算外收入管理规范化的结果。对非税收入也要分步纳入财政预算管理,2004年以来财政部分批将194项行政事业性收费纳入了财政预算,中央审批的收费项目约90%已纳入预算,政府性基金、罚没收入全部纳入预算管理,通过编制综合财政预算与政府税收统筹安排。① 土地出让收入从2007年起全额纳入预算,彩票公益金从2008年起纳入预算。并明确规定,今后依法新设立或取得的非税收入一律纳入预算管理。同时,继续清理和规范收费基金,取消不合法、不合理收费项目和大部分基金项目。改革非税收入征管方式,实行"单位开票、银行代收、财政统管"的基本模式,使执收执罚行为与资金收缴分离。各部门和单位暂未纳入预算管理的非税收入实行"收支脱钩",收入全额上缴财政专户,财政部按核定的综合定额标准统筹安排预算支出。完善国有资源(资产)有偿使用制度,改变以前土地出让收入先缴入财政专户后缴入国库的办法,实行直接全额上缴国库,纳入地方政府基金预算管理,支出通过基金预算从土地出让收入中予以安排。彩票公益金按照分成比例一部分由全国社会保障基金、专项公益金、民政部和体育总局管理,地方留成由各地方省级财政部门同民政、体育部门管理。2010年以来进一步加强非税收入管理,制定《政府非税收入管理办法》,对非税收入征收、缴库和退付、预算管理等作出统一规定,进一步完善非税收入制度。完善专项基金政策,加强收费基金管理,清理规范收费基金,做好政府性基金预算编制和执行,完善土地收入管理政策,非税收入制度不断达到完善。

结　语

新中国成立70年来,财政收入发生的变化是非常显著的,财政收入规模从小到大,增长速度尤为惊人,2017年是1950年收入的2647倍。财政

---

① 财政部《关于加强政府非税收入管理的通知》,2004年。

收入体系由单一发展为多样化,是做大财政"蛋糕"的可靠基础,保障了财政收入的可持续发展。财政收入结构从国有企业利润为主转型为税收收入为主,达到结构合理、规范、稳定的水平,标志着我国已成为税收财政、税收国家。财政收入制度不断改革、规范、创新,是提高财政收入质量的制度保障。

第七章

财政支出——从大包大揽转向公共领域

财政支出是国家财政资源的配置,是政府履行其职能安排的财力投入,反映政府在一定时期内集中和使用的资源总量。财政支出的变化体现着政府职能的转变、事权与支出责任的转变、国家产业政策转变和经济结构的调整。新中国70年财政支出发生着显著的变化,支出总量呈现由规模小、增速慢到规模大、增速快的发展态势,支出范围由大包大揽逐渐收缩到公共产品和公共服务的提供,政府投资由主体地位转向弥补"市场失灵"的角色,支出效益由低差向着不断提高发展。

第一节 财政支出规模的发展态势

财政支出从计划经济时期到市场经济时期,由于经济体制的不同、经济发展的程度不同、税收制度的完善不同等原因,各个时期支出规模、增长速度、支出比重也不相同,从总的发展趋势看,支出规模越来越大,支出范围逐渐缩小。

一、计划经济时期财政支出缓慢发展

新中国是在国民政府留下的烂摊子上建立的,需要极大的财力物力来恢复,但因国家财力有限支出规模非常小。1950年总支出只有68.08亿元,而且出现赤字2.89亿元,占总支出的4%。1951年,为了保障抗美援朝战争的胜利,千方百计地组织收入,总支出达到122.49亿元,结余10.65

亿元。① 新中国第一次出现收支平衡的局面。1952年总支出为175.99亿元,比上年增长43.68%,结余7.73亿元。② 经济恢复时期总支出366.56亿元,总收入382.05亿元,结余15.49亿元。

"一五"时期,为了完成我国工业化建设目标,财政支出比三年经济恢复时期显著增加,支出规模从100亿元上升至200亿~300亿元的台阶。1953年支出220.12亿元,支出规模已经超出当时的国力,把上年财政结余列入当年预算,并安排到基本建设支出,财政预算一开始就没有平衡,为预算执行埋伏下危机,结果1月就出现赤字,到7月赤字达10.74亿元,通过增收节支、削减预算、停止追加等办法保持了收支平衡,结余2.74亿元。从1956年每年支出进入300亿元的规模,1957年支出304.21亿元,比原计划293.94亿元超支10.27亿元,通过压缩开支年终结余5.98亿元,收支实现平衡。"一五"时期总支出1345.68亿元,比原计划1286.06亿元超出59.62亿元,有力地支持了我国工业化的实现。

第二个五年计划时期,主要任务是集中力量发展生产力,毛泽东1958年提出把党和国家的工作重点转移到技术革命和社会主义建设上来。随着经济高速发展,1958—1960年财政支出出现了一个小高峰,分别为409.40亿元、552.86亿元、654.14亿元。支出增速高于收入增速,三年赤字分别为21.8亿元、65.7亿元、81.85亿元,占财政总支出比重分别为5.3%、11.9%、12.5%。③ 形成这一态势的原因除财政支出加大之外,地方部门还动用银行贷款和流动资金作了财政性开支,1958年和1959年合计100亿元。

国民经济调整时期,实行财政"六条"决定,严格控制财政支出,大幅压缩基本建设项目和投资,加强基本建设拨款管理,紧缩预算外资金,增收节支,消灭财政赤字,财政支出规模显著下降。1961—1964年财政支出维持在300多亿元,坚持不超过400亿元界限。1961年和1962年财政支出出现负增长,分别为-43.9%和-16.8%。到1965年支出规模才达到466.33亿元,比上年增长16.9%,由此形成了财政支出的"洼地"。

进入"文化大革命"十年,随着经济受损和财政收入的变动,财政支出也受到影响。1967年财政支出由1966年的541.56亿元减少到441.85亿元,负增长18.4%;1968年又减少到359.84亿元,负增长18.6%。从

---

① 宋新中主编:《当代中国财政史》,中国财政经济出版社1997年版,第100页。
② 《中国财政年鉴2012》,中国财政杂志社2012年版,第446页。
③ 《中国财政年鉴2012》,中国财政杂志社2012年版,第444页。

1969年开始随着社会局势的趋稳和生产的恢复,财政支出规模开始转向增加的趋势,此年支出525.86亿元,比1968年增加166.02亿元,正增长46.1%。1970年财政支出增加到649.41亿元,增长23.5%;1971年达到732.17亿元,增长12.7%。到1975年财政支出达到820.88亿元,成为计划经济时期支出最高的年份。1973—1975年财政支出规模又出现小高峰,而且比"大跃进"三年还高。

计划经济时期财政支出的发展态势从表7-1中可以得到清晰的反映。

表7-1　计划经济时期财政支出发展态势

年份	财政总支出/亿元	财政总支出增长率/(%)	国内生产总值/亿元	国内生产总值增长率/(%)	财政总支出占国内生产总值的比重/(%)
1950	68.08				
1951	122.49	79.9			
1952	175.99	43.7	679.0		25.9
1953	220.12	25.1	824.0	21.4	26.7
1954	246.32	11.9	859.0	4.2	28.7
1955	269.29	9.3	910.0	5.9	29.6
1956	305.74	13.5	1028.0	13.0	29.7
1957	304.21	−0.5	1068.0	3.9	28.5
1958	409.40	34.6	1307.0	22.4	31.3
1959	552.86	35.0	1439.0	10.1	38.4
1960	654.14	18.3	1457.0	1.3	44.9
1961	367.02	−43.9	1220.0	−16.3	30.1
1962	305.25	−16.8	1149.3	−5.8	26.6
1963	339.63	11.3	1233.3	7.3	27.5
1964	399.02	17.5	1454.0	17.9	27.4
1965	466.33	16.9	1716.1	18.0	27.2
1966	541.56	16.1	1868.0	8.9	29.0
1967	441.85	−18.4	1773.9	−5.0	24.9
1968	359.84	−18.6	1723.1	−2.9	20.9

续表

年份	财政总支出/亿元	财政总支出增长率/(%)	国内生产总值/亿元	国内生产总值增长率/(%)	财政总支出占国内生产总值的比重/(%)
1969	525.86	46.1	1937.9	12.5	27.1
1970	649.41	23.5	2252.7	16.2	28.8
1971	732.17	12.7	2426.4	7.7	30.2
1972	766.36	4.7	2518.1	3.8	30.4
1973	809.28	5.6	2720.9	8.1	29.7
1974	790.75	−2.3	2789.9	2.5	28.3
1975	820.88	3.8	2997.3	7.4	27.4
1976	806.20	−1.8	2943.7	−1.8	27.4
1977	843.53	4.6	3201.9	8.8	26.3

资料来源：《中国财政年鉴2012》，中国财政杂志社2012年版，第444页。

表7-1显示，计划经济时期财政支出是在低水平上缓慢增加的，即使第一个五年计划大规模的经济建设，财政支出也每年维持在200亿～300亿元以上的水平。"大跃进"时期财政支出进一步扩大，一跃到400亿～700亿元之间，出现计划经济时期财政支出第一个小高峰。从1961年开始下降，每年维持在300亿元以上。"文化大革命"时期出现的第二个小高峰也在500亿～800亿元左右，到1973—1977年每年支出达到800亿元左右。这样的支出水平是由财政收入决定的，而且受到收支平衡原则的限制，一般情况下支出不会超出收入。但也有例外，这一时期1950年、1956年、1958年至1961年、1967年、1974年至1976年都出现财政赤字，即使适应大规模经济建设和高速发展的需要超收入支出，规模也是有限的。

计划经济时期支出的特点是低支出高增长。在1971以前绝大部分年份增长率都在两位数，1951年高达79.9%，1952年和1969年增长率分别为43.7%和46.1%。其中也出现过负增长，1961年是−43.9%，1962年是−16.8%，这是经济调整压缩支出形成的。支出中一个明显的变化值得注意，就是从1972年开始财政支出增长率下降到一位数，这与周恩来、邓小平相继主持中央工作，进行大整顿、开展节约运动有关。总的来看，财政支出增长率要高于国内生产总值的增长率，国内生产总值增长率计划经济

30年中有十多年都是一位数增长,说明财政支出超过了国家实力,经济是超国力发展的。

财政支出占国内生产总值比重可以衡量我国财政状况和财力水平。计划经济时期我国财政支出占国内生产总值比重是比较高的,每年都在20%以上,最高达到1959年和1960年的38.4%和44.9%,这两年支出分别大于收入65.74亿元和81.85亿元,超额支出形成高占比。

计划经济期财政支出规模各阶段起伏较大,"二五"和"四五"时期增长快,是两个高峰。如图7-1所示。

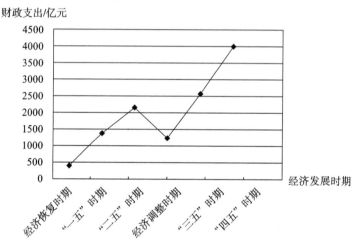

图 7-1　计划经济时期财政支出发展态势

资料来源:财政部综合计划司编,《中国财政统计(1950—1991)》,中国科学出版社1992年版,第17页。

二、有计划商品经济时期财政支出迅速扩张

1978年进入改革开放后,随着国民经济的高速发展和财政收入的快速增长,财政支出的规模和增速比计划经济时期大大加快。1978年财政支出1122.09亿元,走上千亿元的新台阶,比1977年增长33.0%,收支相抵结余10.17亿元,说明我国的财力明显增强。1979年和1980年支出规模进一步扩大,分别为1281.79亿元和1228.83亿元,出现财政赤字135.41亿元和68.9亿元,合计204.31亿元。超支的原因是偿还"文化大革命"时期的"欠账",包括扩大企业财权、调整价格、增加工资、发放奖金、安排就业等。另外的原因是没有很好地贯彻"量力而行"的原则,国家安排的基本建设支出、其他积累性开支和各项消费性开支超过收入规模。经过全国人民

努力,1981年才转亏为盈,结余37.38亿元。"八五"时期财政支出累积24387.46亿元,比"七五"时期增长89.6%。总体来看,这一时期财政支出出现扩张态势。如表7-2所示。

表7-2 1978—1993年财政支出发展态势

年 份	财政支出/亿元	财政支出增长率/(%)	国内生产总值/亿元	国内生产总值增长率/(%)	财政支出占国内生产总值的比重/(%)
1978	1122.09	33.0	3645.20	13.8	30.78
1979	1281.79	14.2	4062.60	11.5	31.55
1980	1228.83	−4.1	4545.60	11.9	27.03
1981	1138.41	−7.4	4891.60	7.6	23.27
1982	1229.98	8.0	5323.40	8.8	23.11
1983	1409.52	14.6	5962.70	12.0	23.64
1984	1701.02	20.7	7208.10	20.9	23.60
1985	2004.25	17.8	9016.00	25.1	22.23
1986	2204.91	10.0	10275.20	14.0	21.46
1987	2262.18	2.6	12058.60	17.4	18.76
1988	2491.21	10.1	15042.80	24.7	16.56
1989	2823.78	13.3	16992.30	13.0	16.62
1990	3083.59	9.2	18667.80	9.9	16.52
1991	3386.62	9.8	21781.50	16.7	15.55
1992	3742.20	10.5	26923.50	23.6	13.90
1993	4642.30	24.1	35333.90	31.2	13.14

注:此表中的财政支出不包括国内外债部分。
资料来源:《中国财政年鉴2007》,中国财政杂志社2007年版,第372、374页。

表7-2显示,财政支出总量增长可划分为三个阶段:第一阶段1978—1984年,总量保持在1000亿元以上;第二阶段1985—1989年,总量增加到2000亿元以上;第三阶段1990—1993年达到3000亿元以上,其中,1993

年为4000亿元以上,4~6年跨一个新台阶。1993年与1978年相比,增加3520.21亿元,增长313.72%。这一时期是我国经济发展的一个高峰,加快经济发展主要靠政府加大投资,结果造成财政支出超过收入,16年间有13年出现赤字,最多年份1993年赤字达293.35亿元。这种支出原则与计划经济时期相比发生巨变,由"收支平衡"逐渐向"适度赤字"转变,我国由此不再墨守成规,开始走向"赤字财政"的新路径。

财政支出的增速起伏不定,1978年增速达到33.0%,1993年为24.1%,基本保持两位数增长,但个别年份是一位数,甚至1980年和1981年出现负增长。总的来看,增速没有计划经济时期增长快,这是由于每年的支出总量大致相同。财政支出增长率与国内生产总值增长率大致相同,互有高低。财政支出总量占国内生产总值的比重出现先大后小的态势,1978—1986年都是21%以上,最高1979年达到31.55%。1987年以后逐渐下降,由1987年的18.76%下降到1993年13.14%。

这一时期财政支出呈现直线上升的态势,"五五"和"六五"时期支出分别是5000亿元以上和7000亿元以上,"七五"时期跨上了10000亿元的台阶,"八五"时期达到20000亿元以上。如图7-2所示。

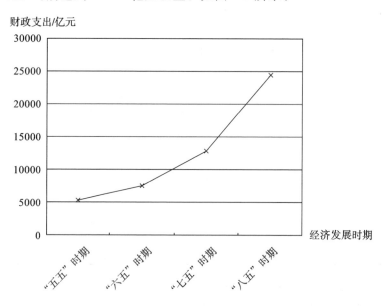

图7-2 有计划商品经济时期财政支出发展态势

资料来源:《中国财政年鉴2007》,中国财政杂志社2007年版,第373页。

三、市场经济体制建立时期财政支出高速增长

我国市场经济体制确立后,进一步激发了国民经济活力,与市场经济体制相适应,1994年实行分税制财政体制,中央与地方的财政有了明确、规范的划分,这对地方政府来说是个利好。有计划商品经济时期的"分灶吃饭"只是对地方政府的放权让利,严格地讲还不能称为地方财政,分税制后成为真正的地方财政,自己的钱自己用,地方政府投资的积极性空前高涨,因此这一时期财政支出大为可观。如表7-3所示。

表7-3 1994—2007年财政支出发展态势

年份	财政支出/亿元	财政支出增长率/(%)	国内生产总值/亿元	国内生产总值增长率/(%)	财政支出占国内生产总值的比重/(%)
1994	5792.62	24.8	48197.90	36.4	12.02
1995	6823.72	17.8	60793.70	26.1	11.22
1996	7937.55	16.3	71176.60	17.1	11.15
1997	9233.56	16.3	78973.00	11.0	11.69
1998	10798.18	16.9	84402.30	6.9	12.79
1999	13187.67	22.1	89677.10	6.2	14.71
2000	15886.50	20.5	99214.60	10.6	16.01
2001	18902.58	19.0	109655.20	10.5	17.24
2002	22053.15	16.7	120332.70	9.7	18.33
2003	24649.95	11.8	135822.80	12.9	18.15
2004	28486.89	15.6	159878.30	17.7	17.82
2005	33930.28	19.3	183084.80	14.5	18.53
2006	40422.73	19.1	210871.00	15.2	19.17
2007	49781.35	23.2	249529.90	18.3	19.95

资料来源:《中国财政年鉴2007》,中国财政杂志社2007年版,第373、374页;《中国财政年鉴2008》,中国财政杂志社2008年版,第397页。

表7-3显示,这时期14年间财政支出有10年都在万亿元以上的水平,1998—2001年每年为10000亿元以上,2002—2004年是20000亿元以上,2005年是30000亿元以上,2006—2007年是40000亿元以上。2007年比

1994年增加43988.73亿元,增长759.4%,约是改革之初1978年的44倍。财政支出增长如此之快在新中国历史上是无前例的。这一时期普遍超收入支出,赤字呈现逐年增加的态势。

财政支出增速比较稳定,除了1994年24.8%、1999年22.1%、2000年20.5%、2007年23.2%这几年较高以外,其余年份则是11%~19%。其中有9个年份高于国内生产总值的增速,5个年份低于国内生产总值增速。财政支出总量占国内生产总值的比重处于长期平稳的态势,保持在11%~20%,与财政支出增速基本保持平衡状态。

这一时期财政支出规模呈上升态势,"九五"时期总支出为57043.46亿元,比"八五"时期增长133.90%。"十五"时期总支出增加到128022.85亿元,进入十几万亿元的新台阶,比"九五"时期增长128.02%。"十一五"时期总支出进入30万亿元的高峰,达到318970.83亿元,增长149.15%。发展态势如图7-3所示。

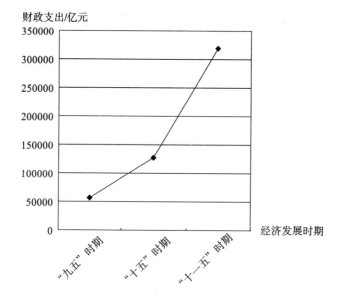

图7-3 市场经济时期财政支出发展态势

资料来源:《中国财政年鉴2007》,中国财政杂志社2007年版,第373页;《中国财政年鉴2013》,中国财政杂志社2013年版,第422页。

四、"新常态"时期财政支出达历史高峰

自2008年世界金融危机开始,我国经济进入通货紧缩状态,为了扩大

内需实施积极财政政策,财政支出增长出现强劲态势。2008—2010年为60000亿~90000亿元之间的规模,从2011年开始上升到100000亿元规模,2016年达到187755.21亿元,2017年突破20万亿元大关。如表7-4所示。

表7-4 "新常态"时期(2008—2019)财政支出发展态势

年 份	财政支出/亿元	财政支出增长率/(%)	国内生产总值/亿元	国内生产总值增长率/(%)	财政支出占国内生产总值的比重/(%)
2008	62592.66	25.7	314045.4	25.9	19.93
2009	76299.93	21.9	340902.8	8.6	22.38
2010	89874.16	17.8	401513.0	17.8	22.38
2011	109247.79	21.6	473104.0	17.8	23.09
2012	125952.97	15.3	518942.1	9.7	24.27
2013	140212.10	11.3	595244.4	14.7	23.56
2014	151785.56	8.3	643974.0	8.2	23.57
2015	175877.77	15.9	689052.1	7.0	25.52
2016	187755.21	6.8	744127.2	8.0	25.23
2017	203330.03	8.3	827122.0	11.2	24.58

资料来源:《中国财政年鉴2013》,中国财政杂志社2013年版,第422页;国家统计局编,《中国统计年鉴2017》,中国统计出版社2017年版,第204页;财政部网站。

财政支出的增长率呈现先高后低的态势,2013年以前(包括2013年)是两位数,2014年、2016年、2017年出现一位数。下降的幅度很大,从2008年的25.7%下降到2016年的8.0%,减少17.7个百分点。财政支出的增速整体上高于国内生产总值的增速,相差最大时2009年相差13.3个百分点。

财政支出占国内生产总值的比重普遍比以往提高,1994—2007年比重保持在百分之十几,而"新常态"这一时期除2008年外每年都在20%以上,2016年达到25.23%。与财政收入占国内生产总值的比重持平,如2008年财政收入占国内生产总值的比重是19.5%,财政支出占国内生产总值的比重是19.93%。

至此，可以把新中国成立到"十二五"时期财政支出态势作个整体反映，如图 7-4 所示。

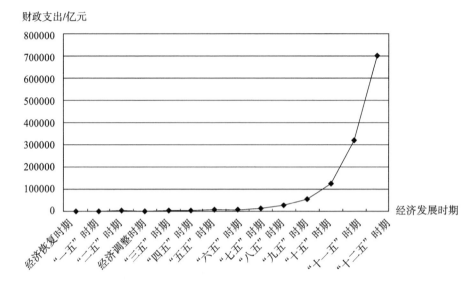

图 7-4　计划经济至市场经济时期财政支出发展态势

资料来源：《中国财政年鉴 2013》，中国财政杂志社 2013 年版，第 422 页；国家统计局编，《中国统计摘要 2017》，中国统计出版社 2017 年版，第 69 页。

图 7-4 显示，我国财政支出发展态势呈"孔雀翘尾"，前后变化很大。经济恢复时期至"八五"时期 46 年间财政支出是低水平的，虽然呈现缓慢提升，但有的时期还有所下降。如"三五"时期财政支出从"二五"时期的 2238.18 亿元下降到 1185.81 亿元，下降 47.02%。"八五"和"九五"时期开始凸显，"九五"时期财政支出达到 57043.46 亿元。"十五"时期开始大幅度上升，"十一五"时期以后崛起，"十二五"时期达到最高峰。"十一五"和"十二五"时期财政支出总额分别达到 318970.83 亿元和 703078.19 亿元的水平，充分显示了国力的强盛。

为了扩大投资应对世界金融危机，这时期我国政府大力借助于赤字，收支差不断加大。例如，2008 年赤字 1262.31 亿元，至 2013 年达到 11002.46 亿元，增长 771.61%；至 2016 年达到 28150.24 亿元，比 2013 年增长 155.85%。赤字财政在这一时期体现得尤为充分，说明理财的原则已经不是有多少钱办多少事、坚持"以支定收"或"以收定支"，而是根据需要安排支出。

第二节　财政支出体系的发展变化

财政支出体系指支出渠道和范围。我国财政支出体系自新中国成立以来，随着经济体制改革和政府职能转变发生着显著变化。在计划经济时期，国家财政是社会资源配置的主体，既是社会发展者又是生产经营者，形成了大而宽的支出体系。改革开放后，在有计划商品经济时期，支出体系开始出现变化，特别是市场经济体制建立以后，按照公共财政的要求，财政支出逐渐退出经济领域转向公共产品和公共服务，形成公共财政支出体系，由此完成了由"大而宽"到"小而专"的转型。

一、计划经济时期包揽型财政支出体系

计划经济时期实行高度集中的财政体制，国家人、财、物都集于中央财政，财政运行是"收支两条线"，一个口进一个口出，国家所有的支出由中央财政包揽，形成一个"大而宽"的支出体系。对于这样的支出体系，研究者给予了一个非常形象的比喻和描述：全社会如同一个大工厂，国家财政便是大工厂的财务部，社会再生产的各个环节都由统一的财政计划安排控制，企事业部门的财务在很大程度上失去了独立性，成为国家财政的支出环节。财政职能延伸到社会各类财务职能之中，包揽生产、投资乃至职工消费，覆盖了包括政府、企业、家庭在内的几乎所有部门的职能。[①]

（一）计划经济时期财政支出范围

这一时期的财政支出，按主要项目划分包括各部门基本建设支出，挖潜改造资金和科技三项费用，企业流动资金，地质勘探费，工业、公交、商业部门事业费，农村生产支出和农业事业费，文教科学卫生事业费，抚恤、社会福利、救济费，国防费，行政管理费，债务支出，价格补贴支出等。按国家职能分类包括经济建设支出，社会、文教支出，国防支出，行政管理支出，债务支出和其他支出。计划经济时期财政支出如表7-5所示。

[①] 项怀诚主编：《中国财政50年》，中国财政经济出版社1999年版，第290页。

表 7-5　计划经济时期财政支出主要结构　　　　　　　　单位：亿元

时期	基本建设支出	企业流动资金	挖潜改造资金和科技三项费用	地质勘探费	工业、公交、商业部门事业费	农村生产和农业事业费	文教科学卫生事业费	抚恤、社会福利、救济费	国防费	行政管理费	债务支出
经济恢复时期	86.21						29.05		138.49		4.37
"一五"时期	506.44	102.50	9.68	16.53	46.54	28.48	110.21	25.56	314.79	100.36	25.16
"二五"时期	1052.00	224.58	22.90	37.37	74.64	115.42	193.54	33.80	272.94	124.64	50.49
经济调整时期	362.53	87.55	64.37	18.82	36.51	60.40	126.89	38.13	226.04	74.01	19.17
"三五"时期	974.72	139.25	69.04	38.84	48.16	78.90	225.82	36.18	549.56	121.66	7.92
"四五"时期	1575.61	218.67	136.02	61.04	45.79	161.00	341.98	46.99	750.10	176.85	1.50

资料来源：财政部综合计划司编，《中国财政统计(1950—1991)》，科学出版社 1992 年版，第 120 页。

表 7-5 列出的各项支出只是主要的支出大类，每类中还包括各个方面。这种"大而宽"的支出体系，是从 1953 年有计划的社会主义建设和社会主义改造时期形成的，国家财政在社会资源配置中扮演全能角色，资金分配覆盖包括政府、企业、家庭在内的各类行为主体，形成以经济建设支出为重

点、大而宽的支出格局,呈现"全覆盖"特点。

(二)计划经济时期主要的财政支出

1. 基本建设支出

在计划经济体制下,政府的职能虽然包揽一切,但发展目标是有先后轻重的,重点是经济建设投入,经济建设支出中主要是基本建设拨款。这对各部门、各地区、各单位有很大的诱惑,因为和部门、地区、单位的发展有密切关系。这一时期基本建设支出如图7-5所示。

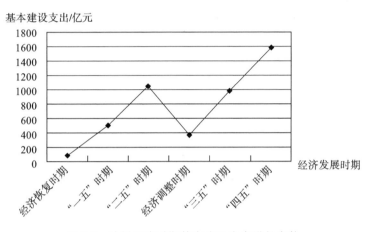

图 7-5 计划经济时期基本建设支出增长态势

资料来源:财政部综合计划司编,《中国财政统计(1950—1991)》,科学出版社1992年版,第120页。

图7-5显示,基本建设拨款出现两个高峰,一是"一五"时期到"二五"时期,"一五"时期支出为506.44亿元,比经济恢复时期多出420.23亿元,增长487.45%;"二五"时期比"一五"时期多出545.56亿元,增长107.72%。经济调整时期经过压缩经济建设支出开始回落,然后继续回升,到"四五"时期达到最高峰,支出额为1575.61亿元,超出"三五"时期600.89亿元,增长61.65%。[①] 总的来看,从"一五"时期到"四五"时期,基本建设支出增长211.11%。

2. 国防支出

新中国成立初期解放战争还没有完全结束,1950年又爆发抗美援朝战争,战争支出保持着一定的比重,虽然和经济建设支出相比所占比重明显下降,但支出规模是增长态势。从经济恢复时期的138.49亿元增加到"一

---

① 财政部综合计划司编:《中国财政统计(1950—1991)》,科学出版社1992年版,第120页。

五"时期的 314.79 亿元,"三五"时期的 549.56 亿元,至"四五"时期达到 750.1 亿元。① 其增长变化如图 7-6 所示。

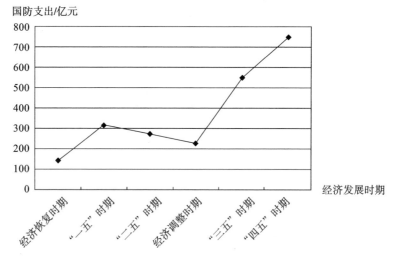

图 7-6　计划经济时期国防支出增长态势

资料来源:财政部综合计划司编,《中国财政统计(1950—1991)》,科学出版社 1992 年版,第 120 页。

3. 企业流动资金

这一时期国有企业的固定资产不仅由政府投资,而且流动资金也由财政承担。从"一五"时期通过社会主义改造资本主义工商业都成为国有企业,支出额为 102.5 亿元。"二五"时期增加到 224.58 亿元,增长 119.1%。"四五"时期仍然保持这样的规模,支出额是 218.67 亿元。增长态势如图 7-7 所示。

4. 教育科技卫生支出

计划经济时期政府不仅要发展经济,还要发展各项社会事业,教育科技卫生支出是政府社会支出中的主要支出。在经济恢复时期,这项支出就是四项主要支出(基本建设支出、教育科技卫生支出、国防费、债务支出)中的一项,而且增长较快。经济恢复时期支出额是 29.05 亿元,"一五"时期增加到 110.21 亿元,超出 81.16 亿元,增长 279.38%,之后长期保持增长态势。"三五"时期上升到 225.82 亿元,至"四五"时期达到 341.98 亿元,比"三五"时期增长 51.44%,比"一五"时期增长 210.3%。② 支出增长态势

---

① 财政部综合计划司编:《中国财政统计(1950—1991)》,科学出版社 1992 年版,第 120 页。
② 财政部综合计划司编:《中国财政统计 1950—1991》,科学出版社 1992 年版,第 120 页。

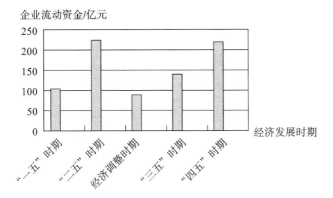

图 7-7　计划经济时期企业流动资金增长态势

资料来源：财政部综合计划司编，《中国财政统计(1950—1991)》，科学出版社 1992 年版，第 120 页。

如图 7-8 所示。

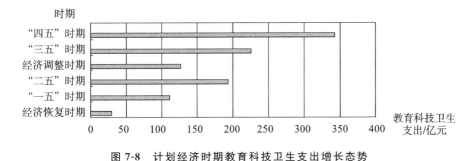

图 7-8　计划经济时期教育科技卫生支出增长态势

资料来源：财政部综合计划司编，《中国财政统计(1950—1991)》，科学出版社 1992 年版，第 120 页。

　　从图 7-8 可以看出，计划经济时期国家重点发展经济，但也是关心教育、科技、卫生、抚恤、救济和职工福利(今天称公共产品和公共服务)等方面的。这一时期在财力困难的条件下，国家财政筹集资金建立了比较完整的教育、科技、文化、卫生等社会事业体系。计划经济时期教育、科技、卫生支出合计达到 1027.49 亿元。政府不仅包揽教育、文化、卫生事业费用等，还承担着国企、国家行政事业部门职工的社会保障、住房、医疗、离退休金等有关方面的事业支出，财政负担越来越重。在财政收入有限的情况下要做到面面俱到，很自然地"撒胡椒面"，高度集中的财政收入机制与高度分散的财政支出机制相对应，结果什么都兼顾，到头来什么发展都受限制，造成计划经济时期各方面都发展缓慢。

二、有计划商品经济时期新旧交替的财政支出体系

在改革开放初期,国民经济经过"调整、改革、整顿、提高"八字方针调整后,财政支出的重点集中在基本建设、农业、归还历史欠账及支持改革方面,财政支出体系的重点也随之发生变化。

(一)财政支出体系新旧叠加

我国改革开放初期,虽然明确提出转变政府职能,发挥市场在资源配置中的基础性作用,但由于计划经济体制还占据主要地位,市场经济刚刚提出,政府职能转变处在起步阶段,财政支出体系不仅没有束身而且还在扩大,在原来的基础上又增加新内容。

表 7-6 显示,这一时期财政支出体系中旧的项目有企业流动资金、科技三项费用等,新增加的有价格补贴支出等。出现新旧交替现象的原因是由于对计划经济体制改革还没有到位,如在实际执行中政府支出的领域和范围不太明晰,不同性质的支出范围没有合理界定,既要保障行政事业单位"吃饭",又要不同程度地包办"建设",企业在改革中的"成本"也要政府支付。市场经济还只是改革的方向,这只看不见的手还靠不上,许多事情还主要靠政府这只看得见的手来支撑。

(二)有计划商品经济时期主要财政支出

1. 国家重点建设支出

我国改革开放初期经济建设曾一度掀起第二次"大跃进",经过调整加强对国家重点建设的投资,主要是能源、交通等基础设施和重点工程。从1987年起改革基本建设投资体制,建立中央基本建设基金、能源交通重点建设基金、电力建设资金等,实行专款专用。基本建设中工业、交通运输支出占据首位。基本建设支出规模在"四五"时期的基础上不断增长,成为这一时期各种主要项目中的首位,如图 7-9 所示。

从各时期的支出规模看,"五五"时期基本建设支出为 1998.13 亿元,比"四五"时期增长 26.82%;"六五"时期支出额为 2095.32 亿元,比"五五"时期增长 4.86%;"七五"时期支出额增加到 3284.67 亿元,比"六五"时期增长 56.76%。1979—1991 年基本建设支出总额达 7053.82 亿元,远远高于其他方面的支出水平,十五年间处于直线上升的态势,与当时经济跨越式发展相适应。

表 7-6 有计划商品经济时期财政支出体系的变化

单位:亿元

时期	基本建设支出	企业流动资金	挖潜改造资金和科技三项费用	地质勘探费	工业、交通、商业部门事业费	农村生产和农业事业费	文教科学卫生事业费	抚恤、社会福利、救济费	国防费	行政管理费	债务支出	价格补贴支出
"五五"时期	1998.13	266.41	289.50	97.61	89.23	345.87	576.73	104.16	867.83	257.08	28.08	
"六五"时期	2095.32	83.62	428.22	124.30	141.21	437.19	1171.73	123.50	893.74	510.49	229.35	
"七五"时期	3284.67	54.58	706.00	162.75	200.58	836.08	2439.40	219.39	1170.15	1133.21	469.50	1623.25
1976—1991年	7053.82	240.05	1467.50	369.63	438.09	1689.05	4607.51	452.63	2810.70	2110.96	974.23	1997.02

资料来源:财政部综合计划司编:《中国财政统计(1950—1991)》,科学出版社 1992 年版,第 120 页。

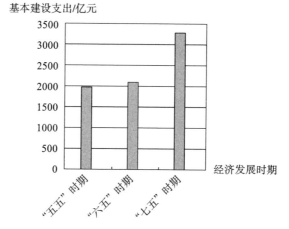

图 7-9　有计划商品经济时期基本建设支出增长态势

资料来源:财政部综合计划司编,《中国财政统计(1950—1991)》,科学出版社 1992 年版,第 120 页。

2. 增加支农支出

为配合农村改革,财政大幅度增加支持农业各项资金支出。一是增加农副产品收购价格补贴。1979 年以后国家多次提高粮棉等统购价格,购销差价由财政补贴,由于购销价差的扩大,价格补贴支出逐年增加。二是支持大江大河治理、水土保持等大型工程建设,粮、棉、油等农产品商品基地建设,农业综合开发,农业科技推广等,支出均有较大幅度的增长。三是中央和地方财政安排扶贫专款,用于支援贫困地区发展农业生产。这一时期农业支出比计划经济时期大大增加,"五五"时期农业支出从"四五"时期 161 亿元增加到 345.87 亿元,增长 114.83%,"六五"时期农业支出为 437.19 亿元,"七五"时期增加到 836.08 亿元,比"六五"时期增长 91.24%,比计划经济时期最后五年"五五"时期增长 141.73%。如图 7-10 所示。

从 1976 年至 1991 年农业支出合计 1689.05 亿元,年均 105.57 亿元,而计划经济时期 1950 年至 1976 年支出额为 444.2 亿元,年均 16.45 亿元,由此可知有计划商品经济时期财政支持农业的力度之大。

3. 教科文卫支出

这一时期国家积极推行科教兴国战略,财政加大了科技教育方面的支出。特别是对教育拨款坚持"三个增长"原则,一是各级政府安排的教育支出增长速度要高于财政经常性收入的增长速度,二是在校学生人均教育费用要逐步增长,三是保障教师工资和学生人均公用经费逐步增长。为了保

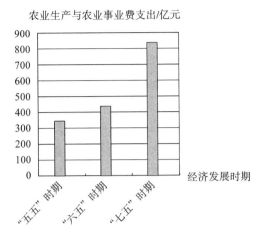

图7-10 有计划商品经济时期农业生产与农业事业费支出增长态势

资料来源：财政部综合计划司编，《中国财政统计(1950—1991)》，科学出版社1992年版，第120页。

障"三个增长"的落实，提高教育附加费的征收比例，建立周转金等制度。教育支出规模仅次于基本建设支出，1980年文教支出是经济建设支出的16.1%，1990年上升为23.9%。教育支出占财政支出1980年是9.4%，1990年上升到13.4%。[①] 有计划商品经济时期事业费支出如图7-11所示。

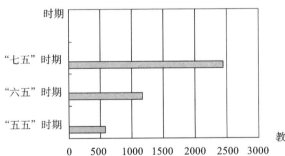

图7-11 有计划商品经济时期教科卫事业费支出增长态势

资料来源：财政部综合计划司编，《中国财政统计(1950—1991)》，科学出版社1992年版，第120页。

图7-11显示，教育、科技、卫生事业费呈现逐步上升的态势，"五五"时期支出额由"四五"时期的341.98亿元上升为576.73亿元，增长68.64%；"六五"时期增加到1171.73亿元，比"五五"增长103.17%；"七五"时期达

---

① 叶振鹏、梁尚敏主编：《中国财政改革二十年回顾》，中国财政经济科学出版社1999年版，第135页。

到 2439.4 亿元，比"六五"增长 108.19%。"五五"时期至"七五"时期合计 4187.86 亿元，"五五"时期占 13.77%，"六五"时期占 27.98%，"七五"时期占 58.25%。

4. 价格补贴支出

十一届三中全会以后对价格体系进行改革，商品价格不再由政府制定而由市场调节，带来某种程度的涨价，为了不使民众的实际生活水平因价格改革下降，政府采取补贴的方式进行协调。主要有农副产品价格补贴、农业生产资料补贴、工业产品补贴、职工生活补贴、国家批准的其他政策性价格补贴。1980 年国家补贴的商品有 38 种，加上地方的补贴多达 100 多种。20 世纪 90 年代初用于补贴的资金达 380.8 亿元，占同期财政收入的 11.5%，加上职工的房租水电，比重达到 20% 以上。①

5. 企业挖潜改造支出

有计划商品经济时期，为了充分利用和发挥现有企业的作用，促进企业技术进步，国家财政对企业挖潜改造、革新技术给予大力支持。挖潜改造和科技三项费用由"五五"时期的 289.5 亿元增加到"七五"时期的 706 亿元，增长 143.87%；1976—1991 年总支出为 1467.5 亿元，仅次于支持农村生产和各项农业事业费支出额。②

6. 支持改革开放支出

我国改革开放以后各项改革以财政改革作为"突破口"，意味着财政要承担各项改革的成本。一是支持金融体制改革。中国农业银行恢复后，财政每年核留一部分利润转作其国家信贷基金，以发展农村金融事业；中国银行设立初期，规定外汇利润暂不交财政，同时还要从国家历年核拨给银行的信贷基金中拨付一部分给中国银行；中国工商银行成立后，因解决营业设施和人员增加的需要，财政在银行收入中列支专款；中国人民保险公司恢复初期，财政对其国内保险业务的利润给予免交的照顾，而且又核留一部分利润作为国家保险总准备金。二是支持外贸体制改革。为了促进对外贸易的发展，国家财政对出口产品实行减免税和退税政策，发放扶持出口工业品生产的专项贷款，建立扶持出口商品生产周转金，实行外汇留

---

① 叶振鹏、梁尚敏主编：《中国财政改革二十年回顾》，中国财政经济科学出版社 1999 年版，第 149 页。

② 李朋主编：《财税改革十年》，中国财政经济出版社 1989 年版，第 332 页。

成,建立出口奖励制度。1979—1987年国家财政共拨付扶持生产周转金的资金达2.4亿元。三是支持社会保障制度改革。中央财政承担国家在四川进行的退休养老基金统筹费用,在退休费用统筹和合同制工人社会保险改革试点中,采取调整利率或调整利润基数等办法给予必要的财力支持。四是为适应对外开放的需要,财政除了对外商投资实行税收优惠以外,还从财力上积极支持经济特区和沿海开放城市加快基础设施建设。这些减收性、转移性支出数额非常可观。

三、市场经济体制建立时期财政支出体系重点的变化

这一时期是我国改革开放发生实质性变化的时期,也是我国改革开放的重要发展期和关键期,一是确立了市场经济体制,二是建立了公共财政框架体系,为财政支出体系改革指出了方向和奠定了基础。总体看,虽然还维持着有计划商品经济时期的支出体系框架,但支出的排序开始发生变化,即经济建设支出排序后移。

(一)市场经济体制建立时期的财政支出体系

这一时期财政支出体系仍然由基本建设支出,企业流动资金,挖潜改造资金和科技三项费用,地质勘探费,工业、交通、商业部门事业费,农村生产和农业事业费,文教科学卫生事业费,抚恤、社会福利、救济费,国防支出,行政管理费,债务支出和价格补贴支出12类组成。

表7-7显示,这一时期的重点支出是文教科学卫生支出、行政管理费、债务支出、基本建设支出、国防费。经济建设支出的排序明显靠后,反映了市场经济体制和公共财政发生了主导作用。

(二)市场经济体制建立时期财政主要支出

1. 教育科技卫生支出

这一时期科教卫生支出成为财政支出之首。其中教育支出包括教育事业费、教育基本建设投资、事业费中用于教育的支出、城市教育附加支出、支援不发达地区资金中用于教育的支出、农村教育费附加支出,科技支出包括科学事业费、科研基建费、其他科研事业费等。教育科技卫生支出"八五"时期为5203.97亿元,"九五"时期为10907.16亿元,增长109.59%;"十五"时期是23093.44亿元,比"九五"增长111.73%。如图7-12所示。

表 7-7 市场经济体制建立时期财政支出体系变化态势

(单位:亿元)

时 期	基本建设支出	企业流动资金	挖潜改造资金和科技三项费用	地质勘探费	工业、交通、商业部门事业费	农村生产和农业事业费	文教科学卫生事业费	抚恤、社会福利、救济费	国防费	行政管理费	债务支出	价格补贴支出
"八五"时期	3136.39	94.32	1735.39	261.92	396.74	1665.93	5203.97	419.64	2321.40	2906.06	2433.91	1674.07
"九五"时期	7526.14	264.96	3438.69	396.87	656.52	3141.21	10907.16	834.34	4751.27	6817.99	9116.67	3457.91
"十五"时期	16561.76	84.24	5791.46	556.99	1530.09	6641.71	23093.44	2418.32	9732.66	17509.76	15118.06	3798.13
1991—2005年	27224.29	443.52	10965.54	1215.78	2583.35	11448.85	39204.57	3672.30	16805.33	27233.81	26668.64	8930.11

资料来源:《中国财政年鉴 2007》,中国财政杂志社 2007 年版,第 382、396 页。

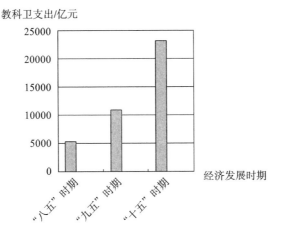

图 7-12 市场经济建立时期教科卫支出增长态势

资料来源：《中国财政年鉴2007》，中国财政杂志社2007年版，第382页。

1991—2005年教科卫总支出为39204.57亿元，三个五年计划所占比重分别为13.27%、27.82%、58.90%，呈现直线增长态势。

2. 社会保障支出

市场经济体制建立以来，由公共财政职能所决定，改善民生问题成为社会的重点、热点和时代的主题，财政对社会保障支出(包括财政对社会保险基金补助、行政事业单位退休费、就业补助、城市居民最低生活补助、农村生活最低保障、自然灾害生活补助)快速增长。1998—2003年全国财政社会保障支出分别为774.88亿元、1375.53亿元、1432.93亿元、1918.90亿元、2436.78亿元、2861.67亿元，比上年分别增长59.02%、77.52%、4.17%、33.91%、26.99%、17.44%，占财政总支出比重分别为7.18%、10.43%、9.45%、10.60%、11.40%、12.10%。[①]

图7-13显示，2003年全国社会保障支出约是1998年公共财政开始建立时期支出的3.7倍，多出2086.79亿元，比1998年增长269.30%。支持的力度是很大的，也可以反映出市场经济体制建立时期财政支出方向转变的力度。

3. 债务支出

通过债务筹集资金发展社会经济事业已经是改革开放以来的基本政策，这一时期债务大幅度增长，用于债务还本付息的支出也不断上升，1994

[①] 《中国财政年鉴2005》，中国财政杂志社2005年版，第379页。

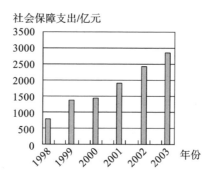

图 7-13　1998—2003 社会保障总支出情况

资料来源:《中国财政年鉴 2005》,中国财政杂志社 2005 年版,第 379 页。

年是 499.36 亿元,1995 年为 882.96 亿元,增长 76.82%。从 1996 年上升到千亿元台阶,1996 年为 1355.03 亿元,1997 年为 1918.37 亿元,1998 年为 2352.92 亿元,1999 年为 1910.53 亿元,2000 年为 1579.82 亿元,2001 年为 2007.73 亿元,2002 年为 2563.13 亿元,2002 年比 1994 年增长 413.28%。[①] 从不同时期比较,"八五"时期是 2433.91 亿元,"九五"时期是 9116.67 亿元,比"八五"时期增长 274.57%;"十五"时期为 15118.06 亿元,比"九五"增长 65.83%。其增长态势如图 7-14 所示。

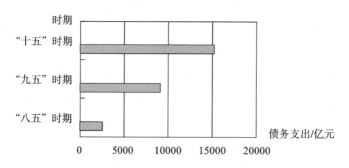

图 7-14　市场经济建立时期债务支出增长态势

资料来源:根据《中国财政年鉴 2007》(中国财政杂志社 2007 年版,第 395 页)债务发行情况计算。

三个五年计划债务总支出 26668.64 亿元,所占比重分别为 9.13%、34.18%、56.59%,呈现直线增长态势。

[①]《中国财政年鉴 2012》,中国财政杂志社 2012 年版,第 457 页。

四、市场经济体制完善时期公共财政支出体系

党的十六大后在市场经济体制完善阶段,财政支出的重点进一步向公共安全、基础教育、公共卫生、社会保障和公益设施建设倾斜,公共支出方面有了显著的增长,财政支出体系相比2005年以前发生根本性的变化,形成了我国全新的公共财政支出体系。

(一)公共财政支出体系的形成

这一时期,财政支出体系根本性的变化是经济建设性支出不复存在了,基本换成公共支出科目。新的支出体系包括一般公共服务、外交、国防、公共安全、教育、科学技术、文化体育与传媒、社会保障与就业、医疗卫生、环境保护、城乡社区服务、农林水事务、交通运输、资源勘探电力信息等事务、商业服务业等事务、金融监管等事务、地震灾后恢复重建支出、国土资源气象等事务、援助其他地区支出、住房保障支出、粮油物资储备管理事务、国债付息支出、债务发行费支出、其他支出等。如表7-8所示。

表7-8 市场经济体制完善时期公共财政支出体系　　　　单位:亿元

支出项目	2007年	2009年	2011年	2013年	2016年
一般公共服务	8514.24	8161.60	10987.78	13755.13	14790.52
外交	215.28	250.94	309.58	355.76	482.00
国防	3554.91	4951.10	6027.91	7410.62	9765.84
公共安全	3486.16	4744.09	6304.27	7786.78	11031.98
教育	7122.32	10437.54	16497.33	22001.76	28072.78
科学技术	1783.04	2744.52	3828.02	5084.30	6563.96
文化体育与传媒	898.64	1393.07	1893.36	2544.39	3163.08
社会保障与就业	5447.16	7606.68	11109.40	14490.54	21591.45
医疗卫生	1989.96	3994.19	6429.51	8279.90	13158.77
环境保护	995.82	1934.04	2640.98	3435.15	4734.82
城乡社区服务	3244.69	4933.34	7620.55	11165.57	18594.62
农林水事务	3404.70	6720.41	9937.55	13349.55	18587.36

续表

支出项目	年份				
	2007年	2009年	2011年	2013年	2016年
交通运输	1915.38	4647.59	7497.80	9348.82	10498.71
资源勘探电力信息等事务		2879.12	4011.38	4899.06	5791.33
商业服务业等事务	4257.49	923.73	1421.72	1362.06	1724.82
金融监管等事务		911.19	649.28	377.29	1302.55
地震灾后恢复重建支出		1174.45	174.45	42.79	
国土资源气象等事务		1002.62	1521.35	1906.12	1787.06
援助其他地区支出				158.54	303.17
住房保障支出		1804.07	3820.69	4480.55	6776.21
粮油物资储备管理事务		1294.91	1269.57	1649.42	2190.01
国债付息支出		1491.28	2384.08	3056.21	5074.94
债务发行费支出					69.90
其他支出	2951.56	2299.45	2911.24	3271.79	1899.33
合计	49781.35	76299.93	109247.80	140212.10	187955.21

资料来源:《中国财政年鉴2009》,中国财政杂志社2009年版,第482页;《中国财政年鉴2011》,中国财政杂志社2011年版,第455页;《中国财政年鉴2013》,中国财政杂志社2013年版,第430页;国家统计局编,《中国统计年鉴2014》,中国统计出版社2014年版,第192页;国家统计局编,《中国统计年鉴2017》,中国统计出版社2017年版,第206页。

这是一个崭新的公共财政支出体系,重点支出为教育、科学技术、文化体育与传媒、社会保障与就业、医疗卫生、环境保护等,不仅脱离了计划经济时期的财政支出体系,而且也不同于有计划商品经济时期的财政支出体系。它适应于市场经济体制的要求,与公共财政的性质相一致。

(二) 公共财政体系主要财政支出

1. 支持改善民生事业

这一时期民生是国家关注的焦点,成为财政支出的重中之重。为促进民生事业的改善,国家财政加大了对教育、医疗卫生、社会保障与就业、文化体育与传媒等方面的支出力度。2003—2007年,全国财政用于教育、医疗卫生、社会保障与就业、文化体育与传媒等方面的支出累计分别达到24300亿元、6294亿元、19500亿元和3104亿元,分别比上一个五年增长1.26倍、1.27倍、1.41倍和1.3倍。仅2007年中央财政用于教育支出1076.35亿元,医疗卫生支出664.31亿元,社会保障与就业支出2303.16亿元。在财政大力支持下,民生事业迅速推进,城镇居民基本医疗保险制度、城乡居民最低生活保障制度实现了全覆盖。公共卫生体系建设得到加强,企业退休人员基本养老金标准和优抚恤补助标准得到提高。公共财政支出体系形成之后,民生事业作为支出重点不仅不变,而且支持力度进一步加大。2012年,全国财政教育支出比上年增长28.8%,教育经费支出占国内生产总值比例达到4%的目标实现;社会保障与就业支出12585.52亿元,比上年增长13.3%;医疗卫生支出7245.11亿元,比上年增长12.7%;安居工程支出4479.62亿元,比上年增长17.2%,文化体育与传媒发展支出2268.35亿元,比上年增长19.8%。① 因此,2009年之后民生事业得到巨大的改善。其中社会保障方面,新型农村社会养老保险、城市居民社会养老保险制度2012年实现全覆盖。新农保和城居保从无到有、从局部试点到制度全覆盖,标志着我国覆盖城乡居民的基本医疗保险制度体系初步形成。民生事业不断与国家提出的"病有所医、老有所养、住有所居、困有所助"的目标靠近。

2. 社会主义新农村建设支出

2005年,党的十六届五中全会提出建设社会主义新农村,财政通过大幅增加涉农补贴资金促进社会主义新农村建设。一是实施农村义务教育经费保障机制改革,将农村义务教育纳入公共财政保障范围;二是扩大新型农村合作医疗制度改革试点范围,提高中央财政和省级财政的补助标准;三是加大支农补贴政策力度,包括粮食直补、综合直补,良种补贴、农机具购置补贴等,初步建立起符合国情、综合补贴与专项补贴相结合、管理比较规范的农业补贴政策体系;四是大力支持农业生产和农村长远发展。

---

① 《中国财政年鉴2012》,中国财政杂志社2012年版,第76页。

2003—2007年，中央财政用于"三农"的支出累计达到16000亿元，年均增长17.8%。2007年中央财政用于"三农"的支出4318亿元，比2006年增加801亿元，增长22.8%；2008年"三农"的支出5955.5亿元，比上年增长37.9%，是以往最高的年份。2009年开始支出继续加大，中央财政支出2010年为8579.7亿元，比上年增加1326.6亿元，增长18.3%；2011年支出9937.55亿元，比2010年增加1357.85亿元，增长15.8%。从2013年开始支出每年达到万亿元，2013年支出13349.55亿元，比2011年增加3412亿元，增长34.3%；2016年达到18587.36亿元，比2013年增加5237.81亿元，增长39.24%。[①] 支农惠农政策高度完善，生产生活条件极大改善，农业综合开发深入发展，产业化经营效果显著，农村公共事业发展水平全面提高。

3. 支持产业结构转型升级和环境保护

为促进产业结构转型升级和环境保护，财政加大对科技创新和节能减排的支持力度，重点支持重大装备国产化、东北老工业基地调整改造、重点产业结构优化升级和资源枯竭城市发展接续产业等。为此，2003—2005年，全国财政科技支出累计达到2536亿元，年均增长14.3%。其中2003年科技支出975.54亿元，占财政总支出4.49%，占国内生产总值比重0.83%。2006年开始科技支出上升到每年千亿元，2006年全国财政安排科技支出1144亿元，比2005年增长14.5%。2007—2012年科技支出分别为1738.04亿元、2129.21亿元、2744.52亿元、3258.18亿元、3828.07亿元、4452.63亿元。[②] 2012年比2003年增加3477.09亿元，增长356.43%，力度之大由此可见。近年来在优化产业结构方面，财政积极支持新能源汽车推广、战略性新型产业集聚发展，促进发展现代服务业，完善新科技创新平台。2016年高科技产业总支出2915.75亿元，其中项目经费2685.47亿元；另外，新产品开发经费3558.93亿元。高科技制造业活动经费1995年、2000年、2005年、2010年、2015年、2016年分别为17.8亿元、111.0亿元、362.5亿元、967.8亿元、2219.7亿元、2437.6亿元；新产品开发经费分别为32.3亿元、117.8亿元、415.7亿元、1006.9亿元、

---

① 《中国财政年鉴2009》，中国财政杂志社2009年版，第127页；《中国财政年鉴2011》，中国财政杂志社2011年版，第79页；《中国财政年鉴2013》，中国财政杂志社2013年版，第76页。

② 《中国财政年鉴2004》，中国财政杂志社2004年版，第345页；《中国财政年鉴2009》，中国财政杂志社2009年版，第482页；《中国财政年鉴2011》，中国财政杂志社2011年版，第415页；《中国财政年鉴2013》，中国财政杂志社2013年版，第430页。

2574.6亿元、3000.4亿元。高科技固定资产投资2000年、2005年、2010年、2015年、2016年分别为563.0亿元、2144.0亿元、6944.7亿元、19950.7亿元、22786.7亿元。[1] 科技支出对我国经济结构调整和产业转型升级发挥着关键性作用。

第三节 财政支出结构的发展变化

财政支出结构是指财政支出体系的构成,具体反映各项支出占总支出比重的变化,反映财政支出间的关系,也是财政支出性质的反映。新中国70年来,随着党和国家方针政策的变化,财政支出结构也随之发生变化。

一、计划经济时期经济建设为主的财政支出结构

计划经济时期除了"文化大革命"10年不是完全发展经济以外,其他20年基本上以发展经济为主,这一时期的财政支出结构中,除特殊年份外,经济建设支出比例居于首位,形成了经济建设型财政支出结构。1951年财政支出结构是:经济建设支出35.11亿元,占总支出28.7%;社会文教支出13.44亿元,占总支出11.0%;行政管理支出17.45亿元,占总支出的14.2%;国防支出52.64亿元,占总支出43.0%;债务支出0.42亿元,占支出的0.3%;其他支出3.43亿元,占总支出的2.8%。[2] 整个经济恢复时期总支出366.56亿元,其结构是:军费138.49亿元,占总支出的37.8%;经济建设支出125.7亿元,占总支出34.3%;社会文教支出42.1亿元,占总支出的11.5%。[3] 一直到计划经济终结、改革开放伊始的1978年,财政支出结构仍然没变。主要构成是:经济建设支出707.84亿元,占总支出63.7%;社会文教支出146.52亿元,占总支出13.2%;行政管理支出52.9亿元,占总支出的4.8%;国防支出167.84亿元,占总支出15.1%。[4] 整个计划经济时期财政支出主要结构如表7-9所示。

---

[1] 国家统计局编:《中国财政年鉴2017》,中国统计出版社2017年版,第647、648页。

[2] 财政部综合计划司编:《中国财政统计(1950—1991)》,科学出版社1992年版,第104、108页。

[3] 财政部综合计划司编:《中国财政统计(1950—1991)》,科学出版社1992年版,第104、110页。

[4] 财政部综合计划司编:《中国财政统计(1950—1991)》,科学出版社1992年版,第106、109页。

表 7-9　计划经济时期财政支出主要结构　　　　　　　单位：%

时期	基本建设支出	企业流动资金	挖潜改造资金和科技三项费用	地质勘探费	工业、交通、商业部门事业费	农村生产和农业事业费	文教科学卫生事业费	抚恤、社会福利、救济费	国防费	行政管理费	债务支出
经济恢复时期	23.5						7.9		37.8		1.2
"一五"时期	37.6	7.6	0.7	1.2	3.5	2.1	8.2	1.9	23.4	7.5	1.9
"二五"时期	46.0	9.8	1.0	1.6	3.3	5.0	8.5	1.5	11.9	5.4	2.2
经济调整时期	30.1	7.3	5.3	1.6	3.0	5.0	10.5	3.2	18.8	6.1	1.6
"三五"时期	38.7	5.5	2.7	1.5	1.9	3.1	9.0	1.4	21.8	4.8	0.3
"四五"时期	40.2	5.6	3.4	1.6	1.2	4.1	8.7	1.2	19.1	4.5	

资料来源：财政部综合计划司编：《中国财政统计（1950—1991）》，科学出版社 1992 年版，第 120 页。

由表 7-9 可知，经济恢复时期各项支出比重的排序为：国防费居首，基本建设支出排第二位，再次是文教科学卫生支出，比重最小的是债务支出。"一五"时期基本建设支出跃居第一，国防费退居第二，依次是文教科学卫生事业费，企业流动资金，行政管理费，工业、交通、商业部门事业费，农村生产和农业事业费,抚恤救济,债务支出,地质勘探,挖潜改造资金和科技三项费用。"二五"时期基本建设和国防费位置没变,依次为企业流动资金,文教科学卫生事业费,行政管理费,农村生产和农业事业费,工业、交通、商业部门事业费,债务支出,地质勘探,抚恤救济,挖潜改造和科技三项费用。经济调整时期基本建设支出在财政总支出中的比重仍然是第一位,国防费第二位。"三五"和"四五"时期居于前两位的仍然是基本建设和国防费,其他的比重都是一位数,债务支出的比重"三五"时期只有0.3%,"四五"时期消失。由此证明,计划经济时期40%左右的财政支出用于发展经济,所以称为经济建设型支出结构。高额的基本建设支出,对国家财政收支以及整个国民经济运行产生决定性影响。

二、有计划商品经济时期经济建设支出为主结构的延续

有计划商品经济时期国家的主要任务更加突出发展经济,开始经济跨越式发展,并掀起所谓的"洋跃进"经济建设高潮,经济建设支出在财政支出结构中占据首要位置。如表7-10所示。

表7-10 有计划商品经济时期财政支出主要结构　　　　单位:%

时期	基本建设支出	企业流动资金	挖潜改造资金和科技三项费用	地质勘探费	工业、交通、商业部门事业费	农村生产和农业事业费	文教科学卫生事业费	抚恤、社会福利、救济费	国防费	行政管理费	债务支出	价格补贴支出
"五五"时期	38.1	5.1	5.5	1.9	1.7	6.6	11.0	2.0	16.5	4.9	0.6	
"六五"时期	30.1	1.2	6.2	1.8	2.0	6.3	16.9	1.8	12.9	7.3	3.3	
"七五"时期	23.5	0.4	5.1	1.2	1.4	6.0	17.5	1.6	8.4	8.1	3.4	11.6
1976—1991年	25.9	0.9	5.4	1.4	1.6	6.2	16.9	1.7	10.3	7.8	3.6	7.3

资料来源:财政部综合计划司编:《中国财政统计(1950—1991)》,科学出版社1992年版,第120页。

表 7-10 显示,"五五"时期至"七五"时期,在财政各项支出中基本建设支出、科教文卫支出始终名列前茅,基本建设支出居一,科教文卫居二,国防支出居三,这是我国 1976—1991 年财政支出的基本格局。基本建设支出比重与计划经济时期比出现下降,从"五五"时期开始依次为 38.1%、30.1%、23.5%,前后相差 14.6 个百分点,但仍占据首要位置。国防支出也是逐渐下降的态势,占比从"五五"时期开始依次为 16.5%、12.9%、8.4%,前后相差 8.1 个百分点;科教文卫支出处于不断上升的态势,占比从"五五"时期开始依次为 11.0%、16.9%、17.5%,前后增加 6.5 个百分点。总的来看,经济建设型财政支出结构没有改变。

三、市场经济体制建立时期财政支出结构重点转移

我国市场经济体制建立初期,财政支出体系仍然保持有计划商品经济时期的格局,支出结构变化不大,如"八五"时期财政支出结构:基本建设支出 4833.88 亿元,企业挖潜改造资金和新产品试制费 1724.89 亿元,农村生产和农业事业费 1684.77 亿元,文教科学卫生事业费 5202 亿元,分别超过原计划 70%、81%、28%、41%。① 但是,财政支出结构的重心却出现较大变化,其标志是基本建设支出比重大大缩小,教育、科学、文化、卫生方面的支出比重不断加大,财政资金分配开始向适应市场经济体制和公共财政体制要求方向转变,财政支出结构重心发生转移。如表 7-11 所示。

表 7-11 市场经济建立时期财政支出体系的变化　　　　单位:%

时期	基本建设支出	企业流动资金	挖潜改造资金和科技三项费用	地质勘探费	工业、交通、商业部门事业费	农村生产和农业事业费	文教科学卫生事业费	抚恤、社会福利救济费	国防费	行政管理费	债务支出	价格补贴支出
"八五"时期	14.0	0.3	7.7	1.2	1.8	7.4	23.2	1.9	10.3	13.0	10.4	7.5

---

① 宋新中主编:《当代中国财政史》,中国财政经济出版社 1997 年版,第 742 页。

续表

时期	基本建设支出	企业流动资金	挖潜改造资金和科技三项费用	地质勘探费	工业、交通、商业部门事业费	农村生产和农业事业费	文教科学卫生事业费	抚恤、社会福利救济费	国防费	行政管理费	债务支出	价格补贴支出
"九五"时期	14.8	0.3	6.8	0.3	1.3	6.2	21.5	1.6	9.4	13.4	18.0	6.8
"十五"时期	14.4	0.2	5.03	0.3	1.33	5.77	20.1	2.1	8.5	15.2	13.1	3.3
1991—2005年	14.5	0.3	5.8	0.3	1.4	6.1	20.8	2.0	8.9	14.5	14.2	4.7

资料来源：根据《中国财政年鉴2007》（中国财政杂志社2007年版，第382、396页）数据计算得出。

表7-11显示，从市场经济体制建立开始，财政支出结构与有计划商品经济时期的财政支出结构相比变化还是非常明显的。一是教育、科学、文化、卫生方面的支出占财政总支出的首位，最高达到23.2%，体现了公共财政的特点。二是基本建设支出比重大幅度下降，1991—2005年占14.5%，比1976—1991年的比重25.9%减少11.4个百分点，位居各项财政支出的第二位。三是国防支出比重也在大幅下降，从10.3%减少到8.9%。四是债务支出比重在不断上升，由1976—1991年的3.6%上升至1991—2005年的14.2%，增加10.6个百分点。显然，以公共产品和公共服务为主的财政支出结构开始起步。

发生这样的变化是经济体制改革的结果。政府和市场的分工不断推进，政府开始退出经济领域，以生产建设为主体的财政支出特点逐步淡化。随着国有企业改革的深化，对国有企业的拨款也改为资本金投入方式。特别是1998年提出建立公共财政基本框架后，随之调整优化财政支出结构，把更多财政资金投向了教育、科研、卫生、文化、社会保障和就业、生态环境、公共基础设施和社会安全等公共服务领域,各级财政用于社会性、公共性支出的比重不断提高。2002年全国财政用于社会保障、科技教育和农业方面的支出,分别是1997年的9.5倍、2.3倍和1.9倍,年均增长56.9%、17.7%和14.2%。债务支出比重的提高主要是1998年亚洲金融危机发生,我国实施了积极财政政策,通过增发建设国债扩大政府基本建设投资,刺激内需增长。总之,这一时期是我国财政支出结构转型期。

四、市场经济体制完善时期公共财政支出结构

这一时期市场经济体制改革和公共财政的作用在财政支出结构中得到充分体现,财政支出均属公共支出构成。其中,一般公共服务、公共安全、国防、教育、社会保障与就业等重点公共支出占财政总支出的比重,2007—2008年达到90%以上,2009—2012年为80%以上,这是因为从2009年以后公共支出项目比以前有所增加,如资源勘探电力信息等事务、国土资源气象等事务、地震灾后恢复重建支出、住房保障支出、粮油物资储备管理事务等。这一时期,完全结束了有计划商品经济时期的财政支出结构格局,财政支出结构与以往任何时期都不相同,呈现出一幅全新的面貌,完成了公共财政支出结构的转型,形成适应市场经济体制和公共财政体制需要的支出新结构。

表7-12显示,这一时期公共财政支出结构中凸显几根支柱。一是教育支出,占财政总支出的比重基本上保持最高的两位数,总体呈现增加的趋势,由2007年的14.31%提高到2012年的16.87%,增加2.56个百分点。二是一般公共服务,占财政总支出的比重保持两位数,不过呈现下降的趋势,从2007年的17.10%下降到2012年的10.08%,减少7.02个百分点。三是社会保障与就业,占财政总支出的比重保持两位数或接近两位数。四是城乡社区事务和农林水事务,也占有一定的比重。由此证明,市场经济体制完善时期的财政支出结构是以教育、一般公共服务、社会保障与就业为主的公共财政支出结构,公共财政完全建立。

五、财政支出结构发展的特点

纵观我国财政支出结构70年来的发展变化,其特点就是按照市场经济和公共财政的要求不断优化,"经济性"越来越少,"公共性"越来越强。

表 7-12 市场经济体制完善时期财政支出结构

单位:%

年份	一般公共服务	外交	国防	公共安全	教育	科学技术	文化体育传媒	社会保障与就业	医疗卫生	节能环保	城乡社区事务	农林水事务	交通运输	工商金融事务	比重合计
2007	17.10	0.43	7.13	7.81	14.31	3.58	1.81	10.94	4.00	2.00	6.52	6.84	3.85	8.55	94.87
2008	15.65	0.38	6.68	6.49	14.39	3.40	1.75	10.87	4.40	2.32	6.72	7.26	3.76	9.95	94.02
2009	10.70	0.33	6.49	6.22	13.68	3.60	1.83	9.97	5.23	2.53	6.47	8.81	6.09	2.40	84.35
2010	10.39	0.30	5.93	6.14	13.96	3.62	1.72	10.16	5.35	2.72	6.66	9.05	6.11	2.28	84.39
2011	10.06	0.28	5.52	5.77	15.10	3.50	1.73	10.17	5.88	2.42	6.98	9.10	6.86	1.89	85.26
2012	10.08	0.27	5.31	5.64	16.87	3.54	1.80	9.99	5.75	2.35	7.21	9.51	6.51	1.45	86.28

资料来源:根据《中国财政年鉴》(2008年第405页,2009年第482页,2011年第455页,2013年第430页)相关数据计算。

(一) 生产建设性支出比重由高到低走向消失

计划经济体制下生产建设性支出是我国财政支出结构中的首要组成部分,占财政总支出的比重最高达到40%以上。有计划商品经济时期仍然保持着较高的比重,1978年基本建设支出占全国财政支出总额的比重为40.27%。市场经济体制建立时期开始下降,"八五"时期到"十五"时期比重基本上保持在14%左右,下降了26个百分点。市场经济体制完善时期财政支出大幅度退出经济领域,财政用于生产建设性的支出比重继续下降,至2007年在财政支出中消失。

(二) 公共性支出比重由小到大夺取首位

公共性支出在计划经济时期比重较低,常常被经济建设型支出所挤占,改革开放以来财政支出结构不断调整,越来越体现出"公共性"特点。特别是党的十六大以来财政支出重点向公共领域倾斜,不断加大力度。如文教卫生科学支出计划经济时期占比为7%～11%,最高是经济调整时期达到10%以上。改革开放以后从1978年的10.0%增长到2006年的18.4%,从1989年起超越基本建设支出成为第一大支出项目。计划经济时期用于社会福利和救济的支出比重只有1%以上,最高经济调整时期为3%左右。改革开放后用于社会保障的支出成为各项公共支出中增长最快的项目,年均增长25%以上。由此不难看出财政支出结构的"公共性"发展之显著。

(三) 农业支出规模扩大但比重偏低

计划经济时期由于财政收入有限,在优先发展工业的方针下农业支出严重受到挤占,长期以来占财政总支出的比重低。改革开放以后财政用于农业的支出规模开始增加,由1978年的150.66亿元增加到2007年的4318亿元,30年增加了28倍多。但比重仍然偏低,改革开放初期比重在10%以上,之后一直走低,从1984年到2006年,只有1991年、1992年和1998年比例达到10%以上,其余年份在10%以下。进入"十一五"时期之后,农业支出比重偏低的情况才得到较大的改善。[①]

(四) 行政管理费比重越来越高

行政管理费是政府正常运转的保障,这一支出比重增长很快,成为我

[①] 资料来源:《关于2006年中央和地方预算执行情况与2007年中央和地方预算草案的报告》,《关于2007年中央和地方预算执行情况与2008年中央和地方预算草案的报告》。

国财政支出结构中的一个亮点。计划经济时期行政管理费比重较低,只有4%~8%。改革开放后逐渐提高,有计划商品经济时期多数保持7%~8%。市场经济体制建立以后比重急剧上升,1991—2005年上升到13%~16%,远远超过了农业支出比重。2003年之后财政支出中不再显示这项支出,但从一般公共服务的比重也能反映出来,2007年一般公共服务支出比重为17.0%,到2012年开始下降到10.1%。财政支出结构中呈现的这一特点说明行政运行成本总体偏高,这与政府职能、机构设置、行政管理等多种因素紧密相关。需要建立行政成本控制机制,向"节约型"政府努力。

第四节 财政支出主要制度改革

新中国成立70年来,随着改革开放的推进和深入,计划经济时期各项财政支出制度不断改革创新,有效促进了市场经济体制的建立和完善,在经济发展和社会进步中发挥着重要作用。

一、基本建设支出制度改革

我国计划经济时期实行基本建设拨款制度,基本建设项目由国家计划安排,所需资金由财政全额无偿拨款。1954年成立的中国建设银行专门管理基本建设投资拨款,从此建立起基本建设财务管理和基本建设拨款监督为一体的新型的基本建设投资管理体系。改革开放以后基本建设支出步入改革的历程。1979年,对基本建设投资试行"拨改贷"改革,即由财政拨款改为银行贷款,计划经济时期的无偿拨款"大锅饭"投资管理体制打破,提高了使用基本建设资金单位的责任心。

1992年确定社会主义市场经济体制的改革目标以后,按照市场经济的要求和公共财政的要求,基本建设支出改革进一步深化。1995年,鉴于国有企业负债加重,"拨改贷"改为"贷改投",将"拨改贷"资金本息余额转为国家资本金。组建国家开发投资公司,财政注册资本金58亿元,保证国家重点建设。从国家预算内基本建设投资中逐年核拨500亿元注册资本金,支持组建国家开发银行,以"两基一支"项目作为贷款重点。对国有企业的债务实施"债转股",成立金融资产管理公司,将商业银行原有的不良信贷资产(即国有企业的债务)转为金融资产管理公司对企业的股权,即由原来的债权债务关系转变为金融资产管理公司与企业之间的持股与被持股、控股与被控股的关系,由原来的还本付息转变为按股分红。①

2003年以后基本建设支出制度改革更加深入,财政投资从经济领域退出,对公益性和基础性项目投资比重加大,投资项目实行业主责任制和项目法人责任制。下放基本建设投资审批权,放宽民间投资准入门槛,鼓励民间投资参与基础设施和公用事业建设。对企业投资项目取消审批制,改为核准制和备案制。由此形成基本建设投资多元化体系,改革取得历史性突破,实现了实质性进展,标志着符合市场经济要求的基本建设投资制度和机制基本建立。

二、国有企业支出制度改革

计划经济时期国有企业支出由财政全部承担,这是很大的一项支出。改革开放以后财政对企业的支出改革围绕"放权让利"的思路展开,20世纪80年代财政对国有企业的支出范围是基本建设支出、企业流动资金、挖潜改造资金和科技三项费用,使国有企业通过财政显性和隐性的支持逐步成长为相对独立的市场主体。1988年,为提高国企资金使用效益,将工业交通企业技术改造资金由无偿拨款改为有偿使用,建立工业企业技术改造周转金制度。周转金使用对象限于地方预算内小型国有工业企业,实行有偿使用,地方财政担保。

市场经济体制建立后,政府投资从经济领域开始退出,财政对企业的支出制度逐渐取消。不过对企业的支持投入仍然存在。一是承担国有企业改革的成本。通过支持国有企业政策性关闭破产,使一大批长期资不抵债、亏损严重、扭亏无望的国有大中型企业平稳退出市场。二是支持企业技术创新。1999—2001年中央财政相继设立科技型中小企业技术创新基金、中小企业国际市场开拓资金、农业科技成果转化资金等。三是对企业的亏损补贴。我国国有企业亏损是一个长期而严重的问题,改革开放时期不仅不能消除,反而亏损更大。计划经济时期1961—1973年亏损额在100亿元以内,只有1961年是103.2亿元。1974—1984年亏损额突破100亿元大关且持续上升,1985—1989年进入200亿~700亿元区间,至1990年和1991年达到900亿元以上。市场经济体制建立后,亏损额开始下降,但从1996年开始上升到1000亿元以上,1998年为1960.2亿元。② 2002—

---

① 谢旭人主编:《中国财政改革三十年》,中国财政经济出版社2008年版,第270页。
② 楼继伟主编:《新中国50年财政统计》,经济科学出版社2000年版,第222页。

2011年,亏损额分别为1802.5亿元、2819.6亿元、3060.6亿元、2426.0亿元、3507.5亿元、3778.6亿元、6528.4亿元、5377.0亿元、6287.3亿元、9219.3亿元。①我国国有企业亏损是一笔很大的财政支出,这是市场经济体制下国家与企业还存在的"关系",仍然是计划经济时期传统分配关系的"遗留症"。

市场经济体制完善时期财政支持的重点是提升国有企业竞争力。一是支持电力、电信等垄断行业体制改革,二是支持中央企业分离社会职能,三是积极推进厂办大集体改革试点,四是推进国有企业主辅分离、辅业改制,五是支持重要国有企业重组改革。同时,支持非公有制经济和中小企业发展投入。2003年建立中小企业发展专项资金和中小企业发展基金,"十五"期间中央财政累计安排各类支持中小企业的专项资金85亿元。由上可知,1993年市场经济体制确立之后,财政肩负国有企业的基本建设、企业流动资金等支出完全没有了,国家财政对国有企业的支出制度,从计划经济时期的资金输入转变为资金支持,从支持企业生产经营转向支持企业改革创新,提高国有企业在市场经济的竞争力。

三、农业支出制度改革

计划经济时期对农业的支出范围,一是兴修水利、农业基础设施,改善农业生产环境和条件;二是对农业发放贷款,发展农业生产;三是支援乡镇工业发展,主要是农业型企业;四是减免农业税收,减轻农民负担;五是提高农副产品价格,增加农民收入;六是赈灾和救济,包括贫困户、"五保户"、军烈属等。支出的重点是农业生产方面,对农村建设方面的支出较少。农业支出占财政总支出的比重长期较低,不是财政支出的重点。

改革开放后,首先在农村拉开改革序幕,财政从多方面为农业、农村的全面发展提供了重要的财力保障。有计划商品经济时期,财政支农进入重要转折期,支农政策体系逐步形成。一是提高农产品收购价格;二是降低农业机械、化肥、农药、农用塑料等农用工业品价格;三是设立多项财政支农专项资金,确保农业资金来源稳定;四是建立财政支农周转金,发展农村商品生产;五是建立地方财政支农激励机制,引导和鼓励地方财政增加农业投入;六是实行财政贴息,引导银行信贷资金投入农业。

市场经济体制建立后,为了缩小城乡二元结构,首先加大对农村基础

---

① 《中国财政年鉴2012》,中国财政杂志社2012年版,第481页。

设施建设、农业科技进步、农业抗灾救灾、农村扶贫开发和生态建设等支持力度。其次支持农村税费改革,取消"三提五统"、屠宰税、农村劳动积累工及义务工和不合理收费。为此中央设立专项转移支付制度,转移支付力度不断加大,2000年转移支付19.7亿元,2001年为99.35亿元,2002年为334.63亿元,确保改革顺利推进和基层政府平稳运转。

市场经济体制完善时期,城乡基本公共服务均等化成为财政支出的主旋律,国家财政对农业的投入发生了质的飞跃。这一时期财政对农业的支出力度空前,支出方式达到全方位。一是推进农村综合改革。2006年取消农业税和农业特产税后,中央财政每年在原来的基础上又增加400多亿元,重点对中西部产粮大省给予补助。2003—2007年,中央财政累计安排转移支付资金3107亿元,主要用于农村综合改革及化解农村义务教育债务等。二是对农业生产实行多种补贴。2005年对种粮农民实行直补、农资综合直补、良种补贴。三项补贴为163.7亿元。2006年增加农机具购置补贴,四项补贴为309.5亿元。2005—2007年中央财政安排的四项补贴共1144.2亿元。2007年对生猪奶牛油料补贴,各项补贴合计超过1000亿元。三是实施产粮大县奖励政策。财政安排资金从2005年的55亿元增加到2007年的125亿元。四是加大农村基础设施支出。中央财政投资占中央财政投资总规模的比例,由2003年的35%提高到2007年的50%左右。农村公路建设2007年中央投入1325.4亿元,带动地方共计完成投资6486亿元;2003—2007年中央财政共安排农业综合开发资金490.3亿元,改造中低产田1.28亿亩。五是重大动植物病虫害和自然灾害防控。2007年农业政策性保险在6省区试点,中央财政在省级财政承担25%保费的基础上再承担25%的保费。试点省区各级财政累计拨付保费19.17亿元,农业政策性保险迈出了实质性的步伐。六是支持农业科技创新和推广应用。包括农村劳动力转移培训阳光工程、科技入户工程、测土配方施肥、新型农民科技培训等,构成较完整的农业科研项目体系。七是将农村义务教育、医疗卫生、文化事业、农村最低生活保障等社会事业支出纳入保障范围。八是支持扶贫开发。2003—2007年中央财政安排扶贫资金791亿元,支持农村贫困地区和贫困人口自我发展,2008年中央财政支出安排167.3亿元,重点支持中西部贫困地区"整村推进"和"产业化扶贫"。

新中国70年农业支出发生显著转变。我国农业支出方式以国家财政为主、多元化的农业投入机制日趋成熟。财政支出的方式包括了资金整合、财政贴息、以奖代补、民办公助、以物代资、奖补结合、信贷担保、农业保险等,调动农民和社会各方面增加投入,形成多元化、多渠道农业投入新格局。农业投入的环节由过去注重农业生产为主转向农业生产、农民增收、农村社会事业发展并重。农业投入的领域从农业生产、基础设施延伸到农村教育、医疗卫生、社会保障、文化事业等民生的各个方面和角落,农村、农业、农民越来越多地分享到公共财政的阳光和改革开放的红利。

四、教育支出制度改革

计划经济时期学校基本上都是国家或地方政府开办的,教育经费由国家财政全部包揽,虽然各级学校收取学杂费和教科书费,但却不是主要的费用。改革开放以后,有计划商品经济时期教育投资体制发生了巨大变化。1985年基础教育开始实行"分级办学、分级管理",地方各级政府成为筹措基础教育经费的直接责任者。职业教育方面鼓励集体、个人和其他社会力量办学,高等教育扩大办学自主权,实行中央、省(自治区、直辖市)、中心城市三级办学的体制。地方各级政府采取各种形式的捐款、集资办学,陆续出台一系列增加教育经费投入的政策与措施,逐步形成通过教育费附加、对非义务教育阶段学生收取学费和杂费、发展校办产业、支持集资办学和捐资助学、建立教育基金等多渠道(简称"财"、"税"、"费"、"产"、"社"、"基")筹措教育经费的新路子,教育经费投入总量迅速增加,有力地改善了办学条件。通过教育投资体制改革,兴起了全民办学的高潮,从高度集中的财政教育支出体制逐步转变为中央政府宏观调控、中央与地方政府分级管理与分级负担的体制,从单一政府投入向以政府投入为主导的、多渠道教育经费筹措体制和机制转变,从供给式和福利型教育到开始实施非义务教育成本分担和补偿,为推动我国教育事业发展拓宽了路径和提供了物质保障。

1992年,党的十四大要求教育体制必须与经济体制改革相适应,我国财政教育支出体制进行了一系列的重大改革。

一是提高财政教育经费支出增长目标。1993年,国家首次提出"逐步提高国家财政性教育经费支出……占国民生产总值的比例,本世纪末达到百分之四,达到发展中国家八十年代的平均水平",认真贯彻"'中央和地方政府教育拨款的增长要高于财政经常性收入的增长,并使按在校学生人数平均的教育费用逐步增长'的原则,切实保证教师工资和生均公用经费逐年有所增长"。1995年《教育法》颁布后,中央和各级地方政府进一步把教育作为财政支出重点,实行了"一个百分点"政策,并在全国范围内建立起预算执行过程中根据超收情况追加教育经费的制度。

二是对学生实施补贴和减免政策。从2005年开始对部分农村义务教育阶段家庭贫困学生实行"两免一补",三年内扩大到全国。从2008年秋季学期开始全部免除城市义务教育阶段公办学校学杂费,建立农村义务教育阶段贫困家庭学生资助体系,保障贫困生能够接受义务教育。

三是调整财政教育支出重点。第一,加强对基础教育的财政投入,小学教育经费中国家投入的比重从1996年的75%上升到2005年的82.2%,农村中学的比重从71.2%提高到82.2%。财政预算内用于农村义务教育的投入2005年增加到1477.46亿元,年均增幅18%。第二,支持职业教育,在"分级管理、地方为主、政府统筹、社会参与"的管理体制下,中央财政大幅度增加对职业教育的投入。第三,支持高等教育改革和发展。1995—2005年"211工程"中央财政投入专项资金87.55亿元。1999—2008年"行动计划"中央财政共投入专项资金359亿元。1998年以来200多所原中央部委所属的高校下划地方,实行"中央与地方共建,以地方管理为主"的新体制,中央财政按照上年财政拨款扣除一次性专项后再上浮15%,划转为地方教育事业费基数,涉及经费45亿元。中央财政专门设立"中央与地方共建高校专项资金",2000—2007年共安排经费82.4亿元。第四,对高校家庭困难学生实行补助制度。按照"政策导向明确、经费共同负担、各方责任清晰、管理操作规范"的基本原则,助学经费中央与地方按比例分担。

四是建立城乡义务教育经费保障机制。为了配合农村税费改革,2005年建立中央和地方分项目、按比例分担的农村义务教育经费保障机制。保障机制包括:免除农村义务教育阶段学生的学杂费、教科书和补助寄宿生的生活费,由中央和地方按比例分担,西部地区为8:2,中部地区为6:4;东部地区除直辖市外按照财力状况分省确定。免费提供教科书,中西部地区由中央全额承担,东部地区由地方自行承担。提高农村中小学公用经费,中央和地方共同承担。农村中小学校舍维修费,中西部地区由中央和地方按照5:5比例共同承担,东部地区由地方自行承担,中央给予适当奖励。我国城乡义务教育经费全面纳入公共财政保障范围。

不难看出,新中国70年教育支出制度的改革发展,经历了从单一政府投入向以政府投入为主、多渠道筹措经费的体制转变,改革开放以后政府对教育的支出规模和增长速度远远超过计划经济时期,成为财政公共支出的重中之重。

五、社会保障支出制度改革

社会保障支出从计划经济时期到市场经济时期改革的力度最大,发生的变化也最为显著。这项制度是由计划经济时期生活保障的雏形逐渐发展而来,经过改革开放以来全面改革得到成熟完善。各级财政努力调整财政支出结构,社会保障支出规模由小到大、途径由少到多,在公共财政支出中占有重要地位。

计划经济时期我国实行的是以单位为依托的劳动保险制度。[①] 对于农村贫困人口,财政主要是支出救济金,城镇低收入和贫困群体的基本生活保障依托所在单位予以保障。"文化大革命"以来形成企业保险(统筹)的"社会养老"模式,这种形式实际上也是由国家财政包揽,主要是通过国有资源的无偿调拨来实现,财政支出虽规模不大却十分重要。有计划商品经济时期是我国社会保障体系改革起步阶段,社会保障支出主要体现在与国企相关的就业、养老支出方面。20世纪80年代国家建立养老保险制度,财政增加了此项支出。企业养老保障支出从1991年实行社会统筹制度,财政只限于财务管理方面。企业医疗保障制度选择了医疗费社会统筹的改革方向,财政支出只是统筹中的一部分。从企业统筹到社会统筹是这一时期企业社会保障制度的主要改革,财政承担了大量的改革成本。

社会主义市场经济体制确立以后,社会保障制度实行"统账结合"改革,原来由企业承担的社会保障支出被剥离出来,收入以社会保险费的形式上缴政府,职工的社会保障支出由政府统一承担。20世纪90年代,国有企业下岗职工基本生活保障和再就业成为财政保障的重点,国家建立下岗职工基本生活保障制度,资金来源原则上采取"三三制",财政预算安排三分之一,企业负担三分之一,社会筹集三分之一。中央企业由中央财政解决,地方企业由地方财政解决,对中西部地区和老工业基地中央财政给予一定的补助。从1998年到2002年,各级财政共支出下岗职工基本生活保障资金854亿元,其中中央财政支出563亿元,占65.92%。1997年建立统一的城镇职工基本养老保险制度,企业和职工按比例缴纳基本养老保险费,建立基本养老保险个人账户。基本养老保险基金纳入财政专户,实行"收支两条线"管理。随着国有企业改革的深化,财政开始承担低收入和贫

---

① 建国初期我国建立了以统一的劳动保险制度为依托的社会保障制度,"文化大革命"开始后统一劳动保险制度下的社会统筹变为"企业保险",这种模式直到20世纪80年代中期才有所改变。

困群体的基本生活补贴。为了保障城市低收入家庭住房困难问题,从1996年开始,按照职工工资总额的5%~12%比例,每年安排住房公积金预算资金,对推进城镇住房制度改革起到了积极作用。

进入市场经济体制完善时期,社会保障放在越来越重要的位置,社会保障支出制度不断改革创新。一是支持城镇社会保险制度改革。1999年《失业保险条例》实施后,国有企业下岗职工基本生活保障向失业保险并轨,2003—2005年各级财政共支出下岗职工基本生活保障资金524亿元,中央财政支出422亿元,占80.53%。通过税费减免、小额担保贷款、社会保险补贴、税收优惠政策、公益性岗位安置、职业培训补贴等,鼓励下岗失业人员自谋职业、自主创业和再就业。2003—2007年各级财政共支出就业补助资金1106亿元,中央财政共支出666亿元,占60.22%。基本解决了体制转轨和结构调整中出现的下岗失业人员的再就业问题。

二是支持城镇基本养老保险制度改革。支持企业养老保障改革,扩大做实企业职工基本养老保险个人账户,提高基本养老保险统筹层次,调高企业退休人员基本养老金水平。发展企业年金,更好地保障企业职工退休后的生活。支持机关事业单位养老保障改革,费用由单位和个人共同分担,基金逐步实行省级统筹。全国财政对养老保险基金补助支出总额由2003年的493.90亿元增加到2007年的1172.93亿元,年均递增约24%。2003—2007年,中央财政对各地企业职工基本养老保险累计安排补助资金3250.56亿元,年均增长15%。支持城镇医疗保障支出改革,基本医疗保险以家庭缴费为主,政府给予适当补助。从2007年第四季度试点,中央财政安排补助资金和城市医疗救助资金共2.86亿元,基金支出1500亿元。

三是支持低收入和贫困群体保障制度改革。完善社会救助体系,建立城乡最低生活保障制度,2003—2007年各级财政共支出资金1275亿元,其中中央财政支出683亿元,占53.57%。2006年为保障农村五保供养对象正常生活,由各级财政通过农村税费改革转移支付予以资金安排;为了保障自然灾害救济,2005年各级财政部门建立应急拨款制度,2007年新增旱灾临时生活困难补助项目。2003—2007年中央财政共安排自然灾害生活救助支出225.4亿元,确保灾民基本生活和灾区经济社会稳定。支持深化廉租住房保障改革。廉租住房保障资金筹集以财政预算资金为主,2007年底全国各地累计用于廉租住房保障资金164.6亿元,其中财政拨款58.7亿元,土地出让净收益32.2亿元,住房公积金增值收益35.6亿元,社会捐赠0.5亿元,其他资金37.6亿元,初步形成廉租房保障制度体系。

六、医疗卫生支出制度改革

新中国成立 70 年来医疗卫生支出制度不断改革完善,财政支出规模日益加大。计划经济时期医疗卫生资源由政府配置,国家对医疗服务和药品价格实施严格的计划管理,财政部门对医疗机构主要实行包工资的财政补助政策,国家机关、企事业职工医疗费实报实销。20 世纪 70 年代末,分别建立机关事业单位公费医疗制度和企业劳保医疗制度,医疗费由国家财政支出。80 年代以来,我国卫生体制改革沿着"放权搞活"的思路进行,放开搞活医疗机构经营机制,国家财政将公立医疗机构作为差额拨款事业单位给予一定的财政拨款,在财政补助政策上出台对医院的激励措施。这一时期国家财政体制实行包干制,医院收支结余部分除按规定提留事业发展基金外,其余部分由单位自主分配。90 年代中后期公立医院改革为股份制医院、医院集团,国家通过税收优惠、药品加成留用等政策支持和促进医疗机构改革。

市场经济体制确立后,首先对城镇基本医疗保险制度进行改革,将劳保医疗单位筹资和单位管理改为社会筹资和社会管理,强化了购买方和服务方分离。随着城镇职工基本医疗保险制度在全国推行,打破原来企事业单位筹资与管理的做法,中央和地方政府对卫生事业的投入逐年增加,增加幅度不低于财政支出的增长幅度。市场经济体制完善时期,建立医疗卫生新体制,财政对医疗卫生投入不断加大。2003—2007 年全国财政用于医疗卫生支出累计 6294 亿元,比前五年增长 1.27 倍。2007 年中央财政安排医疗卫生支出 664.31 亿元,比 2006 年增长 296.8%。医疗卫生投入成为公共财政支出的重点之一,而且呈快速增长的趋势。

公共医疗支出重点是加大对农村卫生和社区卫生工作的投入力度。一是实施农村卫生服务体系建设与发展规划,初步建成基本设施比较齐全的农村卫生医疗服务网络;二是大力支持发展城市社区卫生服务,建立多功能为一体的城市社区卫生服务体系;三是制定和实施农村和城市社区卫生人才培养规划,各级财政安排专项资金开展万名医师下乡活动。

公共卫生投入的重点是加强疾病预防控制体系。一是支持建立健全公共卫生服务体系。2003—2007 年仅中央财政就安排专项资金 239.8 亿元。二是免费提供必要的公共卫生服务产品,从 2007 年起将 15 种传染病纳入国家免疫规划范围,由政府免费提供疫苗。三是促进公共卫生服务能力均等化,2007 年由中央财政和地方财政共同出资建立城市社区公共卫生经费保障机制,免费为城市居民提供基本公共卫生服务。

农村支出的重点是建设新型农村合作医疗制度。资金筹集由个人缴纳、集体扶持和政府资助相结合,其中政府资助占大头。从2006年起中央财政对参加新型农村合作医疗的农民每人每年补助标准由20元提高到2008年的80元。同时不断扩大补助范围,2006年中央财政将农业人口占70%以上的市辖区和部分东部省份纳入补助范围。2003—2007年各级财政用于新农合的补助资金达到541亿元,其中中央财政补助169亿元。

医疗救助的重点是建立城乡医疗救助制度。资金采取多渠道筹集方式,2007年中央财政安排困难地区城乡医疗救助补助资金34亿元,比2003—2006年四年中央财政安排的补助资金26.3亿元增加7.7亿元,增长29.3%。我国所有有农业人口的县(市、区)都建立了农村医疗救助制度,90%的县(市、区)建立了城市医疗救助制度。

结　　语

新中国70年来财政支出完成了从计划经济时期到市场经济时期的转型,即由大包大揽转向公共领域。随之,国家财政投入支出重点发生了三个变化:由城市转向农村,努力实现城乡基本公共服务均等化;由经济建设转向公共社会事业,重点支持文化教育、医疗卫生、社会保障与就业、科技、环境保护和生态建设;由发展工业为主转向协调发展,重点支持农业农村发展、现代服务业、西部大开发、中部崛起、振兴东北老工业基地等,促进经济社会全面协调可持续发展。另外,财政支出还肩负着促进国家改革的成本,特别是国有企业改革的成本。这些巨大的转变,意义重大而深远。财政支出退出经济建设领域,并不是减少了财政支出,削弱了财政在经济社会发展中的地位和作用;相反,随着公共服务领域的扩大、公共产品和公共服务标准和质量的提高,以及人民群众对美好生活的追求,财政支出规模越来越大,作用日益显著,地位日益重要,日益成为国家治理的基础和支柱。

第八章
转移支付——从调剂为主走向转移支付

中央与地方政府事权和财力的划分决定着政府间财政分配关系,新中国建立以来各时期由于财政体制不同存在着不同的政府间财政关系:计划经济时期,在统收统支财政体制下中央与地方是上下一盘棋关系;有计划商品经济时期是"分灶吃饭"的关系;市场经济时期是相对独立的分事权、分税种的财政关系。政府间财政关系的核心是国家资源在各级政府之间的配置,不论哪一种财政体制下的政府间财政关系都存在不协调的地方,需要一种制度去调节,保障各级政府事权与财力相匹配。这种制度在计划经济时期主要采用调剂,在市场经济时期转变为转移支付制度,从不规范逐渐走向规范。

第一节 计划经济时期财政分配关系的调剂

计划经济时期,虽然实行的是高度集中的统收统支的财政体制,中央与地方是一盘棋,地方财政收入统统上缴中央,支出由中央统一下拨,但由于全国各地环境条件不同、发展程度不同、行政区域范围不同等因素,也出现中央和地方政府事权和财力的失衡以及地方政府间的发展失衡,中央采取调剂的手段进行协调,实质上也是财政资金的一种无偿转移,可以说是市场经济时期转移支付的前身。

一、政府间和区域间的不均衡

计划经济时期中央与地方政府间财政收入存在极大差距。1958年之前中央财政收入占全国财政收入的比重一般年份是70%以上,最高年份达到80%以上。地方政府财政收入的比重一般情况下是20%,最低年份为17%。如表8-1所示。

表8-1　1953—1958年中央与地方财政收入及比重

年　份	绝对数/亿元			比重/(%)	
	全国	中央	地方	中央	地方
1953	213.24	177.02	36.22	83.0	17.0
1954	245.17	187.72	57.45	76.6	23.4
1955	249.27	193.44	55.83	77.6	22.4
1956	280.19	222.10	58.09	79.3	20.7
1957	303.20	222.94	80.26	73.5	26.5
1958	379.62	305.26	74.36	80.4	19.6

资料来源:楼继伟主编,《新中国50年财政统计》,经济科学出版社2000年版,第79页。

这种财力悬殊不仅影响地方政府的积极性,而且影响地方政府职能的实现。从1958年改革高度集中的财政体制,大幅度下放财权财力,政府间分配关系出现逆转,地方财政收入所占比重超过中央,这也是一种不平衡,仍然需要进行协调。

在区域间也有发展不均衡的现象。认为计划经济时期吃财政"大锅饭"没有不平均的现象,其实这是一种误区。从地区间人均财力看,计划经济时期地区间人均财力差距不仅存在而且不断扩大。1958年以前地区间财力差异比较小,之后差异明显加大。如表8-2所示。

表8-2　计划经济时期地区间人均财力差距态势

年　份	东部地区/(元/人)	中部地区/(元/人)	西部地区/(元/人)	东部/中部	东部/西部	财力差异系数
1950	12.68	9.15	6.03	1.39	2.10	0.28
1951	18.81	12.36	10.21	1.52	1.84	0.26
1952	25.96	13.47	11.70	1.93	2.22	0.30
1953	24.30	14.44	11.99	1.68	2.03	0.31
1954	28.34	16.79	13.42	1.69	2.11	0.32

续表

年 份	东部地区/(元/人)	中部地区/(元/人)	西部地区/(元/人)	东部/中部	东部/西部	财力差异系数
1955	27.91	16.04	13.48	1.74	2.07	0.31
1956	30.33	17.28	15.49	1.76	1.96	0.31
1957	36.89	18.51	16.13	1.99	2.29	0.39
1958	84.41	41.22	28.90	2.05	2.92	0.46
1959	315.89	42.91	37.49	7.36	8.43	1.00
1960	367.56	46.33	46.04	7.93	7.98	1.01
1961	215.87	24.53	22.20	8.80	9.72	1.06
1962	163.22	21.85	17.93	7.47	9.10	1.02
1963	185.66	23.52	23.15	7.89	8.02	1.01
1964	205.49	26.34	24.95	7.80	8.24	1.01
1965	217.37	26.66	24.43	8.15	8.90	1.03
1966	238.59	30.84	26.55	7.74	8.99	1.02
1967	187.33	24.78	19.43	7.56	9.64	1.02
1968	199.87	18.91	12.36	10.57	16.17	1.14
1969	266.14	24.45	16.10	10.89	16.53	1.15
1970	313.69	36.00	23.21	8.71	13.52	1.09
1971	354.25	50.04	31.21	7.08	11.35	1.03
1972	370.12	51.23	30.81	7.22	12.01	1.04
1973	390.54	51.90	27.00	7.52	14.46	1.06
1974	387.16	43.88	25.01	8.82	15.48	1.10
1975	398.55	51.09	29.04	7.80	13.72	1.06
1976	387.08	43.60	26.86	8.88	14.41	1.09
1977	426.21	50.80	31.51	8.39	13.53	1.07

资料来源:辛波,《政府间财政能力配置问题研究》,中国经济出版社2005年版,第159页。

表 8-2 显示,1950—1958 年,虽然各地区人均财力水平都很低,但相互

间的差距是存在的。1950年东部人均财力12.68元,中部下降到9.15元,西部只有6.03元,中部是东部的72.16%,西部是东部的47.56%;从1959年开始各地区人均财力普遍提高,但差距却在增加。1959年东部人均财力315.89元,中部下降到42.91元,西部只有37.49元,中部是东部的13.58%,西部是东部的11.87%。从人均财力相对差异看,东部与中部地区由1958年的2.05扩大到1959年的7.36,东部与西部地区由1958年的2.92扩大到1959年的8.43。从财力差异系数看差距是扩大的,1950—1958年财力系数为0.26~0.46,1959—1977年扩大到1.00~1.15。[①]

中央与地方间财政收入的差距主要是高度集中的统收统支财政体制造成的,区域间的财力差距虽然与各地环境条件、发展程度有联系,但也与财政体制有关。如"一五"时期地方财政收入每年国家有规定的指标,超收的部分和支出结余的部分由地方政府支配,超收的越多留的部分就越大,由于超收的程度不同就形成了地方政府间收入的差距。"二五"时期收支项目和分成比例确定后五年不变,收入超出支出的部分地方可以自行安排,多收可以多支,年终结余全部留给地方在下年度使用。"四五"时期实行财政包干制,收入大于支出的包干上缴中央,其余留给地方,年终支出结余也由地方支配。包干制更加大了地方政府间收入的悬殊。如1974年财政包干制中央按各地预算收入指标总额确定一个固定比例留给地方一笔机动财力,但比例各地不一,最多的青海、宁夏为10%,最少的上海、北京、江苏1%~2%,贵州、新疆为6%,东北三省是1%~3%,各地存在苦乐不均。1976年恢复了"收支挂钩,总额分成"后,各地分成比例有的地方按30%分成,而有的地方按70%分成,超收部分的分成比例也同样如此。

二、调剂政府间分配关系的措施

计划经济时期财政的基本原则是首先保障中央财力,其次再考虑地方财力,为了弥补地方财力的不足和区域之间财力的差距,中央财政是协调的主体,采取的措施主要有调剂、补助、补贴、专项拨款等方式。

（一）财政调剂

财政调剂是计划经济时期调节政府间财政分配关系的一种主要手段,一般情况下在财政收入中划出一部分用于调剂的资金。第一个五年计划时期,为了提高地方政府积极性,1954年将国家预算收入划分为固定收入、

[①] 辛波:《政府间财政能力配置问题研究》,中国经济出版社2005年版,第159页。

固定比例分成收入和调剂收入。地方财政支出用地方的固定收入和固定比例分成收入,不足的差额由中央划用调剂收入弥补。县、市收入完不成计划或支出必须增加的,由省财政负责调剂。

"大跃进"时期,进一步扩大地方财政管理权限,1958 年实行"以支定收"的财政体制,财政收入包括地方固定收入、企业分成收入和中央调剂分成收入。地方固定收入不能满足支出的,中央划给企业分成收入;地方固定收入和企业分成收入仍然不能满足支出的,由中央再调剂收入划给一定比例。1959 年在"收支下放,计划包干,地区调剂,总额分成"的财政体制下,地方上解中央的收入除了少数用于中央支出以外,主要对经济落后、少数民族、收入少而建设项目多的地区进行调剂。

(二) 专项拨款

专项拨款是地方政府正常支出之外的一种支出,包括基本建设、灾荒救济、大规模移民垦荒等特别性支出。特别情况不是每个地方都有的,发生特殊情况的地方由中央拨款,每年确定一次,列入地方预算。"二五"时期就是这样规定的。

(三) 财政补助

如果说财政调剂和专项拨款还属于一种制度性的话,那么"补助"相比起来就成了制度之外的一种调剂,因为没有这一部分专款,是中央对地方的一种照顾。第二个五年计划时期,地方固定收入、企业分成收入和调剂收入这三种收入仍然不能满足地方正常支出需要的,不足的部分由中央财政补助。1959 年实行计划包干,对收入小于支出的地方不足的部分由中央补助,按原计划数额拨补。"四五"时期的 1971 年,实行财政收支包干办法,地方支出大于收入的由中央财政按差额数包干给予补贴。

(四) 特殊照顾

照顾政策是财政体制内的一种分配关系调节方式,主要针对有特大困难的地方。"二五"时期,国家对辖有民族自治地方的省,在自治州的支出基数上增加 7%～8%,对自治县的支出基数增加 4%～5%,[①]作为特殊照顾。经济调整时期开始集中财权和财力,但对内蒙古、新疆、广西、宁夏、西藏少数民族地区仍然给予照顾。这些地方除了自治区的预备费高于一般省市以外,还要安排一笔民族地区补助费用于解决某些特殊开支。1971 年

---

① 宋新中主编:《当代中国财政史》,中国财政经济出版社 1997 年版,第 220 页。

对民族自治区预备费按5％设置外,又设机动金作为特殊照顾。1974年在财政包干制下,对少数民族地区仍然按1971年的规定给予照顾。

这一时期中央财政协调政府间财政分配关系的措施如表8-3所示。

表8-3 计划经济时期政府间分配关系协调方式

时　期	财政体制	协调方式	调剂对象	备　注
经济恢复时期 (1950—1952年)	统收统支	1. 给地方保留机动财力; 2. 地方按比例征收地方税和附加粮	包括各省、市、自治区	东部地区不在统一财政服务之内
"一五"时期 (1953—1957年)	预算收入分类分成	1. 省级由中央财政拨款调剂; 2. 县级由地方各级政府负责调剂	支出不足的差额	主要针对收不抵支和收入计划完不成的地方
"二五"时期 (1958—1960年)	1958年以收定支,五年不变;1959年总额分成,一年一变	1. 中央划拨调剂款; 2. 中央拨款补助	对收支有缺口和支出不足的部分	不能满足正常支出需要
经济调整时期 (1961—1965年)	加强财权财力的集中,但对少数民族地区实行核定收支、总额分成	由中央给予补助	正常支出需求不足的部分	仅对内蒙古、新疆、广西、宁夏、西藏

续表

时　期	财政体制	协调方式	调剂对象	备　注
"三五"和"四五"时期（1966—1976年）	1968年收支两条线；1969年收支挂钩，总额分成；1971年财政包干制；1976年收支挂钩，总额分成	1. 中央财政按差额数包干给予补贴； 2. 设机动金作为特殊照顾	收不抵支的差额部分	包干补贴对内地收不抵支的地方；特殊照顾只对少数民族地区而言

资料来源：根据宋新中主编的《当代中国财政史》（中国财政经济出版社1997年版）整理统计。

三、计划经济下政府调剂的特点

这一时期中央政府协调政府间财政分配关系的特点之一是特殊性。与1994年的转移支付相比没有普遍性，是一种特殊的现象。需要调剂和照顾的都有特殊情况，如灾害、大型垦荒移民、特殊困难等。特点之二是局部性。能够得到中央调剂、补贴、照顾的对象只限于收不抵支的地方、经济欠发达的地方、少数民族地区。特点之三是临时性。调剂、补助、照顾不是年年都有，有些年份就没有，如经济恢复时期除一些少数民族地区外其他地方就没有。作为受照顾和补助的对象也不是年年都有，而是根据财政收支情况的变化而变化。当然，少数民族地区的困难是长期存在的，财力短时期也难以改变，得到调剂和补贴的机会多，但就全国而言也是局部地区、特殊现象。

第二节　有计划商品经济时期地区间财政分配关系的协调

进入改革开放以后，为了激发地方政府发展经济的积极性，财政实行了"分级包干"、"大包干"的"分灶吃饭"财政体制，给企业和地方"放权让利"。中央与地方以及地区间的财政分配关系失衡问题更加突出，协调政府间和地区间分配关系显得更加重要。

一、地区间财政分配关系的差距

这一时期,地区间的差距表现在各个方面。财政收入是各地区财力的象征,地区间存在较大的差距,特别是西部与东部的差距尤其明显。我们选择东部和西部各 5 个省市加以比较,如表 8-4 所示。

表 8-4　1987—1990 年地区财政收入差距态势

省份	1987 财政收入/亿元	1987 人均收入/元	1988 财政收入/亿元	1988 人均收入/元	1989 财政收入/亿元	1989 人均收入/元	1990 财政收入/亿元	1990 人均收入/元
上海	165.13	1321	146.76	1163	152.66	1196	157.72	1180
江苏	107.17	169	117.97	183	126.39	193	136.20	201
浙江	76.36	185	85.55	205	98.21	233	101.59	244
广东	95.88	149	107.57	181	136.87	227	131.02	206
山东	72.79	91	86.43	107	100.94	124	109.11	128
小计	517.33	1915	544.28	1839	615.07	1973	635.64	1959
甘肃	22.58	107	24.98	117	31.52	145	34.21	152
青海	4.01	94	5.07	117	6.69	152	7.24	162
新疆	11.58	81	15.46	108	19.46	134	21.78	142
宁夏	4.11	94	5.07	114	6.33	139	6.73	143
内蒙古	19.43	94	24.13	115	28.67	135	32.98	152
小计	61.71	470	74.71	571	92.67	705	102.94	751

资料来源:财政部综合计划司编,《中国财政统计(1950—1991)》,科学出版社 1992 年版,第 59、336 页。

表 8-4 显示,东部 5 省和西部 5 省财政收入的差距很大,1987—1990 年,西部 5 省财政收入分别只是东部 5 省的 11.93%、13.73%、15.07%、16.19%;西部 5 省人均财政收入之和分别只是东部 5 省的 24.54%、31.05%、35.73%、38.34%。

从人均财政支出看,也存在一定的差距,如表 8-5 所示。

表 8-5　1987—1990 年地区财政支出差距态势

省份	1987 财政支出/亿元	1987 人均支出/元	1988 财政支出/亿元	1988 人均支出/元	1989 财政支出/亿元	1989 人均支出/元	1990 财政支出/亿元	1990 人均支出/元
上海	50.15	401	64.62	512	73.10	573	75.69	566
江苏	68	107	81.45	127	92.25	141	100.97	149
浙江	51.24	124	63.13	151	74.77	178	80.23	192
广东	96.59	150	115.17	194	141.16	234	150.69	237
山东	75.22	95	97.82	121	113.67	139	123.85	146
小计	341.20	877	422.19	1105	494.95	1265	531.43	1290
甘肃	31.36	148	36.38	170	41.26	190	45.94	204
青海	12.26	286	14.28	329	15.67	356	17.13	382
新疆	33.69	237	38.91	273	42.01	289	47.82	313
宁夏	11.84	272	13.82	311	14.66	322	14.96	318
内蒙古	45.56	221	51.01	244	55.81	263	60.90	282
小计	134.71	1164	154.40	1327	169.41	1420	186.75	1499

资料来源:财政部综合计划司编,《中国财政统计(1950—1991)》,科学出版社 1992 年版,第 138、337 页。

表 8-5 所示,西部 5 省财政支出总额分别只是东部 5 省的 39.48%、36.57%、34.23%、35.14%。但从人均财政支出看西部 5 省超出了东部 5 省,这主要是西部人口少,而且中央财政相对补贴较多。

这一时期政府间财政分配差距比计划经济时期明显增大,其中的原因是多方面的,但最根本的原因是"分灶吃饭"的财政体制和"放权让利"的财政政策造成的。在"放权让利"的改革中和"分灶吃饭"的财政体制下,各过各的日子,地方交够中央的就全是自己的,极大地扩大了地方差距。如

1980年各地包干的方式不统一,为了加快广东省和福建省经济发展,对它们实行照顾政策,收入除了中央直属企业、事业单位的收入和关税划归中央外,其余收入全部作为地方收入,执行中收入增加和支出结余部分也全部留给地方,而其他省份却不是这样。在收入方面,上划给中央部门直接管理的企业收入作为固定比例分成收入,中央80%、地方20%。工商税作为中央与地方调剂收入,收入大于支出的多余部分按比例上交。包干后五年不变,地方多收多支,少收少支,自求平衡。这样一来,大部分省不仅与广东、福建存在差距,而且相互之间也出现差距。特别是经济欠发达地区,即使得到一些调剂和补助,但因条件差仍然不能保障支出,与经济发达地区形成两极分化。1985年之后,广东、福建继续实行财政大包干办法,大多数省固定收入大于支出的按定额上解中央。特别是实现财政大包干以后,不公平的因素大大增加,对不同的省份实行六种不同的包干办法,而且每种包干办法中不同的省份收入递增率和留成比例也不一样,因而地区间差距更加扩大,苦乐不均成为当时财政分配关系中突出的问题。可以说这一时期是我国地区间差异扩张最快和差距最大的时期。

二、协调地区间财政分配关系的措施

有计划商品经济时期由于计划经济体制仍然存在,而且发挥着一定的作用,协调政府间和地区间财政分配的政策与措施并没有较大的改变,仍然沿用计划经济时期的措施和手段。

(一)专项拨款

"五五"时期1980年在"分灶吃饭"体制下,对地方实行不同的四种办法,其中第二种就是专项拨款,规定地方的特殊开支、特大自然灾害救济费、支援经济不发达地区发展资金由中央拨付专款。1985年,特大自然灾害救济费、特大抗旱和防汛补助费、支援经济不发达地区发展资金、边境建设事业补助费等仍由中央专项拨款,不在地方包干范围。

(二)财政调剂

调剂资金来源于调剂收入,一般用于地区间财力调剂。1980年"划分收支、分级包干"办法实行后,为了缩小地区间财力差距,规定以1979年收入的预计数为基数,支出大于收入的地方,不足的部分中央从工商税中确定一定比例进行调剂。

(三) 财政补助

这一时期的补助与调剂相比,没有预留专门的资金,由中央的收入进行补贴。1980年实现分级包干后,支出大于收入的地方由中央进行调剂,之后收入仍然小于支出再由中央给予定额补助,可知补助是调剂之后的一种补救方式。特别是对内蒙古、新疆、西藏、宁夏、广西五个自治区和少数民族多的云南、青海、贵州的补助数额,规定每年递增10%。1985年,在分级包干体制下,中央对地方实行专项拨款的同时,地方固定收入小于地方支出的,从共享收入中确定一个分成比例留给地方,仍然不足抵拨其支出的由中央定额补助。在财政体制执行过程中,由于企业和事业单位隶属关系的改变,相应调整地方的补助数额。但因国家调整价格和增加工资及其他经济改革措施引起财政收支的变动,除非国务院另行规定,不再对补助数额进行调整。对民族自治区和视同民族地区的省份,按照中央核定的定额补助在五年内继续执行年递增10%的办法。第七个五年计划时期的1988年地方政府实行六种不同的包干办法,对经济欠发达地区不分成不上解,而是实行"定额补助"。根据原来核定的收支基数,支出大于收入的部分实行固定数额补助,受补助的地区有16个。中央对地方的补助多少不同,如江西省0.45亿元、福建省0.5亿元、吉林省1.07亿元、陕西省1.2亿元、甘肃省1.25亿元、海南省1.38亿元,较多的有宁夏回族自治区5.33亿元、内蒙古自治区6.08亿元、青海省6.56亿元、云南省6.73亿元、贵州省7.42亿元、西藏自治区8.98亿元,最高的新疆维吾尔自治区达到15.29亿元。[①] 另外,武汉市和重庆市划为单列市后,湖北省和四川省由上解省变为补助省,支大于收的差额分别由两市上缴省一部分作为中央对地方的补助,两市上缴比例分别是4.78%和10.7%。

(四) 特殊照顾

照顾与补贴相比,补助按一定比例,照顾根据情况而定。1980年对内蒙古、新疆、西藏、宁夏、广西五个自治区和少数民族多的云南、青海、贵州,保持原来民族自治区的特殊照顾,而且有所改进。一是中央确定补助数额后由一年一定改为一定五年不变,二是地方收入增长的部分全部留给地方,增长全留也成为补助的范围。

有计划商品经济时期地方间分配关系协调方式如表8-6所示。

[①] 宋新中主编:《当代中国财政史》,中国财政经济出版社1997年版,第465页。

表 8-6　有计划商品经济时期地方间财政关系协调方式

时　期	财政体制	协调方式	调剂对象	备　注
"五五"时期（1976—1980年）	1980年划分收支、分级包干	特殊开支由中央专项拨款；支出大于收入的由中央进行调剂；调剂后收入仍小于支出的由中央定额补贴；少数民族地区进行特殊照顾	有特殊情况的地方；收入小于支出的地区；少数民族地区和视同民族地区的省份	调剂支出不足的部分；补助实行定额,不是缺多少补多少；特殊照顾的地区有限制；1983年因中央财政困难减少补助数额
"六五"时期（1981—1985年）	1985年划分税种、核定收支、分级包干	对不宜包干的专项支出中央实行专项拨款；所有收入不抵支出的地方,中央实行定额补助；少数民族地区的补助继续实行年递增10%的办法	不宜包干的支出；收入完全不抵支出的地方；少数民族地区	不宜包干的支出也即特殊性支出
"七五"时期（1986—1990年）	1988年实行财政大包干体制	对支大于收的省份实行定额补助	补助的主要有江西、福建、陕西、甘肃、贵州、海南、云南等经济落后地区和少数民族地区	中央对湖北省和四川省的补助由武汉市和重庆市转付

资料来源:根据宋新中主编的《当代中国财政史》(中国财政经济出版社1997年版)整理统计。

三、地区间财政分配关系协调的特点

这一时期地区间财政分配关系的调节方式与计划经济时期没有多大的变化,但变化还是有的。一是专项拨款的使用比计划经济时期的多。计划经济时期只是"二五"时期使用,而这一时期在"划分收支、分级包干"财政体制和"划分税种、分级包干"财政体制下都使用。二是财政调剂和补助日趋制度化。如"定额补助"就是财政大包干体制的一种包干方法,说明这一时期的专项拨款、调节、补贴的办法向制度化方面发展。三是补助调剂由局部向普惠制发展。不是作为一种特殊、局部的政策来对待,而是一般的省都有补助。这些变化是与计划经济时期不同的地方,也是这一时期的特点。这些变化是地区间财政收入差距扩大的结果,预示着协调政府间和地区间财政分配差距是中央政府的一项重要任务,必须寻找一种更加规范有效的方式。

第三节　市场经济时期的现代转移支付制度

自1993年确立市场经济体制和1994年实行分税制财政体制以后,为适应市场经济体制规范、公平、有效的要求,财政管理和财政制度开始从有计划商品经济时期的多样化走向规范化,西方市场经济国家与分税制配套的转移支付制度得到采纳。转移支付是指货币资金、商品、服务或金融资产的所有权由一方向另一方的无偿转移。财政转移支付是财政资金、资产或服务由一个政府向另一个政府无偿转移。转移支付是市场经济体制的产物,是分税制财政体制的重要组成部分,是调节政府间财力失衡、实现中央政府宏观调控目标、促进经济社会协调科学发展的重要途径。

一、我国转移支付制度的建立与完善

我国转移支付制度的建立完善大致经过了过渡期转移支付(1995—2000年)、一般性转移支付(2001—2008年)和均衡性转移支付(2009—2019年)三个阶段。

(一)转移支付制度的建立

我国"转移支付"概念是1992年经过世界银行和国际货币基金组织引入的,1993年党的十四届三中全会《关于建立社会主义市场经济体制若干问题的决定》中正式提出"转移支付"制度,1995年配合分税制财政体制的

实施制定了转移支付制度。

1995年建立的转移支付制度称"过渡期转移支付"①,其宗旨是均衡区域间财力差距,指导思想是不调整地方既得利益,中央财政从收入增量中拿出一部分资金,逐步调整地区利益分配格局。转移支付兼顾公平和效率,力求公正、合理、规范,适当考虑各地的收入努力程度。转移支付的重点是缓解地方财政运行中的突出矛盾,体现对民族地区的适度倾斜。转移支付制度在建立时不触动地方既得利益,就是将分税制实施中地方上划中央的财政收入通过转移支付再返回给地方。现在看来不可思议,但在当时采用这种策略是正确的,因为当时东部沿海一些地方反对实施分税制,如果触动了财政包干制下地方的既得利益,不说转移支付制度不能建立,就是分税制也难以顺利实施。

随着分税制财政体制改革逐步深入,2002年我国实施了所得税收入分享改革,中央用于转移支付的资金增加,建立了转移支付资金稳定增长机制。过渡期转移支付改称为"一般性转移支付"(原来的一般性转移支付类型改称为"财力性转移支付")。一般性转移支付是针对地方基本公共服务均等化提出的,实质上是解决困难地区财力不足问题,主要保障政府机构正常运转和工资照常发放,财政越困难的地区中央财政转移支付的就越多。一般性转移支付资金分配的基本原则:一是力求公平公正、公开透明。资金分配主要参照各地"标准财政收入"和"标准财政支出"的差额及可用于转移支付的资金规模等客观因素按统一公式计算确定。二是稳步推进。一般性转移支付资金规模和转移力度逐年增加,稳中求进。三是转移支付的重点是中西部地区。因为中西部地区财力短缺问题比较普遍突出,也是对中央西部大开发政策的落实。四是对老少边穷地区仍然给予一定的照顾。过渡性转移支付时期这些地区就是重点,西部大开发中成为转移支付的重镇。

2009年我国对转移支付制度进行了一次较大的规范,将财力性转移支付改为"一般性转移支付",将原来的一般性转移支付改为"均衡性转移支付"(即原来的财力性转移支付和列入专项转移支付的教育、社会保障与就业、公共安全、一般公共服务等改为一般性转移支付)。均衡性转移支付的主要目标是调节地区间财力差距,解决财政实力薄弱地区的财力缺口,中央的转移支付资金由地方统筹安排使用,不需要地方配套。资金分配仍然

---

① 1995年财政部发布《过渡期转移支付办法》,过渡期转移支付以此为标志。

参照各地标准财政收入和标准财政支出的差额及可用于转移支付的资金规模等客观因素按照统一公式计算。均衡性转移支付分配理念不断更新,测算日益完善,逐步形成规范、科学、公开、透明的测算体系。

(二) 转移支付的改革与完善

我国转移支付制度建立后,按照各时期国家发展目标和政策要求不断改革完善,近年来重大改革有以下方面。

1. 调整转移支付结构

我国专项转移支付中一般性转移支付比重小,专项转移支付规模大、数量多,实施中出现的问题也多,不利于地方政府财政困难的解决和基本公共服务均等化。自 2006 年开始着手整顿,从支农专项资金整合入手推进专项转移支付项目整合,整顿的范围包括中央转移支付和省以下转移支付。2015 年在专项转移支付与一般性转移支付的比重上,中央明确规定专项转移支付预算总体增长幅度应当低于中央对地方一般性转移支付预算总体增长幅度。2017 年进一步减少、整合专项转移支付项目,调整一般性转移支付与专项转移支付的比重,增加一般性转移支付资金规模,减少专项转移支付资金比重,提高转移支付资金规模效应。

2. 严格专项转移支付管理

2015 年财政部对 2000 年制定的《中央对地方专项拨款管理办法》进行修订,按照事权和支出责任划分,将专项转移支付分为委托类、共担类、引导类、救济类、应急类五类。财政部负责拟定专项转移支付总体管理制度,审核专项转移支付设立、调整事项,组织实施预算编制及执行,开展绩效管理和监督检查。在专项转移支付设立上要求必须有明确的法律、行政法规或者国务院规定,具有明确的绩效目标、资金需求、资金用途、主管部门和职责分工。专项转移支付实施期限一般不超过 5 年。在专项转移支付管理上实行动态管理、退出机制,到期后自动终止,确需延续的要按照规定的程序重新申请。财政部每年编制年度预算前会同中央主管部门对专项转移支付项目进行评估,对不符合法律规定的,因政策到期、政策调整、客观条件发生变化等已无必要继续实施的,市场竞争机制能够有效调节的专项予以取消。可由市场竞争机制逐步调节的在一定实施期限实行退出政策,到期予以取消。在专项转移支付与一般性转移支付的比重上,明确规定专项转移支付预算总体增长幅度应当低于中央对地方一般性转移支付预算总体增长幅度。① 新的管理办法有效地解决了原来存在的专项转移支付立项不规范、分类不明晰、只进不出、项目比重大、资金效益低等问题,突出了法制性、规范性、市场性、公开性,更加适合于市场经济的要求。

3. 建立财政事权与支出责任相匹配的转移支付制度

2016年配合中央与地方财政事权与支出责任的划分,清理整合与财政事权划分不相匹配的中央对地方转移支付,增强财力薄弱地区尤其是老少边穷地区的财力。严格控制引导类、救济类、应急类专项转移支付,对保留的专项转移支付进行甄别,属于地方财政事权的划入一般性转移支付,②由此形成财力与事权相匹配的转移支付制度。

4. 设立中央与地方共同财政事权转移支付

2018年配合基本公共服务领域中央与地方共同财政事权和支出责任的划分,在一般性转移支付下设立共同财政事权分类分档转移支付。原则上将改革前一般性转移支付和专项转移支付安排的基本公共服务领域共同财政事权事项,统一纳入共同财政事权分类分档转移支付,③完整反映中央和地方承担的基本公共服务领域共同财政事权的支出责任。

二、转移支付制度的框架体系

我国转移支付制度框架自1995年建立以后,由一般性转移支付、专项转移支付、税收返还、体制补助和结算补助五部分构成。体制补助是原来分级包干财政体制下的产物,包括中央政府对地方政府的体制补助和地方政府对中央政府的体制上解。递增上解的地区和定额上解的地区按原规定继续递增上解,总额分成的地区和分税制试点地区按递增上解办法上解,转移支付中"体制补助"的规定不变,上解的资金数额是逐年递增的。结算财力补助是为了应对年度执行中不可预料的特大自然灾害或突发事件以及重大政策调整对地方财政预算平衡的影响,在年终结算时用于解决一些明显属于中央事权或具有外部性的支出及特殊事项。这些资金在财政年度结算时中央财政根据地方对中央的上解情况进行调整后拨付,既有中央对地方的补助,也有地方对中央的上解,形成上下级政府间财政资金

---

① 参见财政部《中央对地方专项转移支付管理办法》(财预〔2015〕230号)。
② 参见国务院《关于推进中央与地方财政事权和支出责任划分改革的指导意见》(国发〔2016〕49号)。
③ 参见国务院办公厅《基本公共服务领域中央与地方共同财政事权和支出责任划分改革方案》(国办发〔2018〕6号)。

的双向移动。2007年体制性补助和结算补助划入一般性转移支付之后,我国转移支付制度包括一般性转移支付、专项转移支付和税收返还三个部分。

(一) 一般性转移支付

一般性转移支付也称无条件转移支付,目的是增加地方政府的自有财力,提高地方政府公共服务能力,没有什么条件和要求,转移支付资金地方政府可以自行支配,实际上是一种财力的再分配。一般情况下,转移支付的框架以一般性转移支付为主、专项转移支付为辅。

1. 一般性转移支付的范围

我国一般性转移支付的范围,2009年主要包括:均衡性转移支付、民族地区转移支付、县级基本财力保障机制奖补资金、调整工资转移支付、农村税费改革转移支付、教育转移支付、社会保障和就业转移支付、公共安全转移支付、定额补助(原体制补助)、结算性补助、中央企业分离办社会职能中央相应的划转补助、村级公共事业"一事一议"奖励资金、工商部门停征两费转移支付等。2009年之后,为了规范转移支付制度不断改革完善,范围有缩小的趋势。如表8-7所示。

表8-7 2010—2018年一般性转移支付范围变化

年 份	一般性转移支付项目
2010年(17种)	①均衡性转移支付;②民族地区转移支付;③县级基本财力保障机制奖补资金;④调整工资转移支付;⑤农村税费改革转移支付;⑥资源枯竭城市转移支付;⑦工商部门停征两费转移支付;⑧成品油税费改革转移支付;⑨定额补助(原体制补助);⑩企事业单位划转补助;⑪结算财力补助;⑫一般公共服务转移支付;⑬公共安全转移支付;⑭教育转移支付;⑮社会保障和就业转移支付;⑯医疗卫生转移支付;⑰农林水转移支付
2011年(15种)	①均衡性转移支付(包括重点生态功能区转移支付、产粮大县奖励资金、县级基本财力保障机制奖补资金);②民族地区转移支付;③调整工资转移支付;④农村税费改革转移支付;⑤资源枯竭城市转移支付;⑥成品油税费改革转移支付;⑦定额补助(原体制补助);⑧企事业单位划转补助;⑨结算财力补助;⑩工商部门停征两费等转移支付;⑪基层公检法司转移支付;⑫义务教育转移支付;⑬基本养老金和低保等转移支付;⑭新型农村合作医疗等转移支付;⑮村级公益事业奖补等转移支付

续表

年 份	一般性转移支付项目
2012年(15种)	与2011年相同
2013年(15种)	与2012年相同
2014年(11种)	①均衡性转移支付(包括重点生态功能区转移支付、产粮大县奖励资金、县级基本财力保障机制奖补资金);②革命老区、民族和边境地区转移支付;③资源枯竭城市转移支付;④成品油税费改革转移支付;⑤固定数额补助;⑥体制结算补助;⑦基层公检法司转移支付;⑧义务教育转移支付;⑨基本养老金和低保等转移支付;⑩城乡居民医疗保险等转移支付;⑪农村综合改革转移支付
2015年(7种)	①均衡性转移支付(包括重点生态功能区转移支付、产粮大县奖励资金、县级基本财力保障机制奖补资金、资源枯竭城市转移支付、城乡义务教育补助经费、农村综合改革转移支付);②老少边穷地区转移支付;③成品油税费改革转移支付;④体制结算补助;⑤基层公检法司转移支付;⑥基本养老金转移支付;⑦城乡居民医疗保险转移支付
2016年(7种)	与2015年相同
2017年(7种)	与2016年相同
2018年(7种)	与2017年相同

资料来源:根据财政部网站有关转移支付文件和数据整理。

表8-7显示,我国一般性转移支付的范围由15种减少到7种。原因一是均衡性转移支付每年包括的项目多少差异较大,2015—2018年均衡性转移支付包括的内容就多,因而总数会减少;二是显示了整顿规范的结果;三是实行动态管理后取消过时的项目。

2.一般性转移支付的特点

一般性转移支付的特点:一是不规定具体用途,作为地方财力由地方政府统筹安排使用。二是不需要地方配套资金,属于典型的无偿转移支付。三是分配科学合理,按照因素法运用公式计算。第一步选取相关因素,根据目标选取因素,并用回归等统计学方法验证;第二步确定权重,主要通过回归分析法等确定;第三步测算转移支付规模,根据因素权重测算结果,定性分析并适当完善。某地区一般性转移支付额=(该地区标准财政支出-该地区标准财政收入)×该地区转移支付系数。凡标准财政收入大于或等于标准财政支出的地区不纳入一般性转移支付范围。

(二)专项转移支付

专项转移支付是有条件的转移支付,转移支付方要求接收方必须达到一定的标准和基本的条件才可以得到相应的资金。而且要求资金实行专款专用,接收方需要安排一定比例的配套资金。在我国,专项转移支付适用于中央政府委托地方政府的事权、中央与地方共承担的事权以及符合中央政策导向的地方政府事权。专项转移支付资金的分配多采取因素法、项目法、因素法和项目法相结合三种形式,专项转移支付资金来源于一般预算、基金预算和国债资金。

1. 专项转移支付的分类

(1)中央政府委托地方政府事权的专项转移支付。属于中央政府事权范围,但由地方政府具体组织实施更有利于实现预期目标,中央政府将这部分事权委托给地方完成。支出责任由中央政府承担,通过专项转移支付拨付给地方政府。

(2)符合中央政策导向的专项转移支付。事权属于地方政府的支出责任本应由地方政府承担,但其中符合中央政府政策导向的事权,如地方政府按照中央政策要求行使宏观调控、维护社会稳定等方面所需要的支出等,中央政府为了特定政策目标需要对地方政府实行专项转移支付。

(3)中央政府与地方政府共同事权范围内的专项转移支付。按照事权划分,有些事权需要中央政府与地方政府共同承担,此类共同事权的支出责任由两级政府按比例分担。如为了保护农民种粮积极性,中央要求地方政府按照保护价格收购,因此增加的支出中央与地方财政按照比例分担。中央政府分担部分的资金通过共同事权专项转移支付拨付给地方政府。

(4)地方政府事权范围内的专项转移支付。中央政府为了实现国家特定的政策目标,对地方政府承担的事权也通过专项转移支付安排一定的补助资金。如为了实施西部大开发战略,对西部地区设立的专项转移支付,即西部地区基层政权建设资金、边境地区专项转移支付、革命老区专项转移支付等。

2. 专项转移支付的范围

专项转移支付与一般性转移支付相比范围很大,覆盖面宽。1994年专项转移支付项目有基本建设支出、企业挖潜改造资金、科技三项费用、支援农业支出、文教科卫等事业费支出、抚恤和社会救济费、政策性价格补贴支出、支援不发达地区支出、行政支出、公检法支出、其他专项支出等10余项。2009年以前(包括2009年)我国专项转移支付项目可以从表8-8窥其全豹。

表8-8　2009年以前我国主要的专项转移支付

管理模式	专项转移支付项目
因素法分配的专项转移支付	①西部地区基层政权建设资金;②边境地区专项转移支付;③中央财政农业综合开发资金;④现代农业发展资金;⑤化解"普九"债务补助资金;⑥中央财政促进服务业发展专项资金;⑦生猪调出大县鼓励资金;⑧中央补助地方文化教育和传媒事业发展专项资金;⑨农资综合直补资金;⑩粮食风险基金中央补助款;⑪国际金融组织和外国政府贷款、赠款项目公证审计专项经费;⑫能繁母猪保险保费补贴;⑬普通本科高校、高等职业学校国家奖学金;⑭优抚对象抚恤补助;⑮新型农村合作医疗补助;⑯中央财政森林生态效益补偿基金;⑰老少边穷地区纪检监察办公办案补助费;⑱质量技术监督专项补助款等
项目法分配的专项转移支付	①企业关闭破产补助资金;②天然林资源保护工程补助经费;③地勘单位地质勘查项目补助及转产项目财政贴息经费;④国外矿产资源风险勘查基金;⑤国土资源调查专项资金;⑥危机矿山接替资源找矿专项资金;⑦中央地质勘查基金;⑧主要污染物减排专项资金;⑨华侨事业费;⑩青少年文化活动场所建设补助费;⑪优抚事业单位补助费;⑫科技型中小企业技术创新基金;⑬中小企业发展专项资金;⑭厂办大集体改革试点中央财政补助资金;⑮革命老区转移支付;⑯车购税用于一般公路建设项目资金;⑰老旧汽车报废更新补贴资金;⑱非物质文化遗产保护专项资金;⑲探矿权采矿权使用费和价款;⑳国家级自然保护区能力建设补助资金;㉑现代农业产业技术体系建设专项资金;㉒巩固退耕还林成果专项资金;㉓小型农田水利设施建设补助资金;㉔自然灾害生活救助补助资金等
贴息和以奖代补等方式分配的专项转移支付	①林业贷款贴息;②下岗失业人员小额贷款贴息;③国家助学金;④国家奖学金;⑤国家助学贷款贴息;⑥农村物流服务体系发展贷款贴息;⑦中小外贸企业融资担保贷款贴息;⑧粮食收购贷款贴息;⑨中小商贸企业贷款贴息等

资料来源:李萍主编,《财政体制简明图解》,中国财政经济出版社2010年版,第90、93页。

2009年以后,专项转移支付项目主要集中在民生领域和公共服务领域,如教育、医疗卫生、社会保障和就业、节能环保、农林水事务及其他专项等。如表8-9所示。

表8-9 2010—2018年专项转移支付

年份	专项转移支付项目
2010 (共21项 101种 支出)	①一般公共服务(包括政协事务和政府办公厅(室)及相关机构事务、发展与改革事务、统计信息事务、财政事务、审计事务、人力资源事务、人口与计划生育事务、知识产权事务、质量技术监督与检验检疫事务、档案事务、其他一般公共服务支出);②外交;③国防;④公共安全(包括武装警察、公安、法院、司法、其他公共安全支出);⑤教育(普通教育、职业教育、成人教育、特殊教育、教师进修及干部继续教育、教育费附加支出、其他教育支出);⑥科学技术(包括基础研究、应用研究、科技条件与服务、科学技术普及);⑦文化体育与传媒(包括文化、文物、体育、广播影视、新闻出版、其他文化体育与传媒支出);⑧社会保障和就业(包括人力资源和社会保障管理事务、民政管理事务、财政对社会保险基金的补助、企业改革补助、就业补助、抚恤、退役安置、社会福利、残疾人事业、城市居民最低生活保障、其他城镇社会救济、自然灾害生活救助、农村最低生活保障、其他农村社会救济、其他社会保障和就业支出);⑨医疗卫生(包括医疗卫生管理事务、公立医院基层医疗卫生机构、公共卫生、医疗保障、中医药、食品和药品监督管理事务、其他医疗卫生支出);⑩节能环保(包括环境监测与监察、污染防治、自然生态保护、天然林保护、退耕还林、风沙荒漠治理、退牧还草、能源节约利用、污染减排、可再生能源、资源综合利用、其他环境保护支出);⑪城乡社区事务(包括城乡社区管理事务、城乡社区规划与管理、城乡社区公共设施、其他城乡社区事务支出);⑫农林水事务(包括农业、林业、水利、南水北调、农业综合开发、农村综合改革、其他农林水事务支出);⑬交通运输(包括公路水路运输、车辆购置税支出、铁路运输、石油价格改革对交通运输的补贴、邮政业支出、其他交通运输支出);⑭资源勘探电力信息等事务(包括资源勘探开发和服务支出、电力监管支出、工业和信息产业监管支出、安全生产监管、支持中小企业发展和管理支出、其他资源勘探电力信息等事务支出);⑮商业服务业等事务(包括商业流通事务、旅游业管理与服务支出、涉外发展服务支出、其他商业服务业等事务支出);⑯金融监管等事务支出(包括农村金融发展支出);⑰地震灾后恢复重建支出;⑱国土气象等事务(包括国土事务、海洋管理事务、测绘事务);⑲住房保障支出(包括保障性住房支出、城乡社区住宅);⑳粮油物资储备管理事务(包括粮油事务);㉑其他支出

续表

年　份	专项转移支付项目
2018 （共67项 200余种）	①监狱和强制隔离戒毒补助资金；②支持学前教育发展资金；③农村义务教育薄弱学校改造补助资金；④改善普通高中学校办学条件补助资金；⑤中小学及幼儿园教师国家级培训计划资金；⑥现代职业教育质量提升计划专项资金；⑦特殊教育补助经费；⑧学生资助补助经费；⑨支持地方高校改革发展资金；⑩中央财政引导地方科技发展资金；⑪中央补助地方公共文化服务体系建设专项资金；⑫国家文物保护专项资金；⑬非物质文化遗产保护专项资金；⑭文化产业发展专项资金；⑮困难群众救助补助资金；⑯就业补助资金；⑰优抚对象补助经费；⑱中央自然灾害生活补助资金；⑲退役安置补助经费；⑳残疾人事业发展补助资金；㉑医疗服务能力提升补助资金；㉒公共卫生服务补助资金；㉓基本药物制度补助资金；㉔计划生育转移支付资金；㉕优抚对象医疗保障经费；㉖医疗救助补助资金；㉗可再生能源发展专项资金；㉘大气污染防治资金；㉙水污染防治资金；㉚节能减排补助资金；㉛城市管网专项资金；㉜土壤污染防治专项资金；㉝农村环境整治资金；㉞林业生态保护恢复资金；㉟农业生产救灾及特大防汛抗旱补助资金；㊱农业生产发展资金；㊲林业改革发展资金；㊳水利发展资金；㊴普惠金融发展专项资金；㊵农业保险保费补贴；㊶目标价格补贴；㊷农业综合开发补助资金；㊸农村土地承包经营权确权登记颁证补助资金；㊹农业资源及生态保护补助资金；㊺动物防疫等补助经费；㊻大型水库移民后期扶持资金；㊼城市公交车成品油补贴；㊽车辆购置税收入补助；㊾政府还贷二级公路取消收费后补助资金；㊿渔业发展与船舶报废拆解更新补助资金；㉛工业转型升级资金；㉜安全生产预防及应急专项资金；㉝中小企业发展专项资金；㉞电信普遍服务补助资金；㉟服务业发展资金；㊱外经贸发展资金；㊲海岛及海域保护资金；㊳重点土地整治工作专项资金；㊴生态保护修复治理专项资金；㊵特大型地质灾害防治经费；㊶土地整治工作专项资金；㊷农村危房改造补助资金；㊸中央财政城镇保障性安居工程专项资金；㊹重要物资储备贴息资金；㊺粮食风险基金；㊻统借统还外国政府贷款和国际金融组织贷款项目；㊼基建支出

资料来源：根据财政部网站有关专项转移支付文件和数据整理。

由此可知，我国专项转移支付无所不包，几乎等同于中央财政的支出范围，在每个支出科目中都有对地方的专项转移支付。这些专项只是每年财政一般预算中安排的，如果包括政府基金和国债资金安排的专项就更多了。

3. 专项转移支付的特点

我国专项转移支付的特点,一是项目数量多。每年都增加新项目,特别是在扩大内需实行积极财政政策的时期项目更多。2009年之后经过不断清理规范,数量比原来有所减少,但仍有200多项,与一般性转移支付相比数量仍然居多。二是资金规模大。由于项目众多,资金规模庞大,一般情况下都多于一般性转移支付。就2009年来看,转移支付总额为23679亿元,专项转移支付有12359亿元,比重达52%;一般性转移支付为11320亿元,比重为48%。[①] 三是目的性强。项目都有特定的目的,每个专项的目标都不相同,要求资金必须专款专用。四是接收方按照一定比例提供配套资金。这一点国内外都是一样的,在实际执行中由于配套资金往往起着"逆向"调节作用,更重要的是加重中西部地区和财政困难地区政府性债务。因此,中央从2001年开始要求逐步取消地方的配套资金,如需要民族自治地方承担配套资金的适度降低配套比例,财政困难的县确实无力负担的免除配套资金,在中西部地区安排的生态建设、农村饮水安全等公益性建设项目取消县及县以下资金配套等,但还没有完全取消。五是设立不断趋于严格。原来专项设立比较宽松,这是数量多、规模大的原因之一。现在比较严格,一般根据法律、行政规范设立,财政部门提出具体方案报本级政府审定。

(三)税收返还

税收返还是分税制财政体制改革中最大的后遗症,因与地方政府既得利益关系密切长期得不到取消,由于税收返还也属于政府间财政资金的无偿转移,因而一直纳入转移支付之列。除了分税制改革之前就已存在的地方上解,税收返还主要包括:

1. 两税返还

分税制改革中地方增值税和消费税划为中央收入后,按地方两税净上划中央的数额进行返还。一是两税基数返还。从1994年开始,以1993年为基数,中央将增值税的75%和消费税的100%返还给地方。二是两税"增量"返还。"两税"的增量部分在1994年的基础上逐年递增,按照1∶0.3系数确定,两税增长1则返还地方0.3,年份越久返还越少,最后逐渐消失。

---

① 李萍主编:《财政体制简明图解》,中国财政经济出版社2010年版,第54页。

2. 所得税基数返还

2002年所得税分享改革,以2001年企业所得税和个人所得税为基数,各地实际所得税数额低于基数的中央按差额进行返还,所得税高于基数的不再返还,中央获得这部分差额。这次税收返还与1994年的税收返还不同的是,前者基数高返还多,基数低返还少;后者改为不足基数的返还,高于基数的不返。

3. 成品油税费改革税收返还

为了建立完善的成品油价格形成机制,促进节能减排,依法筹集交通基础设施维护和建设资金,2009年实行成品油税费改革。取消公路养路费等,提高成品油消费税单位税额。新增加的成品油消费税连同这次改革相应增加的增值税、城市维护建设税和教育附加费,除中央本级安排的替代航道养护费等支出外,其余全部由中央财政返还给地方。

由上可知,我国的转移支付框架呈现纵向线型的发展态势,主要是中央财政对地方政府的转移支付。与西方市场经济国家转移支付"十字形"框架相比,缺少横向的转移支付,即地方政府间的转移支付,框架还未健全完善。不过,目前我国东部沿海地区与西部地区省市之间的对口支援实际上已经形成了地方政府间横向转移支付,为完善我国转移支付框架打下了基础。

三、转移支付制度结构的变化

我国转移支付制度结构在规范和完善中不断改进,建立初期由于在原来的上解下拨和各种补助基础上发展起来的,结构比较复杂,至2011年后逐渐走向规范。

(一)转移支付总体结构

2011年我国转移支付总体结构由一般性转移支付、专项转移支付和税收返还组成。如表8-10所示。

表8-10　2011年我国转移支付总体结构

序号	一般性转移支付	专项转移支付	税收返还
1	均衡性转移支付	一般公共服务	两税返还(增值税和消费税税收返还)
2	民族地区转移支付	外交	所得税基数返还

续表

序号	一般性转移支付	专项转移支付	税收返还
3	调整工资转移支付	国防	成品油价格和税费改革税收返还（即成品油税费改革税收返还）
4	农村税费改革转移支付	公共安全	地方上解
5	资源枯竭城市转移支付	教育	
6	成品油税费改革转移支付	科学技术	
7	定额补助（原体制补助）	文化体育与传媒	
8	企事业单位划转补助	社会保障和就业	
9	结算财力补助	医疗卫生	
10	工商部门停征两费转移支付	节能环保	
11	基本养老金和低保等转移支付	城乡社区事务	
12	义务教育转移支付	农林水事务	
13	基本养老金和低保等转移支付	交通运输	
14	新型农村合作医疗等转移支付	资源勘探电力信息等事务	
15	村级公益事业奖补等转移支付	商业服务业等事务	
16		金融监管等事务	
17		地震灾后恢复重建	
18		国土资源气象等事务	
19		住房保障	
20		粮油物资管理事务	

续表

序号	一般性转移支付	专项转移支付	税收返还
21		储备事务	
22		其他专项支出	
合计	15	22	4

资料来源:《中国财政年鉴2011》,中国财政杂志社2011年版,第35页。

表8-10显示,2011年一般性转移支付有15种,由于每年进行调整项目不尽相同,数量发生增减,但总量超不过专项转移支付。专项转移支付有22种,几乎和预算支出相同。税收返还有4种。由此构成了以专项转移支付为主、一般性转移支付为辅的基本格局。

(二) 各类转移支付结构变化

1. 一般性转移支付结构变化

由于我国各时期党和国家中心工作和方针政策的变化,转移支付项目实行动态管理,各时期转移支付的项目不尽相同,数量有增有减,各类转移支付的框架经常发生变化。1995年始建的过渡性转移支付制度以一般性转移支付为主,至2009年得到很大发展[1],从2010年开始合并精简[2]。一般性转移支付结构变化趋势如表8-11所示。

表8-11 2009—2013年一般性转移支付结构变化

项 目	年 份				
	2009	2010	2011	2012	2013
均衡性转移支付	0	0	0	0	0
民族地区转移支付	0	0	0	0	0
调整工资转移支付	0	0	0	0	0
农村税费改革转移支付	0	0	0	0	0
县级基本财力保障机制奖补	0	0	—	—	—
资源枯竭城市转移支付补助	0	0	0	0	0
原体制补助	0	0	0	0	0
企事业单位划转补助	0	0	0	0	0

[1] 李萍主编:《中国政府间财政关系图解》,中国财政经济出版社2006年版,第54页。
[2] 马海涛、姜爱华等:《政府间财政转移支付制度》,经济科学出版社2010年版,第280页。

续表

项　目	年　份				
	2009	2010	2011	2012	2013
结算财力补助	0	0	0	0	0
工商部门停征两费转移支付	0	0	0	0	0
乡村"一事一议"奖励资金	0	—	0	0	0
一般公共服务转移支付	0	0	—	—	—
公共安全转移支付	0	0	0	0	0
义务教育转移支付	0	0	0	0	0
社会保障和就业转移支付	0	0	—	—	—
出口退税专项上解支出	0	—	—	—	—
化解债务补贴支出	0	—	—	—	—
成品油税费改革转移支付	0	0	0	0	0
医疗卫生转移支付	0	0	—	—	—
农林水转移支付	0	0	—	—	—
体制上解支出	0	—	—	—	—
基层公检法司转移支付	—	—	0	0	0
基本养老金和低保等转移支付	—	—	0	0	0
新型农村合作医疗等转移支付	—	—	0	0	0
其他一般性转移支付	0	—	—	—	—
项目合计	22	17	15	15	15

注:"0"表示有,"—"表示没有。

资料来源:财政部制定,《2011年政府收支分类科目》,中国财政经济出版社2010年版;《中国财政年鉴2012》,中国财政杂志社2012年版,第35页;《中国财政年鉴2013》,中国财政杂志社2013年版,第27、37页。

表8-11显示,一般性转移支付项目2009年为22项,2010年为17项,2011年至2013年为15项。说明一般性转移支付实行"有进有出"的管理方式,结构是在变化的,从以往的变化看有趋简的态势。

2. 专项转移支付结构变化

这里是一般预算安排的专项转移支付的项目,不包括政府基金和国债安排的专项转移支付。据财政部统计,2006年预算内专项转移支付有213项。2007年结构发生巨大变化,之前的专项转移支付主要是经济建设费、社会文教、国防费、行政管理费和其他支出五大类,之后专项转移支付转向了公共服务。如表 8-12 所示。

表 8-12 2007—2012 年我国专项转移支付构成

项　　目	年　份					
	2007	2008	2009	2010	2011	2012
一般公共服务	0	0	0	0	0	0
外交	0	0	0	0	0	0
国防	0	0	0	0	0	0
公共安全	0	0	0	0	0	0
教育	0	0	0	0	0	0
科学技术	0	0	0	0	0	0
文化体育与传媒	0	0	0	0	0	0
社会保障和就业	0	0	0	0	0	0
医疗卫生	0	0	0	0	0	0
节能环保	0	0	0	0	0	0
城乡社区事务	0	0	0	0	0	0
农林水事务	0	0	0	0	0	0
交通运输	0	0	0	0	0	0
资源勘探电力信息等事务	—	—	0	0	0	0
商业服务业等事务	0	0	—	0	0	0
金融监管等事务	0	0	0	0	0	0
地震灾后恢复建设	—	0	0	0	0	0
国土资源气象等事务	—	—	—	0	0	0
住房保障	—	—	—	0	0	0
粮油物资储备事务	—	—	0	0	0	0
其他支付	0	0	0	0	0	0
项目合计	16	17	18	21	21	21

注:"0"表示有,"—"表示没有。

资料来源:财政部制定,《2011 年政府收支分类科目》,中国财政经济出版社 2010 年版。

表 8-12 显示,从 2007—2012 年我国一般预算安排的专项转移支付项目不断增加,结构变化呈现扩大的态势,这就是整顿专项转移支付的由来。

(三) 各类转移支付项目比重变化

我国转移支付制度不仅框架结构不断发生变化,而且各种转移支付项目的比重也发生变化,对结构变化产生重要影响。

1. 一般性转移支付项目比重变化

1995年始建的过渡性转移支付结构中以一般性转移支付为主,占财力性转移支付总额的35%,调整工资转移支付占21%,社会保障和就业占11%,教育转移支付占8%,农村税费改革转移支付占7%,县级基本财力保障机制奖补资金占5%,民族地区转移支付占2%,其他财力性转移支付占11%。2010年,中央对地方的一般性转移支付结构中比重排在首位的是均衡性转移支付,占比是34%,占总预算的三分之一。其余16类占比可以划分5个区间,10%~20%区间的有调整工资转移支付、社会保障和就业转移支付;5%~10%区间的有农村税费改革转移支付、县级基本财力保障机制奖补资金、教育转移支付;1%~5%区间有企事业单位划转补助、公共安全转移支付、民族地区转移支付、结算财力补助;0.5%~1%区间的有成品油税费改革转移支付、农林水转移支付、资源枯竭城市转移支付、工商部门停征两费转移支付;0.5%以下区间有一般公共服务转移支付、医疗卫生转移支付。[①] 2011年以后的结构又发生变化,如表8-13所示。

表8-13　2011—2013年一般转移支付占转移支付总额的比重变化

项　　目	2011年 总额/亿元	占比/(%)	2012年 总额/亿元	占比/(%)	2013年 总额/亿元	占比/(%)
一般性转移支付	18299.93	45.8	21471.18	47.3	24538.35	51.1
均衡性转移支付	7486.81	40.9	8582.62	40.0	9812.25	40.0
民族地区转移支付	370.00	2.0	559.31	2.6	621.90	2.5
调整工资转移支付	2647.01	14.5	2361.55	11.0	2451.22	10.0

---

① 马海涛、姜爱华等:《政府间财政转移支付制度》,经济科学出版社2010年版,第280页。

续表

项 目	2011年 总额/亿元	占比/(%)	2012年 总额/亿元	占比/(%)	2013年 总额/亿元	占比/(%)
农村税费改革转移支付	769.46	4.2	752.60	3.5	752.60	3.1
资源枯竭城市转移支付	135.00	0.7	160.00	0.7	194.00	0.8
成品油税费改革转移支付	581.99	3.2	610.00	2.8	714.00	2.9
原体制补助支出	145.14	0.8	1220.81	5.7	1274.46	5.1
企事业单位划转补助	355.00	1.9				
结算补助支出	528.51	2.9				
工商部门停征两费转移支付	80.00	0.4	80.00	0.3	80.00	0.3
基层公检法司转移支付	421.49	2.3	455.74	2.1	949.60	3.9
义务教育转移支付	1065.01	5.8	1605.68	7.5	1821.19	7.4
基本养老金和低保等转移支付	2750.98	15.0	3762.94	17.4	4342.51	17.7
新型农村合作医疗等转移支付	779.81	4.3	1063.30	5.0	1662.31	6.8
乡级公益事业奖补等转移支付	184.71	1.0	245.63	1.1	317.31	1.3

注：一般性转移支付总额的比重是与中央对地方转移支付总额的比，均衡性转移支付以下各项比重是占一般性转移支付总额的比。

资料来源：《中国财政年鉴2012》，中国财政杂志社2012年版，第35页；《中国财政年鉴2013》，中国财政杂志社2013年版，第27、37页。

表 8-13 显示,2011—2013 年一般性转移支付是整个结构中的主体,占中央对地方转移支付总额的比重均在 45%～51% 以上。各项占一般性转移支付总额的比重可以分为四个层次:第一个层次是均衡性转移支付,比重 40% 以上;第二个层次比重为 10%～18%,有基本养老金和低保等转移支付、调整工资转移支付;第三个层次比重为 1%～8%;第四个层次是 1% 以下的,比重为 0.3%～0.8%。相差非常悬殊,如 2011 年工商部门停征两费转移支付比重与均衡性转移支付差 40.5 个百分点,说明均衡性转移支付是一般性转移支付的主体。

2. 专项转移支付项目比重变化

一般预算安排的专项转移支付各年度比重也是不同的。2010 年,一般公共服务占总额的 0.93%,国防占 0.04%,公共安全 1.68%,教育 6.23%,科学技术 0.48%,文化体育与传媒 1.18%,社会保障和就业 13.66%,医疗卫生 9.89%,节能环保 10.2%,城乡社区事务 1.69%,农林水事业 25.48%,交通运输 6.24%,资源勘探电力信息事务 2.40%,商业服务业等事务 4.69%,金融监管等事务 0.10%,地震灾后恢复建设支出 6.54%,国土资源气象等事务 1.56%,住房保障支出 5.23%,粮油物资储备事务 2.23%,其他支付占 37.39%。其中除其他支付外,农林水事业占比最大,其次是社会保障和就业,再次是医疗卫生和环境保护,说明这四个方面是本年度一般预算专项转移支付的重点。2011—2013 年各项目所占比重如表 8-14 所示。

表 8-14　2011—2013 年专项转移支付占转移支付总额的比重变化

项　目	年　份					
	2011		2012		2013	
	总额/亿元	占比/(%)	总额/亿元	占比/(%)	总额/亿元	占比/(%)
专项转移支付	16521.65	41.4	18791.52	41.4	19265.86	40.1
一般公共服务	207.30	1.3	251.97	1.3	259.50	1.3
外交	0.92	0.0				
国防	6.35	0.0	24.64	0.1	24.39	0.1
公共安全	236.97	1.4	229.80	1.2	244.88	1.3
教育	1184.54	7.2	1074.39	5.7	1189.61	6.2
科学技术	91.92	0.6	81.06	0.4	68.15	0.4
文化体育与传媒	227.16	1.4	301.12	1.6	303.65	1.6

续表

项目	2011 总额/亿元	2011 占比/(%)	2012 总额/亿元	2012 占比/(%)	2013 总额/亿元	2013 占比/(%)
社会保障和就业	1462.31	8.9	1405.11	7.5	1581.69	8.2
医疗卫生	896.65	5.4	910.62	4.8	858.92	4.5
节能环保	1548.84	9.4	1934.78	10.3	2007.57	10.4
城乡社区事务	131.27	0.8	427.24	2.3	188.00	1.0
农林水事务	4183.98	25.3	5247.86	27.9	5406.70	28.1
交通运输	2967.48	18.0	3105.65	16.5	3487.42	18.1
资源勘探电力信息事务	362.84	2.2	484.30	2.6	515.40	2.7
商业服务业等事务	710.73	4.3	450.76	2.4	474.91	2.5
金融监管等事务	37.6	0.2	46.80	0.2		
地震灾后恢复建设	21.55	0.1	46.87	0.2		
国土资源气象等事务	200.16	1.2	179.53	1.0	181.36	0.9
住房保障	1391.81	8.4	2190.69	11.7	1859.68	9.7
粮油物资储备事务	350.54	2.1	345.17	1.8	380.99	2.0
其他支付	300.67	1.8	53.16	0.3	233.04	1.2

注：专项转移支付总额的比重是与中央对地方转移支付总额的比，各专项转移支付比重是与专项转移支付总额的比。

资料来源：《中国财政年鉴2012》，中国财政杂志社2012年版，第35页；《中国财政年鉴2013》，中国财政杂志社2013年版，第27、37页。

表8-14显示，在一般预算安排的专项转移支付中，第一层次占比大的依次是农林水事务、交通运输、节能环保；第二层次占比较大的依次为住房保障支出、社会保障和就业、教育。其余的专项比重都很小，如公共安全、文化体育与传媒等。说明一般预算安排的专项转移支付是有针对性的，比重大的专项与党和国家的宏观目标相一致。

3. 税收返还项目比重变化

由于税收返还具有明显的不公平性,改革的呼声持续不断,因而占转移支付总额的比重呈现不断降低的趋势,从1994年的75.4%下降到2010年的19.6%。但规模仍逐渐增加,从1994年的1799亿元增加到2013年的5052.79亿元,增长了180.87%,年均增长9.52%。2011—2013年的变化如表8-15所示。

表8-15 2011—2013年税收返还占转移支付总额的比重变化

项目	年份					
	2011		2012		2013	
	总额/亿元	占比/(%)	总额/亿元	占比/(%)	总额/亿元	占比/(%)
税收返还	5078.38	12.7	5120.77	11.3	5052.79	10.5
两税返还	3780.00	74.43	3888.14	75.93	3967.00	78.51
所得税基数返还	910.19	17.92	910.19	17.77	910.19	18.01
成品油税费返还	1531.10	30.15	1531.10	29.90	1531.10	30.30

注:税收返还总额的比重是与中央对地方转移支付总额的比,两税返还等比重是占税收返还总额的比。

资料来源:《中国财政年鉴2012》,中国财政杂志社2012年版,第35页;《中国财政年鉴2013》,中国财政杂志社2013年版,第27、37页。

表8-15显示,税收返还占转移支付总额的比重继续呈现逐年下降的趋势,2013年比2011年下降2.2个百分点。税收返还中两税返还比重最大,占税收返还总额的70%以上。其次是成品油税费返还,占税收返还总量的30%左右。

(四)转移支付结构发展趋势

目前,我国调整转移支付结构的改革持续进行。改革的趋向:一是由繁趋简,不符合转移支付公平性的税收返还逐渐取消,使转移支付结构更加合理;二是有增有减,增加一般性转移支付比重,压缩专项转移支付比重,逐步形成以一般性转移支付为主体、专项转移支付为辅助的转移支付结构体系;三是补缺趋全,增加横向转移支付制度,完善转移支付结构框架。通过改革,一个与市场经济体制相适应、与分税制财政体制相匹配、与公共财政职能相一致的具有法制化、科学化、透明度的转移支付结构体系业已建立。

第四节　我国转移支付运行态势

在党中央提出的科学发展观、城乡基本公共服务均等化、区域协调发展、"五位一体"发展方针指引下,我国转移支付开始从初期以解决地方财政收支缺口为主要目标,转向以宏观调控为手段贯彻党的方针政策、实现国家战略目标,运行的质量显著提高。

一、转移支付总规模增长态势

1995 年以来,我国中央对地方转移支付可以划分为两个阶段。第一阶段 1995—2004 年,转移支付的总规模 2000 亿～10000 亿元。1995 年为 2532.9 亿元,2004 年增加到 9780.9 亿元,2004 年比 1995 年增加 7248.0 亿元,增长 286.15%。第二阶段 2005—2018 年,转移支付的总规模 10000 亿～70000 亿元。由 2005 年的 11120.1 亿元增加到 2018 年的 70344.0 亿元,增加 59223.9 亿元,增长 532.58%。从 1995 年到 2018 年 24 年来看,增长是非常快的,2018 年是 1995 年的 27.8 倍,增加 67811.1 亿元,增长 2677.21%。①如表 8-16 所示。

表 8-16　我国转移支付总规模增长态势

年　份	转移支付总规模/亿元	比上年增长/(%)	占中央财政总收入比重/(%)	占地方财政总支出比重/(%)
1995	2532.9	32.9	77.8	52.5
1996	2672.3	5.5	73.0	46.2
1997	2800.9	4.8	66.3	41.8
1998	3285.4	17.3	67.2	42.9
1999	3992.3	21.5	68.3	44.2
2000	4747.6	18.9	67.9	45.8
2001	6117.2	28.8	71.3	46.6
2002	7352.7	20.2	70.8	48.1

---

① 根据历年《地方财政统计资料》、《中国财政年鉴》等资料计算,转移支付总额包括税收返还、专项转移支付和一般性转移支付。

续表

年 份	转移支付总规模/亿元	比上年增长/(%)	占中央财政总收入比重/(%)	占地方财政总支出比重/(%)
2003	8058.2	9.6	67.9	46.8
2004	9780.9	21.4	67.4	47.5
2005	11120.1	13.7	67.2	44.2
2006	13589.5	22.2	66.4	44.7
2007	16418.9	20.8	62.4	45.2
2008	21260.3	29.5	67.8	45.0
2009	28563.8	34.4	79.5	46.8
2010	32341.2	13.2	76.1	43.8
2011	39947.2	23.5	77.8	43.0
2012	45361.6	13.6	80.8	42.3
2013	48019.9	5.9	79.8	40.1
2014	51591.1	7.4	80.1	39.9
2015	55097.5	6.8	79.5	36.6
2016	59400.6	7.8	81.1	37.0
2017	65139.6	9.7	80.3	37.6
2018	70344.0	8.0	82.4	39.8

注:总规模是转移支付和税收返还总额,因为税收返还在我国长期置于转移支付范围。2017年是预算执行数,2018年是预算数。

资料来源:根据历年《地方财政统计资料》、《中国财政年鉴》以及财政部网站等资料计算。

表8-16显示,中央对地方的转移支付规模直线上升,增速24年中有15年保持两位数,1995年转移支付比1994年转移支付增长32.9%。2004—2011年持续高速增长,2009年增速达到34.4%,可谓是中国转移支付历史上的黄金期。转移支付的增长比财政收入和国内生产总值的增长还要快。如图8-1所示。

转移支付总额不仅直线增长,而且占中央财政总收入的比重最高2018年达到82.4%,也就是说中央财政每年要拿出70%以上甚至80%以上的

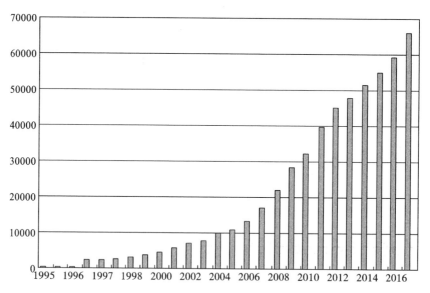

图 8-1 1995—2017 年转移支付总额增长态势

财政收入给地方政府。每年来自中央财政的转移支付占地方财政总支出的比重最高达到 50% 以上，大部分年份是 40%~50%。可知中央政府对地方财力转移支付的力度之大。

(一) 一般性转移支付规模增长态势

一般性转移支付规模从 1995 年以来可以划分三个阶段。第一阶段 1995—2000 年，转移支付的规模 200 亿~900 亿元。由 1995 年的 290.9 亿元增加到 2000 年的 893.4 亿元，增加 602.5 亿元，增长 207.12%。第二阶段 2001—2008 年，转移支付规模为 1000 亿~9000 亿元。由 2001 年的 1604.8 亿元增加到 2008 年的 8491.0 亿元，增加 6886.2 亿元，增长 429.10%。第三阶段 2009—2018 年，转移支付规模保持在 10000 亿元以上。由 2009 年的 11317.2 亿元增加到 2018 年的 38994.5 亿元，增加 27677.3 亿元，增长 244.56%。其中，第二阶段增长最快，第三阶段次之。就其规模来看，第三阶段最大，第二阶段次之，第一阶段居后。如果从 1995 年至 2018 年的发展来看，规模和增速更大了，2018 年比 1995 年转移支付增加 38703.6 亿元，约是 1995 年的 134 倍，增长 13304.78%。① 如表 8-17 所示。

---

① 根据历年《地方财政统计资料》《中国财政年鉴》以及财政部网站等资料计算。转移支付总额包括税收返还、专项转移支付和一般性转移支付。

表 8-17 1995—2018 年一般性转移支付规模增长态势

年　份	一般性转移支付总额/亿元	比上年增长/(%)	占中央财政总收入比重/(%)	占地方财政总支出比重/(%)
1995	290.9		8.9	6.0
1996	234.9	−19.3	6.4	4.1
1997	273.4	16.4	6.5	4.1
1998	313.1	14.5	6.4	4.1
1999	511.4	63.3	8.7	5.7
2000	893.4	74.7	12.8	9.9
2001	1604.8	79.6	18.7	12.2
2002	1944.1	21.1	18.8	12.7
2003	2241.2	15.3	18.9	13.0
2004	2933.7	30.9	20.2	14.2
2005	3715.8	26.7	22.5	14.8
2006	5024.9	35.2	24.6	16.5
2007	7017.2	39.6	25.3	18.3
2008	8491.0	21.0	26.0	17.2
2009	11317.2	33.3	31.5	18.5
2010	13235.7	17.0	31.2	17.9
2011	18311.3	38.3	35.7	19.7
2012	21429.5	17.0	38.1	20.0
2013	24362.7	13.7	40.5	20.3
2014	27568.4	13.2	42.8	21.3
2015	28455.0	3.2	41.1	18.9
2016	31864.9	12.0	44.0	19.9
2017	35167.9	10.4	43.4	20.3
2018	38994.5	10.9	45.7	22.0

注：2017 年是预算执行数，2018 年是预算数。
资料来源：根据历年《地方财政统计资料》《中国财政年鉴》以及财政部网站等资料计算。

表 8-17 显示，一般性转移支付规模增长态势基本上长期保持两位数增

长。1999—2001年是一次增长高峰,分别比上年增长63.3%、74.7%、79.6%;2006—2011年是第二次高峰,增长率高的如35.2%、39.6%、38.3%。2011年后是增速下降期,这是因为转移支付规模已达到相当大的程度。一般性转移支付占中央财政收入的比重从2000年开始长期保持两位数,2013—2018年比重都在40%以上,最高达到2018年的45.7%。一般性转移支付占地方财政支出的比重从2001年进入两位数,最高为22.0%。

(二) 专项转移支付规模增长态势

专项转移支付1994年只有360.8亿元,到2000年达到1647.7亿元,是1994年的4.6倍,增长356.7%,年均比上年增长31.0%。2006年专项转移支付增加到4634.4亿元,比2000年增长181.3%,年均比上年增长19.6%。2009年专项转移支付增加到12359.9亿元,比2006年增长265.69%,年均比上年增长39.0%。1994—2009年专项转移支付总额为52097.9亿元,占地方总支出的一半左右。据研究,1994年专项转移支付的比重是72.6%[①],2009年所占比重是34.4%,下降了38.2个百分点。2011年专项转移支付为16596.0亿元,比2009年增长34.3%,年均比上年增长21.1%。2015年专项转移支付总额突破了20000亿元大关,由2015年的21623.6亿元提高到2018年23212.5亿元,从规模上看是最高的时期。如表8-18所示。

表8-18 1995—2018年中央对地方专项转移支付规模增长态势

年 份	专项转移支付总额/亿元	比上年增长/(%)	占中央财政总收入比重/(%)	占地方财政总支出比重/(%)
1995	374.7	3.8	11.5	7.8
1996	488.8	30.5	13.4	8.4
1997	515.9	5.5	12.2	7.7
1998	889.5	72.4	18.2	11.6
1999	1360.3	52.9	23.3	15.1
2000	1647.7	21.1	24.0	15.9
2001	2203.5	33.7	25.7	16.8
2002	2401.8	9.0	23.1	15.7

---

① 马海涛、姜爱华等:《政府间财政转移支付制度》,经济科学出版社2010年版,第273页。

续表

年 份	专项转移支付总额/亿元	比上年增长/(%)	占中央财政总收入比重/(%)	占地方财政总支出比重/(%)
2003	2391.7	−0.4	20.2	13.9
2004	3237.7	35.4	22.3	15.7
2005	3647.0	12.6	22.0	14.5
2006	4634.4	27.1	22.7	15.2
2007	6186.9	33.5	22.3	16.1
2008	9397.3	51.9	28.8	19.1
2009	12359.9	31.5	34.4	20.2
2010	14112.1	14.2	33.2	19.1
2011	16596.0	17.6	32.3	17.9
2012	18804.1	13.3	33.5	17.5
2013	18610.5	−1.0	30.9	15.5
2014	18941.1	1.8	29.4	14.7
2015	21623.6	14.2	31.2	14.4
2016	20708.9	−4.2	28.6	12.9
2017	21886.6	5.7	27.0	12.6
2018	23212.5	6.1	27.2	13.1

注：转移支付总额包括税收返还、专项转移支付和一般性转移支付。2017年是预算执行数，2018年是预算数。

资料来源：根据历年《地方财政统计资料》、《中国财政年鉴》以及财政部网站等资料计算。

表8-18显示，我国专项转移支付从1995年开始到2018年的规模可划分为三个阶段：1995—1998年为第一阶段，总额在百亿元台阶。1995年专项转移支付是374.7亿元，到1998年增加到889.5亿元，合计2268.9亿元，年均约567.2亿元。1998年比1995年增加了514.8亿元，增长了137.4%。

1999—2008年为第二阶段，总额保持在千亿元台阶。从1999年的1360.3亿元增加到2008年的9397.3亿元，10年合计37108.3亿元，年均3710.83亿元。2008年比1999年增加8037.0亿元，增长590.8%。这一时期专项转移支付大幅增长，是由于亚洲金融危机的发生，政府加大了专项投资。

2009—2018年为第三阶段,专项转移支付规模迅速增加,从第二阶段的几千亿元增加到万亿元之上,由2009年的12359.9亿元增加到2018年的23212.5亿元,2018年比2009年增加了10852.6亿元,增长了87.8%。这一阶段专项转移支付规模最大,这与2008年世界金融危机有直接关系,政府投资4万亿巨资,带动社会投资10万亿元,保障了经济稳定持续增长。

从专项转移支付增长速度分析:第一阶段的增长呈现忽高忽低的态势,最高达到72.4%,最低只有3.8%;第二阶段比较平稳,除个别年份外保持在两位数增长,最高达到51.9%;第三阶段增长较慢,其中两年呈现负增长,最高达到31.5%。

从专项转移支付占中央财政收入的比重分析:第一阶段为11%~19%,第二阶段的比重为20%~29%,第三阶段为27%~35%,也就是说中央的财政收入每年要拿出最高大约三分之一的资金满足专项转移支付。

从专项转移支付占地方财政总支出的比重分析:第一阶段比较少;从第二阶段明显增加,一般情况下保持为百分之十几,最高年份达到19.1%;第三阶段总体上稍次于第二阶段,但最高年份达到20.2%,反映了地方财政对中央财政的依赖度。

(三)税收返还规模发展态势

税收返还的规模在2006年之前超过一般性转移支付规模和专项转移支付的规模,之后规模小于一般性转移支付规模和专项转移支付的规模,但自身仍然在缓慢地增加。如表8-19所示。

表8-19　1995—2018年中央对地方税收返还规模

年　份	税收返还总额/亿元	比上年增长/(%)	占中央财政收入比重/(%)	占地方财政支出比重/(%)
1995	1867.3	3.8	57.3	38.7
1996	1948.6	4.4	53.2	33.7
1997	2011.6	3.2	47.6	30.0
1998	2082.8	3.5	42.6	27.1
1999	2120.6	1.8	36.3	23.5
2000	2206.5	4.1	31.6	21.3
2001	2308.9	4.6	39.2	17.6

续表

年　份	税收返还总额/亿元	比上年增长/(%)	占中央财政收入比重/(%)	占地方财政支出比重/(%)
2002	3006.8	30.2	28.9	19.6
2003	3425.3	13.9	28.9	19.9
2004	3609.5	5.4	24.9	17.5
2005	3757.3	4.1	22.7	14.9
2006	3930.2	4.6	19.2	12.9
2007	3214.8	−18.2	11.6	8.4
2008	3372.0	4.9	10.3	6.8
2009	4886.7	44.9	13.6	8.0
2010	4993.4	2.2	11.8	6.8
2011	5039.9	0.9	9.8	5.4
2012	5128.0	1.7	9.1	4.8
2013	5046.7	−1.6	8.4	4.2
2014	5081.6	0.7	7.9	3.9
2015	5018.9	−1.2	7.2	3.3
2016	6826.8	36.0	9.4	4.3
2017	8085.1	18.4	19.0	4.7
2018	8137.0	0.6	9.5	4.6

注：2017年是预算执行数，2018年是预算数。

数据来源：根据历年《地方财政统计资料》、《中国财政年鉴》以及财政部网站等资料计算。

表8-19显示，税收返还规模1995—2001年为1000亿～3000亿元，2002—2008年为3000亿～4000亿元，2009—2010年为4000多亿元，2011—2016年为5000亿～7000亿元，2017年开始增加到8000亿元以上，2018年的规模是1995年的4.4倍。增长速度比较慢，大部分年份是一位数增长，但也有两位数增长的年份，而且有的年份特别高，如2002年达到30.2%，2009年达到44.9%，2016年为36.0%。其中也有三年是负增长。占中央财政收入的比重2005年以前（包括2005年）是很高的，最高达到57.3%和53.2%。2006—2010年都是百分之十几，2011年开始比重缩小到一位数。占地方财政支出的比重2006年之前（包括2006年）是两位

数,最高年份达到38.7%,从2007年开始保持在一位数的比重,最高也就是8%左右。说明既得利益虽然还没有取消,但已经受到限制,基本变成"死面馒头"。

二、各类转移支付规模比较

专项转移支付和一般性转移支付是我国转移支付中的两大类别,这两大类别的规模和占比在不断变化中。据统计,1995—2004年,一般性转移支付占转移支付总额的比重每年都低于专项转移支付,专项转移支付比重显著超过一般性转移支付的比重。2005—2007年出现一般性转移支付比重高于专项转移支付比重现象,2008—2010年出现反复,又低于专项转移支付比重。2011—2018年一般性转移支付比重明显超过专项转移支付比重。从总的发展趋势看,专项转移支付的比重在下降,一般性转移支付在上升。一般性转移支付占转移支付总额的比重从1995年的11.5%增加到2018的55.4%,提高了43.9个百分点。专项转移支付占转移支付总额的比重由1995年的14.8%增加到2018年的33.0%,提高了18.2个百分点,比一般性转移支付增长点少了25.7个百分点,可以说是向合理的结构发展。彼此变化如表8-20所示。

表8-20 1995—2018年各类转移支付比重比较

年份	转移支付和税收返还总规模/亿元	税收返还		一般性转移支付		专项转移支付	
		总额	占比	总额	占比	总额	占比
1995	2532.9	1867.3	73.7	290.9	11.5	374.7	14.8
1996	2672.3	1948.6	72.9	234.9	8.8	488.8	18.3
1997	2800.9	2011.6	71.8	273.4	9.8	515.9	18.4
1998	3285.4	2082.8	63.4	313.1	9.5	889.5	27.1
1999	3992.3	2120.6	53.1	511.4	12.8	1360.3	34.1
2000	4747.6	2206.5	46.5	893.4	18.8	1647.7	34.7
2001	6117.2	2308.9	37.7	1604.8	26.2	2203.5	36.0
2002	7352.7	3006.8	40.9	1944.1	26.4	2401.8	32.7
2003	8058.2	3425.3	42.5	2241.2	27.8	2391.7	29.7

续表

年份	转移支付和税收返还总规模/亿元	税收返还		一般性转移支付		专项转移支付	
		总额	占比	总额	占比	总额	占比
2004	9780.9	3609.5	36.9	2933.7	30.0	3237.7	33.1
2005	11120.1	3757.3	33.8	3715.8	33.4	3647.0	32.8
2006	13589.5	3930.2	28.9	5024.9	37.0	4634.4	34.1
2007	16418.9	3214.8	19.6	7017.2	42.7	6186.9	37.7
2008	21260.3	3372.0	15.9	8491.0	39.9	9397.3	44.2
2009	28563.8	4886.7	17.1	11317.2	39.6	12359.9	43.3
2010	32341.2	4993.4	15.4	13235.7	40.9	14112.1	43.6
2011	39947.2	5039.9	12.6	18311.3	45.8	16596.0	41.5
2012	45361.6	5128.0	11.3	21429.5	47.2	18804.1	41.5
2013	48019.9	5046.7	10.5	24362.7	50.7	18610.5	38.8
2014	51591.1	5081.6	9.8	27568.4	53.4	18941.1	36.7
2015	55097.5	5018.9	9.1	28455.0	51.6	21623.6	39.2
2016	59400.6	6826.8	11.5	31864.9	53.6	20708.9	34.9
2017	65139.6	8085.1	12.4	35167.9	54.0	21886.6	33.6
2018	70344.0	8137.0	11.6	38994.5	55.4	23212.5	33.0
合计	609535.7	97106.3	15.9	286196.9	47.0	226232.5	37.1

注：转移支付总规模包括税收返还、一般性转移支付和专项转移支付。2017年为预算执行数，2018年是预算数。

资料来源：根据历年《地方财政统计资料》、《中国财政年鉴》以及财政部网站等资料计算。

表8-20显示，我国1995年以来转移支付与税收返还的总额已经达到609535.7亿元。其中，一般性转移支付总额第一，占转移支付总规模的47.0%；专项转移支付总额第二，占转移支付总规模的37.1%，税收返还总额最小，比重是15.9%。

首先将专项转移支付与税收返还相比。在2005年以前（包括2005年），我国转移支付中占比排在榜首的是税收返还。1995—1997年税收返还比重高达 70% 左右,而专项转移支付不到 20%。1998—2005 年税收返还比重虽然开始下降,但 1998 年比重仍居 63.4%,专项转移支付比重最高 2001 年是 36.0%;税收返还年均占比 44.4%,专项转移支付年均占比是 32.5%,比税收返低 11.9 个百分点。2006—2011 年税收返还的占比开始明显下降,2011 年只有 12.6%,年均占比是 18.25%。2006—2011 年专项转移支付占比显著提高,最高的 2010 年是 43.6%,年均占比是 40.7%,超出税收返还 22.45 个百分点。2012 年之后,税收返还在总额中的比例是明显下降的态势,最高年份 12.4%,而专项转移支付呈现稳定增长的态势,最高年份 41.5%,相差 29.1 个百分点。比较说明专项转移支付越来越受到重视,税收返还越来越受到限制。

其次将一般性转移支付与专项转移支付相比。1995—2004 年,一般性转移支付规模和占比都低于专项转移支付,年均占比 18.16%。专项转移支付年均占比是 27.9%,超出一般性转移支付 9.74 个百分点。2005—2011 年,规模二者相差不多,有些年份专项转移支付比一般性转移支付略大,有些年份略小。特别是有些年份专项转移支付不论规模还是占比都低于一般性转移支付,如 2006 年专项转移支付达到 4634.4 亿元,一般性转移支付 5024.9 亿元,专项比一般少 390.5 亿元;2007 年专项转移支付 6186.9 亿元,一般性转移支付 7017.2 亿元,专项比一般少 830.3 亿元;2011 年专项转移支付 16596 亿元,一般性转移支付 18311.3 亿元,专项比一般少 1715.3 亿元。2012—2018 年,一般性转移支付的比重明显高于专项转移支付。一般性转移支付比重最高是 55.4%,专项转移支付比重最高是 41.5%,相差 13.9 个百分点。再从二者的占比来看,有些年份一般性转移支付占比稍低于专项转移支付,有些年份稍高于专项转移支付。如 2006 年一般性转移支付占 37%,专项转移支付占 34.1%,一般性转移支付比专项转移支付高 2.9 个百分点;2011 年一般性转移支付占 45.8%,专项转移支付占 41.5%,一般性转移支付比专项转移支付高出 4.3 个百分点。一般性转移支付年均占比 47.0%,专项转移支付年均占比 37.1%,说明近年来转移支付调整是有效果的,一般性转移支付逐渐成为主体。

以上三类转移支付的比重变化态势如图 8-2 所示。

图 8-2 显示,税收返还占比急剧降低;专项转移支付占比从 1998 年迅速提升,2002 年以后小幅回落,2008 年重新反弹,2010 年以后又出现下降趋势;一般性转移支付占比快速提升,已经超过了专项转移支付,显示强劲的增长势头。

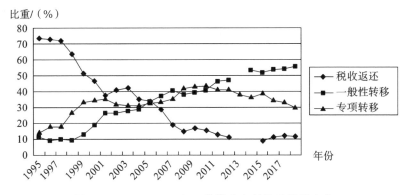

图 8-2 1995—2017 年三类转移支付比重发展态势

三、中央对地方转移支付比重

中央对地方大规模的转移支付资金占中央财政支出很大比重,在中央财政 24 项支出中,除了外交、国债还本付息支出没有转移支付外,其他每一项支出中都有转移支付。如表 8-21 所示。

表 8-21 2013 年中央对地方转移支付情况

支出项目	总支出额/亿元	中央本级支出/亿元	转移支付/亿元	本级支出占总支出比重/(%)	转移支付占总支出比重/(%)
一般公共支出	1381.56	1001.46	380.10	72.48	27.51
国防	7201.97	7177.37	24.60	99.66	0.34
公共安全	1934.34	1297.03	637.31	67.05	32.95
教育	3883.92	1106.65	2777.27	28.49	71.51
科学技术	2460.46	2368.99	91.47	96.28	3.72
文化体育与传媒	531.54	204.45	327.09	38.46	61.54
社会保障和就业	6571.79	640.82	5930.97	9.75	90.25
医疗卫生	2588.27	76.70	2511.57	2.96	97.04
节能环保	1803.93	100.26	1703.67	5.56	94.44
城乡社区事务	127.79	19.06	108.73	14.92	85.08
农林水事务	6005.38	526.91	5478.47	8.77	91.23
交通运输	4139.16	722.99	3416.17	17.47	82.53

续表

支出项目	总支出额/亿元	中央本级支出/亿元	转移支付/亿元	本级支出占总支出比重/(%)	转移支付占总支出比重/(%)
资源勘探电力信息等事务	928.94	453.68	475.26	48.84	51.16
商业服务业等事务	470.28	25.51	444.77	5.42	94.58
金融监管等事务支出	164.94	164.32	0.62	99.62	0.38
地震灾后恢复重建支出	9.35	0.00	9.35	0.00	100.00
国土资源气象等事务	491.61	267.21	224.40	54.35	45.65
住房保障支出	2320.94	404.73	1916.21	17.44	82.56
粮油物资储备事务	1266.38	905.14	361.24	71.47	28.53
其他支出	538.85	338.70	200.15	62.86	37.14

资料来源：财政部网站。

表8-21显示，中央对地方转移支付的比重中，地震灾后恢复重建支出中达到100.00%，医疗卫生占97.04%，节能环保占94.44%，商业服务业等事务占94.58%，农林水事务占91.23%，社会保障和就业占90.25%。教育、城乡社区事务、交通运输、住房保障支出占70%～90%。分税制实施后，中央财政将增加的财政收入都用于转移支付，实践证明实现了这一承诺，有效地发挥了转移支付协调政府间财政关系的作用。

四、中央对地方转移支付的流向与分布

我国中央对地方每年大规模的转移支付流向何处，在全国各省的分布如何，也值得了解和研究。

（一）转移支付总量流向与分布

转移支付总量包括转移支付与税收返还。从2015—2018年每年的转移支付额来看，四年合计流量最多的省份依次有：四川省16213.51亿元，

河南省 14782.51 亿元,湖南省 12189.06 亿元,湖北省 11011.52 亿元,云南省 10937.58 亿元,黑龙江省 10749.52 亿元,河北省 10515.41 亿元,安徽省 10513.56 亿元,贵州省 10150.46 亿元;流量次多的省份依次有:广西壮族自治区 9628.16 亿元,内蒙古自治区 9298.11 亿元,山东省 9254.69 亿元,新疆维吾尔自治区 8471.48 亿元,陕西省 8467.62 亿元,辽宁省 8131.61 亿元。如表 8-22 所示。

表 8-22　2015—2018 年我国转移支付总量流向与分布　　　　单位:亿元

地　　区	2015	2016	2017	2018
北京市	459.46	691.40	826.29	751.09
天津市	426.86	484.71	549.76	494.62
河北省	2416.96	2615.48	2901.97	2581.00
山西省	1469.51	1483.99	1665.12	1502.69
内蒙古自治区	2107.27	2344.61	2529.39	2316.84
辽宁省	1833.43	2028.41	2252.06	2017.71
辽宁省(不含大连市)	1724.50	1898.51	2081.15	1874.48
大连市	108.93	129.90	170.91	143.23
吉林省	1714.68	1882.24	2065.64	1803.09
黑龙江省	2455.04	2775.04	2997.44	2522.00
上海市	437.85	481.84	582.98	539.17
江苏省	1214.38	1391.43	1562.77	1323.00
浙江省	913.58	862.90	977.48	821.62
浙江省(不含宁波市)	815.81	801.16	895.45	784.79
宁波市	97.77	61.74	82.03	36.83
安徽省	2432.74	2544.39	2885.21	2651.22
福建省	1044.42	1120.90	1239.73	1070.47
福建省(不含厦门市)	979.72	1025.70	1152.43	1005.28
厦门市	64.70	95.20	87.30	65.19
江西省	1919.77	2099.86	2314.71	2127.36
山东省	2118.46	2316.45	2544.55	2275.23
山东省(不含青岛市)	2018.56	2169.33	2382.85	2146.25
青岛市	99.90	147.12	161.70	128.98
河南省	3402.93	3672.79	3969.82	3736.97

续表

地　　区	2015	2016	2017	2018
湖北省	2606.13	2766.35	2931.52	2707.52
湖南省	2864.19	3064.04	3261.51	2999.32
广东省	1336.31	1353.26	1493.82	1309.81
广东省（不含深圳市）	1244.43	1198.53	1278.78	1119.51
深圳市	91.88	154.73	215.04	190.30
广西壮族自治区	2163.44	2387.17	2625.82	2451.73
海南省	527.95	635.41	698.46	633.42
重庆市	1319.91	1507.55	1713.43	1526.25
四川省	3701.07	3984.92	4346.12	4181.40
贵州省	2318.07	2551.84	2757.81	2522.74
云南省	2510.18	2667.23	3031.59	2728.58
西藏自治区	1320.98	1392.35	1482.37	1505.00
陕西省	2064.48	2087.84	2253.41	2061.89
甘肃省	1932.50	2011.81	2181.56	2126.66
青海省	956.59	1062.95	1121.56	1040.68
宁夏回族自治区	679.64	727.95	815.60	779.07
新疆维吾尔自治区	2428.75	727.95	2638.62	2676.16

注：2017 年为预算执行数，2018 年是预算数。

资料来源：财政部网站有关转移支付文件和数据。

2015 年超过 3000 亿元的有四川省，2016 年超过 3000 亿元的有四川省、河南省、湖南省，2017 年超过 3000 亿元的有四川省、河南省、湖南省、云南省。2017 年和 2018 年最多的都是四川省，超过 4000 亿元。所以，四川省是全国每年转移支付量最多的省份，其次是河南省和湖南省。转移支付量少的地方有北京市、天津市、上海市、浙江省、海南省、青海省、宁夏回族自治区等。

（二）一般性转移支付流向与分布

从一般性转移支付的流向看各地多少分布不同。流向多的地方有河北省、内蒙古自治区、辽宁省、吉林省、黑龙江省、安徽省、江西省、山东省、河南省、湖南省、湖北省、河北省、广西壮族自治区、四川省、贵州省、云南省、陕西省、甘肃省、新疆维吾尔自治区；分布较少的地方有北京市、天津市、上海市、江苏省、浙江省、福建省、海南省、广东省、青海省、宁夏回族自治区、西藏自治区;流量最少的有大连市、青岛市、宁波市、厦门市、深圳市。如表 8-23 所示。

表 8-23　2015—2018 年我国一般性转移支付流向与分布　　　单位:亿元

地　　区	2015	2016	2017	2018
北京市	45.49	55.27	56.93	50.00
天津市	189.54	208.18	234.86	230.84
河北省	1298.76	1465.31	1658.96	1685.36
山西省	773.78	909.65	1026.19	986.12
内蒙古自治区	1064.88	1177.70	1284.31	986.12
辽宁省	978.04	1150.01	1336.91	1270.29
辽宁省(不含大连市)	951.97	1121.44	1298.14	1240.57
大连市	26.07	28.57	38.77	29.72
吉林省	925.20	1044.82	1167.07	1136.81
黑龙江省	1306.19	1482.12	1664.29	1642.42
上海市	49.19	57.13	58.65	53.26
江苏省	302.90	350.93	365.92	326.95
浙江省	174.11	242.06	246.28	222.78
浙江省(不含宁波市)	162.25	217.47	220.40	200.03
宁波市	11.86	24.59	25.88	22.75
安徽省	1394.24	1544.47	1690.48	1708.92
福建省	444.79	510.80	565.20	533.71
福建省(不含厦门市)	435.19	499.06	544.08	524.20
厦门市	9.60	11.74	21.12	9.51
江西省	1132.13	1261.74	1373.28	1381.01
山东省	900.52	1021.97	1084.18	1044.71
山东省(不含青岛市)	879.42	995.13	1056.22	1019.18
青岛市	21.10	26.84	27.96	25.53
河南省	2033.08	2242.14	2455.62	2459.59

续表

地　　区	2015	2016	2017	2018
湖北省	1457.48	1606.58	1733.11	1751.20
湖南省	1600.33	1779.51	1955.52	1988.38
广东省	379.95	465.91	502.30	470.63
广东省（不含深圳市）	371.69	453.91	486.44	459.82
深圳市	8.26	12.00	15.86	10.81
广西壮族自治区	1313.37	1484.52	1658.71	1673.43
海南省	340.35	388.16	425.56	425.47
重庆市	729.42	807.05	884.72	890.85
四川省	2162.89	2312.76	2533.72	2589.71
贵州省	1257.90	1397.89	1536.58	1535.84
云南省	1224.06	1389.94	1532.09	1508.34
西藏自治区	762.87	820.48	892.23	927.02
陕西省	1034.04	1161.87	1301.99	1289.34
甘肃省	1029.86	1146.80	1277.67	1290.61
青海省	515.08	566.14	632.38	638.83
宁夏回族自治区	399.83	445.58	500.71	533.99
新疆维吾尔自治区	1234.75	1367.47	1531.52	1601.34

注：2017年是预算执行数，2018年是预算数。

资料来源：财政部网站有关转移支付文件和数据。

表8-23所列四年合计流量最大的省份依次有：四川省9599.08亿元，河南省9190.43亿元，湖南省7323.74亿元，湖北省6548.37亿元，安徽省6338.11亿元，广西壮族自治区6130.03亿元，河北省6108.39亿元，黑龙江省6095.02亿元，新疆维吾尔自治区5735.08亿元，贵州省5728.21亿元，云南省5654.43亿元，江西省5148.16亿元，陕西省4787.24亿元，甘肃省4744.94亿元。可知，中央对地方的一般性转移支付基本集中在中西部、东北地区。

（三）专项转移支付流量与分布

专项转移支付流量分布与一般性转移支付流量分布比较，明显区别是一般性转移支付流量分布悬殊,而专项转移支付流量分布比较均衡。如表8-24所示。

表 8-24　2015—2018 年我国专项转移支付流向与分布　　　单位:亿元

地　　区	2015	2016	2017	2018
北京市	234.19	237.35	237.86	164.52
天津市	139.43	125.09	118.21	62.54
河北省	907.57	870.76	911.52	547.94
山西省	579.22	451.34	497.27	355.43
内蒙古自治区	926.74	1009.05	1071.91	843.44
辽宁省	637.81	621.56	621.67	444.44
辽宁省(不含大连市)	583.62	573.90	560.84	403.28
大连市	54.19	47.66	60.83	41.16
吉林省	669.40	705.88	766.68	530.66
黑龙江省	1043.00	1192.47	1229.00	771.04
上海市	125.95	104.37	111.66	70.78
江苏省	579.80	502.65	543.73	337.88
浙江省	431.73	341.58	535.22	239.27
浙江省(不含宁波市)	381.55	302.86	314.74	220.48
宁波市	50.18	38.71	220.48	18.79
安徽省	890.48	772.49	900.90	643.15
福建省	454.01	411.51	409.69	269.95
福建省(不含厦门市)	411.72	350.12	378.44	249.20
厦门市	42.29	61.40	31.25	20.75
江西省	686.86	646.16	694.92	493.39
山东省	865.85	847.06	956.14	718.10
山东省(不含青岛市)	816.58	777.76	890.77	683.12
青岛市	49.27	69.30	65.37	34.98
河南省	1151.41	1109.89	1141.70	894.37
湖北省	985.91	907.72	895.39	648.06

续表

地区	2015	2016	2017	2018
湖南省	1081.10	1039.98	1023.47	720.64
广东省	496.05	427.46	455.85	295.02
广东省（不含深圳市）	445.85	371.30	395.53	254.83
深圳市	50.20	56.16	60.32	40.19
广西壮族自治区	705.85	708.16	741.27	547.96
海南省	163.00	181.84	179.56	114.48
重庆市	513.07	531.58	616.05	421.38
四川省	1317.29	1307.66	1353.74	1129.29
贵州省	965.00	985.92	1034.04	793.74
云南省	1025.17	961.79	1162.54	881.32
西藏自治区	518.36	526.14	542.79	530.55
陕西省	910.91	780.51	802.21	615.29
甘肃省	812.29	751.45	776.35	703.56
青海省	425.65	470.52	455.70	365.96
宁夏回族自治区	258.59	243.05	268.36	197.10
新疆维吾尔自治区	1121.90	935.94	990.83	952.20

注：2017年是预算执行数，2018年是预算数。
资料来源：财政部网站有关转移支付文件和数据。

表8-24所示，专项转移支付流量多的省份有：四川省、黑龙江省、河南省、湖南省、云南省。北京市、天津市、上海市、浙江省与其他省市流量差距缩小，而在总体流量和一般性转移支付流量中与其他省市差距非常大。说明专项转移支付在分配中关注均衡问题，专项转移支付分配方法是因素法、项目法、因素法和项目法相结合三种，在项目审批中有调节的余地。一般性转移支付全用因素法分配，标准财政收入、标准财政支出、人口、地域等因素各地不同，因而区域间流量差距大，不能随意调剂。从以上统计看，不论哪一种转移支付，四川省都是第一名，是中央转移支付资金注入最多的地方。

（四）税收返还流向与分布

税收返还是对财政包干制下地方对中央上解部分的返还，1993年方案设计时以当年财政收入为基数,基数高的地方返还的多,基数低的地方就相对少,这与一般性转移支付、专项转移支付分配是完全不一样的。如表8-25所示。

表8-25　2015—2018年我国税收返还流向与分布　　　　单位:亿元

地　　区	2015	2016	2017	2018
北京市	179.78	398.78	531.49	536.57
天津市	97.89	151.44	196.68	201.24
河北省	210.63	279.40	331.50	347.71
山西省	16.51	123.00	141.66	161.14
内蒙古自治区	115.65	157.86	173.17	185.24
辽宁省	217.58	256.84	293.50	302.97
辽宁省(不含大连市)	188.91	203.17	222.18	230.63
大连市	28.67	53.67	71.32	72.34
吉林省	120.08	131.54	131.90	135.62
黑龙江省	105.86	100.45	104.15	108.54
上海市	262.72	320.34	108.54	415.12
江苏省	331.68	537.85	653.13	658.17
浙江省	307.74	279.26	355.60	359.57
浙江省(不含宁波市)	272.00	280.82	360.31	364.28
宁波市	35.74	−1.56	−4.71	−4.71
安徽省	148.02	227.43	293.84	299.15
福建省	145.61	198.59	264.83	266.82
福建省(不含厦门市)	132.80	176.52	229.90	231.89
厦门市	12.81	22.07	34.93	34.93
江西省	100.78	191.96	246.51	252.96
山东省	352.09	447.44	504.22	512.41
山东省(不含青岛市)	322.56	396.45	435.85	443.95
青岛市	29.53	50.99	68.37	68.46
河南省	218.44	320.76	372.50	383.01
湖北省	162.74	252.05	303.03	308.26
湖南省	182.76	244.55	282.52	290.30
广东省	460.31	459.89	535.66	544.16

续表

地　区	2015	2016	2017	2018
广东省(不含深圳市)	426.89	373.32	396.81	404.86
深圳市	33.42	86.57	138.85	139.30
广西壮族自治区	144.22	194.49	225.84	230.35
海南省	24.59	65.42	93.34	93.46
重庆市	77.41	168.93	212.65	214.03
四川省	220.90	364.50	458.66	462.41
贵州省	95.17	168.04	187.19	193.15
云南省	260.95	315.51	336.96	338.92
西藏自治区	39.74	45.74	47.35	47.42
陕西省	119.52	145.45	149.22	157.26
甘肃省	90.35	113.56	127.55	132.50
青海省	15.85	26.29	33.47	35.89
宁夏回族自治区	21.22	39.32	46.52	47.99
新疆维吾尔自治区	72.10	100.15	116.28	122.62

注：2017年是预算执行数，2018年是预算数。

资料来源：财政部网站有关转移支付文件和数据。

表8-25显示，税收返还最多的地方第一是广东省，每年大致是400亿元～600亿元。其后是江苏省、上海市、河南省、山东省、浙江省、河北省、北京市、云南省、四川省等。税收返还少的地方有青海省、宁夏回族自治区、西藏自治区、新疆维吾尔自治区、黑龙江省、山西省、甘肃省等。税收返还地方间的差距是较大的，如2015年最多的广东省460.31亿元，最少的青海省15.85亿元，相差444.46亿元；2016年最多的江苏省537.85亿元，最少的青海省26.29亿元，相差511.56亿元；2017年最多的江苏省653.13亿元，最少的青海省33.47亿元，相差619.66亿元；2018年最多的江苏省658.17亿元，最少的青海省35.89亿元，相差622.28亿元。税收返还各省之间悬殊极大，反映出了税收返还的不均衡。

第五节　从调剂为主到转移支付转型的意义

我国从计划经济到市场经济，政府间财政分配关系的协调方式和手段发生了显著的变化,对规范政府间财政分配关系、促进区域经济协调发展等具有重要意义。

一、调节方式转型的意义

(一) 协调方式增强了规范性

新中国计划经济时期和有计划商品经济时期协调政府间财政分配关系的方式与市场经济时期的转移支付制度相比而言是不规范的,主要体现在财政调剂、财政补助、特殊照顾和专项拨款都是传统做法,缺乏法制性,有着一定的随意性、临时性。即使有计划商品经济时期的全额补助、差额包干补助等各种形式也是不规范的,都属中央与地方谈判的结果,区域间的补贴等更不公平。相反,转移支付制度是非常规范的,特别是一般性转移支付,1995年制定的办法经过多次修改完善,虽然还没有达到国家法律的层面,但与1995年之前的补助调剂办法相比规范很多。

(二) 协调目标增强了宏观性

不论是市场经济体制之前的调剂、补助,还是市场经济之后的转移支付制度,作为政府间财政分配关系的调节工具来说,目标都是一样的,即保障各级政府事权与财力相匹配,达到区域间经济社会协调发展。但相比之下二者又有区别的地方,计划经济时期的协调重点是解决地方政府的财政困难,制度中救济的成分比较多,有困难靠中央帮助解决。而转移支付制度协调的重点是实现国家的宏观调控、产业结构调整,公共服务均等化和区域间经济社会协调发展,财力调整变成一种手段。如对中西部地区的转移支付促进了西部大开发,对东北老工业基地的转移支付加快了东北地区的振兴,农村税费改革转移支付解脱了农民的税费负担。由此可见,我国协调政府间财政分配关系的目标70年中发生了巨大的转变,从单纯地解决地方政府财政困难走向促进国家宏观经济发展目标的实现。转移支付制度已经不是简单地协调政府间财力差距的手段,而是国家宏观调控的工具,发挥着国家经济社会协调发展的作用。

(三) 协调方法增强了科学性

转移支付的方案设计是非常科学的,转移支付额必须参照各地政府"标准收入"和"标准支出"测算。"标准支出"是选择对地方财政支出影响较为直接的客观因素,根据经验数据,运用多元回归方法,建立标准支出模型,对全国31个地区的转移支付额按统一因素、统一公式计算。通过长期的改革完善，目前计算方法更加精确，首次采用现代计量经济学方法，是我国财政分配的重大创新。专项转移支付也有成套的审批程序，如申请和审批、分配和使用、执行和监督等各个环节都有详细的规定，大多数专项转移支付项目采取因素法与基数法相结合，其中以因素法为主的分配方法。相比之下，计划经济时期和有计划商品经济时期的协调方式就显得粗放，具有行政制度的成分和色彩。

（四）资金分配增强了公平性

计划经济时期和有计划商品经济时期的协调方式由于随意性大，在补贴对象的选择上和资金分配的多少上领导拍板，造成了"爱哭的孩子有奶吃"的现象。在对地方政府的调剂、补助实施中"一对一"谈判，"讨价还价"，甚至靠关系，公平性较差。转移支付制度方法科学、公开、透明，各地享受中央转移支付额虽然不同，但机会是相同的，待遇是平等的，享受多少是公平的。

二、转移支付实施的效果

转移支付成为我国协调政府间分配关系、调节区域差距的新型方式和手段以后，有效地促进了我国区域经济协调发展。

（一）区域间经济增长差距逐渐缩小

我国转移支付坚持向中西部地区倾斜，向西部转移支付的财力和投入越来越大，有效促进了中西部地区经济发展，与东部沿海经济发达地区的经济发展差距日益缩小。如1993—1994年东、中、西部三个地区的经济增长速度都是两位数，但区域间差距很大。1994年全国经济发展速度是14.8%，东部地区是16.3%，中部地区是13.8%，西部地区是10.3%。中部地区比东部地区低2.5个百分点，西部地区比东部地区低6个百分点、比中部地区低3.5个百分点。1996—2001年，东、中、西三个地区经济增长速度差距出现缩小。1999年东中西部经济发展速度分别是9.6%、7.6%、7.8%，中西部地区与东部地区大约相差2个百分点，但都达到全国7.1%的增速。2001年全国增速是7.5%，东中西部地区增速分别为9.9%、8.9%、9.4%，西部地区几乎赶上了东部地区，二者只差0.5个百分点。2002年全国增速是8.9%，东、中、西部地区增速分别为10.9%、9.8%、10.2%，东西部地区相差0.7个百分点。2004年中部地区比东部地区相差1个百分点，西部地区与东部地区相差1.1个百分点，超出中部地区0.1个百分点。2009年实现了突破，中西部地区经济发展速度超出了东部地区，东部地区增长率为10.7%,中部地区为11.7%,西部地区为13.5%,中部地区超过东部地区1个百分点,西部地区竟超出东部地区2.8个百分点、超出中部地区1.8个百分点。① 这一结果即使在以后发生变化,甚至差距会重新扩大,也是各方面因素造成的,转移支付的促进作用不能否定。

(二) 区域间财力差距明显改变

我国财力性转移支付实施后,对中西部的转移支付力度进一步加大,2009年中西部地区获得资金占当年全国财力性转移支付总量的91%。专项转移支付中西部地区获得资金占当年总量的82%,使中西部地区财政收入大大提升。中部地区1994年财政收入为626.1亿元,2002年增加到1739.1亿元,增长177.8%;2009年财政收入达到10545.5亿元,比2002年增长506.4%。西部地区1994年财政收入327.9亿元,2002年财政收入为1130.9亿元,增长244.9%;2009年达到9107.4亿元,比2002年增长705.3%。② 这样的增长速度已经超过了东部地区的增速,东部地区财政收入2009年比1994年增长1813.1%,中部地区增长1584.3%,西部地区增长2677.5%,西部地区超过东部地区864.4个百分点。2009年中西部地区财政收入占全国地方财政收入的比重由2004年的41.3%提高到48.5%,提高7.2个百分点。

再从三个地区人均财力看,实施财力性转移支付前的2004年,中部和西部地区人均财力相当于东部地区的32.2%和35.5%,实施财力性转移支付后的2009年中部和西部地区分别上升到41.9%和48.3%,分别提高9.7和12.8个百分点。从省级财力看,2004年东、中、西部本级人均可用财力分别是15.23万元、8.14万元、5.25万元,中、西部与东部分别相差7.09和9.98个百分点;2009年分别提高到23.18万元、18.30万元、20.95万元,中、西部与东部分别相差4.88个百分点和2.23个百分点,③差距2009年比2004年缩小。中、西部地区财力能够发生如此变化,与中央财政转移支付的力度有直接关系。

(三) 促进城乡基本公共服务走向均等化

城乡差距是新中国成立以来就形成的,改革开放以后城乡之间的差距不断扩大,十六届三中全会提出城乡统筹发展,财政转移支付在促进城乡

---

① 马海涛、姜爱华等:《政府间财政转移支付制度》,经济科学出版社2010年版,第283页。
② 财政收入数据来自1994—2009年的《中国统计年鉴》。
③ 马海涛、姜爱华等:《政府间财政转移支付制度》,经济科学出版社2010年版,第285页。

基本公共服务均等化方面加大倾斜力度,对农村公共产品投入的专项包括公共基础设施、社会保障、教育、医疗、卫生等各个方面。2006 年中央财政支农专项转移支付由 2002 年的 260.92 亿元增加到 551.49 亿元,年均增长 27.8%,占专项转移支付总额的比重由 2002 年的 10.9% 提高到 2006 年的 12.5%。这些都极大地改变了农村落后和薄弱环节,使城乡差别逐渐缩小。

以上各方面差距的缩小和缓解,是我国转移支付制度在宏观调控中重要作用的集中体现,从转移支付涉及的范围来看其积极作用反映在经济、社会、公共服务等各个领域,很难一言以蔽之。转移支付积极作用的充分释放还在于调节政府间财政分配关系方式的转变,方式的科学进步决定着转移支付效果的显著程度。我国政府间财政分配关系协调方式的转变不仅有意义,而且富有成效。

结　　语

新中国财政关系发展史证明,不论是计划经济时期还是市场经济时期,政府间和区域间财政分配关系都是需要协调的,市场经济下和分税制尤其是这样。因为市场经济注重公平竞争,追求效益最大化,分税制是一种更彻底规范的分灶吃饭。我国政府间和区域间财政分配关系的协调方式由调剂补贴为主转变为以宏观调控为主的转移支付制度,是非常必要的、正确的。因为转移支付制度具有规范性、科学性、公平性,为协调政府间和区域间财政分配关系提供了有效的工具,我国实施转移支付制度以来取得的显著成效就是实践的检验。党的十七大提出的统一规范透明的转移支付制度已经实现。在此基础上要进一步协调一般性转移支付与专项转移支付的关系,取消税收返还,增加横向转移支付,完善转移支付框架,使其更好地发挥宏观调控作用,加快新时代和谐社会的构建。

第九章

政府采购——从分散封闭转到集中公开

严格而言,政府采购是国家机关使用财政性资金获取货物、工程和服务的行为。这种政府购买支出的行为不论是在资本主义国家还是在社会主义国家都是存在的,政府及其机构为了正常运转以实现其职能都要购买物品和服务,这种现象均可视为政府采购。新中国成立70年来,政府的购买行为发生了巨大的变化,由计划经济时期的政府各部门分散封闭式购买转型为市场经济时期的采购中心集中公开采购,即国际上通行的政府采购制度。这一转变标志着我国市场机制在资源配置中越来越发挥决定性作用,对完善市场经济体制、改进国家宏观调控方式、强化财政管理、促进财政公开透明、建立节约型政府和廉洁型政府均有重大意义。

第一节 计划经济时期政府采购及其影响

我国计划经济时期实行高度集中的经济体制和统收统支的财政体制,大部分研究者认为政府所需货物由国家统一配置,不可能出现政府采购行为。其实,"采购"一词在中国历史上早就出现,包含个人采购和政府采购,我国封建社会皇室制造中就有采办,清末及近代官府制造业和矿业的采购行为更加普遍,革命根据地在其计划经济下每年都从市场上采购大批粮食。既然采购是政府的一种普遍行为,计划经济体制下政府采购行为也是不可或缺的。

一、计划经济时期的政府采购

(一) 国家机关和社会集团的购买

计划经济时期的政府采购,首先发生在国家机关和社会集团。如1950年抗美援朝战争爆发,为了应对物价上涨,国家机关、部队和社会团体大量提款,抢购所需物资。国民经济调整时期,国家压缩社会集团购买力。社会集团购买力是国家机关、团体、部队、学校、企事业单位用公款在市场购买供集体消费的非生产用品的资金,属于一种社会消费和集体消费的社会基金。1960年社会集团购买力为81.8亿元,在当时已是不小的购买力。

这些购买行为属于政府采购的范畴。从政府采购的性质来看,政府采购属于购买性支出,即政府用于购买商品和劳务的支出。购买的商品和劳务包括日常活动和用于投资的商品和劳务,前者指政府各部门的事业费采购,后者指政府各部门的投资采购。

政府采购亦称公共采购,公共采购的定义是:市场经济国家管理政府公共支出的一种基本手段,是指各级政府及其所属机构为了开展日常政务活动的需要,或为提供各种公共服务,在财政的监督下,以法定的方式、方法和程序,对货物、工程或服务的购买。① 从公共采购定义中可以看到,政府采购的主体是各级政府、政府成立的各种组织机构,也包括服务型企业等。计划经济时期购买的主体也是政府、部队、团体、企事业单位,与现代公共采购的主体是一致的。从公共采购的性质看,计划经济时期政府机构的购买也是为了开展日常政务的需要或提供公共服务,实现政府职能,与现代政府采购的性质并无二致。从公共采购的内容看,计划经济时期政府购买的也是用于政务的商品、工程和劳务,均在现代政府采购的范围之内。从公共采购的特征看,现代政府采购的特征,一是采购主体是依靠国家预算资金运作的政府机关、事业单位、社会团体;二是采购的消费者是政府部门及公众,这是一种非商业性、非营利性购买行为,只能买不能卖;三是采购的方式是多样的,可以买也可以租;四是采购的范围既包括办公用品和设备,又包括基础设施建设,还包括技术、专利等;五是政府部门对采购的款项直接支付,即财政部门不是将款项支付给支出单位,而是按采购单位与供应商签订的合同将资金直接支付给供应商;六是采购有特定的目的、特定的方式,政府所有的采购项目必须按规定进行。这些特点计划经济时

---

① 《财税大辞海》编委会:《财税大辞海》,改革出版社1999年版,第53页。

期的政府采购基本上是具备的,只是有个别地方不大符合。如采购款项是由采购单位直接支付给供应商,采购虽然也得经过上报、审批的程序,但没有现代政府采购流程全面完整,和现代政府采购相比还有很大差距。可以将计划经济时期的政府采购视为不规范的政府采购,即现代政府采购的雏形。

(二)政府必要物资的进口

计划经济时期的政府采购行为,小到政府部门单位的购买,大到国家在国际市场上的进口。计划经济时期在对外贸易上西方资本主义对我国进行封锁,但我国开创了东南亚新的贸易市场,通过对外贸易进行政府采购活动。经济恢复时期的1951年进口总额为12亿美元,第一个五年计划时期单年最高进口总额为17.3亿美元,经济调整时期单年最高进口总额达到20.2亿美元。如表9-1所示。

表9-1 计划经济时期政府采购国际市场物资情况

年 份	进出口总额/亿美元	进口总额/亿美元	进口总额的比重/(%)
1951	19.6	12.0	61.2
1953	23.7	13.5	57.0
1955	31.4	17.3	55.1
1957	31.0	15.0	48.4
1959	43.8	21.2	48.4
1965	42.5	20.2	47.5
1973	109.8	51.6	47.0
1974	145.7	76.2	52.3
1975	147.5	74.9	50.8

资料来源:财政部综合计划司编,《中国财政统计(1950—1991)》,科学出版社1992年版,第347页。

表9-1显示,计划经济时期我国政府在国际市场上采购的物资总额占进出口总额最高达到61.2%,最低也是47.0%,而且进口总体呈增加趋势。

总的来看,计划经济时期政府采购的特点是规模不大,形式封闭,每个单位独立采购,对外不公开,是在政府控制下进行的。与现代政府采购相比有很大差异,但它实实在在是政府的采购行为,不能不视为政府采购。

可以说，计划经济时期的政府采购还属于传统的、非规范的采购，现在的政府采购属于正规的、国际通行的采购。

二、政府采购的影响与作用

计划经济时期，由于政府是最大的消费者，政府的采购行为对社会经济产生很大的影响。如1950年抗美援朝中国家机关、部队和社会团体大量购买物资，成为市场物价上涨的主要原因之一。当时银行大部分都是国家机关、部队和社会团体的存款，这部分存款占国家银行存款总额的90%以上。十余天内提款达到6000万元，如果继续下去银行现金缺少6亿~7亿元，势必形成金融危机。国家为了稳定市场价格，下令冻结国家机关、部队和社会团体的存款，制止了物价上涨。

国民经济调整时期，为了渡过财政困难，国家坚决压缩社会集团购买力，可知国家机关、部队、企事业单位采购对社会经济的影响之大。国家明确规定政府机关不许购置办公用品，集团宿舍不准扩建、改建和修缮。必须购买的要报经批准，凭证到市场购买。同时，大力压缩社会集团购买力，1960年规定把公用经费中商品性支出部分压缩20%左右，全国共压缩5亿元。1960年社会集团购买力为81.8亿元，1961年压缩为54亿元，1962年压缩到43亿元，对缓解财政困难发挥了重要作用。

三、计划经济时期政府采购产生的原因

许多人认为政府采购是西方市场经济国家的制度，市场经济体制是这一制度产生的基础，中国计划经济时期有政府采购行为是不可思议的。其实这种看法有些绝对，只要政府存在就有政府采购行为产生的基础。

从政府采购制度的产生和发展看，政府采购制度的产生不仅要具备市场经济体制这个前提，而且还要具有政府这个主体，二者缺一不可。但核心因素是政府，没有政府存在，市场经济也不会有政府采购。我国计划经济时期是有政府的，而且存在商品经济，政府及其企事业单位为了实现其职能必然会有采购行为。当然，不可否认计划经济时期由政府配置资源，物资短缺由政府进行调配，但计划经济并不是完全的供给制，供给制也不能完全满足政府各部门的特殊需求，从而产生政府采购。计划经济时期的物资供给是在特殊时期（如国民经济困难时期）实施的，并不是经常的，再说计划经济时期的资源配置并不是共产主义社会的按需分配那样不需要货币来交换，经费分配到各单位后仍然需要各部门用货币购买。

实际上,没有纯之又纯的社会制度,计划经济时期当然是有计划的,计划部门、物资管理部门是资源配置的主要部门,国家的发展一切有计划按比例进行。但这是主要的方面,计划经济时期仍然存在非计划经济,或者计划以外的经济行为,因为政府垄断资源配置效率不佳,难以满足各部门、各行业的需要,只好允许这些计划外的经济行为存在,成为计划经济资源配置的补充。决策者有时也会主动或被动地利用市场因素以解决面临的不足和困难,如陈云就曾提出利用自由市场,坚持"大计划小自由"(即大的方面计划,小的方面自由)。为了保障国有企业、国家机关物资的需要,大型的、主要的物资由国家控制和分配,一些小型的、次要的物资(如办公用品、会议用品等)还是要由部门采购,国家不可能事无巨细地供货上门。了解了这些,计划经济时期存在政府采购行为就不难理解了。

第二节 有计划商品经济时期的政府采购

我国改革开放以后计划经济体制开始向市场经济体制过渡,政府购买行为由计划经济时期的受控制转向非控制。市场不断扩大,商品日益丰富,为政府采购提供了环境条件,促使我国政府采购显著发展。

一、改革开放后政府采购的普遍性

(一)政府事业单位采购

我国政府事业单位数量繁多、人员膨胀,是社会最大的消费单位。如教育事业费中除一部分用于个人(工资、助学金)外,还有一部分属于公用支出,包括公务费、设备购置费、修缮费、业务费四项。其中设备购置费和修缮费都属于购买性支出,需要学校进行采购,而且占有一定的比重。1980—1990 年全国教育事业采购支出规模如表 9-2 所示。

表 9-2　1980—1990 年全国教育事业采购支出规模

年　份	教育事业费公用部分总额/万元	设备购置费/万元	修缮费/万元	设备购置费的比重/(%)	修缮费的比重/(%)
1980	325985	81955	107349	25.1	33.0
1981	370539	95125	122761	25.7	33.1

续表

年　份	教育事业费公用部分总额/万元	设备购置费/万元	修缮费/万元	设备购置费的比重/（%）	修缮费的比重/（%）
1982	402188	98632	141746	24.5	35.2
1983	475873	119089	175163	25.0	36.8
1984	598091	156381	211554	26.1	35.4
1985	701873	174033	232052	24.8	33.1
1986	808865	187836	275212	23.2	34.0
1987	804047	171756	260245	21.4	32.4
1988	884508	164315	282563	18.6	31.9
1989	1047761	184662	353345	17.6	33.7
1990	1115771	197655	352584	17.7	31.6

资料来源：财政部综合计划司编，《中国财政统计（1950—1991）》，科学出版社 1992 年版，第 131 页。

表 9-2 显示，全国教育事业费公用部分中设备购置费比重从 1980 年开始至 1987 年长期在 21% 以上，最高年份 1984 年达到 26.1%；自 1988 年开始出现下降，基本在 17%～19%。修缮费占教育事业费公用部分中的比重高于购置费，长期在 31% 以上，最高 1983 年为 36.8%，比购置费多出约 10 个百分点，1989 年两者相差 16.1 个百分点。全国教育事业的设备购置费和修缮费占教育事业费公用部分的比重，到 1991 年是 16.2%，1995 年为 11.98%，下降 4.22 个百分点；地方教育事业支出的设备购置费和修缮费占总支出的比重 1991 年为 15.95%，比 1995 年下降 4.44 个百分点。[①]

科技事业支出中也有明确的设备购置费和修缮费。全国和地方科学事业支出的设备购置费和修缮费占总支出的比重，1995 年比 1991 年下降 5.2%。[②] 从科技活动经费内部支出项目看，其中的固定资产购置费和劳务费也是用于采购劳务和商品的。90 年代科技活动经费内部支出如表 9-3 所示。

---

① 苏明等主编：《地方财政支出改革研究》，中国财政经济出版社 1998 年版，第 102 页。
② 苏明等主编：《地方财政支出改革研究》，中国财政经济出版社 1998 年版，第 102 页。

表 9-3　20 世纪 90 年代全国科技活动经费内部支出中的购置费及比重

年　份	科技活动经费总额/万元	固定资产购置费/万元	劳务费/万元	固定资产购置费占比/(%)	劳务费的比重/(%)
1991	389.0	114.8	64.5	29.5	16.6
1995	845.2	241.1	177.1	28.5	21.0
1996	930.7	269.1	184.9	28.9	19.9
1997	1063.0	293.4	209.4	27.6	19.7

资料来源：国家统计局编，《中国统计年鉴1998》，中国统计出版社1998年版，第716页。

固定资产购置费是用于采购工程的，这一部分在科技活动经费内部支出中比重较大，在 27%～30%，劳务费是用于采购劳务的，比重在 16%～21%。

（二）政府机关采购

我国实际有五级政府，数量庞大，需要采购的商品和服务数量大、品种多。就车辆来说就是较大的一项采购。政府机关车辆的购置虽然有指标限制，由财政拨款，但也需要单位购买。这方面的数量很大，支出规模可观。据有关统计，1991 年地方行政管理部门拥有的车船数为 18.76 万，1995 年增加到 25.88 万，[①]四年增加 7.12 万，单车（船）按 15 万元计算，四年增加支出 106.8 亿元，每年增加支出 26.7 亿元。例如，安徽省 1991—1995 年行政管理费中开支的小汽车费，年均增长 7.1%。[②]

（三）固定资产投资中的采购经费

国家固定资产投资中用于采购的经费规模更大，如表 9-4 所示。

表 9-4　1981—1997 年固定资产投资中设备购置规模及比重

年　份	固定资产投资/亿元	设备购置费/亿元	设备购置费的比重/(%)
1981	961.0	223.6	23.3
1982	1230.4	291.4	23.7
1983	1430.1	358.3	25.1

---

① 苏明等主编：《地方财政支出改革研究》，中国财政经济出版社1998年版，第92页。
② 苏明等主编：《地方财政支出改革研究》，中国财政经济出版社1998年版，第104页。

续表

年 份	固定资产投资/亿元	设备购置费/亿元	设备购置费的比重/(%)
1984	1832.9	509.2	27.8
1985	2543.2	718.1	28.2
1986	3120.6	852.0	27.3
1987	3791.7	1038.8	27.4
1988	4753.8	1505.4	31.7
1989	4410.4	1115.8	25.3
1990	4571.0	1165.5	25.5
1991	5594.5	1460.2	26.1
1992	8080.1	2125.1	26.3
1993	13072.3	3313.9	25.4
1994	17042.1	4328.3	25.4
1995	20019.3	4262.5	21.3
1996	22913.5	4926.0	21.5
1997	24941.1	6044.8	24.2

资料来源：国家统计局编，《中国统计年鉴1998》，中国统计出版社1998年版，第186-187页。

表9-4显示,全社会固定资产投资中设备购置费呈现大幅度增长的态势,1986年以前支出为223.6亿～852.0亿元,1986年比1981年增加628.4亿元,增长281.0%。1987年支出规模由原来的百亿扩大到千亿,并且从1987年的1038.8亿元上升到1997年的6044.8亿元,增加5006亿元,增长481.9%。1981—1997年全社会固定资产投资中设备购置费的比重为21%～32%,长期保持稳定态势,最高年份为31.7%。

固定资产投资中设备购置费存在于各个行业、各个部门和各地区,更新改造投资就是其中的一个方面。表9-5反映的是1998年地方更新改造中设备购置费的情况。

表9-5 1998年地方更新改造中的设备购置费及比重

省　市	更新改造投资额/亿元	设备购置费/亿元	设备购置费的比重/(%)
北京	252.43	83.7	33.16

续表

省　　市	更新改造投资额/亿元	设备购置费/亿元	设备购置费的比重/(%)
天津	119.62	57.71	48.24
河北	293.31	152.70	52.06
辽宁	259.80	121.15	46.63
黑龙江	219.47	120.87	55.07
上海	365.01	202.30	55.42
江苏	296.01	174.98	59.11
山东	283.49	156.49	55.20
湖北	227.02	133.67	58.88
湖南	115.54	73.34	63.48
广东	326.86	188.99	57.82
四川	196.15	119.95	61.15

资料来源：国家统计局编，《中国统计年鉴1999》，中国统计出版社1999年版，第214页。

在各省市更新改造投资中设备购置费占有很大的比重，绝大部分超过50%，湖南达到63.48%，四川达到61.15%。这些资金都要经过购买消费，可知政府购买的普遍性。1998年我国现代政府采购制度开始实施，固定资产投资中设备购置费仍然存在，进一步说明这些支出属于政府采购范围之内。

由此可知，20世纪八九十年代我国政府采购行为是非常普遍的，发生在各行业、各部门，1980年财政纪律大检查中居然还有"采购奖"，可见政府采购行为的活跃程度。

二、政府采购方式及特点

这一时期我国的政府采购长期处于自主采购状态。所谓自主采购就是单位购买物品，往往领导人拍板决定，采购部门直接购买，财务部门结账。政府采购资金由国家财政供给，财政部每年根据预算下拨采购经费，然后由行政事业部门根据自己的需要自行采购。大型的商品(如车辆，特别是大型工程)，要经过上级部门和财政部门审批，中型的由单位领导批准，小型的由单位总务人员采购。

显然，这种采购方式与现在相比有其不同的特点。一是分散。各支出单位根据各自的实际情况单独进行采购，采购的数量少，没有规模效应，将数额巨大的国家财政支出化整为零，不能形成合力，规模不经济。二是自行选购。商品购买都是由各单位自行安排，供应商除了大型的设备采购有指定的以外，大部分的一般商品是自行选择的。三是随意性大。采购没有制度约束，不受财政监督，一般商品单位领导也不关心。四是粗放。采购者不懂得商品的功能和质量，往往按照短缺数量购买，采购的商品往往质量较差，使用时间较短。

三、政府采购的影响

有计划商品经济时期，随着我国经济的快速发展和对外开放，政府采购在搞活经济方面发挥了积极的作用，促进了商品经济的发展。但由于采购方式的分散、粗放、随意性，又存在很多弊端。

一是采购资金使用效益低。各部门单位的预算确定后，财政用于采购的资金就化整为零。由于分散采购，没有规模效应，政府采购资金分配与使用相互脱节，人为地造成浪费，使巨额的财政资金难以产生应有的效应。

二是政府采购的质量差。受地方、部门利益的驱动，地方政府或部门常常利用职权，以行政手段强制本部门或地区的预算单位购买本地区或本部门的商品和服务，或者对欲购买的商品和服务指定供应商。大型工程由本地区自行承担，行业采购也存在类似问题。这种做法一定程度上使价高质次的货物和劳务成为政府采购对象，造成政府采购成本大、质量差。

三是采购过程不透明。采购是各部门自行安排，购买多少、购买什么、何时购买、向谁购买，基本都由单位说了算。政府购买变成部门与供应商一对一的私下谈判，采购过程封闭运行，不透明、不公开，许多都是暗箱操作，造成采购人员吃回扣的现象普遍发生。

四是缺乏限制和监督。在采购资金上财政部门只管分配，至于资金分配后如何具体使用，是否实现预算确定的采购项目，是否存在挤、挪、用等现象，财政部门缺乏必要的制约，也缺少必要的检查审计部门的监督，难以从价值形态向实物形态管理转变并实行有效监控。

五是阻碍了统一市场的形成。我国各级政府的货物采购和工程建设均实行行政审批制度，采购合同授予直接以行政指令替代，没有相应的竞争机制。在这种情况下形成了严重的地方保护主义，限制了资金和商品以及劳务的自由流通,阻碍了统一市场的形成。

六是不利于政府宏观调控。受市场价格机制的作用与影响,小额采购和零星采购只是市场价格的被动接受者,同等质量的商品和劳务分散采购价格明显高于集中采购价格,采购规模难以有效地调节社会总需求。由于分散采购不能形成规模,政府这个主要的社会消费需求不能构成社会总需求的一个有机组成部分,难以有效地调整供求关系,不利于政府宏观调控职能的发挥。

七是国有资产不能共享。政府采购的物资和设备都是国有资产,应该在部门单位之间流动,得到共享,提高使用效率。但在分散采购制度下,采购的货物据为私有财产,而且我国政府机构追求"大而全"、"小而全",各部门都有自己的学校、研究所、招待所、培训中心、车队,造成严重的重复购置、低效使用。

八是引发腐败现象。由于各部门独立采购、暗箱操作、缺少监督和约束,资金使用上猫腻多、漏洞多,给寻租、腐败提供了机会。有些经办人员谋私利、拿回扣;有些建设项目中预算不断追加;有些单位挤占、挪用资金;有些人假公济私,打着为单位采购的牌子为私人采购。政府采购成了严重的腐败领域。

由此可知,传统的政府采购改革势在必行。

第三节 市场经济时期的现代政府采购制度

我国市场经济体制确立以后,鉴于计划经济时期和有计划商品经济时期政府采购的弊端,1998年开始实施国际上通行的现代政府采购制度,废止了计划经济以来传统的政府采购活动,掀开了历史新的一页。这是新中国政府采购制度的巨大转型,显示了我国市场经济的魅力。

一、现代政府采购制度的建立与实施

我国政府采购正式实施是1998年,其标志是国务院政府采购工作领导小组的成立,从地方政府探索开始大致经历了三个阶段。

第一阶段是研究准备阶段(1996—1998年)。我国地方政府探索政府采购改革比中央要早,1995年,上海市对财政专项设备购置实行政府采购试点,并制定了我国第一个地方政府采购管理办法。1997年初,河北省在行政和政法系统进行政府采购试点,之后扩大到省直机关事业单位。1997

年,深圳市采用邀请招标及服务竞争方式选择公务车定点修理厂,后以立法的形式颁布实施《深圳经济特区政府采购条例》,是我国第一个政府采购地方性法规。1997年底,重庆市对市级行政单位 65 辆公务车采用公开招标的方法采购,并发布《重庆市政府货币招标采购办法》、《政府采购物品及资金来源表》,成为我国第一个政府采购制度较健全的单列市。各地政府对政府采购制度的探索,为国家政府采购制度建立创造了条件。财政部在对地方政府采购进行广泛深入调查的同时,对西方国家公共财政支出管理以及国际上政府采购规则进行认真研究。在此基础上,财政部于 1996 年提出把推行政府采购制度作为我国财政支出改革方向的政策建议,1997 年正式向国务院提出制定政府采购条例的请示,同时拟定政府采购基本制度,为现代政府采购制度的实施做准备。

第二阶段是试点阶段(1998—2002 年)。1998 年国务院赋予财政部"拟定和执行政府采购政策"职能后,国务院机关事务管理局组织成立政府采购工作领导小组,标志着政府采购制度改革正式开始。1999 年财政部首次召开全国政府采购工作会议,陆续发布了我国政府采购一系列部门规章制度,即《政府采购管理暂行办法》、《政府采购招标投标管理暂行办法》和《政府采购资金财政直接拨付管理暂行办法》等。

2000 年开始在全国范围内进行政府采购试点。为了加强对试点工作的指导,2000 年 6 月财政部在国库司设立政府采购管理处,负责全国政府采购的管理事务,加强对政府采购试点的指导。一是加强规范化建设,确立采购模式,强化采购规程,从制度上、管理上和操作上规范采购行为。二是加大推行政府采购制度的力度,从 2001 年开始编制政府采购预算并制订政府采购计划,凡是列入政府采购预算的采购项目都必须按照政府采购计划的要求采购。建立政府采购资金由财政直接支付制度,明确直接支付的方式和程序,开设政府采购资金专户。三是指定政府采购信息发布内容及程序,改进政府采购统计体系。四是会同有关部门研究拟定中央国家机关全面推行政府采购制度的方案。五是探索适合政府采购要求的招标方法,确立并推广政府采购协议供货制度。六是积极参加政府采购立法活动,推动政府采购法出台。七是与监察部、审计署提出关于 2000 年执行政府采购制度工作的意见。八是建立"中国政府采购网",创办《中国政府采购》杂志,初步建立以报纸、网络、杂志"三位一体"的政府采购信息管理体系和政府采购信息统计报告制度。与此同时,地方财政部门根据财政部颁布的有关规定,相继开展政府采购试点,全国 36 个地区中有 23 个地区颁布了政府采购的地方性法规,有 30 多个地区财政部门建立了政府采购专门机构(政府采购办公室或政府采购中心),为政府采购施行和监督从组织上提供了保障。

第三阶段是实施阶段(2003—2005 年)。2003 年 1 月 1 日《政府采购法》正式出台实施,标志着我国政府采购改革试点至此结束,进入了实施阶段,全国政府采购工作步入新的发展时期。中央层面首先在国家机关实施政府采购,地方政府相继推出许多规章条例规范政府采购活动。随着政府采购制度的实施,范围不断扩大,至 2005 年在全国全面实施。财政管理部门、政府采购专门机构、采购人运转协调机制初步建立。

二、我国政府采购制度的框架体系

我国政府采购制度到目前为止已经建立起与市场经济相适应、和国际上市场经济国家政府采购制度相衔接的框架体系。

(一) 我国政府采购框架

我国政府采购框架包括四个方面。一是法规基础。我国《政府采购法》规定了政府采购的总则、招标、决议、异议及申诉、履约管理、验收、处罚等内容,以国家法律的形式对我国政府采购制度给予承认和肯定,这是我国政府采购框架建立的法律基础。二是制度保障。财政部自 1999 年起先后颁布《政府采购管理暂行条例》、《政府采购招标投标管理暂行办法》和《政府采购合同监管暂行办法》等一系列规章制度,对政府采购制度的范围、采购模式、采购资金拨付以及采购监管等有关问题作出明确规定,对中介组织进入政府采购市场的条件、程序等也有原则性的制度规定,为开展政府采购提供了制度保障。三是采购程序。我国政府采购程序主要包括有关购买商品和劳务的政府单位采购计划的拟定、审批,采购合同签订,价款确定,履约时间、地点、方式和违约责任等环节。四是管理机制。我国政府采购管理的原则、方式、管理机构、审查机构与仲裁机构不仅建立齐全、制度完善,而且形成相互关联的管理机制。以上政府采购法律法规、政府采购规章制度、政府采购程序、政府采购管理等内容构成我国政府采购基本框架。

(二) 我国政府采购模式

我国政府采购模式,主要分为集中采购和分散采购两种类型。集中采购分两种形式:一是政府集中采购,二是部门集中采购。部门集中采购主要针对军队、国防、保密局等一些特殊的部门和行业。集中采购的范围限制在省级以上人民政府公布的集中采购目录,中央预算的集中采购目录由国务院确定公布,地方预算的集中采购目录由地方人民政府或其授权机构确定公布。凡属集中采购的项目必须公开招标,采购人不得化整为零以其他任何方式规避公开招标采购。因特殊情况需要采用其他采购方式的要由各级政府采购监督管理部门批准。

分散采购是指政府集中采购目录和部门集中采购目录范围之外的达到采购限额标准之上的采购项目,由部门单位实行分散采购。我国分散采购也有各种形式。一是自行采购。未纳入集中采购目录的政府采购项目和本单位有特殊要求的项目,可以自行采购。二是邀请招标。只能从有限范围供应商处采购的项目、公开招标费用过大的项目,实行邀请招标。三是竞争性谈判。招标后没有供应商投标或没有合格标的或重新招标未能成立、技术复杂或性质特殊、不能确定详细规格或具体要求的、招标所需时间不能满足用户紧急需要的、不能事先计算出价格总额的项目,实行竞争性谈判。四是单一来源方式采购。只能从唯一供应商处采购、有紧急情况不能从其他供应商处采购、需要继续从原供应商处添购的,实行单一来源方式采购。五是询价采购。货物规格、标准统一,价格变化幅度小的项目才能采用询价采购。另外,还有国务院政府采购监督管理部门认定的其他采购形式。

我国政府采购长期以集中采购为主,分散采购为辅。如2001年我国集中采购资金规模为430.6亿元,占政府采购资金总额的66%;2006年集中采购资金为2187.5亿元,占政府采购资金总额的59%。部门集中采购规模占政府采购资金总额的22%,分散采购规模占政府采购资金总额的19%。① 近年来在我国政府"放、管、服"改革的要求下,分散采购规模占政府采购资金总额的比重开始上升,公开招标规模占政府采购资金总额的比重出现下降。2016年政府集中采购规模为16446亿元,部门集中采购规模为6132.9亿元,分散采购规模为8510.8亿元,占政府采购资金总额的比重分别为52.9%、19.7%和27.4%,分散采购比重较2015年上升6.7个百分点。② 2016年公开招标规模为19935.3亿元,占政府采购资金总额的64.1%,公开招标仍占主导地位,但所占比重较上年下降13.6个百分点,主要是不少地方提高公开招标数额标准,使公开招标项目数量减少。同时

---

① 参见中国政府采购网有关资料。
② 中国政府采购网(2017年10月12日)。

各级预算单位根据采购项目不同特点,选择非招标采购方式的项目逐步增加。

(三) 我国政府采购程序

我国政府采购已经形成一套完整的程序,不同方式的采购有不同的采购程序,不仅全部流程有规范的操作规定,而且每个环节也有制可依。

招标采购程序是:编制政府采购预算(包括项目和资金)—组织采购(有关政府采购的组织工作)—实行招标(招标的全过程,包括公开招标和邀请招标)—中标成交(确定中标人)—合同签订(与中标人签订合同)—履约验收(采购人或代理机构验收中标供应商提供的货物、工程和服务)—资金支付(财政部门直接支付给供应商)—档案管理(政府采购的各类文件资料至少保存15年)—绩效评价(根据绩效评估程序、标准评价采购绩效)。

竞争性谈判采购程序是:成立谈判小组—制定谈判文件—确定邀请参加谈判的供应商名单—进行谈判—确定成交供应商—商定合理价格。

询价采购程序是:成立询价小组—确定被询价的供应商名单—询价—确定成交供应商。

三、我国政府采购制度的功能

政府采购的功能一般认为只是保障政府部门得到物美价廉的货物而已,在我国实施中发现其功能并非仅此,而是多方面的,这些功能正是政府采购制度的优势所在,也是受世界各国青睐的原因。

1. 降低成本

政府采购具有一定的资金规模,而且财政部门直接支付给供应商,减少了周转环节,避免各单位挤占、挪用、沉淀;又是在公平竞争中选择合理价格,获得物美价廉的产品,从而达到节约资金、降低成本的目的。

2. 保护国家利益

政府采购在引入竞争机制的同时,实行国货优先,促进民族工业的发展。以公开招标方式确定供应商,促使国有企业实施战略性改进。尤其在2008年世界金融危机后各国贸易保护主义抬头,我国政府采购保护国内产业发展,为大中型企业发展创造了机遇。在维护国家利益方面,政府采购的取舍选择发挥着重要作用,而且是合理的、正当的。

3. 宏观调控

政府采购是社会总需求的重要组成部分,对生产、流通、分配和消费均有重要的影响,起着宏观调控的作用。一是调节社会供求关系。政府采购通过数量、品种和频率的改变,对社会的需求施加影响,在历次内需不足的情况下,政府采购都起到刺激经济增长的作用。二是促进经济结构优化和产业转型升级。政府采购的重点设置对经济结构具有举足轻重的影响,可以促使企业改变产品结构,发展高新科技和新兴产业产品,还可以改进企业组织结构、经营管理和营销策略,从而达到经济结构优化和产业结构转型升级的目标。三是稳定市场物价。政府采购以竞争方式把握供给价格,通过对同类商品价格乃至价格总水平的平抑和稳定,对市场价格水平和走向产生一定的影响。特别是对高科技产品、绿色产品、中小企业产品作出选择,在一定范围和程度上形成积极的价格调控。四是促进国家发展目标的实现。在实现国家发展目标中,政府采购制度是一种法律化的间接手段,利用本身的乘数效应直接或间接地增加当期的社会购买力,如绿色采购目录的制定,促进国家保护生态环境目标的实现。所以,我国《国民经济和社会发展第十一个五年规划纲要》中第一次把政府采购作为宏观经济调控手段,与财税、金融手段相提并论,显示政府采购在国家宏观经济中已占有重要的地位,已从单纯的财政支出管理手段上升为国家实现宏观经济和社会目标的公共政策工具。

四、我国政府采购制度的特征

1. 采购主体的特定性

我国政府采购属于公共采购,其性质决定了采购的主体具有一定的特定性,限制在依靠国家财政资金运转的政府机关、事业单位和社会团体范围之内。从国际上看有些国家还包括为满足社会公共需要依靠国家财政投入来从事经营性活动的国有企业,如日本的"特殊法人"等,在我国国有企业不能成为政府采购的主体。

2. 采购行为的公共性

我国政府采购的资金来源于税收,是纳税人的钱,具有一定的公共性。政府采购是非商业性的,不以营利为目的,而是通过购买行为为政府部门提供消费品或为社会提供公共产品,这是和私人采购的根本区别。因此,我国政府采购的绩效评价主要看社会效益,经济效益是第二位的,主要体现在节约资金方面。

3. 采购目的的政策性

这一特征表现在两个方面:一是在制定政府采购法律和规章制度时要以国家的方针政策为宗旨,不是单纯的购买行为,简言之,政府采购要符合国家发展战略目标的要求;二是政府采购要遵守国家的政策导向和政策调整,促进国家各项政策实施。①

第四节　我国政府采购实施状态

我国政府采购实施已经 20 年之久,按照党和国家方针政策与发展战略的要求,适应我国改革开放新形势的需要,不断总结经验、改革完善、开拓创新,不仅始终保持扎实推进、健康发展,而且实现了质的飞跃和转变。我国政府采购的实施过程就是改革、完善、创新、发展的历史。

一、政府采购的实施原则

1. 公开透明原则

政府采购活动必须公开透明,不仅政府采购的法律法规、实施细则和各类政策性文件要公开,而且政府采购的整个程序和过程、政府采购的项目、政府采购的条件、政府采购的标准和价格也要公开,基本做到没有"死角"和"阴影",成为"阳光下的交易"。

2. 公平竞争原则

公平包括:标准统一,按照《政府采购管理暂行条例》以及相关的招投标管理办法,对有资格参加的承包商和供应商实行统一标准;机会均等,不排斥有资格参加的承包商和供应商,凡符合条件者都有资格加入竞标;待遇平等,对所有参加者一视同仁,采购商与供应商完全平等,没有特殊政策。

3. 公正原则

把社会公众的利益放在第一位,注重社会和民众的总体利益,维护社会公共利益。坚持依法采购,按制度办事,不徇私情,不贪赃枉法。采购主体或采购经办人员未按法定程序办事或违反采购法律要依法处理,并使承包商和供应商的损失得到合理赔偿,发生纠纷由国家法律机构裁决。

4. 诚信原则

诚指老老实实、实事求是;信指保障实现诺言,履行合同。不论是采购人还是供应商以及政府采购管理机构都要对自己的言行负责,任何人都不能在采购中弄虚作假,否则要受到法律制裁。要加强政府采购的检查监

---

① 袁尚草、陈克欣:《新形势下政府采购法的意义探讨》,《中国管理信息化》2017 年第 2 期。

督,保障政府采购的良好信誉。

5. 效率原则

政府采购的效率体现在:一是采购成本低,采购价格低于市场平均价格;二是采购效率高,节约时间,采购及时,不耽误采购单位正常工作和工程进度;三是采购质量优,采购的货物是高质量的,必须达到价廉物美;四是服务质量高,政府采购管理决策机构和政府采购中心不仅硬件过硬,而且提供优质服务。

二、政府采购规模、范围与结构的变化

(一)政府采购规模直线上升

1998年政府采购实施初期采购规模小,1998年全国政府采购金额只有31亿元,1999年增加到131亿元,所以采购资金主要在预算内安排。随着采购数量和范围的扩大,采购资金扩展到预算内外、自筹资金和各种财政性资金。2002年总额进入千亿元大关,总规模1009.6亿元;2011年突破万亿元大关,总规模11332亿元,占全国财政总支出10.37%,与2002年的1009.6亿元相比10年增加约10倍。2013年为16381.1亿元,比2012年增加2403.4亿元,增长17.19%;2014年总规模为17305.3亿元,比上年增加924.2亿元,增长5.64%,占全国财政总支出和国内生产总值的比重分别为11.40%和2.7%。2015年全国政府采购规模为21070.5亿元,首次突破2万亿元大关,比上年增加3765.2亿元,占全国财政总支出和国内生产总值比重分别达到11.98%和3.1%。2016年全国政府采购总规模继续保持快速增长,采购规模为25731.3亿元,较上年增加4660.8亿元,占全国财政总支出比的13.70%,是1998年的830倍、2002年的25倍、2011年的2倍。1998年以来我国政府采购规模增长态势如表9-6所示。

表9-6 1998—2016年我国政府采购规模增长态势

年 份	财政总支出额/亿元	政府采购额/亿元	政府采购额比上年增长/(%)	占财政总支出比/(%)
1998	10789.18	31.0		0.29
1999	13187.67	131.0	322.58	0.99
2000	15886.50	328.0	150.38	2.06
2001	18920.58	653.2	99.15	3.45

续表

年　份	财政总支出额/亿元	政府采购额/亿元	政府采购额比上年增长/(%)	占财政总支出比/(%)
2002	22053.15	1009.6	54.56	4.58
2003	24649.95	1659.4	64.36	6.73
2004	28486.89	2135.7	28.70	7.50
2005	33930.28	2927.6	37.08	8.63
2006	40422.73	3681.6	25.75	9.11
2007	49781.35	4660.9	26.60	9.36
2008	62592.66	5990.9	28.54	9.57
2009	76299.93	7413.2	23.74	9.72
2010	89874.16	8422.0	13.61	9.37
2011	109247.79	11332.0	34.55	10.37
2012	125952.97	13977.7	23.35	11.10
2013	140121.10	16381.1	17.19	11.69
2014	151785.56	17305.3	5.64	11.40
2015	175877.77	21070.5	21.76	11.98
2016	187755.21	25731.3	22.12	13.70

资料来源：《中国财政年鉴2012》，中国财政杂志社2012年版，第447页；国家统计局编，《中国统计年鉴2017》，中国统计出版社2017年版，第204页；财政部网站；中国政府采购网。政府购买性支出来源为《中国财政年鉴2010》及财政部网站。

政府采购资金规模的增长速度，表9-6显示1999—2000年增长率突破100%，1999年达到322.58%；2001—2003年增长率没有前两年高，为54%～100%，之后增长率长期保持在较低的水平上。2004年突然出现增幅下降态势，比2003年减少35.66个百分点。其原因，一是受严格控制政府性楼堂管所建设的影响，另外部分地区前期投资项目逐步完工，致工程类采购增幅大幅回落；二是各地各部门贯彻落实厉行节约要求和严控"三公经费"增长，货物类采购增幅趋缓。

就政府采购额占财政总支出的比重看，2010年以前（包括2010年）长期在10%以内，最高2009年为9.72%。2011年之后显著提高，比重长期保持在两位数,最高2016年达到13.7%。但与西方国家政府采购金额占国内生产总值的10%左右、欧盟各成员国政府采购总额占其国民生产总值的12%相比,还有一定差距。我国2004年政府采购资金总额占国内生产总值的1.33%,2006年为1.73%,2007年为1.87%。① 总的来看,我国政府采购规模从2002年的1000亿元以上增加到2016年的近3万亿元,说明我国政府采购发展的速度非常可观。

总之,从1998年至2016年,我国政府采购总规模长期保持增长的态势,特别是2015年和2016年增长幅度最大,形成高峰。如图9-1所示。

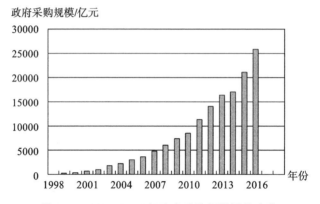

图9-1 1998—2016年政府采购规模增长态势

(二) 政府采购范围不断扩展

我国2003年《政府采购法》规定采购范围主要是货物、工程和服务三大类。货物指各种形态和种类的物品,包括原材料、燃料、设备、产品等;工程指建设工程,包括建筑物和构筑物的新建、改建、扩建、装修、拆除、修缮等;服务指货物和工程以外的其他政府采购对象。为了满足市场经济的需要,我国自2009年起对政府采购品目不断修订扩展,2012年政府采购目录按货物、工程、服务三大类划分为54个二级分类。在具体品目上,货物类品目细分为20个二级分类,增加土地、房屋及构筑物、通用设备等;服务类品目细分为24个二级分类,增加信息技术服务、租赁服务(不带操作员)、维修和保养服务等;工程类品目细分为10个二级分类,包括建筑物施工、构筑物施工、工程准备等。② 2017年,政府采购目录中品种有1万多种,远远超过西方市场经济国家。与财政支出结构调整相适应,采购活动也逐步

---

① 国家统计局编:《中国统计年鉴2008》,中国统计出版社2008年版,第37页。
② 《政府采购品目分类目录(试用)》(财库〔2012〕56号)。

涵盖公益性强、关系民生的支出项目,如农机具购置、中小学免费教材、医疗器械及药品、安居工程、文化下乡等,民生采购项目成为采购范围不断拓展的亮点。

与此同时,三大类采购本身也不断发展扩大。货物类采购从通用类货物向专用类货物延伸,由车辆、计算机设备、医疗设备等简单商品逐步扩大到电梯、煤炭、建材等复杂商品;工程类采购项目由办公楼建造、房屋装修扩大到道路修建、市政设施等大型建设项目;服务类采购由服务项目如会议接待、车辆加油扩大到网络开发、项目设计等技术含量高的领域,从传统的专业服务快速扩展到公共服务、服务外包等新型服务领域。政府采购种类范围的扩大,反映了我国政府采购制度的改革拓进,也折射出经济社会发展的需要。

(三)政府采购结构不断优化

我国政府采购包括货物、工程、服务三大类,三者的比重构成政府采购的结构,三大类采购规模的变化决定着政府采购结构的变化。2001年货物类、工程类、服务类分别占采购总规模的比重为63.2%、28.8%和8.0%①,货物类比重居于首位,比工程类比重多出34.4个百分点,比服务类比重多出55.2个百分点。政府采购长期形成货物类为主、工程类为辅的结构格局,至2005年以前基本是这样。从2006年形成工程类超过货物类的趋势。2008年工程类规模达到2978.4亿元,比货物类多419.2亿元,比重超出7个百分点;2012年超出的幅度更大,工程类规模8373.5亿元,超出货物类3983.2亿元,是货物类规模的1.9倍,比重超出28.5个百分点;2013年工程类规模9925.6亿元,比货物类多出5004.5亿元,约是货物类规模的2倍,比重超出30.1个百分点;2014年工程类规模上升到万亿元新台阶,即10141.1亿元,比货物类多出4911.1亿元,将近是货物类规模的2倍,比重超出28.4个百分点;2015年工程类规模11155.2亿元,比货物类多出4583.8亿元,是货物类规模的1.7倍,比重超出21.7个百分点;2016年工程类规模13630.4亿元,比货物类多出6390.4亿元,是货物类规模的1.9倍,比重超出24.9个百分点。政府采购结构变为工程类为主、货物类为辅的格局。政府采购结构变化如表9-7所示。

---

① 杨灿明、李景友主持:《政府采购问题研究》,经济科学出版社2004年版,第190页。

表 9-7　政府采购结构变化

类别	货物类		工程类		服务类	
年份	采购规模/亿元	占总规模的比重/(%)	采购规模/亿元	占总规模的比重/(%)	采购规模/亿元	占总规模的比重/(%)
2001	413.0	63.2	188.0	28.8	52.0	8.0
2006	1647.4	44.7	1763.9	47.9	270.3	7.3
2008	2559.2	42.7	2978.4	49.7	453.3	7.6
2012	4390.3	31.4	8373.5	59.9	1214.0	8.7
2013	4921.1	30.0	9925.6	60.6	1534.4	9.4
2014	5230.0	30.2	10141.1	58.6	1934.3	11.2
2015	6571.4	31.2	11155.2	52.9	3343.9	15.9
2016	7240.0	28.1	13630.4	53.0	4860.3	18.9

资料来源：历年《中国财政年鉴》、财政部网站等。

表 9-7 还显示，货物类采购占政府采购总规模的比重总体呈现缩小的态势，由 2001 年的 63.2% 下降到 2016 年的 28.1%，减少 35.1 个百分点；而工程类采购规模占政府采购总规模的比重总体呈现扩大的态势，由 2001 年的 28.8% 上升到 2016 年的 53.0%，增加 24.2 个百分点。由此可知，我国现在的政府采购是工程类为主、货物类为辅的结构格局。服务类虽然比重增长迅速，由原来的 10% 以内上升到近 20%，但还没有达到主体的地位。

（四）采购对象重点的转变

在改革发展中为了适应经济社会发展的需要，政府采购三大采购对象规模和增速都在发生变化，政府采购的重点由货物类向工程类转变，进而由工程类向服务类转变。

我国 1998 年以来政府采购的重点主要是货物类，进入 2000 年仍然是这样，2001 年货物类采购 413 亿元，工程类采购 188 亿元。从 2006 年开始出现工程类超过货物类的趋势，如 2008 年全国货物类采购规模为 2559.2 亿元，工程类采购 2978.4 亿元，工程类规模超出货物类 419.2 亿元，增速基本持平，货物类比上年同期增长 29.7%，工程类比上年同期增长 27.8%；2012 年货物类、工程类采购较上年同期分别增长 14.6% 和 26.6%，工程类增速遥遥领先，超出货物类增速 12 个百分点；2013 年货物类比上年同期增长12.1%，工程类比上年同期增长18.5%，工程类超出货物类增速6.4个百分点；2015年工程类采购规模11155.2亿元，货物类采购规模只有6571.4亿元，工程类超出货物类4583.8亿元；2016年货物类采购规模较上年增长10.2%，工程类采购规模较上年增长22.2%，工程类增长率比货物类增长率多出12个百分点。这些变化说明政府采购的重点由货物类向工程类转变。

与此同时，政府采购重点进而出现由工程类向服务类转变的取向。从2006年开始服务类增速高于工程类增速，2006年全国工程类采购比上年同期增长33.3%，服务类采购比上年同期增长38.1%，服务类增速高于工程类增速4.8个百分点。2012年工程类和服务类采购较上年同期分别增长26.6%和36.6%，服务类增速居首，高于工程类增速10个百分点。2013年工程类比上年同期增长18.5%，服务类比上年同期增长26.4%，服务类增速超出工程类增速7.9个百分点。2014年随着政府购买服务改革的推进，政府向社会力量购买服务项目大幅增加，服务类采购增长迅速，采购金额1934.3亿元，比上年增长26.1%。其中，环境服务、文化体育服务采购金额分别为106.59亿元、17.24亿元，比上年增长114.0%、25.1%。相反，工程类采购增幅下降16.3个百分点。2015年服务类采购规模达到3343.9亿元，较上年增加1409.6亿元，增长72.9%，超出工程类增速62.9个百分点；2016年服务类采购规模达到4860.3亿元，较上年增加1516.4亿元，增长45.4%，超出工程类增速23.2个百分点。①

再从服务类采购占政府采购总规模的比重看，从2014年开始由不到10%提高到2016年的近20%。2014—2016年比重依次为11.2%、15.9%、18.9%，呈直线上升的态势，2014年比2013年提高1.8个百分点，2015年比2014年提高4.7个百分点，2016年比2015年提高3个百分点。与货物类和工程类比重比较，服务类比重提升得最快。2015年服务类比重比上年提升4.7个百分点，货物类比重比上年提高1个百分点，工程类比重出现下降，比上年下降5.7个百分点。2016年货物类采购规模占政府采购总规模比重出现下降，工程类采购比重相对稳定，服务类采购比重上升明显；货物类采购占全国政府采购总规模的28.1%，较上年下降3.1个百分点，其中台式计算机、车辆等通用设备采购规模下降8.4%；工程类采购占全国政府采购总规模的53.0%，与上年基本持平；服务类采购占全

---

① 参见财政部网站数据专栏、中国政府采购网(2017年10月12日)。

国政府采购总规模的18.9%,较上年提高3个百分点。① 总体来看,服务类采购规模占政府采购总规模的比重由2001年的8.0%上升到2016年的18.9%,增加10.9个百分点,充分显示了增长潜力,大有成为我国政府采购重点的希望。

三类采购对象的变化态势如图9-2所示。

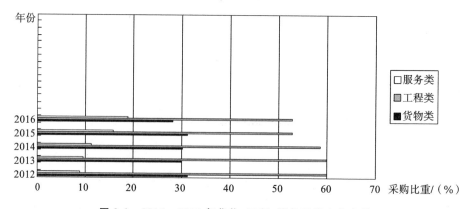

图9-2　2012—2016年货物、工程、服务三类变化态势

这些变化说明服务类采购有着强劲的发展前景,特别值得提出的是政府购买服务、政府和社会资本合作即PPP等成为政府采购的重要组成部分,政府将直接提供的公共服务转为向社会力量购买或合作提供,形成服务类采购面扩量增的新格局。这个新格局就是货物类不再是政府采购的重点对象,最终由服务类代替工程类成为政府采购的主体。

三、政府采购的改革与完善

我国政府采购的基本制度建立实施后,按照国家经济体制深化改革要求,针对实施中出现的问题不断改革,使政府采购制度愈益健全。

（一）完善政府采购制度体系

从1998年我国政府采购的实施尤其是与2003年《政府采购法》相配合,我国相继出台了一系列规章制度。如《政府采购货物和服务招标投标管理办法》、《政府采购信息公告管理办法》、《政府采购供应商投诉处理办法》、《政府采购代理机构资格认定办法》等。近年来制度完善进一步深化和细化,2015年发布《中央预算单位变更政府采购方式审批管理办法》、

---

① 中国政府采购网(2017年10月12日)。

2016年发布《政府采购评审专家管理办法》、《关于进一步加强政府采购需求和履约验收管理的指导意见》、《关于简化优化中央预算单位变更政府采购方式和采购进口产品审批审核有关事宜的通知》、《关于对中央预算单位政府采购执行情况实行动态监管的通知》、《关于开展行政事业单位内部控制基础性评价工作的通知》、《关于完善中央单位政府采购预算管理和中央高校、科研院所科研仪器设备采购管理有关事项的通知》等。到目前规范性制度已成系列,初步建立起以《政府采购法》为统领的政府采购法律制度体系。

(二)实行"管采分离"改革

为了减少政府机构对政府采购活动的干预,2007年实行"管采分离"改革。中央、省、市、县四级政府皆设立政府采购管理机构,实行政府管理机构与操作机构分离,使管理机构与采购中心的职责分工日趋合理。"管采分离、机构分设、政事分开、相互制约"的工作机制基本形成。"管采分离"改革还涉及国有企业,首先在金融企业建立集中采购决策管理职能和操作执行职能相分离的管理体制。2018年要求国有金融企业成立集中采购管理委员会对政府采购进行决策管理,主要职责是审定企业内部集中采购办法等制度,确定企业集中采购目录及限额标准,审定采购计划和采购计划执行情况,审议对业务活动发展有较大影响的采购事项、采购中涉及其他重要管理和监督的事宜。由业务部门或设立集中采购日常管理机构实施集中采购业务活动。管采分离减少了行政干预,避免了政府既是运动员又是裁判员的现象,使政府采购工作更加规范。[①]

(三)规范政府采购流程

1. 规范政府采购货物和服务投招标

为了解决最低价中标产生的产品质量差、不能诚信履约、影响正当竞争等问题对振兴实体经济造成的障碍,2017年《招标投标法》修订后改变了原来排名第一的中标候选人为中标人的规定。招标人可以授权评委直接确定中标人,可以不选择第一中标候选人为中标人,产品质量成为权衡中标人的重要指标,低价中标的时代不复存在。财政部还对《政府采购货物和服务投标招标管理办法》进行完善,提出评标委员会认为投标人的报价明显低于其他通过审查的投标人的报价,有可能影响产品质量或者不能诚

[①] 财政部《国有金融企业集中采购管理暂行规定》(财金〔2018〕9号),原《关于加强国有金融企业集中采购管理的若干规定》(财金〔2001〕209号)废止。

信履约的,要求其在评标现场合理的时间内提供书面说明,必要时提交相关证明材料。投标人不能证明其报价合理性的,评委会应当将其作为无效投标处理。这些新的规定对政府采购及招投标流程是一个很大的完善,保障了政府采购产品质量及诚信履约。

2. 规范政府采购代理机构

为了加强对政府采购代理机构的管理,2018 年对代理机构的名录登记、从业管理、信用评价及监督检查等方面都作出明确规定,要求代理政府采购业务要具有独立承担民事责任的能力,拥有不少于 5 名熟悉政府采购法律法规、具备编制采购文件和组织采购活动等能力的专职从业人员,具备独立办公场所和代理政府采购业务所必需的办公条件,在自有场所组织评审工作的应具备必要的评审场地和录音录像等监控设备设施并符合省级人民政府规定的标准。这些规定促进了政府采购代理机构规范发展。①

3. 规范国有金融企业集中采购

为了加强采购支出管理,针对国有金融企业以合同方式有偿取得纳入集中采购范围的货物、工程和服务的行为,要求国有金融企业集中采购中要遵循公开、公正、公平、诚实信用和效益的原则。按照国家的规定,建立统一管理、分级授权、相互制约的内部管理体制,切实维护企业和国家的利益。②

(四) 完善政府采购管理体系

1. 改进供应商投诉处理办法

为了保护政府采购中供应商的权益和利益,2004 年财政部详细规定了供应商投诉处理办法,供应商投诉按照采购人所属预算级次由本级财政部门处理,县级以上财政部门应当在省级以上财政部门指定的政府采购信息媒体上公告受理投诉的方式、联系部门、电话和通信地址等信息。③ 2017年,为了规范参与政府采购活动的当事人质疑和投诉行为,规定供应商提出质疑和投诉要坚持依法依规、诚实信用的原则,政府采购质疑答复和投诉处理要坚持依法依规、权责对等、公平公正、简便高效的原则。同时对于质疑提出与答复、投诉处理、法律责任也都作出了详细规定,进一步加强了政府采购的法制性。④

---

① 财政部《政府采购代理机构管理暂行办法》(财库〔2018〕2 号)。
② 财政部《国有金融企业集中采购管理暂行规定》(财金〔2018〕9 号)。
③ 财政部《政府采购供应商投诉处理办法》(财政部令第 20 号)。
④ 财政部《政府采购质疑和投诉办法》(财政部令第 94 号)。

2. 加强政府采购需求和履约验收管理

为了进一步提高政府采购需求和履约验收管理的科学化、规范化水平,针对管理中认识不到位、责任不清晰、措施不细化等问题作出明确规定。即采购需求要合规、完整、明确,符合国家法律法规,执行国家相关标准、行业标准、地方标准等,加强需求论证和社会参与,严格依据采购需求编制采购文件及合同,编制验收方案,按照采购合同开展履约验收,落实履约验收责任。①

3. 加强政府采购评审活动管理

为了规范政府采购评审专家管理,规定对专家实行统一标准、管用分离、随机抽取的原则。省级财政部门建立本地区评审专家库并实行动态管理,与国家评审专家库互联互通、资源共享。对应聘专家条件标准作出六条规定,评审专家有不良记录或给政府采购造成经济损失的要追究法律责任。②

4. 简化采购进口产品审批审核手续

为了落实国务院"放、管、服"改革精神,提高政府采购审批审核工作效率,实行主管预算单位定期收集所属申请项目向财政部一揽子申报、财政部一揽子批复的制度。财政部自收到申请材料起5个工作日内完成批复,时间紧急或临时增加的采购项目可单独申报和批复。③

(五)完善政府采购监督体系

2003年我国《政府采购法》的颁布实施,大大加强了政府采购的检查监督。检查监督的范围包括有关政府采购的法律、行政法规执行情况,采购范围,采购方式,采购程序执行情况等。检查监督的部门包括政府采购监督管理部门、对政府采购负有行政监督职责的政府有关部门、国家审计机关、国家监察机关,特别指出任何单位和个人对政府采购活动中的违法行为有权控告和检举。同时,加强了法律责任的追究,规定采购人、采购代理机构等与政府采购相关的人员,有违法违规、私自串通、弄虚作假、行贿受贿等行为的,轻者给予警告,并处以罚款,重者依法追究刑事责任,并没收违法所得,承担赔偿责任。我国政府采购监督检查体系初步建立。

---

① 财政部《关于进一步加强政府采购需求和履约验收管理的指导意见》(财库〔2016〕205号)。
② 财政部《政府采购评审专家管理办法》(财库〔2016〕198号)。
③ 《关于简化优化中央预算单位变更政府采购方式和采购进口产品审批审核有关事宜的通知》(财办库〔2016〕416号)。

在此基础上,我国政府采购监督检查体系不断改革完善,根据时代要求改革监管模式。首先对中央预算单位政府采购实行动态监管。为了加强对中央预算单位政府采购活动的事中事后监管,从 2017 年开始实行动态化监管方式。监管范围包括政府采购预算和计划编报情况、审核审批事项执行情况、信息公开情况。各主管预算单位将动态监管中发现的疑点问题定期反馈给主管预算单位核实。① 动态监管建立了多层面、多环节的监控机制,有效地维护了市场经济秩序。

其次,严禁地方政府以购买服务名义违法违规融资。为了制止地方政府以购买服务名义违法违规融资,2013 年国务院就明确了政府购买服务的改革方向、实施范围、预算管理、信息公开等事项,严禁以政府购买服务名义违法违规举债。② 2017 年,财政部提出坚持政府购买服务改革的正确方向要与事业单位改革、行业协会商会与行政主管部门脱钩转制改革、支持社会组织培育发展等政策结合起来,带动和促进政事分开、政社分开。明确政府购买服务重点是有预算安排的基本公共服务项目,不能将建设工程作为政府购买服务项目,严禁将金融机构、融资租赁公司等非金融机构等提供的融资行为纳入政府购买服务范围。进一步严格政府购买服务预算管理,要求先有预算、后购买服务,政府购买服务资金应当在既有预算中统筹考虑,期限严格限定在年度预算和中期财政规划期限内。严禁利用或虚构政府购买服务合同违法违规融资,金融机构涉及政府购买服务的融资审查必须符合政府预算管理制度相关要求。地方政府及其部门不得利用或虚构政府购买服务合同为建设工程变相举债,不得通过政府购买服务向金融机构等融资,不得以任何方式虚构或超越权限签订应付(收)账款合同帮助融资平台公司等企业融资。政府购买服务信息要及时向社会公开,购买主体依法在中国政府采购网及其地方分网及时公开政府购买服务项目相关信息,确保政府购买服务项目信息真实准确。③ 这一规定制止了地方政府融资举债的违规行为,捍卫了政府采购制度的法制性和权威性。

四、政府采购的创新与发展取向

在新的发展时期,我国政府采购没有把脚步停留在采购货物的原始起

---

① 财政部《关于对中央预算单位政府采购执行情况实行动态监管的通知》(财办库〔2016〕413号)。
② 国务院《关于政府向社会力量购买服务的指导意见》(国办发〔2013〕96号)。
③ 财政部《关于坚决制止地方以政府购买服务名义违法违规融资的通知》(财预〔2017〕87号)。

点上,而是积极适应时代的需要,开拓创新,向新的目标不懈前进。

(一) 我国政府采购的创新

1. 政府绿色采购的兴起

我国绿色采购指政府优先采购"绿色产品",即符合国家绿色认证标准的货物、工程和服务。绿色采购是社会对环境关注和企业社会责任意识提高的产物。2004年在日本召开的第一次世界性国际绿色采购会议,强调利用政府采购为低污染产品和供应商创建市场,鼓励各国政府积极实施绿色采购计划。2004年欧盟发布《政府绿色采购手册》,指导成员国实施绿色采购。欧盟政府采购占其成员国国内生产总值的14%,绿色采购的平均份额达19%。其中瑞典50%、丹麦40%、奥地利28%、英国23%,均超过了平均值。"政府绿色采购"很快成为各国政府采购的一致行动。

鉴于我国环境污染问题,党的十六大提出促进人与自然和谐发展,推广绿色消费,走生态良好的文明发展道路。绿色理念引发绿色采购,2002年《清洁生产促进法》规定,"各级人民政府应当优先采购节能、节水、废物再生利用等有利于环境与资源保护的产品"。2003年《政府采购法》规定,"政府采购应当有助于实现国家的经济和社会发展政策目标,包括保护环境",为我国开展政府绿色采购提供基本法律保障。2004年国务院《关于开展资源节约活动的通知》规定:"各级财政要支持资源节约和资源综合利用,并将节能、节水设备(产品)纳入政府采购目录"。为此,国务院又出台《关于建立政府强制采购节能产品制度的通知》,由此建立起政府强制采购节能产品制度。财政部和国家发改委联合出台《节能产品政府采购实施意见》,作为我国首个促进政府采购节能与环保政策,规定各级国家机关、事业单位和团体组织使用政府资金采购用品时,在技术、服务等指标相同的情况下,应当优先采购8类100多种节能产品,从制度层面加强了政府采购的节能环保意识。2005年,国务院发布了《关于加快发展循环经济的若干意见》《关于落实科学发展观加强环境保护的决定》,决定实施环境标识、环境认证和政府绿色采购制度,明确了政府绿色采购的导向作用,打开了发展政府绿色采购的道路。2006年,财政部、国家环保总局制定了节能产品政府采购清单、环境标志产品政府采购清单,为优先采购环境标志产品制定了依据。2007年我国修订的《节约能源法》规定,公共机构要优先在节能产品、设备政府采购名录中采购,禁止采购国家明令淘汰的用能产品和设备,否则依法给予处分并进行罚款。这些法律、法规及规章等相互配合,在法律依据的基础上形成较为完善的政府绿色采购制度。

我国绿色政府采购已初具规模。2007年列入清单的节能产品有28类3万多种,环境标志产品有24类2万多种。"十一五"时期采购节能环保产品达到2726亿元。① 2008年全国环保产品采购金额1712亿元,占同类产品采购金额的69%;节能、节水产品政府采购金额131.9亿元,比2007年增长21.9%,占同类产品采购金额的64%。我国政府绿色采购是一种制度创新,对倡导绿色消费观念、引导绿色消费行为、促进绿色技术研发和绿色产业发展具有重要的意义。

2. 政策型政府采购的形成

进入21世纪后我国政府采购的政策性特点越来越突出,已经从原来单纯的购买商品、工程和劳务转型为国家宏观调控的工具,购买型政府采购转向政策型政府采购,这是我国政府采购的一大创新和发展。政策型政府采购主要体现在落实国家宏观政策、产业政策及其他方面的政策,在支持中小企业方面尤为突出。改革开放后我国中小企业得到极大的发展,但由于数量多、规模小、竞争力弱,资金来源常常受到影响。特别是2008年世界金融危机发生后,中小企业面临着更加严峻的形势,在行业准入、银行贷款、市场营销、科技创新等方面都处于不利的竞争地位。为了落实国家支持中小企业政策,我国政府采购对中小企业加大倾斜,划出一定采购份额专门用于采购中小企业的产品,为创新型中小企业提供稳定的市场需求。2014年各地各部门授予中小企业的总采购额为13179.76亿元,占政府采购资金总额的76.2%。其中授予小微企业的采购额为6020.84亿元,占授予中小企业总采购额的45.7%。全国强制和优先采购节能、环保产品金额分别为2100亿元和1762.4亿元,占同类产品的81.7%和75.3%,比上年分别增加260.9亿元和327.45亿元。② 2015年全国强制和优先采购节能产品规模达到1346.3亿元,占同类产品采购规模的71.5%;强制和优先采购环保产品规模达到1360亿元,占同类产品采购规模的81.5%。政府采购合同授予中小微企业的总采购额为16072.2亿元,占政府采购资金总额的76.3%。其中授予小微企业的采购额为6564.6亿元,占授予中小微企业总采购额的40.8%。2016年全国强制和优先采购节能产品规模为1344亿元,占同类产品采购规模的76.2%。政府采购合同授予中小微企业的总采购额为24036.2亿元,占政府采购资金总额的77.3%。其中授予

---

① 《人民日报》2012年4月19日。
② 财政部网站2014年政府采购情况。

小微企业的采购额为10193.9亿元,占授予中小微企业总采购额的42.4%。① 支持中小企业发展和各项政策的落实是我国政府采购功能的重大突破,政府采购从一种单纯的采购方式转为一种实现政策的手段,使我国购买型政府采购日益成为政策型政府采购,成为我国政府采购创新的一大亮点。

3. 创新型政府采购的出现

创新型政府采购是针对我国政府采购向自主创新倾斜的力度和程度而言的。我国政府采购对自主创新产业的支持是法定的,《科学技术进步法》规定:"对境内公民、法人或者其他组织自主创新的产品、服务或者国家需要重点扶持的产品、服务,在性能、技术等指标能够满足政府采购需求的条件下,政府采购应当购买;首次投放市场的,政府采购应当率先购买。政府采购的产品尚待研究开发的,采购人应当运用招标方式确定科学技术研究开发机构、高等学校或者企业进行研究开发,并予以订购。"为了发挥政府采购对自主创新产品的支持,财政部等发布了《自主创新产品政府首购和订购管理办法》、《自主创新产品政府采购合同管理办法》、《自主创新产品政府采购评审办法》、《关于实施促进自主创新政府采购政策的若干意见》、《国家自主创新产品认定管理办法(试行)》等一系列规章制度,初步建立起我国政府采购支持自主创新的管理体系。

2009年我国政府采购选择六大高新技术领域的产品,创新型政府采购已经成为高技术企业创新发展的重要驱动力,有效地拉动了示范区企业核心技术创新和产业化过程创新。这说明我国由购买型政府采购向创新型政府采购转型,这是时代发展的需要、科技进步的需要、国际竞争的需要,必定成为新时代的产物。

(二)未来政府采购的发展取向

1. 采购模式的发展取向

(1)实行集中采购和分散采购相结合模式。我国自1998年实行政府采购制度以来,分别采取集中采购和分散采购两种方式,虽然《政府采购法》中提到集中采购和分散采购相结合,但实际上以集中采购和公开招标为主。从区域看,除广东省采取分散采购的模式外,一般都选择集中采购;从行业看,除中央一级各部门对军事设备、部属医院医疗设备、部属医院教学仪器等实行分散采购外,其他部门单位都是集中采购。集中采购有着一

---

① 中国政府采购网(2017年10月12日)。

定的优越性,但采购过程长、运转慢、不及时、效率低,不能满足使用单位的需要,影响工作的开展和工程的进度。这个问题已经得到普遍关注,在国务院推进简政放权改革中各地积极引导预算单位按采购项目特点选择采购方式,集中公开招标规模占政府采购总规模的比重出现下降,分散采购占政府采购总规模的比重在上升。这种新变化显示了集中采购和分散采购相结合将是我国政府采购模式的一个发展趋势。

(2) 竞争性谈判逐渐成为占主导地位的采购方式。随着我国行政体制改革的深入,在"放、管、服"方针目标指引下,政府采购简政放权、提高效率成为未来的发展趋势。目前,竞争性招标采购仍是主要的采购方式,但由于周期太长、费时太多、手续太烦琐,造成效率低等负影响,竞争性招标采购比重逐渐下降,而竞争性谈判采购方式却逐步占据主导地位。竞争性谈判采购在很多国家非常流行,竞争性谈判采购首先具有竞争性招标采购方式的优势,如:可以缩短准备期,使采购项目更快发挥作用;减少工作量,省去大量的开标、评标工作,有利于提高工作效率,减少采购成本;供求双方能够进行更为灵活的谈判,更有利于对民族产业进行保护。同时竞争性谈判采购还具有其他任何采购方式所不具备的优点,如既能够激励供应商将自己的高科技应用到采购商品之中,又能转移采购风险等。竞争性谈判采购既能体现充分竞争,又能体现灵活协商,会逐渐成为占主导地位的采购方式。

2. 管理方式的发展取向

(1) 实行生命周期成本核算。这种成本法通过衡量产品、资产和劳动力等生产要素,来量化产品生命周期内的所有成本。我国政府采购还限于采购合同签约执行的过程,缺乏战略规划与科学管理,不能有意识地带来价值增加。随着政府采购在宏观调控中作用的进一步加强,战略规划和科学管理将会成为今后的发展方向。政府采购方式不会停留在以低价中标为主及合同价值只关注商品价格和运输费用上,而会依据所有因素寻求最优价值采购。政府采购合同价值考量势必引入国际普遍采用的生命周期成本核算方法[①],随之而来的政府采购活动将增加更多相关信息分析和服务功能,引起政府采购巨大变革。

(2) 采购手段迈向电商化。我国信息产业的高速发展和信息产品的普遍使用,将会带来传统采购手段的彻底变革,即转变为以电商化为主,通过

---

① 白志远:《论政府采购思维模式的导向》,《中南财经政法大学学报》2012年第5期。

网络媒体发布采购信息并进行电子招标等采购方式。其中一种方式就是网上采购。需求方在互联网上发布采购需求信息,供应方在网上直接报价,需求方按照事先确定的成交原则直接在网上确定成交。不受供应商人数、地域的限制,方便快捷,对于采购一些金额小、批量多、规格标准统一、现货货源充足且价格变动幅度小的项目,该方式具有明显的优点。政府网上采购是信息社会的必然选择,许多发达国家都将电子商务与政府网上采购相联系,建立政府网上采购管理信息系统,使政府采购管理工作的全部或大部分都在计算机网络中得以实现,极大地提高了政府采购的效率和效益。我国政府网上采购也由少到多,不少地方已经开始运用这种手段进行政府采购,以后必然会蔚然兴起。

电子商务的发展,使采购业务流程简单化成为可能,采购卡就是简单化的一种工具。持卡人可以直接向指定的供应商采购,实现采购过程无纸化。这种采购方式可以免去向供应商下订单、与供应商签订采购协议以及产品的详细运输合同等烦琐手续,可直接采用柜面交易、网络采购或电话采购等形式向供应商采购。这种采购方式适用于小额物品的采购,我国政府于20世纪90年代末也以地区为单位推行过采购卡(香港特别行政区政府小额物品也由各部门采用采购卡的形式直接采购)。政府采购与银行形成伙伴关系,合作开发政府采购银行卡管理系统,有助于实现对政府采购小额交易的无形监管。作为电子政务的一个重要组成部分,政府采购银行卡管理系统已成为具有生产力性质的政府管理工具,随着信息技术的不断发展,这种新工具的使用将不断改变政府管理的模式和结构,重塑政府的业务流程。目前,我国政府采购活动中正在落实"互联网+"行动计划,增强信息化手段在政府采购中的应用,大力发展政府采购电商化将是一个新的发展趋势。

(3)监管方式从"管、卡、控"向"放、管、服"发展。我国政府采购建立的初衷是制止政府部门的腐败行为,因此采取"管、卡、控"的手段,把控制放在第一位,一切围绕"管、卡、控"制定法律规则,建立监督体制,而没有注意到提高供应商的积极性,与我国目前政府改革"放、管、服"的方针不相符。党的十九大从深化行政体制改革的角度强调,转变政府职能,深化简政放权,创新监管方式,增强政府公信力和执行力,建设人民满意的服务型政府。放管结合、优化服务成为政府着力推动的一项主要改革,政府采购的监管方式也必然要由"管、卡、控"向"放、管、服"转变。这一转变趋势日益明显,各级政府采购监管部门和集中采购机构围绕"放、管、服"积极改革，进一步优化政府采购工作自身的运行机制，对采购人赋权增能，扩大其自主权，为预算部门按其公共服务职能需要实施采购决策权和提高采购效率打开"天花板"，同步健全预算部门在采购全过程中的主体责任。调整采购领域政府和市场关系，激发市场活力，为供应商"松绑减负"，降低政府采购制度性交易成本。为给采购单位提供高效服务，进一步简化程序性审核流程，不以任何形式对代理机构执业进行变相行政审批，不再对采购计划进行审批。采购方式变更、进口产品等必要的审批审核事项实行限时办理制度，积极探索"一揽子"审批、"统一论证、集中批复"等方式提高工作效率。放宽专家选择来源，将从专家库外选择专家的管理权限下放给主管预算单位。创新监管方式，依托信息化手段和大数据加强对政府采购关键环节的动态监管。简政放权是我国行政改革的必然，政府采购"管、卡、控"向"放、管、服"转变不会是运动式的短期行为，而是政府采购监管方式的一种发展趋势。

3. 采购理念的发展取向

从"程序导向型"转为"结果导向型"是我国政府采购理念的发展取向。结果导向型是绩效预算的一种管理方式，以预算执行的效果好坏决定财政资源的分配，也即以效果衡量决策和管理，目的是降低成本、提高效益。党的十九大提出要全面实行绩效管理，这既是改革的方向，也是政府采购的发展取向，政府采购也要以绩效为出发点和落脚点，不能再维持以前按部就班的管理方式，只关注政府采购程序的运行情况，忽视程序运行的效果和效率。认为只要符合程序和法规就是好效果，把成本大、时间长、质量差视为程序严密的标志，这显然是抓小放大，不符合市场经济的要求，不符合党和国家深化改革的要求，必须树立结果导向型的政府采购理念。从2013年开始，财政部明确提出"推动政府采购管理从程序导向型向结果导向型的重大变革"思路，要求坚持完善以结果为导向的政府采购制度，将结果导向和绩效理念贯穿于采购活动的全过程，以提高采购结果满意度为目标。努力提高采购活动绩效，强化有利于提高效率的制度保障，构建有利于结果导向的政府采购法律制度、政策体系、执行机制、监管模式，把政府采购从程序导向型向结果导向型的重大变革推向深入。

4. 对外开放的发展取向

政府采购既是保护民族产业的一个工具，又是与国际合作的桥梁，要使本国企业增强国际竞争力，扩大国际市场，提高在全球经济中的影响与作用，不仅要利用政府采购制度保护本国产业，还需开放政府采购市场走向国际舞台。这也是全球经济一体化发展的必然。所以,我国政府对加入世贸组织《政府采购协定》(GPA)始终保持积极的态度。中共中央、国务院在2015年发布的《关于构建开放型经济新体制的若干意见》中明确提出:要推进我国加入GPA谈判,加快自由贸易区的政府采购议题谈判,政府采购已经成为国家构建开放型经济新体制的重要组成部分。财政部要求树立大局观,以国际视野和开放性的思维着力推进加入GPA和自贸区政府采购谈判,尽快与参加方达成互利共赢的谈判结果,争取早日加入GPA。同时,按照"以改革促开放、以开放促改革"的要求,统筹开展政府采购改革,研究法律调整建议,努力为政府采购市场开放创造条件,为谈判营造良好环境。2014年底,我国已向世贸组织提交了加入GPA的第6份出价清单,出价水平已与参加方大体相当。自贸区、投资协定等多边、双边政府采购谈判稳步推进,我国出价谈判离终点只剩下"最后一公里",政府采购即将面临更大的国外市场。

第五节　我国政府采购方式转变的意义

新中国政府采购从分散封闭转向集中公开,不论在制度本身的完善方面还是对社会经济发展的积极作用方面都是有意义的。从政府采购制度看规范性、进步性日益加强,从政府采购的方式看更加合理、科学,从社会经济发展的积极作用看取得了显著成效。

一、政府采购制度的进步性

1. 政府采购理念的进步

人类历史上的采购分为私人采购和公共采购两类不同的活动,但却有着共性,即购买行为。人们往往从这一共同点出发,认为政府采购就是一种购买行为,简单地把政府采购仅仅视为政府购买货物(包括固定资产)和服务,政府采购成为政府购买功能的体现。换言之,政府采购的本质就是以较低的价格取得较好的商品和服务,以满足政府机构运转的需求,属于行政事务管理中一项简单的订货。可以说这是我国自计划经济以来对政府采购的理解和认识,如何取得物美价廉的物品就是当时政府采购的理念。我国市场经济体制确立以来,随着政府采购制度的改革完善,这一理念发生了显著的转变,认为政府采购不是简单的"购买"行为,而是政府公共职能的体现,是政府成功地供给公共品能力的关键要素,更重要的是,政府采购是国家政策的反映,需要战略规划和科学管理。这一新的理念将政府采购内涵上升到了理论的高度、国家政策的高度、发展战略的高度。

2. 政府采购功能的进步

公共采购与私人采购有许多不同特点,其中之一就是政府采购制度产生的原政治动力是节制防腐,实施的目的也是如此,因而将政府采购的功能简单地归结在反腐上。我国实行政府采购的初衷也不例外,着重点是消除分散采购过程中"吃回扣"等腐败问题。但在市场经济体制下我国经济社会的发展创新给政府采购不断地赋予了新的功能,除了节制防腐外,又增加了宏观调控、政策导向、绿色环保、对外合作等从来没有过的功能。特别是近几年来,政府采购在我国宏观调控、经济结构调整等方面发挥的作用越来越大、越来越广,已经成为国家宏观调控的有力工具,这一转变充分显示了我国政府采购功能的进步性。

3. 政府采购法制性的提高

我国政府采购在计划经济时期只是作为单位行政部门的一项日常工作,采购依据最多是上级政府的审批报告,或者是行政部门的一纸申请,最低是单位领导的一个批条。进入市场经济体制以后,政府采购走上了国家法律的层面,2003年《政府采购法》成为政府采购最权威的法律依据,标志着我国政府采购达到法制化的程度。政府采购制度具有了法制性、权威性、强制性、约束性,达到从决策到采购到验收全过程有法可依,完全是一个质的飞跃。①

二、政府采购方式的科学性

1. 从分散转向集中

我国政府采购在市场经济体制建立之前是分散的,采购的成本大收益小,造成很大的浪费。现代政府采购以集中招标为主,具有规模优势,能够实现"物有所值"。当然分散采购也有其优点,但市场经济体制以前的分散采购不是现在分散采购的含义,它是一种散漫无组织的现象,与现代政府采购相比是传统落后的方式。

2. 由封闭转向公开

我国政府采购在计划经济时期和有计划商品经济时期不仅分散而且是封闭的,各自为政,是产生寻租腐败的黑匣子。现代政府采购制度坚持

---

① 袁尚草、陈克欣:《新形势下政府采购法的意义探讨》,《中国管理信息化》2017年第2期。

公平透明,采购过程全部置于阳光之下,政府采购信息公开化程度日益提高。由此杜绝了腐败行为的发生,消除了以前的不合理、不公平现象。

3. 由随意性转为规范性

我国市场经济体制建立之前的政府采购随意性很强,自由度很大,由采购者与商家一对一商谈。现代政府采购法制性强,是完全建立在法律法规基础上的,形成了一套比较规范、完整、严密的采购流程。采购方案由专家论证和评审,采购环节受审查和监督,代理机构资格有严格规定。保障了政府采购规范有序进行,采购质量不断提高。

三、促进经济发展的积极性

1. 采购成本显著降低

我国实行现代政府采购以来,相比于过去各自为政的分散采购,明显地节约财政资金,实现了用较低的价格获得更好的产品和服务的效果。自1998年实行政府采购,仅医疗、教育等事业单位每年节约资金高达百亿元,2001年比预算资金731.6亿元节约78.5亿元。2002—2007年累计节约财政资金1800多亿元,整个"十一五"时期累计节约财政资金4000多亿元。这符合低成本、高产出的原则,达到了"物有所值"的目的。

2. 资金使用效率提高

从国际上看,欧盟实行政府采购后资金使用效率净提高10%以上,节约率为10%～15%。我国政府采购实施初期,各地区财政资金项目的节约率达到10%以上。2001年资金节约率为10.72%,2002—2007年资金年节约率为11%左右,基本达到了国际上的标准。2011年节约率为12.1%,超过国际标准。

3. 资金得到充分利用

政府采购引入竞争机制可以最大限度地利用财政资金,使纳税人每一分钱都花到该花的地方。作为一个国家来说,财政收入再多,和国家需要支出的领域及规模相比总是有限的,政府采购节省的大量资金可以投资到更能产生社会效益的地方,使财政资金得到充分利用,取得更大的效益。长期以来我国的公共建设和物资采购实行行政审批制,由于缺乏竞争,国家急需建设的项目如基础设施建设、教育科技、环境保护等缺乏公共资金支持,但同时又造成资金使用的巨大浪费,加剧了公共资金的短缺。政府采购通过市场竞争机制使资金得到充分利用,减少了财政错配现象。我国还是一个发展中的国家,处于社会主义初级阶段,政府采购极大地节约财政资金,提高财政资金使用效率,使有限的财力得到充分利用,对我国经济发展具有很大的促进作用。

四、保障社会和谐的稳定性

1. 促使社会公平意识提高

我国现代政府采购制度始终坚持公平竞争原则,凡有资格参加的承包商和供应商标准统一、机会均等、待遇平等。公平意识在政府采购中首先树立,影响到各级政府机构和来自各种企业的采购商与供应商,通过乘数效应在社会上发挥作用,从而提高整个社会的公平意识,形成讲公平、守信用的社会风尚。

2. 发挥纳税人当家作主的作用

我国1998年之前政府采购处于封闭状态,社会难以对其进行监督。现代政府采购制度实施以来,坚持公开透明的采购原则和工作机制,政府采购信息完全公开,不仅便于财政、审计、纪检、监察部门对采购的全过程予以监督,而且便于社会公众监督。政府采购已经不是哪个单位的私事,而成为天下之事、纳税人自己的事。民众通过监督提高了主人翁的意识,充分发挥当家作主的作用,这是社会进步的体现。

3. 反腐倡廉力度得到加强

采购腐败在我国实施现代政府采购以前非常严重,尤其是"吃回扣"现象极为普遍。现代政府采购实施后,政府各项采购活动都坚持公开、公正、公平的原则,操作规范,全方位检查监督,腐败现象得到有效的防治。不仅增强了政府采购的廉洁性,而且在国家机关、事业单位和社会团体中养成廉洁之风,为打造廉洁政府、廉洁社会奠定了基础。

国际上有观点认为政府采购过于追求经济效益,对政府职能的实现存在危害,在我国历来也多重视政府采购的经济效益而忽略社会效益,这是对政府采购功能未能全面理解。要实现政府采购的"双赢"或"多赢"效果,不仅追求经济效益,而且还要追求社会效益。

结　　语

政府的采购活动是一种普遍现象,采购的方式不同,产生的作用和效果大不相同。我国市场经济体制建立之前,传统的政府采购方式分散封闭,规模小,不规范,造成严重浪费、高成本、低效益,带来腐败、寻租等负效应。市场经济体制确立之后开始实行现代转移支付制度,规范、集中、公开、透明,既实现了低成本、高效益的目标,又在经济社会发展中发挥着调控和导向等积极作用,取得了多赢的效果。所以,新中国政府采购方式由传统的分散封闭转变为现代的集中统一,从单纯的采购货物和服务的手段上升为国家调控宏观经济和实现社会目标的工具,具有重要的意义。

第十章

财政调控——从直接调控转型到间接调控

宏观调控是国民经济发展中一个永恒的课题,不论在中国还是在其他国家,不论是计划经济体制下还是市场经济体制下,为了保障经济稳定、快速和持续发展,都离不开政府的宏观调控。财政是国家宏观调控的重要工具,新中国70年财政在各个不同时期运用不同的财政政策,调节社会供求关系,调整经济和产业结构,实现国家治理目标,在国民经济发展中发挥着不可或缺的作用。

第一节 新中国初期平抑物价风潮

我国计划经济时期是否有宏观调控?事实证明是有的。新中国成立之初,败退到台湾的国民党政府操纵国内不法投机商囤积居奇,哄抬物价,在北京、上海、天津、武汉、西安等大城市掀起物价风潮,致使物价飞涨、市场混乱、人心浮动。新成立的人民政府能否经得起这场极其严峻的考验,关系到新中国生死存亡的大问题。当时帝国主义、国民党断言中国共产党难以打胜这场经济战,国内外一些善良的朋友也为之担心。但出乎世界的意料,人民政府完全战胜了投机资本的挑战,成为新中国宏观调控史上浓墨重彩的首页。

一、新中国初期的通货膨胀

旧中国长期的恶性通货膨胀养肥了一批能量巨大的投机资本家,专门从事投机活动,从中牟取暴利,置国家人民于不顾。新中国成立前,私营银行钱庄连同分支机构有1032家(不包括东北地区),投机性极强,北京、天津两市200余家银行钱庄的资金有96%在从事直接或间接的投机活动。① 他们倒卖棉纱、棉布、粮食和金银外币,造成物价急剧波动和上涨。全国解放前后,不法资本家先后掀起了四次物价风潮。第一次是1949年1月,天津投机商乘平津战役之机,囤积粮食,抬高物价。第二次是1949年4月,京津地区投机商趁百万解放军南渡长江解放南京、城市供应紧张之际,囤积粮棉,制造物价上涨。第三次是1949年7月上海解放不久,物资运不进去,投机商倒卖粮食、棉纱,引起比前两次更加猛烈的物价上涨。一石大米从5万元涨到6.7万元,一天之间涨34%。第四次是1949年11月,上海投机商再次制造物价风潮,粮食、棉纱、五金、煤炭、化工等产品以20%～30%的幅度猛涨。全国13个大城市的批发物价指数1948年12月为100,1949年1月则为153,4月为287,7月为1059,11月达到5376。这次物价风潮投机资本最猖獗,延续时间最长,危害最烈。他们声称:"只要控制了'两白一黑',就能置上海于死地。"

在金融领域,不法商人乘人民币市场尚未形成之机,造谣惑众,破坏贬低人民币信誉,阻止人民币占领市场,猖狂进行金银、外汇投机。上海证券大楼是投机巨头和银元贩子的大本营,他们在此操纵银元价格,抑制人民币购买力,致使上海市银元价格暴涨一倍,百姓被迫先用人民币购买银元再买东西。1949年6月因公营企业每人预借3000元工资(旧币),银元价格便从前日的720元左右飞涨到1100元左右(旧币),②市场混乱,金融秩序失常。平抑物价、稳定市场成为新中国人民政府的当务之急,否则无以安天下。

二、打击投机资本平抑市场物价

面对投机资本对国民经济造成的严重影响,人民政府果断实施平抑物价的决策。首先,采取行政手段稳定金融物价,控制银元和外币的流通。1949年多次在华北、华东、华中和华南颁布金银和外币管理办法,禁止银元和外币在解放区流通,金银和外币均由中国人民银行收兑。同时,开展反

---

① 中国社会科学院经济研究所:《中国资本主义工商业的社会主义改造》,人民出版社1978年版,第149页。

② 吴承明、董志凯主编:《中华人民共和国经济史》(第1卷)(1949—1952),中国财政经济出版社2001年版,第294页。

对银元、美钞投机斗争,查封了"金融大本营"上海证券大楼,将破坏金融秩序的首恶分子230多人逮捕法办;武汉缉获银元投机首要分子200多人,查封两大钱庄;广州取缔从事投机的地下钱庄87家和捣乱金融秩序的"剃刀门楣"377家。在此基础上,政府对金融机构加强管理,坚决取缔专门经营高利贷的地下钱庄等非法金融机构,将私营行庄业务置于国家金融控制之下。公布工商登记办法,严格管理市场交易和市场价格。这就是新中国初期的"银元之战"。

其次,采取经济手段平定涨价风潮。面对一浪高过一浪的物价风潮,以陈云为主任的中财委作出果断决定,在以上海为主战场的十几个大城市开展一场平抑物价的"歼灭战"。上海是资本家力量最雄厚的地方,又是投机商的大本营,陈云亲自坐镇上海,收集各大城市物价信息,指挥这场战役。按照中共中央的统一部署,从东北、华中和华东向上海调运12000万斤粮食,在南京和杭州集中了6亿～8亿斤大米以备上海所用。平抑物价分四个阶段:第一阶段为1949年11月1日至12日。中财委下令紧缩通货,暂停或推迟支付一些可以暂缓的开支。同时,国营贸易公司抛售一部分粮食让投机商吃进。11月7日抛售5.8万担大米,比平日增加两倍,价格还是上涨,每石价格达5.7万元。第二阶段为11月13日至19日。物价上涨超过货币增发速度,中财委继续紧缩银根,电令各地除中财委和各地财委特许外的其他贷款一律停止并按约收回贷款,工矿投资及收购资金除中财委许可外一律暂停支付,各地军费不得投入商业活动,地方经费根据情况迟发半月或二十天不等。11月16日国营贸易公司以每石7.5万元的价格抛售35万担,米价仍然上涨不止,每石高达9.8万元。同时,全力向北京、天津、上海、武汉、西安等大城市调运物资,在抢购风盛时抛给投机商。第三阶段为11月20日至24日。各大城市同时动手,开始抛售物资,价格与黑市持平。投机资本以继续看涨的心理不惜高利借款,抢购吃进。至24日,上海、武汉、天津、西安四大城市物价相当于7月底的3.7倍,资本家的货币基本上全部转化为物资储存。第四阶段为11月25日至12月上旬,各地趁市场高价、资本家手中已无资金之时,一齐行动大量抛售物资,物价开始下降。投机资本胃口很大,以继续看涨的心理,在利息提速赶不上物价上涨的情况下举借债务进货。连续10天物价下降30%～40%,迫使商人高进低出,等到利息高至每借1元就月息2元时开始抛货还债,但越抛价格越低,终因周转不灵而破产,国营贸易公司大量买进作为储备。这场复杂严峻的"粮棉之战"胜利告捷。

三、财政首次调控的效果与意义

新中国初期的这场宏观调控在经济和政治上都取得显著成效,产生了巨大的震撼,成为新中国经济史上的一座里程碑。

一是提升了共产党领导经济的地位。当时帝国主义、国民党甚至部分民族资本家都怀疑中国共产党领导经济的能力,还说:共产党是军事 100 分,政治 80 分,财经打 0 分。[①] 宏观调控的结果使国外的敌对势力和国内的反对势力彻底改变了对中国共产党的看法,认识到中国共产党不仅是军事上的强者、政治上的强者,在经济上也是强者。上海一位有影响的民族资本家事后评价说:"银元风潮"中共是用政治力量压下去的,"粮棉之战"仅用经济力量就能压住,是上海工商界所料想不到的。通过这场宏观调控,中国共产党的威信大大提升,甚至使帝国主义也不敢对新中国轻举妄动,他们妄图将新中国扼杀在摇篮的美梦彻底破产。这次宏观调控对巩固社会主义政权起着极其重要的作用。

二是金融物价持续稳定。这场宏观调控之后,金融物价长期保持平稳的态势,1950 年即使在抗美援朝期间也没有发生大的波动。据中国人民银行的统计,以 1994 年 12 月为基期,1950 年全国六大城市 32 种主要商品的加权指数:1 月份为 121.2,2 月份为 177.3,3 月份为 210.9,4 月份为 173.4,5 月份为 154.6。全国批发价指数以 1950 年 3 月为 100,1950 年 12 月 85.4,1951 年 12 月为 92.4,1952 年底为 92.6。[②] 特别是粮食、纱布和日用必需品长期保持稳定,国民党政府遗留下的通货膨胀局面已基本不存在了。到 1951 年 10 月,全国除西藏、港澳台等地区外,独立的、统一的人民币市场成功地建立起来,形成统一的金融市场,国家金融业的主导和支配地位得到加强,结束了中国近代货币贬值、币制混乱的历史。

三是稳定了新中国初期的社会秩序。新中国解放初社会主义政权还不稳定,暗藏的国民党特务组织比比皆是,经济残破不堪,人民生活贫困。在这种情况下物价风潮很容易成为社会动乱的导火索,但是由于成功地平抑物价,市场得到了稳定,社会也得到了安定。从民族资产阶级层面看,由于对中国共产党的治国理财能力有了认识,甘心接受中国共产党和人民政府的领导。从人民层面看,更增加了对共产党政府的信任度、依靠度和拥

---

① 宋新中主编:《当代中国财政史》,中国财政经济出版社 1979 年版,第 57 页。
② 宋新中主编:《当代中国财政史》,中国财政经济出版社 1979 年版,第 7、113 页。

护度。就敌对势力来说,企图搞乱天下的梦想破产,也不得不偃旗息鼓,因此天下大定。

毛泽东评价这场宏观调控胜利的意义不亚于淮海战役。刘少奇指出:中国的财政经济,在历史上是没有统一过的。国家财政收支,在过去数十年中也没有平衡过,反动政府每年必须发行巨额的钞票和举借巨额的内外债才能过日子。中国的金融物价也是十二年来没有稳定过的,人民必须在通货膨胀的损失中付出巨额的资金。但是人民政府在战争尚未结束与发生灾荒及帝国主义封锁等情况下,在很短的时期内,就实现了这些重大的措施,并达到这样的成绩。这是任何反动政府都不能做到的,只有真正的人民政府才能做到。这是我们国家一个极为重大的进步。陈云在总结上海三次物价战役说:我们与投机商打了三四回合"阵地战",扔了三批"手榴弹",取得了这场商战的胜利,在经济上完全占领了上海市场,如此迅速、果断地平定了上海飞涨的物价,制止了国民党多年来的恶性通货膨胀,使中外舆论为之震惊,称为"奇迹"。这些评价都不过分。

这次宏观调控意义如此之大,堪称世界奇迹,是新中国宏观调控史上的里程碑。

第二节 "治理整顿"中的"硬着陆"

我国有计划商品经济时期的1988—1992年,是中国改革开放史上有名的"治理整顿"时期。1978年改革开放以后,全党的中心工作转到经济建设上来,全国上下发展经济的热情和欲望空前高涨,急于求成的思想在整个国家经济建设中蔓延,最终导致经济过热,通货膨胀。虽然经过两次宏观调控,但通货膨胀仍没有得到彻底消除,盲目投资、重复建设矛盾更加突出,全国性的"治理整顿"由此展开。这次治理整顿是改革开放后比较重要的一次宏观调控,财政政策发挥了重要的调控作用。

一、宏观经济全面升温及其原因

(一) 宏观经济全面升温

我国改革开放后经济过热一直是发展的主线,1978—1981年针对财政和信贷扩张所引发的通货膨胀,国家采取紧缩的财政政策进行了第一轮调控。1982—1986年经济开始趋冷,1986年企业流动资金极其紧缺,工业生产增长速度开始显著下降,第一季度工业生产只有4.4%的增长率。因此,要求放松财政、放松银根以刺激经济增长的呼声日益强烈。1986年第二季度开始进入新一轮经济扩张,1988年经济持续全面升温,引发各种经济矛盾不断加剧。

1. 经济指标增长过快

1987—1988年经济增长率分别达到11.6%和11.3%;零售物价指数从1985年到1987年分别上涨了8.8%、6%、7.3%,1988年达到18.5%,比1987年高出11.2个百分点;消费品价格指数上升拉动生产资料价格指数迅速提升,1988年主要原材料、燃料、动力购进价格指数上升到20.8%,计划外的重要生产资料价格提高39%。在物价大幅度上涨的情况下,1988年中央决定用五年时间实现价格和工资改革"闯关","价格闯关"如火上浇油,使物价指数迅速上涨,大多数商品由较低的政府定价转变为较高的市场价格。这一时期物价创下历史纪录,出现改革开放以来第三个物价上涨高峰。物价波动极大地加剧了居民预期的不确定,引发抢购风潮和银行挤兑现象,致使商品脱销和储蓄严重下降。

2. 供求关系严重失衡

我国改革开放以后随着经济热浪的迭起,社会总需求超过总供给的矛盾一直未得到根本解决。这一时期更加突出,投资和消费双膨胀,1988年增幅分别为25.4%和27.8%,1988年投资率高达37.4%。"双膨胀"使总需求与总供给差率迅速提高,1988年差额达到了2243亿元,差率为16.2%。其中消费需求增长持续超过消费品的供给增长,消费品供求差额达到1000亿元,经济处于严重的总量非均衡状态。

3. 财政赤字日益扩大

1987年对企业实行承包经营责任制,由于"包死上交"的限额,中央财政收入占全国财政收入的比重明显下降,由1978年的70%下降到1988年的50%,中央直接组织的财政收入只占30%以下。从1986年第二季度开始,国家扩大财政赤字以满足全社会固定资产投资的增长要求和解决企业流动资金短缺的问题。1986—1991年财政赤字累计达633.34亿元,财政赤字由1986年的70.55亿元增加到1991年的202.67亿元,增长了187.3%,[①]财政赤字的上升进一步加大了通货膨胀的风险。

[①] 财政部综合计划司编:《中国财政统计(1950—1991)》,科学出版社1992年版,第14页。

（二）经济过热的原因

1. 预算外资金快速增长

财政多年的放权让利，导致地方和企业资金迅速增加，投资需求和消费需求迅猛扩张。预算外资金由1978年的347亿元增长到1988年的2270亿元，增长5.5倍。预算外资金占预算内收入的比例，由30%上升到90%以上。预算外资金的快速增长，导致投资需求和消费需求的双膨胀。

2. 货币超经济发行

为了弥补财政赤字，化解财政困难，货币连年超经济发行。1987年和1988年分别增发货币236.1亿元和679.5亿元，分别比上年增长31.7%和49.6%，高出该年国民生产总值（GNP）增长率20.2和38.3个百分点。同时，央行为了弥补农副产品收购、重点建设资金和大中型国有企业流动资金等缺口，进一步增加了460亿元的短期贷款。截至1988年10月，市场货币流通量已突破2100亿元。

3. 财税管理和分配秩序混乱

放权让利造成税收管理混乱，偷税、漏税、逃税现象严重。一些单位滥发奖金、实物，企业留利大部分用作消费，造成消费基金膨胀。

二、宏观调控中财政政策的选择

1988年国务院作出《关于做好当前物价工作和稳定市场的紧急通知》，党的十三届三中全会发出治理经济环境、整顿经济秩序的呼声。党的十三届五中全会提出用3年或者更长一些时间基本完成治理整顿任务，要求实行紧缩财政、紧缩信贷的"双紧"政策。

（一）大规模压缩固定资产投资

从1988年9月至1989年第一季度，停建、缓建固定资产投资项目共1800多项。预算外基建投资是压缩投资需求的重点，一方面通过征集国家预算调节基金限制预算外资金增长，另一方面限制楼堂馆所及住宅等非生产性投资规模。同时，开征建筑税，对非生产性建设、计划外建设和非重点建设实行高税率，限制固定资产投资规模。

（二）控制社会消费需求

首先，严格控制社会集团消费，专项控制商品由19种扩大到32种。其次，限制奖金等工资外收入的增长幅度，通过吸收存款减少现期购买力，稳定居民消费水平。把滥发奖金、实物列为财税大检查的重要内容，并实行首长责任制。再次,对一部分高档耐用消费品(如冰箱、彩电等)实行专卖,减少流通环节过多的人为涨价因素。对小轿车征收特别税,对彩电征收特别消费税。最后,严格控制财政支出(削减投资支出和控制消费支出),对经营不善、长期亏损的国有企业停止财政补贴,对落后的小企业进行整顿和关停并转。大力压缩行政管理费支出,行政管理费占财政支出的比重由1989年的12.7%下降为1992年的10.6%,降低2.1个百分点。1989年决定对所有单位持有的1981—1984年国库券推迟三年偿付本息。

(三)整顿财税秩序

各级财政部门加强征收管理,纠正越权减免,清理拖欠税款。加强对私营企业和个体工商户税收以及个人收入调节税的征管。对各项预算外资金征收国家预算调节基金,扩大农林特产税征收范围。

(四)实行税利分流

为了理顺国家与国有企业分配关系,1988年国家开始进行税利分流改革,企业利润先以所得税的形式上交国家,税后利润一部分上交国家,其余的留归企业自主使用。同时,对固定资产投资贷款由税前还贷改为由税后利润和折旧基金及其他企业自主财力归还。税利分流扩大了国家对企业利润的分成,起到了对社会投资和消费控制的作用。

三、"硬着陆"的成效与"后遗症"

(一)宏观经济趋于正常

经过不到一年的"治理整顿",经济过快增长态势得到控制,物价迅速回落到正常水平,需求膨胀得到化解,固定资产投资结构有所调整,产业结构不合理状态有所改变,各方面都取得了一定的成效。虽然经济由过热迅速趋冷,但到1991年开始呈现回升的态势。能源、原材料、资金、外汇等供给比较充裕,投资、消费、出口需求有较大增加。全年固定资产投资比上年增长23.9%,社会商品零售总额增长13.4%,进出口总额增长17.5%。随着社会需求的回升,经济增长速度提高,1991年国内生产总值增长9.2%,增幅比上年提高5.4个百分点。通货膨胀得到了有效控制,商品零售价格总水平从1989年的17.8%降至1990年的2.1%和1991年的2.9%。1992年国内生产总值比上年增长14.2%,人均国内生产总值首次突破2000元,达到2287元;工业增加值首次突破1万亿元,达到10285亿元,比上年增长21.2%;全社会固定资产投资增长44.4%;社会商品零售总额增长16.8%;进出口总额增长22%;实际利用外资比上年增长66.2%。

（二）"急刹车"的负面效应

这一轮宏观调控政策属于明显的"急刹车"，调控手段以行政手段为主，调控方式以直接调控为主。由于这次经济调控的范围宽、来势猛、影响大，调控的步伐也比较急，采取的措施力度较大，政策出台时间过于集中，导致经济增长速度回落过快、降幅过大。国内生产总值增幅从1988年的11.3%下降到1990年的3.8%，下降7.5个百分点;工业增长速度从1988年的11.3%急跌至1989年的4.2%，1990年工业增长速度持续下滑2.3个百分点;居民消费价格和商品零售价格涨幅从1988年的18.8%和18.5%下降到1990年的3.1%和2.1%，降幅分别为15.7和16.4个百分点;全社会固定资产投资增幅从1988年的25.4%下降到1989年的－7.2%和1990年的2.4%;货币供应量增幅从1988年的46.7%下降到1989年的9.8%和1990年的12.8%。伴随着经济增长速度快速回落，企业经济效益明显下跌，居民收入增幅也有一定的下降。这次宏观调控使国民经济出现了"硬着陆"。

第三节 市场经济体制下的"软着陆"

1993年我国进入社会主义市场经济时期，国民经济发展面临的环境更加复杂。1993—1996年，我国再次出现经济过热和通货膨胀，国家实施了与货币政策相配合的适度从紧的财政政策，达到了反周期调节的预期目标，成功地实现国民经济"软着陆"，成为中国宏观调控中有效运用财政政策的成功范例。

一、新时期国民经济升温趋势

1992年邓小平南方谈话，破除了来自理论和认识方面的困扰和束缚人们的思想藩篱，全国掀起新一轮经济建设高潮。在1991年经济回升的基础上，从1993年上半年开始经济运行的各项指标节节攀升，投资增长过猛，基础产业和基础设施的"瓶颈"进一步加剧，市场物价水平迅速上升，经济全面趋热的形势十分严峻。

（一）投资增速与经济增速飙升

1992年以来我国经济开发区蓬勃发展，新建开发区达到1951个，是前四年总和的15倍，"开发区热"、"房地产热"导致固定资产投资超高速增长。1993年上半年全社会固定资产投资增长61%,同比增幅高出31.8个百分点,是改革开放以来最高的增幅;国有单位固定资产投资同比增幅达到70.1%,其中基本建设投资增长67.9%,更新改造投资增长61.8%。基本建设投资项目猛增对信贷资金的需求高涨,促使银行不断增发钞票,造成货币投放过量。因此,国民经济增长指标1993年国内生产总值全年增长高达31.2%,全国乡及乡以上工业总产值同比增长22.4%。

(二)消费需求膨胀

投资需求膨胀造成消费需求膨胀,1993年1—5月银行工资性现金支出和对个人其他现金支出增长36.4%,社会集团购买力增长29.1%,导致市场销售增速明显加快。1993年上半年社会消费品零售总额比上年同期增长24.4%,并呈现逐月加速的态势,4月增长30.9%,5月增长32.0%,6月增长34.9%,6月比1月增加19.7个百分点。但社会有效供给不能跟进,供求矛盾非常突出,1993年上半年供需差率达10%,超过正常水平4个百分点。1991—1993年社会消费品零售总额增长态势如图10-1所示。

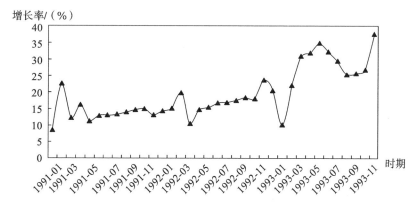

图 10-1　1991—1993 年社会消费品零售总额月度增长态势

资料来源:中国经济信息网数据库。

(三)通货膨胀加剧

从1992年10月开始物价上涨幅度逐月加快,1993年1月居民消费价格指数上涨幅度达到8.4%,3月同比上涨10.2%,5月达到12.5%,6月上升到13.9%。1993年居民生活费用价格涨幅达到16.6%,其中大中城市涨幅超过20%。生产资料价格方面,1993年1—5月钢材价格上涨83.5%,水泥价格上涨91.5%,原木价格上涨67.2%。1993年上半年生产资料价格同比上涨44.7%,原材料、燃料、动力购进价格指数同比上涨

31%,生产资料价格指数上涨43%,农业生产资料价格指数上涨11.2%,服务项目价格指数上涨27.2%。1991—1993年居民消费价格指数上涨态势如图10-2所示。

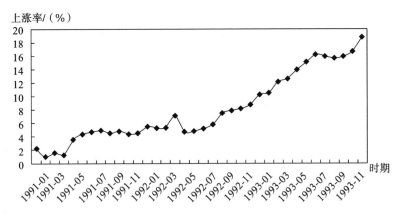

图10-2　1991—1993年居民消费价格指数月度上涨态势

资料来源:中国经济信息网数据库。

(四) 产业结构失调

工业增长速度过快,基础设施和基础产业建设滞后,造成能源、交通等方面的"瓶颈"制约更加突出。交通运输特别是铁路运输远远不能满足需求,压车、压港、压船等现象频繁发生。主要生产资料供需缺口越来越大,只得靠增加进口来弥补,1993年上半年钢材进口增长364%。电力、成品油等能源严重短缺,有的地方用电出现"停三开四"的现象,正常生产受到严重影响。农业发展乏力,1993年上半年农村居民人均现金收入仅增长2%,农民生产积极下降,早稻、春小麦、棉花和糖料种植面积分别减少1272万亩、500万亩、1800万亩和300万亩,农业生产资料销售额比上年同期只增长2.1%,扣除价格因素实际销量下降10%以上。

(五) 国际收支出现逆差

外贸因出口乏力进口增长过快,国家外汇结存截至1993年6月为193亿美元,比上年同期减少56亿美元;6月末国家外汇结存189亿美元,比年初减少12亿美元,比上年同期下降25%。国际收支出现不平衡,1993年1—5月外贸逆差为31亿美元,照此下去国家外汇结存将难以保持200亿美元的目标。

(六) 财政金融形势严峻

1993年1—6月国内财政收入仅增长1.4%,财政支出则增长12.5%,

收支缺口不断加大。金融领域现金投放量过大,1993年上半年净投放现金高达528亿元,不仅加大全年货币供应压力,而且给稳定市场物价带来极不利的影响。金融秩序混乱,金融机构违章乱拆借、乱集资,许多地方擅自设置金融机构,造成部分银行信贷资金体外循环。1992年下半年至1993年上半年,全国银行系统拆出资金1000多亿元,社会集资超过1000亿元。

以上各种经济指标显示经济运行已偏离正常轨道,不抓住时机调控势必导致更大的经济波动。1994年党中央果断作出深化改革、加强和改善宏观调控的重大决策。实施财税、金融、外贸、计划、投资、流通体制和国有企业等领域的重大改革,财政在调控中实施了适度从紧的政策。

二、适度从紧的财政政策

适度从紧的财政政策不是全面紧缩的财政政策,在调控总量的同时实行有紧有松的结构性调整。既通过增收节支、控制赤字和债务规模等措施实行总量调控,抑制社会总需求过度扩张,平衡社会总供需的关系,同时加强对国民经济薄弱环节的支持。

适度从紧的主要措施如下。

1. 削减固定资产投资

1993年严格控制投资规模,清理在建项目,停建缓建不符合产业政策、资金来源未落实、市场前景不好的项目,特别是高档宾馆、写字楼和度假村等;从严控制新开工项目,新的基本建设大中型项目必须由中央批准。在投资资金来源上,中央银行实行严格的指令性计划,防止企业挪用流动资金贷款进行固定资产投资;加强对房地产市场管理,制定房地产增值税和有关税收政策,制止房地产的投机行为。1994年继续控制固定资产投资,严格固定资产投资贷款,加强对资金市场的规范化管理,对在建项目进行普查和项目登记备案,加强对外商直接投资项目的引导和规范管理。1995年进一步清理在建项目。1996年对固定资产投资实行项目资本金制度,控制基础货币投放,调整货币信贷政策。同时,设立中国人民银行公开市场业务操作室,在银行间外汇市场上买卖外汇,为中央银行通过公开市场吞吐基础货币积累经验。

2. 控制社会集团购买力

1993年下半年地方和部门会议经费在年初预算基础上压缩20%,严格控制出国考察、招商引资、节日庆祝等活动,禁止滥发补贴、实物和代币购物券。1994年严禁公款高消费和把公款转为个人消费基金,防止以侵蚀国有资产方式增加个人收入。制止各种滥发奖金、津贴现象,以及搭车出台新的补贴项目等做法。适当控制工资增长速度,及时纠正部分地方自行扩大调资范围的行为。1995年继续制止和纠正乱加工资、乱发奖金和津贴现象,对社会集团购买力实行指标管理、专项审批、统计管理和监督检查,有效控制了社会集团购买力,抑制政府消费过快增长。

3. 抑制物价上涨

严格控制国家管理的商品和服务项目提价,停止出台地方管理的物价调价措施,建立粮食风险基金和副食品价格调节基金。

4. 调整支出结构

根据这一时期产业结构的失衡,加强对国民经济薄弱环节的投资。主要支持农业发展、企业技术进步、国有企业改革。由此调整和优化经济结构,抑制通货膨胀,促进经济稳定增长。

5. 严格控制财政赤字

1994年八届全国人大二次会议通过《预算法》,明确规定中央政府公共预算不列赤字,地方各级预算不列赤字。已打赤字的地区及时调整地方预算,确保全年收支平衡。从1994年起,中央财政赤字主要通过发行国债弥补,不再向中国人民银行透支或借款。同时严格控制财政开支,财政支出增幅从1994年的24.1%下降到1996年的16.3%。通过增收减支,中央财政赤字从1994年的667亿元缩减为1996年的608.8亿元。

三、国民经济实现"软着陆"

1993年的宏观调控,运用"适度从紧"的财政政策实现了"软着陆"的效果。"软着陆"是指国民经济过度扩张后,在政府的宏观调控下平稳地回落到适度的增长区间,做到经济增长的实现与社会物力、财力等承受力相适应。这次宏观调控就是这样的效果,既治理了严重的通货膨胀,又避免了经济发展中的"急刹车",保障了国民经济健康发展,效果是非常好的。

1. 经济持续、快速、健康增长

1994年国内生产总值增长13.1%,增幅比上年回落0.9个百分点。第一产业增长4%,第二产业增长18.4%,第三产业增长9.6%。工业增加值增长18.9%,农业生产方面,在严重自然灾害的情况下,粮食总产量达到4451亿公斤。国内生产总值方面,1995年增长10.9%,增幅比上年下降2.2个百分点;1996年增长10.0%,比上年回落0.9个百分点;1997年增长9.3%,比上年回落0.7个百分点。整个经济在回落中保持了较高的增长水平,国民经济转入一个合理的运行区间。如图10-3所示。

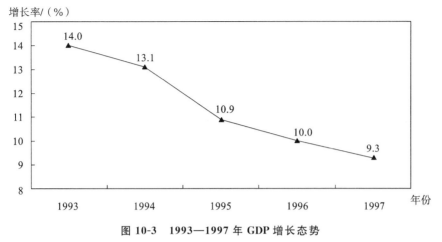

图10-3 1993—1997年GDP增长态势

资料来源:国家统计局编,《中国统计摘要2006》,中国统计出版社2006年版。

2. 物价水平逐年下降

1993年全年商品零售价格上涨13.2%,比上年提高7.8个百分点。1994年全年商品零售价格上涨21.7%,比上年提高8.5个百分点。到1995年通货膨胀得到抑制,商品零售价格涨幅从1993年3月的两位数回落到1995年11月的一位数,全年平均上涨14.8%,比上年回落6.9个百分点。1996年全年商品零售价格上涨6.1%,涨幅比上年回落8.7个百分点。全国居民消费价格指数由1994年的24.1%逐年下降到1996年的8.3%和1997年的2.8%;全国商品零售价格指数涨幅由1994年的21.7%下降到1996年的6.1%,1997年降至0.8%,物价回归到正常区间。

3. 固定资产投资增幅回落

1994年全社会固定资产投资完成17042亿元,增长30.4%,增幅比上年回落31.4个百分点。其中,房地产投资完成2554亿元,增长31.8%,增幅回落13.3个百分点。新开工项目明显减少,有效抑制了在建投资总规模的膨胀。投资结构得到改善,全年建成大中型基本建设项目137个,限额以上技术改造项目224个。1995年全社会固定资产投资完成20019亿元,比上年增长17.5%,增幅回落12.9个百分点。其中基本建设投资完成7404亿元,增长15%,增幅回落24.5个百分点;更新改造投资完成3299亿元,增长13%,增幅回落19.9个百分点。1996年全社会固定资产投资完成22974亿元,比上年增长14.8%,增幅回落2.7个百分点。1997年全社会固定资产投资比上年增长8.8%,比1993年下降53个百分点。投资膨胀逐步得到抑制,回归到理性。

4. 消费膨胀势头得以化解

1993年城镇居民收入达到2336.5元,比上年增长28%。随着宏观调控措施的落实,到1995年城镇居民收入增长幅度开始逐季回落,第一季度城镇居民人均月生活费收入比上年同期增长31.9%,第二季度增幅降至25.6%,第三季度降为17%。全年达到3893元,增长22.5%,扣除物价因素实际增长4.8%。从银行统计的工资及个人现金支出看,1995年前三季度同比增长18.8%,增幅比上年同期回落22.5个百分点。职工工资总额增幅逐季回落,第一季度同比增长31.7%,第二季度增长25.1%,第三季度增长19.4%。1996年城镇居民收入比上年增长12.4%。居民收入控制使社会消费膨胀较快化解,1995—1997年社会消费品零售总额分别比上年增长26.8%、20.1%和10.2%,分别比1993年下降1.2、7.9、17.8个百分点,社会消费回归正常。

5. 国际收支状况明显改善

1994年进出口总额达到2366亿美元,增长20.9%。其中,出口1210亿美元,增长31.9%;进口1156亿美元,增长11.2%。1995年全年外贸出口总额1488亿美元,比上年增长23.0%;进口1321亿美元,比上年增长14.3%。1995年全年实现外贸顺差167亿美元,比上年增长209.3%。1996年进出口总额达到2899亿美元,比上年增长3.2%。其中,出口1511亿美元,增长1.5%;进口1388亿美元,增长5.1%。1996年外贸顺差123亿美元。随着国际收支改善,国家外汇储备不断增加,1994年末国家外汇储备达516.2亿美元,比上年末增加304.2亿美元。1995年末外汇储备达到736亿美元,比上年末增加219.8亿美元。1996年外汇储备首次突破1000亿美元大关,达到1050亿美元,1997年达到1399亿美元。如图10-4所示。

6. 财政状况得到好转

首先,国家财政赤字逐渐缩小。1994年国家财政收入5218.1亿元,比上年增长20%;财政支出5792.62亿元,增长24.8%;支大于收574.52亿元。1995年国家财政收入6242.2亿元,比上年增长19.6%;财政支出6823.72亿元,增长17.8%;支大于收581.52亿元。1996年国家财政收入7407.99亿元,增长18.7%;财政支出7937.55亿元,增长16.3%;支大于收529.56亿元。如图10-5所示。

其次,中央财政得到好转。财政收入不断增加,1993年财政收入只有

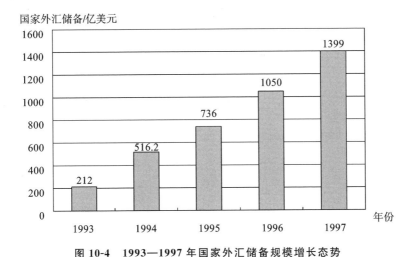

图 10-4　1993—1997 年国家外汇储备规模增长态势

资料来源：谢旭人主编，《中国财政改革三十年》，中国财政经济出版社 2008 年版，第 468 页。

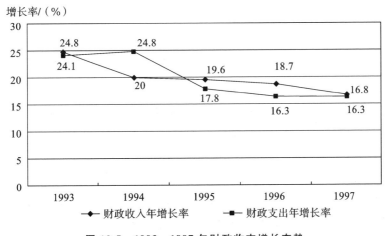

图 10-5　1993—1997 年财政收支增长态势

资料来源：谢旭人主编，《中国财政改革三十年》，中国财政经济出版社 2008 年版，第 469 页。

957.51 亿元，1994 年猛增到 2906.50 亿元，1995 年继续增长到 3256.62 亿元，1996 年是 3661.07 亿元，1997 年达到 4226.92 亿元，分别增长 203.5%、12.0%、12.0%、15.46%；占全国财政收入比重从 1993 年的 22% 分别提高到 55.7%、52.2%、49.4% 和 48.9%[1]，比 1993 年分别提高 33.7、30.2、27.4、26.9 个百分点。这种变化虽然与分税制有直接的关系，

---

[1]《中国财政年鉴 2013》，中国财政杂志社 2013 年版，第 460 页。

但也离不开国民经济的稳定快速增长。

7. 居民收入逐步提高

由于实现了经济稳定增长,居民收入逐年提高。按可比价格计算,农村居民家庭人均纯收入实际增长率,由1993年的3.2%逐步提高到1996年的22.1%,城镇居民人均可支配收入增长率也持续保持稳步提高的良好态势。如图10-6所示。

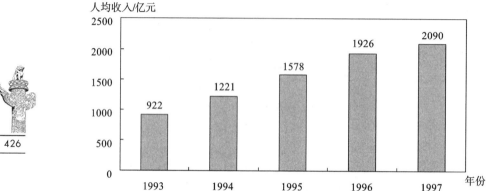

图10-6　1993—1997年农村居民家庭人均收入增长态势

资料来源:国家统计局编,《中国统计摘要2006》,中国统计出版社2006年版。

以上表明,这次宏观调控的结果是很成功的,不仅完全实现了国家抑制通货膨胀的目标,而且保持了国民经济增长态势,只是增速有所回落,这就是"软着陆"的标志。这样的效果和以前是完全不同的,避免了经济的大幅波动,既挤压了过热经济的泡沫成分,又没使经济迅速变冷转入内需不足,而是形成"高增长、低通胀"的良好局面。这样的效果确属难能可贵,因此受到举世瞩目,成为我国宏观调控的成功典范。

四、"软着陆"成功的原因

新中国成立以来,多次出现经济过热现象,往往采取"紧缩到底"的政策手段,使经济由过热突然陷入过冷,经济波动剧烈,同样对国民经济不利。这次调控的经验证明,遏制通货膨胀不能以牺牲国民经济的增长速度为代价,在实现遏制通货膨胀的同时还必须保持国民经济的适度增长。这次"软着陆"取得成功的原因主要有以下方面。

1. 财政政策运用适度

这次宏观调控接受了1988—1990年"硬着陆"的教训,一开始就从"软着陆"着眼,实施适度从紧财政政策,没有运用"急刹车"、"一刀砍"的手段,而是在消除经济剧烈波动的同时,又保持住经济的平稳增长。这就要求在宏观调控中恰如其分地掌握好政策实施的力度,防止宏观经济调控中紧缩力度过大,以免经济增长受到损害。

2. 总量从紧与结构调整兼顾

总量从紧是相对于上年财政支出的增速适度下降,相对于财政收入的增速,财政支出的增速也要下降。在总量从紧的前提下对经济结构进行适时调整,做到"紧中有松"。即对农业、企业技术进步、公共基础设施等适当加大投入,进行重点扶持;对低水平重复建设、单纯外延型扩张和低效益甚至无效益的项目从严从紧。这样宽紧兼顾,有松有紧,不至于使整个宏观经济降温。

3. 财政政策与金融政策配合

财政政策与金融政策的配合在以前的宏观调控中已有使用,但这次配合得更加紧密。在严格控制财政支出增长势头的同时,严格控制信用总量,从源头上使固定资产投资得到有效控制,只保障国家重点项目。两方面力度结合既减少了政府投资又控制了社会投资,就从源头遏制了高通货膨胀。

4. 调控与改革相结合

在国民经济运行中宏观调控主要是发挥"治标"的作用,改革是"治本"之举。这次宏观调控注重在调控的同时实施相关改革,如财政体制改革、税制改革等。因为国民经济"过热"或"趋冷"都是经济运行中的表象,其根本原因是体制机制存在弊端,调控与改革双管齐下才能取得好效果。

第四节　应对亚洲金融危机的积极财政政策

1998年发生了亚洲金融危机,对我国经济造成严重的内需求不足,党和国家决定实施积极财政政策刺激经济发展活力。积极的财政政策也称扩张性财政政策,其实质是加大政府投资,拉动需求和消费。这次积极财政政策有效地抵御了亚洲金融危机的冲击,社会需求全面回升,经济持续快速增长,并促进经济结构的优化和提高经济增长的质量。这次宏观调控遵循市场经济规律,主动采取反周期调节,在中国财政调控史上也颇具意义。

一、亚洲金融危机造成的通货紧缩

（一）经济增长严重下滑

亚洲金融危机造成我国经济严重下滑，国内生产总值从1993年宏观调控后的13.5%回落到1997年8.8%的水平，平均每年下降约1个百分点。1998年上半年经济增长率仅为7%，同比回落2.5个百分点，第一次出现断崖式下滑，经济陷入周期低谷。

（二）外贸出口形势恶化

1998年第一季度出口增长12.8%，上半年外贸出口额为869.8亿美元，同比增长7.6%，大大低于1997年同期26.25%和1997年全年20.9%的增长速度。其中，4月下降到7.9%，5月出口下降1.5%，首次出现负增长。一般贸易出口增速大幅度回落，1998年上半年出口额为365.3亿美元，比1997年同期增长4.4%，相对于1997年同期的33.1%和1997年全年的24.1%，分别回落28.7个百分点和19.7个百分点；国有企业出口明显下降，1998年上半年国有外贸企业出口额471.1亿美元，增长3.1%，与1997年同期25%的增长速度相比，回落21.9个百分点；初级产品出口出现负增长，1998年上半年与上年同期相比减少16.3%。

（三）消费需求增长趋缓

由于自1996年起住房、养老、医疗、教育等体制改革全部推进，居民预期支出增加、边际储蓄上升，造成边际消费倾向低迷。1979—1996年居民边际消费倾向基本上在0.6~0.8的区间波动，1997年下降为0.55左右，1998年上半年下降到0.46。由于居民消费需求疲软，社会消费品零售总额增幅持续下降，由1996年的20.1%下降到1997年的10.2%，1998年上半年下降到6.8%，比1996年下降13.3个百分点。

（四）国内物价持续走低

受消费需求不足影响，1998年以来我国主要物价指数呈现逐月下降的态势。工业品出厂价格指数1997年6月由涨转降，1998年1月降幅为1.3%，3月为3.2%，6月为4.9%，上半年下降3.4%；原材料、燃料、动力购进价格指数1998年1月降幅为0.4%，3月为2.3%，6月为5.2%，上半年下降2.3%，工业品价格指数到1998年6月持续下降达25个月之久。全国商品零售价格总水平1997年10月降幅为0.4%，到1998年6月降幅为3%，持续下降9个月。全国居民消费价格指数1998年2月降幅为

0.1%,6月达1.3%。因此,我国从1998年开始消费市场由"卖方市场"转为"买方市场"。20世纪90年代以前长期是短缺经济,市场供不应求,之后消费市场出现供大于求的局面,产品过剩日益严重。据有关机构对601种主要商品调查统计,1998年上半年供大于求的商品为74.2%,供求基本平衡的商品为25.8%,没有供不应求的商品。产品过剩严重影响企业的生产和运行,为了推销商品相互展开降价大战,恶性竞争导致经济走入恶性循环。

(五) 投资需求增长乏力

受消费增速趋缓、物价走低、产品过剩等因素的影响,投资增长日见趋紧。企业投资受风险加剧的约束,更加注重投资项目的回报率,可投资领域缩小,投资意向冷淡。更严重的是由于市场供求关系的变化,企业普遍亏损,自主投资能力减弱。金融业风声鹤唳,"慎贷"心理严重,商业银行纷纷实行资产负债比例管理,制约投资预期和投资增长。1997年全社会固定资产投资增长8.8%,比上年回落6个百分点;1998年1—5月同比增幅继续回落1.3个百分点。外商投资迅速减少,占中国实际吸收外资总量的比例从1997年的75.6%下降到1998年的68.7%。

(六) 经济深层次矛盾的积累

从表面看通货紧缩是亚洲金融风暴直接造成的,但实际上是这场烽火点燃了我国经济中深层次的矛盾。如市场经济体制不完善、国有企业现代管理经营机制的转换尚未完成、国有商业银行资本金严重不足、经济结构不合理、产业结构趋同化严重等等。经济本身存在的问题迟早也会导致供求失衡,在亚洲金融危机冲击下一触就破,致使国民经济受挫是很自然的。

二、积极财政政策的出台

(一) 发行国债加大基础设施投资

1998年8月中央财政调整预算方案,将中央财政赤字调整为960亿元,比上年扩大400亿元,增发1000亿元长期建设国债,同时配套增加1000亿元银行贷款,全部用于基础设施建设。从2000年开始,经全国人大批准,财政部增发500亿元长期建设国债,重点投入水利和生态项目建设、城市环保项目建设等五个方面。2001年再次发行1000亿元长期建设国债,用于前期基础设施在建项目后续资金不足和工程收尾。2002年继续发行长期建设国债1500亿元,其中1250亿元列入中央预算,其余250亿元转贷地方使用。至2002年国家共发行长期建设国债达6600亿元。1998—2004年期间,中央财政累计发行长期建设国债9100亿元。同时又发行特别国债,1998年上半年,国家财政向国有独资商业银行发行2700亿元特别国债充实银行资本金,2001年增发500亿元特种国债支持西部大开发。

国债的发行极大地拉动了投资,到2001年底国债技术改造贴息资金安排国有重点企业已开工的技术改造项目781项,截至2004年末实际累计安排国债项目资金8643亿元,拉动银行贷款和各方面配套资金逾2万亿元。其中主要项目有:农林水利和生态环境建设2596亿元,占总投资比重30%;交通通信基础设施建设1711亿元,所占比重为19.8%;城市基础设施建设1317亿元,所占比重为15.2%;技术进步和产业升级775亿元,所占比重为9%;农网改造688亿元,所占比重为8%;教育、文化、卫生、旅游基础设施建设433亿元,所占比重为5%;中央直属储备粮库建设352亿元,所占比重为4.1%;环境保护投资312亿元,所占比重为3.6%;公检法司设施建设180亿元,所占比重为2.1%。① 而且,国债项目资金的使用结构不断优化,1999年至2001年重点投资技术改造、高新技术产业等领域。2002年以后投资重点向农村、结构调整、中西部地区、科技教育和生态环境建设等方面倾斜。

(二) 减轻税收促进社会需求

一是实行鼓励投资的税收政策。降低关税税率,支持引进国外的先进技术设备,关税税率总水平由1997年底的17%逐步降至2004年的10.4%。对国家鼓励发展的国内投资项目和外商投资项目进口设备,在规定范围内免征关税和进口环节税。1999年下半年起减半征收固定资产投资方向调节税,2000年暂停征收。二是实行刺激居民消费的税收政策。对居民储蓄存款利息恢复征收个人所得税,对护肤护发品消费税税率统一由17%降为8%,对环保型汽车减按规定税率70%征收消费税,对涉及房地产的营业税、契税、土地增值税给予一定减免。三是实行支持外贸出口的税收政策。从1998年起分8次提高出口货物增值税退税率,到2002年出口货物平均退税率由8.3%提高到15%左右。改进出口退税管理办法,加大"免、抵、退"的执行力度。对一般贸易出口收汇实行贴息办法。2004年建立中央与地方共同分担出口退税新机制,解决历史欠退税问题,有力地

---

① 谢旭人主编:《中国财政改革三十年》,中国财政经济出版社2008年版,第476页。

促进了企业出口增长。四是实行支持西部大开发和东北老工业基地振兴的税收政策,涉及所得税、耕地占用税、农业特产税和进口税等诸多方面。五是实行支持高新科技产业发展的税收优惠政策。从 2000 年起对软件产业、集成电路等高新技术产业涉及的增值税、企业所得税和进口税实行一系列优惠政策。六是实行支持金融体制改革的税收政策。从 2001 年起金融保险业营业税税率每年降低 1 个百分点,到 2003 年降至 5%;从 1998 年 6 月起将证券交易印花税税率下调到 4‰,2001 年 10 月调减为 2‰,促进金融证券市场的稳定发展。七是清理乱收费。据统计,1998—2004 年共取消收费项目 1913 项,并降低 479 项收费标准,减轻社会负担 1490 亿元。同时规范交通和车辆收费,全面推进农村税费改革。由此减轻企业、居民负担,增强企业自主投资和居民消费能力。

(三) 加大政府支出引导社会投资

途径之一是加大对中西部地区投资。2003 年中央财政将通过所得税增量多分享的收入投向中西部地区,转移支付的增量部分也向中西部地区倾斜。中央对地方税收返还和补助支出总额由 1998 年的 2493 亿元增加到 2004 年的 10408 亿元,年均递增 26.8%。二是推动企业技术进步。1998 年至 2002 年将部分国债作为财政贴息资金,支持重点行业、重点企业的技术改造,解决经济运行中深层次的矛盾与问题。三是增加生态和环境保护投入。1998—2002 年共安排国债资金 1438 亿元,用于长江上游、黄河中上游、东北及内蒙古等国有林区的天然林保护。安排环境保护国债资金 207 亿元,其中建成 141 个污水处理项目。2000 年启动京津风沙源治理工程,改善生态环境,为经济可持续发展打基础。四是增加教育科技等重点领域支出。中央本级支出中教育经费所占比例从 1998 年起连续五年比上年提高 1 个百分点。1999 年以来共安排 265.4 亿元国债资金,对 781 个技术改造开工项目给予技改贴息,拉动社会其他方面投资达 2810 亿元,实施了一大批对技术升级有重大影响的项目,增强国内企业的竞争能力。

(四) 增加社会保障支出改变消费预期

1998 年中央财政对企业下岗职工基本生活保障和再就业工程安排 144 亿元补助资金和借款,从 1999 年起将国有企业下岗职工基本生活费、失业保险金、城市居民最低生活费提高 30%,并先后 4 次提高企业离退休人员基本养老金水平。1998 年至 2004 年,全国财政用于企业养老保险基金补助、国有企业下岗职工基本生活保障补助和城市居民最低生活保障费支出,由每年的 123 亿元增加到 1035 亿元,年均递增 42.6%,累计安排支出 4464 亿元。加上行政事业单位医疗经费、抚恤和社会福利救济等方面的支出,全国财政用于社会保障经费支出由 1998 年的 775 亿元增加到 2004 年的 3410 亿元,年均递增 28%,高于同期财政总支出的递增幅度。全国财政社会保障经费支出占财政总支出的比重由 1998 年的 7.2% 提高到 2004 年的 12.4%,有力地改变了社会消费预期。

(五)调节收入分配提高居民消费能力

1999—2003 年,连续 4 次提高机关事业单位人员的基本工资标准,并相应增加离退休人员离退休费,实施年终一次性奖金制度和艰苦边远地区津贴制度。国家财政为此累计增加支出 6390 亿元,其中中央财政支出 3714 亿元。经过调整,机关事业单位职工月人均基本工资(含奖金)2003 年底达到 877 元,比 1998 年 400 元提高了 119%,是建国以来工资增长速度最快、增幅最大的一个时期。收入分配政策的调整和实施提高了居民消费能力。

(六)实行"债转股"给国企解忧排难

对部分负债过重但有市场和发展前景的大中型重点企业,将其在银行的债权转为金融资产管理公司股权,降低企业资产负债率,增强企业活力,使其在扭转宏观经济运行中发挥主力军作用。

这次实行积极的财政政策虽然是第一次,但力度是非常大的。9000 多亿元国债拉动银行贷款和地方配套资金逾 4 万亿元,充分体现了党和国家治理通货紧缩的决心。

三、走出通货紧缩的阴影

这次财政宏观调控以积极的财政政策为主体,通过扩大投资、增加支出、刺激消费、鼓励出口、调整分配,对拉动经济增长取得显著成效。

(一)国民经济增速由降转升

在亚洲金融危机爆发的 1998 年,我国国内生产总值增长 6.8%,在亚洲各国经济普遍负增长的情况下一枝独秀。1999 年国民经济保持稳定增长,全年国内生产总值增长 6.2%;2000 年国民经济出现重大转机,国内生产总值迅速上升到 10.6%,远远超过 1998 年和 1999 年的增长速度。2001 年国内生产总值增长 10.5%,仍保持高速增长。[1] 2004 年宏观调控基本结

---

[1] 《中国财政年鉴 2012》,中国财政杂志社 2013 年版,第 521 页。

束后,我国经济长期保持良好态势,2006年国内生产总值增长16.97%,2007年是22.88%,2008年是18.15%。① 由此可知,在这次宏观调控中财政政策发挥的作用是巨大的,1998—2002年国内生产总值增长中,积极财政政策的贡献分别达到1.5、2、1.7、1.8、2个百分点。

(二) 投资需求和外贸出口快速增长

全社会固定资产投资增速由1997年的8.8%上升到2002年的16.1%,2004年高达26.6%,分别增加7.3和17.8个百分点。同时,外贸出口发生显著变化,增幅由1998年的0.5%上升到2002年的22.3%,2004年是35.4%。投资和出口的持续快速增长,说明社会需求全面回升,有力地支撑了经济快速稳定增长。

(三) 通货紧缩得到初步遏制

居民消费和商品零售价格指数由下降转为上升,自2002年第四季度开始到2003年和2004年,全国居民消费价格指数分别上涨1.2%和3.9%,食品消费价格指数分别上涨3.4%和9.9%(其中粮食价格分别上涨2.3%和26.4%),居住消费价格指数分别上涨2.1%和4.9%,娱乐教育文化等服务消费价格指数均上涨1.3%。全国商品零售价格指数自2003年第四季度出现回升态势,2004年由上年下降0.1%转为上涨2.8%。工业品等价格指数自2002年开始上涨,2003年上涨2.3%,而原材料、燃料、动力购进价格指数上涨4.8%,固定资产投资价格指数上涨2.2%。2004年这三项价格指数分别上涨6.1%、11.4%和5.6%,呈现出快速上升的态势。

(四) 基础设施得到改善

1998—2002年,累计安排国债项目8600多个,重点加强基础设施建设。累计建成公路通车里程2.55万公里,全国高速公路达1.9万多公里,跃居世界第二位;建成铁路新线4007公里,复线1988公里,电气化里程1063公里;新建、扩建机场37个;加固大江大河大湖堤防3万公里,完成680座病险水库的除险加固工程;对2400多个县进行了农网建设和改造等等。基础设施状况的改善大大缓解了长期以来经济发展的"瓶颈"制约,增强了可持续发展。

---

① 根据《中国财政年鉴2012》(中国财政杂志社2012年版,第521页)数据计算。

（五）人民生活水平得到提高

城镇居民人均可支配收入由1997年的5160.3元提高到2004年的9421.6元,农村居民家庭人均纯收入由1997年的2090.1元提高到2004年的2936.4元,机关事业人员工资、国有企业下岗职工基本生活费、失业人员补助救济费、城市最低生活保障标准、一次性补发国有企业离退休干部拖欠的养老金都有所提高。

（六）教育、社会保障等民生事业得到加强

中央财政从1998年到2000年实际增加教育经费183亿元,教育经费所占比例每年提高1个百分点,重点用于改善高校体制改革和高等学校办学条件。新建1100万平方米高校教育设施,改建5800所中小学危房,受益学童达180万人。农村中小学现代远程教育工程、农村中小学布局调整等重点项目顺利实施。2000年用于社会保障方面的支出达1470亿元,比1996年的662亿元增加了1倍多,社会保障体系建设向广覆盖、社会化目标迈进。中央扶贫资金规模大幅度增加,基层公共卫生服务能力明显提高,截至2004年1410个县级和205个省、市（地）级疾病预防控制中心基本建成,290所紧急救援中心陆续开工,新型农村合作医疗制度试点稳步推进。

（七）财政收入快速增长

1998年以来,我国财政收入规模不断登上新台阶。1999年财政收入首次突破1万亿元,达到11444亿元;2001年达到16386亿元;2003年突破2万亿元,达到21715亿元;2004年超过2.5万亿元,达到26396亿元。七年来财政收入年均增长17.3%,是历史上财政增收最多、增长最稳定的时期。随着财政收入的持续快速增长,财政收入"两个比重"（全国财政收入占国内生产总值比重和中央财政收入占全国财政收入比重）呈现出稳步上升的趋势。1997年全国财政收入占国内生产总值的比重为11.0%,至2004年上升到16.5%,①七年提高5.5个百分点,年均提高0.79个百分点;中央财政收入占全国财政收入的比重由1997年的48.9%上升到54.9%,②七年提高6个百分点,年均提高0.86个百分点。财政收入"两个比重"的提高,体现了政府对经济社会调节能力和中央政府控制能力的增

---

① 《中国财政年鉴2012》,中国财政杂志社2012年版,第448页。
② 《中国财政年鉴2012》,中国财政杂志社2012年版,第460页。

强,体现了综合国力的提高。

从以上取得的效果看,我国这次宏观调控是成功的。长期以来,我国宏观调控都是针对国内经济问题,应对亚洲危机还是第一次。我国此次调控不仅有效地遏制了通货紧缩蔓延之势,扭转了宏观经济运行下降态势,保障了国民经济持续快速增长,而且彰显了大国负责任的形象,为亚洲乃至世界范围内经济的稳定与发展作出了积极贡献,得到国际上的广泛赞誉。

四、宏观调控成功的原因

这次宏观调控之所以能够取得成功,首先是由于宏观调控的手段得到了改进。以往宏观调控运用的行政手段多,采用的是直接调控,容易引起后遗症。这次宏观调控主要运用经济手段,采取间接调控,主要发挥财政、税收的调节作用。在财政政策内部既发挥建设型国债的作用,又发挥调整收入分配的作用、财政贴息的作用、出口退税的作用、清理取消乱收费等多项政策措施的作用,可以说用于调控的经济手段能用尽用,发挥了综合调节能力。

其次是运用多种政策的合力。这次运用财政、货币、税收、价格、收入分配等调控手段,发挥各种政策工具的组合效应,特别是财政政策和货币政策的配合,采取这样的调控方式一般能取得较好的效果。

再次是财政具有调控的实力。实施积极财政政策需要有一定的财政实力,我国分税制财政体制改革后财政收入大幅度提高,全国财政收入占国内生产总值的比重持续上升,1997年达到11%。1997年财政赤字与国内生产总值的比例仅有0.8%,国债余额为6074.5亿元,占国内生产总值的8.2%,大大低于世界30%～50%的一般水平。我国可动员的资金潜力很大,总储蓄率一直保持在40%左右,储蓄率比固定资产投资率高6个百分点。在这次宏观调控中完全可以考虑扩大财政赤字规模,加大财政扩张力度,实行积极的财政政策。

第五节 调控经济冷热兼具的稳健财政政策

2005—2007年是一次与以往皆不相同的宏观调控。以往的宏观调控不是针对通货膨胀,便是针对通货紧缩,而这次要同时调控经济中冷、热两种情况。1998年亚洲金融危机爆发后,经过调控内需不足得到解决,社会需求开始回升,有些地区和行业经济出现过热势头,但有些地区和行业投资仍然不足。在这种情况下,既要防止通货膨胀,又要防止通货紧缩;既要治理局部投资过度,又要缓解部分领域投资不足;既要控制地方政府主导型投资,又要保护民间自主投资的增长;既要巩固经济发展好的势头,又要调减国债投资项目,调整资金使用结构。调控的难度比以往都大,任务更艰巨。

一、宏观经济冷热兼具的复杂性

(一) 经济运行中出现的过热趋势

2003年以来我国经济增速进一步加快,步入新一轮经济周期的上升阶段,部分地区和行业盲目投资和低水平重复建设的倾向不断加剧,钢铁、汽车、电解铝、水泥等行业在建或拟建规模过大,货币信贷增长偏快,资源对经济增长的制约作用越来越大,造成煤、电、油、运和原材料供应紧张。到2004年这些矛盾进一步加剧,终于形成部分地区和行业过热现象。

1. 投资需求日趋膨胀

2003年房地产开发投资增长30.3%,2004年增长29.6%。房地产快速增长带动钢铁、水泥等行业投资的快速增长,2003年钢铁和水泥投资分别增长92.6%和113.4%,2004年第一季度同比分别增长107.2%和101.4%。2004年全社会固定资产投资8798亿元,同比增长43%,其中全国城镇固定资产投资7058亿元,增长47.8%。新开工项目19234个,比2003年同期增长31.1%。地方投资增长过快,2004年第一季度中央项目投资增长4.8%,地方项目投资竟增长60.2%,东部地区投资增长47.8%,同比加快9.8个百分点。

2. 货币供应量增长较快

2003年M2(广义货币)增长19.6%,2004年1—6月增长16.2%。其中3月末同比增长19.2%,一直高位运行。2004年第一季度金融机构新增人民币贷款8342亿元,同比多增238亿元。外汇贷款持续增加,2004年第一季度增加94亿美元,同比多增42亿美元。中长期外币贷款增加3726亿元,同比多增491亿元,货币贷款增长过猛导致通货膨胀压力加大。

3. 电力、煤炭和运输紧张状况加剧

钢铁、水泥行业的快速增长带动煤、电、油、运的紧张。2004年第一季度火电发电设备利用小时数达到1989年以来的最高值,电力生产增长15.7%,仍有17个省份拉闸限电,华东、华南地区缺电状况尤其严重;煤炭供应日趋紧张,2004年第一季度煤炭产量增长14.4%,大小煤矿超能力开采但仍无法满足需求增长,全社会煤炭库存量大幅度下降;铁路运输压力进一步加大,2004年3月铁路货运日均装车达到9.8万列的历史最高纪录,比上年同期增加5700车,但车皮满足率仅有35%。

4. 物价上涨明显加快

在投资快速增长的带动下物价上涨明显加快,全国居民消费价格指数和全国商品零售价格指数2003年分别上涨1.2%和-0.1%,2004年分别上涨3.9%和2.8%。2004年第一季度居民消费价格总水平上涨2.8%,其中粮食等食品价格上涨的影响占2.4个百分点;流通环节生产资料价格总水平在2003年上涨8.1%的基础上,2004年第一季度同比又上涨14.8%;工业品出厂价格指数和原材料、燃料、动力购进价格指数,2003年分别上涨2.3%和4.8%,2004年进一步上涨6.1%和11.4%。

(二)经济运行中出现的偏冷现象

1. 农业发展严重滞后

2003年第一产业投资仅增长1.6%,农业发展结构不合理、产品质量整体水平较低。农业落后造成城乡居民收入差距不断扩大,1978年城镇和农村居民人均可支配收入分别为343.4元和133.6元,相差2.57倍;2004年城乡居民人均可支配收入分别达到9421.6元和2936.4元,差距扩大到3.2倍。1978—2004年城镇居民可支配收入年均增长349.16元,农村居民人均纯收入年均增长仅为107.8元,差距扩大到3.25倍。

2. 第三产业发展缓慢

第三产业增长长期低于国内生产总值的增速,产业内部传统低层次服务业占有较大比重,现代服务业占第三产业总增加值不到30%,对经济增长的拉动作用有限。

3. 高新技术产业发展乏力

这一时期高新技术产业产值占工业总产值的比重很低,工业技术水平符合新型工业化要求的投资增长非常缓慢,电子信息产业投资80%来自外资,国有和国有控股企业与民营经济各占10%。一些能带动产业结构优化升级的战略性产业,如大型设备制造业、飞机制造业、精细化工产业、新型能源产业等投资增长非常困难,第二产业仍然是拉动经济增长的主导力量,反映出结构问题是我国经济中的深层次矛盾。

4. 公共事业发展不足

公共教育、公共卫生、社会保障等社会发展领域资源配置不足,公共教育支出占国内生产总值的比例仅 3% 左右,公共卫生保健支出仅占 2%,社会保障支出水平只有 8%～10%,都无法与发展中国家 20% 的水平相比。社会保障覆盖面主要针对农村居民、进城务工农民等尚未能享受到公共服务的非城市户口人群。

二、稳健财政政策的实施

2005 年 3 月,我国新一轮宏观调控开始,以扩张为导向的积极财政政策转变为总量上松紧适度、结构上有保有控的稳健财政政策。稳健财政政策即中性财政政策,特点是结构性调整。这次稳健财政政策的核心内容概括起来为十六个字:控制赤字、调整结构、推进改革、增收节支。调控的重点是控制投资过快增长,缓解煤、电、油、运和重要原材料供应紧张的矛盾,加强农业和粮食生产等薄弱环节的投入。

(一) 治理经济过热的财政措施

1. 国债投资调减转向

发行国债是积极财政政策的一项措施,稳健财政政策必然削减。2005 年中央财政预算安排长期建设国债 800 亿元,比上年减少 300 亿元。2006 年长期建设国债发行规模又调减为 600 亿元,2007 年再次调减到 500 亿元,2008 年只有 300 亿元。长期建设国债规模从 2004 年的 1100 亿元调减为 2008 年的 300 亿元,减少 800 亿元。资金使用向农村、社会事业、西部开发、东北老工业基地、生态建设和环境保护倾斜。通过国债投资规模的调减转向,引导社会投资和民间资金向这些领域转移,缓解经济局部过热。

2. 适当减少财政赤字

财政赤字是扩张性财政政策的核心,稳健性财政政策反其道行之。中央财政赤字在 2003 年 3192 亿元的基础上逐步缩小,2005 年安排 3000 亿元,比上年预算减少 198 亿元。财政赤字占国内生产总值的比重不断下降,2003 年实际为 2.7%,2004 年实际为 2.3%,2005 年预算为 2%。2005—2008 年,中央财政赤字分别比上年减少 192.2 亿元、242.5 亿元、749 亿元和 200 亿元,中央财政赤字占国内生产总值的比重从 2004 年的 2% 下降至 2008 年的 0.6%。财政赤字的适当减少,传递出调控导向信号,保障财政收支增量平衡取向,防止通货膨胀苗头的继续扩大和通货紧缩趋势的重新出现。

3. 推后建设性支出预算的执行

为了控制基本建设投资过热,财政部把预算中确定的建设性支出往后推延,由此将全国基本建设支出控制在预算管理范围之内。2004年1—4月,全国基本建设支出比2003年同期减少11%。5月全国财政支出速度明显放慢,当月支出1721亿元,同比仅增1.9%,其中基本建设支出大幅下降,降幅达15.4%。另外,针对固定资产投资增长过快,财政适当放慢国债项目资金拨付进度。2004年1—6月,累计下达国债资金预算246.34亿元,比2003年同期减少308.23亿元,占全国国债专项资金指标的15.64%,避免了给经济局部过热"火上浇油"。

(二)治理经济偏冷的财政措施

1. 大力加强"三农"投入

对"三农"投入,一是采取税式投入,逐步取消对农民、农村和农业的不合理税费,全国每年减轻农民负担1250亿元。二是加大对农业的补贴,2005年全国有28个省份共安排良种补贴16亿多元,中央财政补贴13个粮食主产省区12.4亿元,并出台一系列对化肥生产和进出口的税收优惠政策。三是将部分土地出让金用于农业土地开发,2005—2007年全国综合农业开发资金投入分别为306.78亿元、336.74亿元、363.35亿元,比上年分别增长19.51%、9.77%、7.90%。其中中央投入分别为101.83亿元、109.91亿元、121.06亿元,占总投入比重分别为33.19%、32.64%、33.32%。① 四是直接投入,2005—2007年中央财政直接投入"三农"的资金分别为2975亿元、3397亿元和3917亿元,2006年比2005年增长14.18%,2007年比2006年增长15.31%。"三农"成为国家财政投入的重点领域。

2. 加大社会事业发展投入

2005年上半年全国教育支出增加213亿元,增长16.9%;科技支出增加37亿元,增长37.8%;社会保障补助支出同比增加45亿元,增长11.5%;行政事业单位离退休支出增加86亿元,增长22.4%;抚恤和社会福利救济费增加31亿元,增长19%;文体广播事业费增加42亿元,增长23.6%。文教、科技、卫生支出由2004年的5143.7亿元增加到2007年的11705.13亿元,增长127.56%;社会保障和就业支出由2004年的3116.1亿元增加到2007年的5396.01亿元,增长73.17%。

3. 加大支持煤、电、油、运力度

为了保障煤、电、油、运供应,推进煤、电、油等能源资源价格改革,理顺重大价格比例关系。加快垄断行业改革步伐,促进竞争,抑制价格上涨。

---

① 《中国财政年鉴2013》,中国财政杂志社2013年版,第506页。

煤、电、油、运投资继续保持较快增长态势,2005年上半年煤炭开采、电力生产、石油开采、交通运输等行业投资分别增长81.7%、35.9%、36.2%和24.8%;2005年1—7月投资分别增长83.2%、35.9%、28.6%和23.9%,2006—2008年煤、电、油、运投资增速始终不减,供不应求得到缓解。

4. 加大资源节约与环境保护投入力度

大力推进资源环境有偿使用制度改革,建立和完善森林生态效益补偿基金制度。设立清洁生产专项资金、中央地质勘查基金、可再生能源发展专项资金,支持资源节约和促进循环经济发展。通过总量适度控制的财政政策的结构性调整,推动经济结构优化。

(三) 有保有控的税收政策

税收的调节作用比财政政策的作用更富有弹性,同时具备有保有控的功能,既抑制经济过热,又消除经济过冷。这次宏观调控更重视发挥税收的作用。

1. 酌情延缓增值税转型改革

增值税由生产型转为消费型,能够减轻企业负担,提高经营效益,刺激企业投资。我国自2004年开始为贯彻党和国家振兴东北老工业基地的精神,首先在东北地区装备制造业等八大行业进行增值税转型改革试点。2005年鉴于部分行业过热的势头,增值税改革酌情放慢节奏。一直到2007年改革试点才扩大到中部六省26个老工业基地城市,2008年再一次将改革试点扩大到内蒙古东部地区。酌情延缓增值税转型改革,极大地缓解了经济过热的压力。

2. 调整资源税和消费税

为了促进环境保护和节约资源,2005年调整部分资源税应税品目税额标准,普遍调高全国范围内油气田企业原油、天然气资源税税额标准,解决资源税税负偏低的问题。对消费税适当扩大征收范围,税目由原来的11个增至14个。资源税和消费税的调整,有利于平衡社会总供求,特别是缓解煤、电、油、运的"瓶颈"问题,起到消除经济过热、保护生态环境的作用。

3. 调整出口退税率

为了控制高耗能、高污染和资源性产品的出口,实行降低退税率和取消退税措施。从2006年至2007年,对2831项商品的出口退税进行了调整,其中取消了553项高耗能、高污染和资源性产品的出口退税。同时,调高部分高科技产品和以农产品为原料的加工品出口退税率,将10项商品的出口退税改为出口免税政策。经过调整,制止了"三高"产业过热过快增长,支持高新技术产业发展,促进经济结构调整和产业转型升级。

4. 全面废除农业类税

为了解决农业发展滞后,农村税费改革在这一时期明显加快速度。2004年在全国范围内取消除烟叶以外的农业特产税,农业税计税土地生产的农业特产品统一按调整后的农业税税率征收农业税;非农业计税土地生产的农业特产品不再征收农业特产税,也不改征农业税。2006年农业特产税全面取消。2005年全国取消牧业税。2004年在黑龙江、吉林两省进行免征农业税改革试点,北京、上海、天津、浙江、福建等省市自主免征农业税。2005年进一步扩大农业税免征范围,全国免征农业税的省份达到28个,2006年全面废除农业税。农业类税费清除相当于加大对农业的投入,极大地刺激了农民的积极性,促进农业这块"短板"的增长,解决经济趋冷的势头。

三、冷热兼治的成效

2005—2007年的宏观调控虽然情况复杂、难度很大、时间较短,但却取得了一定的成效。

(一) 国民经济保持平稳增长

经济过热得到降温,国内生产总值2004年是17.7%,2005年降为15.7%,2006年为17.0%,[①]均比2004年有所下降。2005年1—7月能源生产总量同比增长10.3%,分别比第一季度和上半年增长1和0.2个百分点。其中原煤、原油、天然气产量分别增长9.9%、4.7%和19.8%,基本与第一季度和上半年的增速保持一致。2005年6月末全社会煤炭库存达1.15亿吨,比年初增加1149万吨,同比增长12.7%;2005年1—7月,发电量增长13.6%,其中第一季度和上半年分别增长13.0%和13.2%,基本延续了2004年以来两位数的增速,拉闸限电的省份同比大为减少。物价走向合理区间,2006年1—8月,各月居民消费价格指数增长幅度均在1%~2%区间,8月居民消费价格总水平比上年同月上涨1.3%,比年初回落0.6个百分点,与上年同期持平;2006年1—8月,工业品出厂价格上涨2.9%,增幅比上年同期下降2.6个百分点;原材料、燃料、动力购进价格上涨6.2%,增幅比上年同期下降3.3个百分点;生铁同比增长20.8%,增速比上年同期降低11.1个百分点;粗钢同比增长17%,增速比上年同期降低

---

① 《中国财政年鉴2012》,中国财政杂志社2012年版,第521页。

11.2个百分点。2007年2月至2008年5月,部分原材料生产增速减缓。经过调控,各项经济运行指标波幅明显减小,重大比例关系进一步改善,经济呈现平稳较快发展态势。

(二)经济结构趋于合理

2005年以来投资结构方面出现了积极变化,主要表现在第一和第三产业投资加速增长,第二产业投资增速回落。第一产业2006年1—7月投资增长39.4%,比2005年同期加快22个百分点;第三产业增长27.4%,比2005年同期加快5.5个百分点;第二产业投资比2005年放慢0.9个百分点。同时,铁路运输业投资在上年高速增长的基础上2006年增长84.7%;石油和天然气开采业投资增长31%,比2005年同期提高1.4个百分点;石油加工冶炼业投资增长33.4%,比2005年同期提高18.3个百分点;水生产与供应业投资增长24.9%,比2005年同期提高15.4个百分点;2006年电工仪器仪表同比增长15.5%,集成电路同比增长41.9%。部分紧缺能源生产加快,供应增加,满足了经济发展的需要。

(三)财政收入跃上新台阶

2004年全国财政收入为26396.47亿元,2005年为31649.29亿元,2006年为38760.20亿元,2007年达到51321.78亿元,[①]2007年比2004年增长94.4%。财政收入增长,加大了对中西部地区转移支付的力度,增强了中西部地区提供基本公共服务的能力,有效促进了地区间基本公共服务均等化。

(四)居民收入显著提高

经济运行的好转促进居民收入增长,全国农民人均纯收入由2004年的2936.4元增加到2007年的4140.4元,2008年上半年农民人均现金收入实际增长10.3%,与以前相比已经是较高水平。城镇居民人均可支配收入2004年为9421.6元,2007年达到13785.8元,年均增加1091.05元;2008年上半年城镇居民人均可支配收入8065元,同比增长14.4%。城乡居民储蓄存款迅速增加,2003年储蓄存款余额为10.4万亿元,2007年末达到17.3万亿元,年均增加1.7万亿元。2008年上半年城乡居民储蓄存款余额达到19.8万亿元。

---

① 《中国财政年鉴2012》,中国财政杂志社2012年版,第460页。

(五) 公共服务得到改善

教育方面,农村义务教育经费改革免除1.5亿名农村中小学生的学杂费,中西部地区学生教科书免费,约1100万名家庭困难的寄宿生得到生活补助;农村中小学经费保障水平明显提高,40多万所农村中小学校运转正常,"上学难、上学贵"的问题基本得到缓解。社会保障体系逐步完善,城乡社会救助体系基本建立,人民生活得到较大改善。医疗卫生方面"看病难、看病贵"的问题得到缓解,疾病预防控制体系、突发公共卫生事件医疗救治体系、公共卫生信息网络体系、卫生执法监督体系均得到完善。

由此可见,在这次冷热兼具的宏观调控中稳健的财政政策是值得肯定的,有保有控、有进有退、温火攻心的性能得到充分发挥。经济过热的地方"退之",经济趋冷的地方"补之",由此达到供求平衡,保障这次宏观调控取得成功。

第六节 应对世界金融危机的扩张性财政政策

1998年我国成功地抵御了来自亚洲的金融危机,2008年世界金融危机又席卷而来,给我国经济造成更加严重的冲击和危害,中国经济再次出现严重的通货紧缩,一场旨在扩大内需的宏观调控又全面展开。

一、宏观经济形势的逆转

我国经济在世界金融危机之前保持较快的发展态势,经济增速、市场消费、进出口总额、生产资料与工业品价格总水平都程度不同地增长,略显趋热趋涨的态势。2007年居民消费价格指数突破3%的目标线,平均上涨4.8%,是1997年以来近10年的最高涨幅。2008年第一季度居民消费价格指数累计上涨8%,涨幅比上年同期提高5.3个百分点。消费品价格的上涨使大宗商品价格波动幅度加大,2008年3月工业品出厂价格指数达到8%,创下新高,提升了公众对通货膨胀的预期。固定资产投资反弹压力较大,2003年以来每年固定资产投资增速一直保持在25%左右,资本形成占国内生产总值的比重超过40%。2008年固定资产投资继续反弹,前11个月新开工项目计划总投资77539亿元,同比增长5.4%。人民币升值加快,吸引大量国际热钱流入,为保持人民币汇率的基本稳定,央行发行大量人民币维持国际收支平衡,增加了外汇占款和基础货币供应量,通过货币乘数效应使流通中的人民币迅速增加,加快了通货膨胀的到来。① 在世界金融危机的冲击下,宏观经济日趋膨胀的趋势持续到 2008 年第四季度开始急转直下,各项经济指标增长出现回落,宏观经济形势走进通货紧缩。

(一) 经济增速持续下滑

从 2008 年第四季度开始经济增速一反常态,2008 年国内生产总值由 2007 年的 22.88% 下滑到 18.15%,②减少 4.73 个百分点。2008 年第一季度国内生产总值为 10.6%,第二季度是 10.1%,第三季度同比下降至 9.9%,比上年同期回落 2.3 个百分点。自 2008 年第一季度至 2009 年第一季度,经济增速连续 5 个季度(15 个月)直线下滑,即 10.6%、10.1%、9.9%、6.8%、6.2%。③ 比较各年度的国内生产总值下降幅度很大,2006 年为 16.97%,2007 年为 22.88%,2008 年为 18.15%,2009 年为 8.55%,2010 年为 17.78%,2011 年为 17.77%。④ 2009—2012 年与 2007 年相比分别下降 4.73、14.33、5.10、5.11 个百分点,其中 2009 年经济增长创近 10 年的新低。国内生产总值大幅度下滑说明需求疲软,市场活跃程度下降,经济发展放缓。

(二) 进出口贸易严重受挫

美国次贷危机抑制了国际市场对我国出口产品的需求,进出口贸易受到重创。2007 年第一季度我国对美出口增长率为 20% 以上,年末突降至 6.8%。2008 年前 11 个月,进出口总额增幅同比回落 2.6 个百分点,其中出口增速回落 6.8 个百分点。2008 年出口增速从 2007 年的 26% 下降至 19%,2 月对美出口仅为 154.8 亿美元,同比回落 5.3%。对美月度出口自 2007 年 4 月出现负增长。美国是我国最大的贸易伙伴,对美出口占我国出口总额的 20% 左右,对我国进出口贸易影响极为严重。2009 年进出口总额增速降到 －0.16%,出口额增速降到 －0.18%,进口额增速降到 －0.14%,进出口增速差为 －0.36%。

---

① 王多宏:《当前经济形势下加强完善宏观经济调控》,《技术经济与管理世界》2010 年第 5 期。

② 根据《中国财政年鉴 2012》(中国财政杂志社 2012 年版,第 521 页)数据计算。

③ 刘伟:《我国应对金融危机的宏观经济政策演变及特点》,《中共中央党校学报》2015 年第 2 期。

④ 根据《中国财政年鉴 2012》(中国财政杂志社 2012 年版,第 521 页)数据计算。

第十章　财政调控——从直接调控转型到间接调控

(三) 居民消费日趋萎缩

居民消费增长率 2008 年为 15.67%，2009 年下降为 9.53%，2010 年为 10%，2008 年居民消费增长率比国内生产总值增长率低 2.48 个百分点。居民边际消费倾向出现下滑，到 2010 年城乡居民边际消费倾向分别降到 0.55、0.39。[①] 过低的消费倾向严重制约居民消费水平的提高和消费需求的扩大。世界平均最终消费率在 78%~79% 之间，我国 2008 年居民消费率为 35.22%，2009 年为 35.57%，2010 年为 33.05%，与国际平均消费率相差甚远。

(四) 市场价格涨幅回落

居民消费价格涨幅持续回落，2008 年上半年同比上涨 7.9%，7 月同比上涨 7.1%，8 月同比上涨 4.9%，11 月同比上涨 2.4%，前后相差 5.5 个百分点。2008 年食品价格涨幅由 2 月的 23.3% 回落至 11 月的 5.9%，工业品出厂价格和原材料、燃料、动力购进价格涨幅分别由 8 月的 10.1% 和 15.4% 快速回落到 11 月的 2% 和 4.7%。房屋销售价格同比涨幅持续下降，2008 年 1—11 月 70 个大中城市房屋销售价格分别涨幅为 11.3%、10.9%、10.7%、10.1%、9.2%、8.2%、7.0%、5.3%、3.5%、1.6% 和 0.2%，[②]11 月与 1 月相差 11.1 个百分点。

(五) 固定资产投资增速递降

2008 年前三季度，全社会固定资产投资完成 116246 亿元，同比增长 27%，扣除价格因素实际增长 15.1%，回落 6.5 个百分点。房地产开发投资 26546 亿元，增长 22.7%，回落 9.1 个百分点。初步测算，2008 年前三季度固定资本形成对经济增长的贡献率为 33.1%，同比回落 5.9 个百分点。

(六) 企业利润增速下跌

企业实现利润增速大幅回落，2008 年 1—8 月，全国规模以上工业企业实现利润 18685 亿元，同比增长 19.4%，增幅同比回落 17.6 个百分点。特别是中小企业生产经营困难加剧，2008 年 1—8 月，全国规模以上中小企业实现利润同比增长 27.5%，增幅同比回落 16 个百分点，导致劳动力密集型

[①] 王帅：《扩大内需的财政政策研究——基于扩大居民消费需求视角》，郑州大学 2012 年硕士学位论文。

[②] 施发启：《如何看待我国当前经济形势》，《西安财经学院学报》2009 年第 2 期。

行业不得不停产关闭,失业人口大量增加。

(七)财政收入增速下降

受经济下滑的影响,财政收入增速明显回落,2008年前11个月全国财政收入58068亿元,同比增长20.5%,增幅同比回落13个百分点。中央财政收入增长18.8%,回落18.2个百分点;地方财政收入增长22.7%,回落6.7个百分点。

(八)城乡居民实际收入增幅减少

2008年前三季度,城镇居民人均可支配收入11865亿元,同比增长14.7%,扣除价格因素实际增长7.5%,同比回落5.7个百分点。农民人均现金收入3971元,增长19.6%,扣除价格因素实际增长11.0%,同比回落3.8个百分点。①

以上经济指标的变化,说明从2008年第四季度开始宏观经济的走势已经发生质的变化,经济走向从趋热趋涨迅速转为通货紧缩,而且形势严峻。

二、扩张性财政政策的确定

2008年宏观调控政策如何决策?年初宏观经济政策基调是"双防":一防经济过热,即防止经济从局部过热转变为全面过热;二防通货膨胀,即防止通胀由结构性通胀转为总体性通胀。从年中开始随着宏观经济形势的变化,政府将"双防"的从紧政策调整为"一保一控一调"政策,即保增长、控物价、调结构,将保增长和控通货膨胀作为宏观调控的目标。到2008年第四季度,由于世界金融危机的冲击开始凸显,内需不足成为宏观经济的主要问题,政府宏观调控目标又改换为"一保一扩一调",即保增长、扩内需、调结构。从此进入全面反危机轨道,实行"积极的财政政策和稳健的货币政策",以后转变为"更加积极的财政政策和适度扩张的货币政策"。2008年11月5日,国务院常务会议确定了扩大内需、促进经济增长的10项措施,简称新"国十条",成为化险为夷的利器。国务院要求"下猛药"、"出快拳"、"出重拳",力度之大实属罕见。

(一)扩大基础设施投资

为了最大限度地刺激经济活力,2008年11月国家决定财政增加4万

---

① 以上数据见施发启:《如何看待我国当前经济形势》,《西安财经学院学报》2009年第2期。

亿投资,通过货币政策刺激增加近10万亿信贷支出,财政赤字占国内生产总值比重2%以上,M2供给增速达到27%以上。① 刺激经济的4万亿投资中,1.8万亿元用于铁路、公路、机场和城乡电网建设,1万亿元用于地震灾区的重建,3700亿元用于农村民生工程和农村基础设施,用于生态环境3500亿元,保障性安居工程2800亿元,自主创新结构调整1600亿元,医疗卫生和文化教育事业400亿元。近80%与基础设施相关。此外,中央又新增1000亿元投资,其中100亿元用于加快建设保障性安居工程,340亿元用于加快农村民生工程和农村基础设施建设,250亿元用于加快铁路、公路、机场等重大基础设施建设,130亿元用于加快医疗卫生、教育文化等社会事业建设,120亿元用于加快节能减排和生态建设,60亿元用于自主创新和结构调整项目。近60%用于基础设施建设。② 这次宏观调控4万亿元巨额投资,约为当时的60万亿日元。在应对世界金融危机中各国都实施了刺激性支出,德国折合10.6万亿日元,意大利10.6万亿日元,西班牙9.4万亿日元,法国3.8万亿日元,英国2.9万亿日元。中国的规模超过了上述五国的总和,属于超大型的经济刺激政策。③ 不过,4万亿元投资中包括一部分原计划中已有的项目,还包括用于当年南方的雪灾与汶川大地震的重建和救济投资、社会基础设施、工业基础设施建设、社会福利制度建设、中小企业救济等,4万亿元可以说是"一揽子"计划。尽管如此也是一个天文数字,加上各地区的配套资金总投资号称10万亿元,实在称得起"猛药""重拳"。

(二) 加大财政支出规模

为了扩大社会消费和需求,财政扩大经常性支出规模。2008年前11个月全国财政支出45825亿元,同比增长23.6%,增幅明显高于2004—2007年同期水平。其中对社会保险基金的补助支出增长25.4%,抚恤支出增长36.3%,城市居民低保支出增长49.5%,自然灾害生活补助支出增长8.6倍,农村最低生活保障支出增长36.5%,医疗卫生支出增长37.3%,科学技术支出增长23.4%,环境保护支出增长42.9%,城乡社区事务支出增长29.8%。④ 社会保障、民生、震后重建、"三农"、教育、医疗、卫生、科

---

① 刘伟:《我国应对金融危机的宏观经济政策演变及特点》,《中共中央党校学报》2015年第2期。
② 施发启:《如何看待我国当前经济形势》,《西安财经学院学报》2009年第2期。
③ 林华生:《中国经济发展与世界金融危机》,《亚太经济》2011年第1期。
④ 施发启:《如何看待我国当前经济形势》,《西安财经学院学报》2009年第2期。

技、节能减排等经济社会发展薄弱环节成为财政支出的重点领域,力度不断加大。2008年全年支出62592.66亿元,比上年增长25.73%;2009年支出76299.93亿元,比上年增长21.90%;2010年支出89872.16亿元,比上年增长17.79%;2011年支出109247.79亿元,比上年增长21.56%,[①]增长率显然高于2008年之前的水平。为了保障财政支出的增长,充分发挥财政赤字的作用,仅2009年财政赤字创纪录达到9500亿元,扩大财政支出也达到极限程度。

(三) 为企业降税减负

为了减轻企业负担,税收进行了一系列结构性减税政策,其中对企业减税降负是重点。一是2009年全面实施消费型增值税,允许企业新购进机器设备所含增值税进项税额在增值税中扣除,大大降低企业的生产成本。二是2008年统一内外资企业所得税,税率由33%下降到25%,大大减轻了国内企业税负。三是2010年统一城市维护建设税,对外商投资企业、外国企业及外籍个人征收城市维护建设税和教育费附加,为国内企业创造公平竞争的税收环境。四是2011年提高增值税和营业税起征点,增值税规定销售货物月销售额、销售应税劳务的月销售额均为5000~20000元;营业税起征点幅度:按期纳税的为月营业额5000~20000元,按次纳税的为每次(日)营业额300~500元。五是2012年开始实行营业税改征增值税,至2017年为企业减税2.1万亿。在减轻大中型企业税负的同时,对小微企业也给予减轻所得税特别照顾。2010—2011年对年应纳税所得额低于3万元(含)的小型微利企业所得减按50%计入应纳税所得额,减按20%的税率缴纳企业所得税;2012—2015年,对年应纳税所得额低于6万元(含)的小型微利企业所得减按50%计入应纳税所得额,减按20%的税率缴纳企业所得税。

(四) 鼓励西部投资

在这次扩大内需的宏观调控中,西部成为国家投资和支持的重点。自2011年开始对设在西部地区的鼓励类产业企业减按15%的税率征收企业所得税;对西部地区内资鼓励类产业、外商投资鼓励类产业及优势产业的项目投资总额内进口的自用设备在政策规定范围内免征关税。企业符合国家2005年产业结构调整指导目录、2007年外商投资产业指导目录、2008年中西部地区优势产业目录和2011年产业结构调整指导目录范围

---

① 《中国财政年鉴2013》,中国财政杂志社2013年版,第446页。

的,经税务机关确认后企业所得税可按照15％税率缴纳。

(五)促进产业转型升级

为了促进产业转型升级,加快经济结构调整,2009—2011年,对符合条件的集成电路和软件相关行业给予企业所得税减免;对集成电路和软件产品增值税一般纳税人销售其自行开发生产的软件产品按17％税率征收增值税;对其增值税实际税负超过3％的部分实行即征即退政策。对销售自产的以建筑废物、煤矸石为原料生产的建筑砂石骨料免征增值税;对垃圾处理、污泥处理劳务免征增值税;对资源综合利用产品劳务增值税即征即退80％;对利用工业生产过程的余热、余压生产电力或热力等行业实行100％即征即退;对以蔗渣为原料生产蔗渣浆等行业实行50％即征即退。①

(六)促进出口方式转型

首先提高部分产品出口退税率。2008年4次提高部分产品出口退税率,2009年又先后3次提高劳动密集型、科技含量及附加值较高产品的出口退税率。其次对进口关税进行调整优惠。2011年对有关科学研究、技术开发机构在2015年12月31日以前,进口国内不能生产或性能不能满足需要的科技开发用品、科学研究和教学用品,免征进口关税和进口环节的增值税、消费税。② 对远洋渔业、救助打捞事业等领域专项进口税和国内不能生产或国产标准不达标的部分关键设备的关税实施税收优惠。2012年对730多种商品实施较低的进口暂定税率,以扩大进口,满足国内经济社会发展及消费需求。

(七)为居民减税增收

为了改变社会消费预期,扩大内需,财政对居民采取减税增收政策。主要措施:一是降低收税。减轻证券交易印花税,自2008年起证券交易印花税税率由3‰调整为1‰,征收方式从双边征收调整为单边征收,即由出让方按1‰的税率缴纳证券交易印花税,受让方不再缴纳。降低个人购房税,从2008年起个人首次购买90平方米及以下普通住房的契税税率下调到1％,对个人销售或购买住房暂免征收印花税,对个人销售住房暂免征收土地增值税。从2010年起个人住房转让营业税征免时限由2年恢复到5年,个人购买普通住房且属于家庭唯一住房的减半征收契税。减轻蔬菜批

---

① 转引自张志强:《完善我国结构性减税政策的研究》,山西财经大学2013年硕士学位论文。
② 《中国财政年鉴2012》,中国财政杂志社2012年版,第643、645页。

发销售税,2012年从事蔬菜批发、零售的纳税人销售的蔬菜免征增值税。二是取消收费。2009年取消二级公路收费及其他不合理收费。三是实行税收优惠。2009年对购买小排量车辆购置税实行优惠,减按5%税率征收车辆购置税。2010年对1.6升及以下排量的乘用车继续减按7.5%税率征收车辆购置税,促进小排量乘用车生产和消费。减税的同时增加居民收入,2011年改革个人所得税,将工资、薪金所得减除费用标准由每月2000元提高到3500元。将现行九级超额累进税率减少为七级,取消15%和40%两档税率,并对级距作了相应调整,扩大低档税率的适用范围。同时对个体工商户生产经营所得和企事业单位承包承租经营所得扩大税率级距。

(八) 促进充分就业

为了增加就业,促进经济发展,国务院提出"大众创业、万众创新"的发展战略。财政与此相配合,延长下岗失业人员再就业税收优惠政策审批期限,由2011年1月1日延至2013年12月31日,重点扶持个人自主创业。范围由下岗失业人员和城镇少数特困群体扩大到纳入就业失业登记管理体系的全部人员,就业政策具有充分的普惠性。

三、率先摆脱世界金融危机的影响

这次实施的积极财政政策力度大、范围广、时间长、种类多,对抵御世界金融危机、治理通货紧缩、促进经济发展发挥了全面性作用。从2008年金融危机发生后的5年来看取得了预期效果,先于世界其他国家摆脱了世界金融危机的影响。

(一) 经济增长稳中有升

2008—2012年五年的经济增速有降有升,但说法不一。一种结论是:2008年年初至年末国内生产总值增速持续下滑,但全年仍平均增长9%;2009年在全球负增长的情况下我国经济增长8.6%,2010年全球经济仍然低迷而我国经济增长达到10.2%,2011年退出全面扩张政策后仍保持9.3%。[①] 另一种结论是,2007年我国国内生产总值按可比价格计算增长率为14.2%,到2008年增长率骤降到9.6%,2010年增长率提高到

[①] 刘伟:《我国应对金融危机的宏观经济政策演变及特点》,《中共中央党校学报》2015年第2期。

10.4%,2011年增速又开始下滑到9.3%,2012年下滑到7.8%。① 按照《中国财政年鉴》等统计数据来看,国内生产总值增长态势如表10-1所示。

表10-1 2008—2016年我国GDP增长态势

年　份	国内生产总值/亿元	增长率/(%)
2008	314045.4	18.1
2009	340902.8	8.6
2010	401202.8	17.7
2011	472881.6	17.9
2012	518942.1	9.7
2013	595244.4	14.7
2014	643974.0	8.2
2015	689052.1	7.0
2016	744127.2	8.0

注:2008—2012年国内生产总值《中国财政年鉴》与《中国统计年鉴》不同,依据后者计算增长率分别为18.24%、9.25%、18.32%、18.47%、10.44%,总体偏高,二者存在差异,可作为参考。

数据来源:《中国财政年鉴2013》,中国财政杂志社2013年版,第496页;国家统计局编,《中国统计年鉴2017》,中国统计出版社2017年版,第56页。

表10-1显示,2008年国内生产总值增长率并不低,达到18.1%。2009年滑至低谷,只有8.6%,剧减9.5个百分点。2010年和2011年出现反弹,又恢复到2008年的两位数水平,巨额投资的作用发挥到最大化。2012年扩张性财政支出退出后国内生产总值增长率第二次下滑,除了2013年之外其余年份都是一位数增长,稳定在7%～9%。据此,可以说宏观调控促使经济增长回升的作用已经达到。2012年国内生产总值增速再次回落,长期在中低速轨道运行,是由于政策效应基本发挥殆尽,转入了"新常态"。即使如此,这样的水平与当时世界各国相比也是高的,2008年和2009年欧美日国内生产总值增长率分别是:欧盟1.0%、-4.1%,美国0.4%、-2.7%,日本-0.7%、-5.3%,一片经济低迷局势。经济增长率比欧美日好的"金砖四国"中的另外三国也达不到中国经济增长的水平,2008年和2009年巴西国内生产总值增长率分别为5.0%、0.6%,俄罗斯分别为5.6%、7.5%,印度分别为7.3%、5.3%,②很少比中国高的。再说

---

① 张志强:《完善我国结构性减税政策的研究》,山西财经大学2013年硕士学位论文。
② 林华生:《中国经济发展与世界金融危机》,《亚太经济》2011年第1期。

国内生产总值的规模是直线上升的,2012年达到518942.1亿元,比2008年增加204896.7亿元。2016总规模达到744127.2亿元,比2012年增加225185.1亿元,增长43.4%。总的来看,宏观调控的成绩是值得肯定的,但要彻底摆脱世界金融危机还是不易。

(二) 社会投资走出低迷

2008—2016年全社会投资是不断增加的趋势,国家预算资金、国内贷款、利用外资、自筹和其他资金投资的情况也是这样的,如表10-2所示。

表10-2　2008—2016年我国社会投资态势　　　单位:亿元

年份	全社会投资	国家预算资金	国内贷款	利用外资	自筹和其他资金
2008	172828.4	7954.8	26443.7	5311.9	143204.8
2009	224598.8	12685.7	39302.8	4623.7	193617.4
2010	251683.8	13012.7	44020.8	4703.6	224042.0
2011	311485.1	14843.3	46344.5	5062.0	279734.3
2012	374694.7	18958.7	51593.5	4468.8	334654.8
2013	446294.1	22305.3	59442.0	4319.4	405545.8
2014	512020.7	26745.4	65221.0	4052.9	447461.2
2015	561999.8	30924.3	61054.0	2854.4	489366.0
2016	606465.7	36211.7	67200.3	2270.3	511251.2

资料来源:国家统计局编,《中国统计摘要2017》,中国统计出版社2017年版,第80-81页。

全社会投资,2008—2012年总规模增速分别为25.85%、30.0%、12.1%、23.8%和20.3%,其中2009年比2008年增长30.0%,2012年比2011年增长20.3%。2012年之后仍然稳定增长,2015年比2012年增长50.0%,2016年比2012年增长61.9%,发展态势是好的。国家预算资金、国内贷款、利用外资、自筹和其他资金投资都是实际到位的资金,除了利用外资规模从2012年开始出现下降以外,其他方面的投资都保持稳定增长。尤其是国家投资带动社会投资的效果很大,2008年自筹和其他资金是国家预算资金的18倍,2009年是15.3倍,2010年是17.2倍,2011年是18.8倍,2012年是17.6倍,2016年是14.1倍。在这次宏观调控中,财政投资的导向作用和乘数效应是不可低估的。

(三) 对外贸易降中又升

世界金融危机对我国外贸冲击最为明显,2009年各项指标一齐下降,进出口总额增速下降到-16.3%,出口额增速下降到-18.3%,进口额增速降到-13.7%,进出口差额增速降到-35.7%。通过实施关税调整,进口环节增值税、消费税的优惠减免,以及出口退税力度的加强,特别是即征即退范围的扩大,对外贸易从2010年开始出现好转。如表10-3所示。

表10-3　2008—2016年我国进出口贸易态势　　　　单位:亿元

年　份	进出口总额	出　口　额	进　口　额	进出口差额
2008	179921.4	100394.9	79526.5	20868.4
2009	150648.1	82029.7	68618.4	13411.3
2010	201722.3	107022.8	94699.5	12323.3
2011	236402.0	123240.6	113161.4	10079.2
2012	244160.3	129359.3	114801.0	14558.3
2013	258168.9	137131.4	121037.5	16093.9
2014	264241.3	143883.8	120358.0	23525.8
2015	245502.9	141166.8	104336.1	36830.7
2016	243386.3	138454.5	104931.8	33522.7

资料来源:国家统计局编,《中国统计摘要2017》,中国统计出版社2017年版,第94页。

2010年进出口总额比2009年增长33.9%,出口额增长30.3%,进口额增长38.0%。这种态势保持到2014年(2014年进口额略有减少),从2015年又出现下降。从2008年至2016年长期保持顺差,顺差从2009年至2011年连续下降三次,但从2012年又出现上升态势,一直保持到2015年,2016年又小幅下降。总的发展态势是平稳的,降中有升。

(四) 财政收支稳定增长

受世界金融危机冲击的几年中,我国财政收支增速虽然有所下降,但收支总量还是保持稳定增长的。如表10-4所示。

表10-4　2008—2016年一般公共预算收支增长态势

年　份	一般公共预算收入/亿元	一般公共预算支出/亿元	一般公共预算收入增速/(%)	一般公共预算支出增速/(%)
2008	61330.35	62592.66	19.5	25.7
2009	68518.30	76299.93	11.7	21.9
2010	83101.51	89874.16	21.3	17.8

续表

年 份	一般公共预算收入/亿元	一般公共预算支出/亿元	一般公共预算收入增速/(%)	一般公共预算支出增速/(%)
2011	103874.43	109247.79	25.0	21.6
2012	117253.52	125952.97	12.9	15.3
2013	129209.64	140212.10	10.2	11.3
2014	140370.03	151785.56	8.6	8.3
2015	152269.23	175877.77	8.5	15.9
2016	159604.97	187755.21	4.8	6.8

资料来源：国家统计局编，《中国统计摘要2017》，中国统计出版社2017年版，第69页。

从2011年财政收支突破10万亿元大关，一直到2013年，财政收支增速均在两位数以上，其中财政收入2011年增速比上年增长25.0%，财政支出增速比上年增长21.6%。从2014年开始财政收入增速严重下跌，由两位数变为一位数，特别是2016年增速下降到4.8%，是2008年以来最低的。但是反观财政收入总规模却仍然保持增加的态势，2016年达到159604.97亿元。2014—2016年财政收入都居高不下，在历年都保持高收入基础上增速下降是可以理解的。

（五）城镇居民收入稳步上升

在减税增收政策的作用下，2008—2012年我国城镇居民人均可支配收入与农村居民人均纯收入的总量保持稳定增加的态势，除2009年外其余年份都保持两位数的增长。2008年我国城镇居民人均可支配收入为15780.8元，增长率为14.5%。2009年增速大幅度下滑为8.8%；2008年农村居民人均纯收入为4760.6亿元，增长率为15%，2009年增长率下降为8.2%。从2010年开始，我国城镇居民人均可支配收入和农村居民人均纯收入增速又开始上升，增速连续三年保持在两位数以上，稳中有升。如表10-5所示。

表10-5　2008—2016年我国城乡居民人均收入增长态势

年 份	城镇居民人均可支配收入/亿元	增长率/(%)	农村居民人均纯收入/亿元	增长率/(%)
2008	15780.8	14.5	4760.6	15.0

续表

年　份	城镇居民人均可支配收入/亿元	增长率/(%)	农村居民人均纯收入/亿元	增长率/(%)
2009	17174.7	8.8	5153.2	8.2
2010	19109.4	11.3	5919.0	14.9
2011	21809.8	14.1	6977.3	17.9
2012	24564.7	12.6	7916.6	13.5
2013	26955.1	9.7	8895.9	12.4
2014	29381.0	9.0	9892.0	11.2
2015	31790.3	8.2	10772.0	8.9
2016	33616.2	5.7	12363.4	14.8

资料来源：《中国财政年鉴2012》，中国财政杂志社2012年版，第531页；国家统计局编，《中国统计年鉴2017》，中国统计出版社2017年版，第60页。

2013年开始，城镇居民人均可支配收入增速严重下降，维持在一位数增长，特别是2016年增长率只有5.7%，与2008年差8.8个百分点；农村居民人均纯收入情况比城镇居民人均可支配收入情况要好，增速基本保持两位数，只有2015年是一位数。

（六）居民消费水平平稳

从2008—2011年居民消费水平（按常住人口平均计算的居民消费支出）基本是上升的，2008年全体居民消费水平是8430元，比2007年7310元增长15.3%；2009年全体居民消费水平是9283元，比2008年增长10.1%；2010年全体居民消费水平是10522元，比2009年增长13.3%；2011年全体居民消费水平是12272元，比2010年增长16.6%。城镇居民2008—2011年消费水平分别是13653元、14904元、16546元、18750元，分别增长12.6%、9.2%、11.0%、13.3%；农村居民2008—2011年消费水平分别是3901元、4163元、4700元、5633元，分别增长16.6%、6.7%、12.9%、19.9%。[①] 说明居民消费不足的状况开始有所改变。

（七）市场价格指数有升有落

2008—2016年商品零售价格指数分别为105.9、98.8、103.1、104.9、

---

① 《中国财政年鉴2012年》，中国财政杂志社2012年版，第530页。

102.0、101.4、101.0、100.1、100.7；工业生产者出厂价格指数分别为106.9、94.6、105.5、106.0、98.3、98.1、98.1、94.8、98.6；工业生产者购进价格指数分别为110.5、92.1、109.6、109.1、98.2、98.0、97.8、93.9、98.0。① 其中商品零售价格指数2009年下降较大,但自2010年逐渐恢复原来的态势,说明市场消费需求增加。但工业生产者出厂价格指数和工业生产者购进价格指数还不太理想,这是中国工业本身的问题,需要通过"去产能"解决。

(八) 就业人数总体保持增长

城乡居民就业人数2008—2016年保持稳定增长,2008年为75564万人,2009年为75828万人,至2012年为76704万人。2012年以后仍然保持同样态势,至2016年就业人数为77603万人。其中,城镇就业人数增长稳定,从2008年的32103万人提高到2012年的37102万人,2012年比2008年增长15.8%。2016年就业人数41428万人,比2012年增长11.7%。乡村就业人数出现不断下降态势,从2008年的43461万人下降到2011年的40506万人,至2013年为38737万人。②

这次宏观调控尽可能地减少世界金融危机造成的损失,避免大规模、长时期的波动,保持经济社会平稳持续发展,效果总体是好的,与世界各国相比是比较成功的。如林华生认为:"2008年世界金融危机的爆发导致世界大多数国家失业率提高、贸易保护主义抬头、政府财政赤字增大等。中国采取了有效的宏观调控政策,经济持续发展,成为引领亚洲乃至整个世界经济成长的重要力量。"③国际上对我国应对世界金融危机的宏观调控效果以及对世界经济复苏的贡献也是认可的。

第七节　新中国财政调控的转型轨迹

我国宏观调控自新中国成立以来已有70年的历史,在计划经济、有计划商品经济和市场经济三个不同时期,比较大的宏观调控有八次,成效显著的宏观调控有五次,从中可以看出我国宏观调控的巨大转变。

---

① 《中国统计年鉴2017年》,中国统计出版社2017年版,第123页。
② 《中国统计年鉴2017年》,中国统计出版社2017年版,第98页。
③ 林华生:《中国经济发展与世界金融危机》,《亚太经济》2011年第1期。

一、财政调控目标由单一转变为多元

我国从计划经济到市场经济,宏观调控的目标由简单的平衡财政向促进国民经济持续健康发展、支持社会经济改革的多元目标转变。宏观调控政策目标的多元化主要是由经济体制改革决定的,计划经济体制下政府计划是资源配置的主要方式,财政投资成为经济建设资金的重要来源,财政支出的总量和结构在相当程度上决定了社会总供给与总需求的规模及结构,通过"平衡预算"国民经济综合平衡就可以实现,财政平衡成为实现财政、信贷、物资和外汇"综合平衡"的关键。市场经济下资源配置是由市场机制决定的,政府要做市场做不了和做不好的事,既要调节供求总量以稳定经济发展,又要支持各项改革,促进经济与社会协调发展。政府宏观调控目标呈现多元化,不能单纯地只发挥平衡功能。

二、财政调控手段由行政型为主转变为经济型为主

新中国建立以来财政宏观调控的手段与方式伴随着市场化取向改革的推进日趋变化,由过去行政手段为主转变成现代经济手段为主。这是因为计划经济时期经济出现的不平衡主要是国内因素造成的,而且经济发展是有计划的,发生过热或过冷的现象主要是人为因素。一般情况下是投资与消费、工业与农业、重工业与轻工业关系的失调问题。宏观调控采取行政手段就可以解决,主要包括财政压缩固定资产投资规模、限制集团购买力、冻结银行存款等。与此相比,运用税收、国债等经济调节手段比较弱化。改革开放后计划经济没有了,商品经济开始对国民经济产生影响,各种非公有制经济成分开始发展,经济结构和经济关系趋于复杂化。而且国民经济受外来因素影响越来越大,更增加了宏观经济的不确定性。在这种情况下行政手段解决不了问题,单靠财政压缩固定资产投资也不灵验了。市场经济下的经济关系和经济结构要求政府开始注重利用各种政策工具调控经济,而且必须以经济手段为主。所以到20世纪80年代后期,在运用行政手段的同时开始注重经济手段的采用。市场经济体制确立以来,市场配置资源对宏观经济的影响越来越大,各种不确定因素致使宏观经济"供给"与"需求"失衡,"膨胀"与"紧缩"更替,甚至"滞""胀"并存,起伏不定。由市场经济发展规律所决定,宏观调控必须符合市场经济要求,财政政策必须以市场化的经济手段参与宏观调控,通过税收、预算、国债、贴息、转移支付、政府采购等工具以及财政支出增减变化的结构性安排影响社会

总供求。同时采取奖励、财政补贴、贷款、税收优惠等多种方式相配合,通过多种渠道发挥作用达到预期的调控效果。这一变化是从1993年的"软着陆"开始的,从此之后宏观调控的成功基本上都是运用经济手段和多种工具取得的,虽然还有一些行政性的干预但只是作为一种补充,经济手段已经居于主导地位。

三、财政调控方式由直接转变为间接

调控方式是指调控的方法,是采取"一刀切"、"急刹车",还是"对症下药"、温火攻心,与宏观调控的效果有直接关系。从计划经济时期到市场经济时期,财政调控的方式由直接调控转向了间接调控。计划经济时期的经济矛盾由于是人为因素造成的,最有效的调控方式就是政府直接干预,基本上是"一刀切"、"急刹车"、"下猛药",使经济由热立即转冷,由膨胀走向通缩,虽然调控的效果很明显但后遗症太大。有计划商品经济时期前十年,调控方式还直接插手企业生产经营活动,到20世纪80年代后期开始有意识地运用财政政策和货币政策进行间接调控,调控方式随之发生变动,直接调控与间接调控并举,调控效果显著但后遗症仍然存在。

市场经济体制确立后,宏观调控的方式与以往相比发生了根本性的变化。主要运用间接调控方式,如1993—1996年宏观调控通过压缩财政赤字及财税体制改革达到控制总需求过快增长的目的,通过财政政策与其他宏观调控政策的协调配合实现了国民经济"软着陆"。亚洲金融危机后宏观调控更加注重运用国债、税收、财政补贴和收入分配等间接调控手段。2005年宏观调控面对冷热兼具更不能直接干预,选择具有中性特征的稳健财政政策,更多地运用国债、赤字、税收等经济手段实施温火攻心,充分发挥间接的调控作用,彰显了市场经济条件下我国财政调控的基本形态。当然,这一时期直接调控方式还有一些,但总的来看财政宏观调控成功与调控方式转变有很大关系。

四、财政调控工具由简单转变为丰富

财政宏观调控的工具指运用的政策措施及其政策措施的组合。财政调控的政策工具主要有积极的财政政策、从紧的财政政策、稳健的财政政策等。不同的财政政策对财政支出、国债、税收、财政贴补的组合是不同的,不同的政策组合具有不同的效果。我国计划经济时期财政宏观调控主要是一种紧缩性的政策,缺少积极、扩张、稳健之分以及各种财政政策的组

合。有计划商品经济时期财政调控政策的选择仍然具有这样的特点。市场经济体制确立后财政调控的工具明显地丰富起来。1993年以来每次财政调控都注重多种政策的组合使用。1993—1996年财政调控运用适度从紧的财政政策,1998年宏观调控运用积极财政政策,2005年宏观调控运用稳健财政政策,2008年应对世界金融危机的宏观调控运用扩张性财政政策。在实施某种财政政策时又与货币政策、西部大开发政策、振兴老工业基地政策、房地产政策等相结合,形成政策的组合拳。就某种财政政策来看其措施也不是单一的,一方面运用国债、贴息、转移支付等,同时调整相关税收和收入分配。既有收入政策,又有支出政策;既注重需求的调节,更注重供给的调节;既有刺激投资和消费的政策,又有促进稳定的政策。实践表明,只有根据不同时期宏观经济出现的不同问题选择变换不同的财政政策才可以取得好的效果,甚至一个时期分阶段地使用两种以上的财政政策。财政调控的工具必须是丰富的,不能只用一种财政政策。这种变化不仅是财政调控工具进步的一种表现,也是市场经济对财政调控的更高要求。

五、财政调控立足点由被动转变为主动

我国宏观调控中由于立足点不同,出现了"被动"和"主动"两种类型,即被动应急和积极应对。计划经济时期我国的财政调控,建国初期抑制物价风潮是积极主动的,除此之外的调控都是被动应急的。往往是经济出了问题才开始调控,宏观调控总是问题导向型的。如"大跃进"期间出现的经济失调没有及时调控,最后等到1961—1963年问题成堆经济无法运行的程度才开始调整。这种被动的调整往往错过最好时机,无法将经济损失减少到最低程度。有计划商品经济时期也没有做到积极应对,经济已经过热时才开始调控,没有把问题消除在未然,等到"火烧连营"才不得不"下猛药"、"出硬拳",导致经济大起大落,代价较大。1993年之后实施的财政调控立足点发生变化,开始由"被动"转向"主动",在时机把握上见事早、启动适时、措施出台比较果断、调控力度适中,主动性和时效性大大增强。1998年应对亚洲金融危机是主动的调控;2005年实施稳健的财政政策也是主动的,早在2004年财政就把握调控时机与力度,由职能部门进行预测分析、冷静观察、及时预警,提出政策调整方案,属于未雨绸缪、防患于未然的主动调控;2008年应对世界金融危机的主动性也是不言而喻,从年初就开始分析经济走势,考虑、选择、变换财政政策,也做到了见事早、动手快,有备而来,因此把经济损失减小到最低点。

结　语

　　新中国70年财政调控目标、手段、方式、工具和立足点的转变，充分显示了我国宏观调控已经走进了成熟时期。计划经济时期是我国宏观调控的开端，是政府干预经济的探索和尝试时期。一般使用行政手段直接调控，效果显著后遗症却大，说明这一时我国的宏观调控还不成熟。有计划商品经济时期开始注意运用经济手段和间接方式，但行政手段、直接干预为主，经济手段、间接方式为辅，宏观调控的效果仍不理想，往往抑制经济过热导致通货紧缩，或者解决内需不足引来经济过热。这一时期宏观经济出现三次大起大落的现象，每次宏观调控都付出一定的代价，说明宏观调控还没有到成熟时期。市场经济体制时期我国宏观调控经过长期的探索和磨合，在总结经验和吸取教训的基础上，按照市场经济体制的要求，宏观调控中经济手段、间接方式为主，行政手段、直接干预、"一刀切"的做法明显减少。调控主体立足"主动"，调控工具力求丰富，注重多种政策、多种措施的组合，调控效果好于以往任何时期。标志着我国宏观调控进入了成熟期，一套符合市场经济要求的、以经济手段和间接手段为主的宏观调控体系已经建立，成为协调国民经济稳定、快速、可持续发展的保障。

参考文献
REFERENCES

由于篇幅限制,主要参考文献只保留著作类,请读者谅解。文献以出版时间排序。

[1] 中国社会科学院经济研究所.中国资本主义工商业的社会主义改造[M].北京:人民出版社,1978.

[2] 陕西财政厅课题组.抗日战争时期陕甘宁边区财政经济史料摘编(第六编 财政)[M].西安:陕西人民出版社,1981.

[3] 魏宏运.晋察冀边区财政经济史资料选编[M].天津:南开大学出版社,1984.

[4] 阿图·埃克斯坦.公共财政学[M].张愚山,译.北京:中国财政经济出版社,1983.

[5] 柳随年,吴群敢.中国社会主义经济简史(1949—1983)[M].哈尔滨:黑龙江人民出版社,1985.

[6] 朱玉湘.山东革命根据地财政史稿[M].济南:山东人民出版社,1989.

[7] 周道炯.当代中国的固定资产投资管理[M].北京:中国社会科学出版社,1989.

[8] 李朋.财税改革十年[M].北京:中国财政经济出版社,1989.

[9] 龚意农.淮南抗日根据地财政史[M].合肥:安徽人民出版社,1991.

[10] 宋新中.当代中国财政史[M].北京:中国财政经济出版社,1997.

[11] 苏明,等.地方财政支出改革研究[M].北京:中国财政经济出版社,1998.

[12] 叶振鹏,梁尚敏.中国财政改革二十年回顾[M].北京:中国财政经济出版社,1999.

[13] 项怀诚.中国财政50年[M].北京:中国财政经济出版社,1999.
[14] 刘仲藜.奠基——新中国经济五十年[M].北京:中国财政经济出版社,1999.
[15] 叶振鹏,张馨.公共财政论[M].北京:经济科学出版社,1999.
[16] 董辅礽.中华人民共和国经济史(下卷)[M].北京:经济科学出版社,1999.
[17] 楼继伟.新中国50年财政统计[M].北京:经济科学出版社,2000.
[18] 吴承明,董志凯.中华人民共和国经济史(1949—1952)[M].北京:中国财政经济出版社,2001.
[19] 张馨.构建公共财政框架问题研究[M].北京:经济科学出版社,2004.
[20] 杨灿明,李景友.政府采购问题研究[M].北京:经济科学出版社,2004.
[21] 辛波.政府间财政能力配置问题研究[M].北京:中国经济出版社,2005.
[22] 赵云旗.中国分税制财政体制研究[M].北京:经济科学出版社,2005.
[23] 谢旭人.中国财政改革三十年[M].北京:中国财政经济出版社,2008.
[24] 贾康,赵全厚.中国财税体制改革30年回顾与展望[M].北京:人民出版社,2008.
[25] 王丙乾.中国财政60年回顾与思考[M].北京:中国财政经济出版社,2009.
[26] 马海涛,姜爱华.政府间财政转移支付制度[M].北京:中国财政经济出版社,2010.
[27] 李萍.财政体制简明图解[M].北京:中国财政经济出版社,2010.
[28] 赵云旗.公共财政与中国经济增长方式转变[M].北京:中国财政经济出版社,2014.
[29] 赵云旗.论中国财政预算转型[M].北京:中国财政经济出版社,2017.

后 记
POSTSCRIPT

谨以此书向伟大的祖国七十华诞献礼。

为了纪念新中国成立70周年，中国社会科学院当代中国研究所武力副所长与华中科技大学出版社组织编写一套"中华人民共和国经济与社会发展研究丛书(1949—2018)"，我有幸参加了其中《中国财政改革与发展研究》一书的撰写。

研究新中国财政70年的发展、改革和转型，需要大量的资料和数据，好在我参加过王丙乾部长《中国财政60年回顾与思考》、谢旭人部长主编的《中国财政改革三十年》的编写，熟读过项怀诚部长主编的《中国财政50年》，叶振鹏和梁尚敏主编的《中国财政改革二十年回顾》，贾康、赵全厚《中国财税体制改革30年回顾与展望》，宋新中主编的《当代中国财政史》等等，对新中国财政发展改革脉络比较了解。拙著就是在此基础上加以总结、概括、提炼、分析，保留其精华，增添一些自己的认识和看法。

众多的鸿篇巨制为研究中国财政奠定了雄厚的基础，提供了诸多方便，但也增加了一定的难度，按照现有的模式和样板再造显然失去意义，创新成为必然选择。因此，本书在体例上没有再和以往那样按照时期立篇设章，而是打破时间界限，将70年财政改革发展贯通起来，从宏观视野着眼，采取"纵横交叉"的立体架构。首先运用横向的手法，通过计划经济时期(1949—1977年)、有计划商品经济时期(1978—1992年)、市场经济体制建立时期(1993—2002年)、市场经济体制完善时期(2003—2007年)、"新常态"时期(2008—2019年)的联系对比，展现出新中国财政改革发展70年波澜壮阔的历史画卷，揭示改革是振兴财政的必由之路，反映中国财政的改革精神和开拓进取、敢为人先的时代风貌。其次从纵向入手，展现财政体制从高度集中的统收统支到分税制过程中的三次重大改革，财政职能从战时财政、经济建设型财政到公共财政的两次转型，财政预算从单式预算到公共财政预算发展过程中的五次转变，税收制度从单一税制到复合税制的恢复和建立市场经济新税制所经历的五次重大变革,财政收入从计划经济时期单一弱小到市场经济时期多元壮大的发展态势,财政支出从计划经济时期大包大揽走向市场经济体制下公共领域的变化,政府间财政关系从调节为主转向现代转移支付制度的轨迹,政府采购从分散、封闭转向集中公开的经过,财政调控从行政手段、直接干预为主到经济手段、间接调控为主的进步历程,显示新中国财政改革的深度和力度。

在这样的框架结构上,本书形成了独有的特点。一是财政历史动态化。把财政70年不同时期的改革贯通起来,放在历史的长河中考察,以改革的前因后果、制度的来龙去脉为主线,勾画出改革的波浪式前进。二是把重点放在财政的改革转型上。突出不同时期财政制度的前后巨变、转型轨迹、新亮点,展现财政改革的魄力和魅力。三是点面结合。以往的财政史都非常完整全面,堪称新中国财政史的一面镜子。在内容的取舍上,本书点面结合、以面带点、以点撑面,使面不空虚,点不孤立,言树有林,看林有树。四是宏观与微观相结合。宏观指财政改革的背景,微观指财政改革的局部,揭示国家改革开放大局和经济社会发展目标是新中国财政改革进取的源泉和动力。为党和国家发展战略、方针政策、任务目标服务,是财政改革的宗旨和目标,体现财政改革的时代感、责任感和使命感。五是史论结合。史是事物发展的过程,论是对事物发展的分析研究。本书史论结合首先是理清事物本身产生、发展、变化的过程,然后进行理论分析,先史后论,论从史出,史在论中。六是在撰写风格上,以规范、严肃、平稳为基调,力求活泼生动,使历史复活,给人以轻松的感受。

任何人的研究都离不开当前学术界研究的基础。本书在写作过程中参考和借鉴的大量研究成果,不仅给予了方便,更重要的是让我受到许多启迪,有利于比较,受益匪浅,在此特表感谢!

中国社会科学院当代中国研究所武力副所长主持丛书的编写,运筹帷幄,殚精竭虑,付出大量心血,深表谢意!

本书撰写过程中正值我夫人患病手术和治疗期间,她一如既往地支持我按时完成任务,颇受感动。本书是我们共同给祖国的一份薄礼。

本书由华中科技大学出版社精心策划和组织出版。责任编辑殷茵认真负责,一丝不苟,提高了书的质量,非常感谢。

本书错误之处请方家和读者多多批评指正。

作　者
2018年5月于北京